广东海洋大学海洋经济与管理研究中心(广东省普通高校人文社会科学重点研究基地),广东海洋大学经济学院、管理学院,中央支持地方财政基金,农林经济管理重点学科基金,海洋经济学(省级精品课程),南海综合开发系列丛书(创新强校工程)等联合资助出版

中华经济圈与全球经济协作

朱坚真　周珊珊　刘汉斌　编著

海洋出版社

2017年·北京

内 容 简 介

本书内容：全书从易教易学的实际目标出发，分上中下三篇，十一章，用丰富的表格、通俗易懂的语言生动详细地介绍了中华经济圈的概念、背景与趋势，建设的意义原则与难点，建设的市场体系架构，体系与分层，产业协作系统、与全球产业协作主要模式、与次区域合作开发等。

本书特点：1. 本书就"中华经济圈"的概念、形成背景、内涵和外延、发展现状、未来发展趋势以及"中华经济圈"与"一带一路"战略关联等问题进行一些探索。

2.本书附有大量丰富的数据表格以供读者参考，具有很强的参考性。

适用范围：本书内容切合当下实际，适合海洋经济学、管理学等专业科研人员、高等院校师生以及关心"一带一路"战略的广大读者使用和阅读。

图书在版编目(CIP)数据

中华经济圈与全球经济协作/朱坚真，周珊珊，刘汉斌编著. —北京：海洋出版社，2017.2
ISBN 978-7-5027-9703-4

Ⅰ.①中… Ⅱ.①朱… ②周… ③刘… Ⅲ.①区域经济合作-国际合作-研究-中国 Ⅳ.①F125.5

中国版本图书馆CIP数据核字(2017)第022355号

总 策 划：邹华跃		发 行 部：(010)68038093(邮购)(010)62100077
责任编辑：黄新峰		网　　　址：www.oceanpress.com.cn
责任印制：赵麟苏		承　　　印：北京画中画印刷有限公司印刷
封面设计：申　彪		版　　　次：2017年2月第1版　2017年2月第1次印刷
出版发行：海洋出版社　出版发行		开　　　本：787mm×1092mm　1/16
地　　址：北京市海淀区大慧寺路8号(707房间)　100081		印　　　张：17
		字　　　数：336千字
经　　销：新华书店		定　　　价：58.00元
技术支持：(010)62100057		

本书如有印、装质量问题可与本社发行部联系调换。

本社教材出版中心诚征教材选题及优秀作者，邮件发至 hyjccb@sina.com

目　次

上　篇

第一章　中华经济圈概念、背景与趋势 …………………………………… (3)
　第一节　中华经济圈的概念 ……………………………………………… (3)
　第二节　中华经济圈发展背景 …………………………………………… (8)
　第三节　中华经济圈发展趋势 …………………………………………… (11)

第二章　中华经济圈建设的意义、原则与难点 …………………………… (19)
　第一节　中华经济圈建设的意义 ………………………………………… (20)
　第二节　中华经济圈面临的主要挑战 …………………………………… (27)
　第三节　中华经济圈面临的发展机遇 …………………………………… (31)
　第四节　中华经济圈建设的主要难点 …………………………………… (35)

第三章　中华经济圈建设的市场体系架构 ………………………………… (41)
　第一节　中华经济圈市场体系建设的原则 ……………………………… (41)
　第二节　中华经济圈建设的全球市场 …………………………………… (45)
　第三节　中华经济圈建设的亚太市场 …………………………………… (50)
　第四节　中华经济圈建设的中国大陆及港澳台市场 …………………… (58)

第四章　中华经济圈建设的体系与分层 …………………………………… (66)
　第一节　中华经济圈区域体系 …………………………………………… (66)
　第二节　中华经济圈核心层 ……………………………………………… (72)
　第三节　中华经济圈紧密层 ……………………………………………… (75)
　第四节　中华经济圈关键层 ……………………………………………… (82)
　第五节　中华经济圈松散层 ……………………………………………… (91)

第五章　中华经济圈建设的产业协作系统 ………………………………… (94)
　第一节　中国大陆产业协作系统 ………………………………………… (94)
　第二节　香港、澳门、台湾产业协作系统 ……………………………… (98)

1

第三节　环渤海、黄海、东海、南海蓝色产业协作系统 …………………（103）
　　第四节　海陆一体化的产业协作系统 ……………………………………（107）
　　第五节　"一带一路"背景下的产业协作系统 …………………………（114）

第六章　海陆一体化走势下的中华产业协作系统建设 ……………………（120）
　　第一节　基于海陆一体化和全球海洋观的海洋资源共享 ……………（120）
　　第二节　基于海陆一体化和全球海洋观的海岸带和海岛资源开发与保护 …（125）
　　第三节　基于海陆一体化和全球海洋观的市场产业体系发展 ………（135）
　　第四节　建立海陆一体化视角下的海洋经济政治新格局 ……………（137）

中　篇

第七章　"一带一路"背景下的中华经济圈与全球产业协作关系 ………（151）
　　第一节　"一带一路"建设的历史价值与现实意义 ……………………（151）
　　第二节　"一带一路"建设赋予中华经济圈新的内涵 …………………（156）
　　第三节　"一带一路"建设拓展中国和全球产业协作新领域 …………（159）
　　第四节　"一带一路"建设的方向与重点 ………………………………（164）

第八章　"一带一路"背景下的全球基础设施建设 …………………………（169）
　　第一节　交通基础设施建设 ………………………………………………（169）
　　第二节　能源、通讯及经济走廊基础设施建设 …………………………（176）
　　第三节　金融服务体系建设 ………………………………………………（180）
　　第四节　软环境设施建设 …………………………………………………（186）

下　篇

第九章　中华经济圈与全球产业协作主要模式 ……………………………（193）
　　第一节　交通协作模式 ……………………………………………………（193）
　　第二节　能源、通讯产业协作模式 ………………………………………（199）
　　第三节　金融协作模式 ……………………………………………………（205）
　　第四节　"互联网+"协作模式 ……………………………………………（210）

第十章　中华经济圈与次区域合作开发 ………………………………………（215）
　　第一节　陇海兰新与中亚合作开发 ………………………………………（215）
　　第二节　藏川贵渝与南亚产业协作 ………………………………………（219）

第三节　粤桂琼滇与东盟产业协作 …………………………………………（223）
 第四节　黑吉辽内蒙与中俄西伯利亚的联合开发 …………………………（232）
第十一章　中华经济圈与全球产业协作的风险分析 ……………………………（241）
 第一节　中华经济圈自身发展的风险 ………………………………………（242）
 第二节　全球产业分工正在发生重大变革 …………………………………（245）
 第三节　"一带一路"沿线国家内部风险 …………………………………（250）
 第四节　其他大国的干扰阻挠 ………………………………………………（257）
参考文献 ……………………………………………………………………………（261）
后记 …………………………………………………………………………………（264）

上　篇

第一章　中华经济圈概念、背景与趋势

改革开放38年来,我国经济社会事业突飞猛进,取得了举世瞩目的成就。中国在世界经济发展中的地位和作用越来越明显,国际影响日益扩大。进入21世纪16年来,随着世界经济信息化、全球化、区域化潮流的不断推进,地区间经济交流与合作在日益加深。国际与区域经济合作组织层出不穷,在为众多国家带来发展机遇的同时也带来了一系列挑战。近年来中国提出"一带一路"建设的倡议,得到了越来越多国家和地区的响应。基于此种背景,重新探讨以中国为主体组成的"中华经济圈"问题成为必要。

"中华经济圈"最初源于20世纪80年代初黄枝连先生所提出的"中国人共同体",之后经过不断发展才最终形成。它的形成既有着深刻的理论背景,又与世界经济发展形势有着极为密切的联系;它的发展既有一呼百应的默契阶段,又有百家争鸣式的探讨阶段。然而,任何事物的形成和发展都不是一帆风顺的,"中华经济圈"的形成和发展也不例外。然而"中华经济圈"究竟是一个怎样的概念?它的形成背景是怎样的?其内涵和外延又分别包括哪些内容?其发展现状怎样,未来发展趋势又怎样?"中华经济圈"与"一带一路"战略有什么关联?本章将对这些问题进行一些探索。

第一节　中华经济圈的概念

一、中华经济圈的发展过程

就"中华经济圈"而言,从20世纪80年代初,"中国人共同体"概念的首次提出至今,其发展已经历了30多年的时间。在这三十多年的时间里,就其研究内容而言,既有关于其包含范围的探讨,又有关于其发展模式与属性的界定。就其研究人员而言,其中不但包括中国大陆和港、澳、台学者,还包括海外华人以及外国专家。就其研究角度而言不仅具有本土视角,还具有区域视角和全球视角。

"中华经济圈"的理论基础,最早源于"中国人共同体"的概念。1980年,香港学者黄枝连教授在其著作《美国203年:对"美国体系"的历史学和未来学的现状分析》一文中,首次提出在亚太地区出现一个"中国人共同体",其主体为香港、澳门、台湾和中国大陆的设想。

他认为,在 80 年代和 90 年代里,亚太地区发展的一个特点,将是某些社会主义国家与它的非社会主义部分趋向于交流和合作。比如说,朝鲜和韩国必将互相接近,运用大体和平的方式,在政治、经济、文化、教育上,又斗争又联合,争取对对方的发展内容、性质、方向发生一种潜移默化的作用。另一方面,中国大陆和香港以及台湾三地的政治、经济体系的关系将日趋紧密,经过七八年后,即 80 年代后期,在亚太地区出现那么一个"中国人共同体",或者叫作"中国人经济集团"。再结合 1978 年以来的发展趋势,包括广东和福建两省建立"经济特区"政策的提出,他认为这是一件可能的事情。[1] 在这之后,黄枝连教授又在《四个中国人经济系统的协作形式》《"中华经济协作系统"开展中的香港产业动向》《关于"中国人共同体构想:中华经济协作系统"之探索》等一系列文章里进一步进行阐述,在"中国人共同体"的基础上提出了"中华经济协作系统"的概念,无论是"中国人共同体"的提出还是"中华经济协作系统"的产生,都对"中华经济圈"的发展和形成产生了深远的影响。

尽管黄枝连教授的设想在开始时并未立刻引起人们的重视,但是在不久之后,也就是 80 年代后期,随着中国大陆改革开放的不断推进,以及经济全球化背景下中国大陆与香港、澳门间的经济交流合作不断加深,与台湾的关系开始缓和,"中华经济圈"便开始为人们所重视,并且在短时间内迅速成为海内外华人议论的焦点。在"中国人共同体"的影响下,1987 年美国印第安纳州州立博尔大学经济系教授郑竹园先生在国际会议上提出了构建"大中华共同市场"("大中华经济共同体")的设想。郑竹园教授认为,鉴于中国大陆与台湾地区的统一不可能在短时间内实现,因此应仿照欧洲先例,建立以中国人为主体的大中华经济共同体,以此促进中华民族的大团结和区域经济的大发展。值得一提的是,郑竹园教授所指的"中国人"不仅包括中国大陆、香港、澳门与台湾,同时也包括了新加坡华人。在郑竹园先生之后,该种理论得到了进一步的发展,在原来理论的基础上,其范围发展为东南亚华人国家甚至是整个亚洲华人地区。概括起来,此背景下的"中华经济圈"是包括中国大陆,香港、澳门、台湾和东南亚华人分布区域所组成的经济合作组织,这为日后中华经济圈的形成和发展奠定了基础。

与将东南亚华人区域包含进"中华经济圈"的理论所不同的是,美国相关学者从现实的角度依据历史渊源和政治、经济发展状况对"中华经济圈"的主体范围进行的界定。20 世纪末,美国《波士顿环球报》高级助理主编格林韦先生和美国华盛顿布鲁金斯学会对外政策研究项目高级研究员哈里·哈丁先生先后提出了关于"中华经济圈"的另一种近似的观点,他们都认为所谓的"中华经济圈"实际上是以中国大陆、香港和台湾组成的一种类似于欧洲经济共同体的经济组织。并认为该经济组织具有巨大的发展潜力,在不久的将来必然会对美

---

[1] 黄枝连.美国 203 年:对"美国体系"的历史学与未来学的分析[M].香港:香港中流出版社有限公司,1980.

国经济的发展产生重要影响。[1]

随着国内外学者专家对于"中华经济圈"("中华经济协作系统")理论研究的不断深入，以及现实中"两岸四地"经济发展联系日益紧密，在"中华经济协作系统"理论的基础上，李伯溪教授提出了关于"中华经济圈"的另一种阐述。李伯溪教授认为，"在诸多提法中，应选择'中华经济协作系统'这一提法。'中华经济协作系统'的范围是指中国内地与港、澳、台。经济协作分步实现，实际上初期是中国内地的广东、福建、广西、海南等与港、澳、台发展协作，这在中国内地改革开放以来就已经开始并还在不断发展。我们应强调这一系统的开放性和可扩展性。"[2]基于此种构想，李伯溪教授坚持认为"中华经济圈"应包括中国大陆的全部、香港、澳门、台湾等地区。而"其中中国大陆华南地区的广东、广西、福建、海南四省区与香港、澳门、台湾三个地区为'中华经济圈'的最前沿和最活跃的部分。"[3]

由于"中华经济圈"研究内容的差异性、研究人员的复杂性以及研究角度的多样性等一系列因素，不难发现试图对"中华经济圈"进行概念界定是一件不容易的事情；也可以说"中华经济圈"本身就是在一种尚处于争论与探讨中的概念，是一个在现实中随着世界形势和区域形势而发展起来的概念。然而，正因如此，对"中华经济圈"的产生和发展过程进行深入的探讨和研究，对于加深对其概念的理解和认识就更加具有十分重要的意义。

通过上述梳理可以看出，尽管在不同时期不同学者的研究角度有所不同，但总体而言，不同时期下关于"中华经济圈"的界定分歧总是围绕其所包含的范围以及模式两个方面展开的。就"中华经济圈"范围或主体的研究而言，可以看出争议主要体现为"中华经济圈"除去"中国大陆"以外的部分，究竟是指包括香港、澳门、台湾以及新加坡等其他东南亚所有华人地区，还是仅仅指的是香港、澳门、台湾三个地区(或香港、台湾两个地区)。就"中华经济圈"的属性和模式而言，可以看出其争议主要表现为"中华经济圈"究竟是"经济共同体"模式、"自由贸易区"模式和"经济协作系统"模式中的哪一种模式。其中，关于中华经济圈主体和范围的分歧则为其主要分歧。

二、中华经济圈内涵拓展

不同学者基于不同的研究视角对于中华经济圈的界定往往存在一定的差异，而从其发展过程来看，早期关于"中华经济圈"的界定大致可以概括为两类：一类以黄枝连等人为代表，认为"中华经济圈"的范围仅限于中国大陆、香港、台湾、澳门的"中华经济圈"。另一类以郑竹园等人为代表，认为"中华经济圈"是包括中国大陆、香港、台湾、新加坡华人，进而扩

---

[1] 黄枝连.中华经济协作系统发展中的理论与实践问题[J].世界经济.1992(10):6-13.
[2] 陶洁.中华经济圈构想之综述[J].世界经济与政治.1994(10):26-29.
[3] 李伯溪."中华经济协作系统"发展大趋势[J].经济管理,1996(10):4-7.

大到海外华人为合作范围的"大中华共同市场";显然,两类观点,都不约而同地强调了"中国人"在中华经济圈中的主体性,但是前者更加注重强调中华经济圈发展的阶段性和现实意义;后者观点则更加突出中华经济圈发展过程中的世界一体化趋势。

尽管,到目前为止学术界对于"中华经济圈"这一概念的界定还存在一定的争议,但是,随着世界经济形势和政治格局的不断发展变化,基于历史和现实状况的考虑,学术界对中华经济圈的界定普遍开始以广义和狭义两个视角进行界定。一般而言,狭义上的中华经济圈被认为是由中国大陆、香港、澳门、台湾四个部分所组成的经济圈,而其核心部分由中国大陆的广东、福建、广西和海南4省区及香港、澳门、台湾3个地区组成[1];广义上的中华经济圈则被认为是由整个中国和新加坡等东南亚华人所在的地区所组成的经济圈。另外,还有部分学者认为中华经济圈的主体远不局限于此,甚至进一步提出中华经济圈应以中国和南海周边国家为基础进一步扩展到日本、韩国以及北美等国。

显然,对于中华经济圈的界定既不能眼高手低,单纯追求所谓的"大"而忽略了其发展过程中所面临的现实因素;也不能畏首畏尾,使其失去区域经济一体化发展的应有之意。对于中华经济圈概念的界定应综合考虑到其所依存的现实因素和发展目的和意义。较之以狭义上的中华经济圈概念,我们认为当前广义上的中华经济圈的概念更加确切,但是基于当前我国及整个东南亚地区的发展现状,在进行相关界定时其主体范围又不应该仅仅局限于东南亚华人所在的地区。因此,在广义的中华经济圈的基础上,我们认为中华经济圈是指为促进不同地区间的协作发展和共同繁荣,以中国以及南海周边国家为主体所组成的经济圈。对于这一概念可以从以下几个方面进行理解:

(一)中华经济圈属于经济学范畴的概念

政治因素对于一定区域内的经济发展必然要产生重要的影响,中华经济圈的发展与该区域内的政治因素具有极为密切的联系。但是,在正确理解中华经济圈时,决不可将其与政治概念混为一谈。中华经济圈属于经济学范畴的概念,具有非政治化、非意识形态化的特点,其主要存在意义自始至终都将是为区域经济发展而服务的。基于此,早在中华经济圈理论发展早期,就有学者对"中华经济圈"这一概念在当时背景下的适用性进行讨论,黄枝连就曾认为"中华经济圈"不但不符合香港、澳门的实际情况,而且对于东南亚等国家而言容易陷于政治和意识形态的争论,表现出一种民族主义和封闭的面貌。因而提倡以中华经济协作系统代替中华经济圈的提法,以此表现其非政治化的特点。[2] 但是在国际经济区域化、集团

---

[1] 朱坚真.南海周边国家及地区产业协作系统研究——兼论中国—东盟自由贸易区的产业协作模式[M].北京:海洋出版社,2003.

[2] 朱坚真.南海周边国家及地区产业协作系统研究——兼论中国—东盟自由贸易区的产业协作模式[M].北京:海洋出版社,2003.

化趋势日益明显的背景下,随着香港、澳门的相继回归,以及中国大陆与台湾之间的相互联系越来越密切,中国与南海周边国家的相互影响日益加深,大多数学者也逐渐接受了中华经济圈这一提法。

因而,当前中华经济协作系统普遍又称为中华经济圈。尽管依旧有部分学者对于中华经济圈与中华经济协作系统的等同意义持有不同的观点,但是当前有一点是可以肯定的,那就是在不同学者的论述中,无论是中华经济圈还是中华经济协作系统其本身实际上都是对同一概念的一种描述,而这一概念仅是属于经济学范畴的概念与政治无关。

(二)当前中华经济圈的发展模式是经济协作系统

中华经济圈的发展模式既不是所谓的经济共同体也不是所谓的自由贸易区,其发展模式为经济协作系统。对于中华经济圈的发展模式而言,不同学者对其所持有的观点尚不完全统一,基本可以总结为"经济共同体"和"自由贸易区"以及"经济协作系统"三种模式。所谓经济共同体又叫经济整合,该观点持有者认为中华经济圈的发展模式应是经济共同体模式,其主要内容包括采取共同的对外关税,取消限额,生产要素可以自由流动;与此不同,有相当一部分学者认为中华经济圈的发展模式应为自由贸易区模式,该模式的主要内容则包括在同一区域内取消限额,但对外仍各自维持关税;与上述两者不同,有学者认为该模式应为经济协作系统,所谓经济协作系统则是指参加该系统的各个地区加强交流合作,相互给予优惠条件,积极促进生产、贸易、金融的相互渗透和信息与市场的相互沟通。并可以建立相应的促进机构和咨询服务机构,确立必要的制度和法规,并可考虑以民间联合的形式进行规划,并且各个地区仍保持各自的经济体,对系统外各地区持有不同的关税。并且,这一经济协作系统可以随着区域政治、经济形势的向前推进而不断向前发展。[1]

当前,在一国两制的制度前提下,香港、澳门已经回归祖国怀抱,台湾虽未统一,但也正在逐步与中国大陆加深沟通和联系。南海周边国家具有广阔的市场和丰富的自然资源、人力资源,中国则具有先进的技术优势和管理经验,中国与南海周边国家之间具有得天独厚的互补优势,中国与南海周边国家相互之间的协作发展必然会对各地的经济繁荣产生重要影响。因此,较之以经济共同体和自由贸易区,当前中华经济圈的发展模式为经济协作系统更为确切。

(三)中华经济圈是一个动态、开放的经济系统

任何事物的发展都不可能是一蹴而就的,更不可能不受外界的影响而孤立地存在,中华经济圈的发展亦不能例外,中华经济圈是一个动态、开放的系统。首先,从其包含范围来看,

---

[1] 朱坚真.南海周边国家及地区产业协作系统研究——兼论中国—东盟自由贸易区的产业协作模式[M].北京:海洋出版社,2003.

当前中华经济圈的范围包括中国与南海周边国家及地区，但是随着世界经济区域化、集团化的不断加深，以及中国与南海周边国家及地区不断发展对于世界上其他国家和地区的影响日益增大，中华经济圈必然也会与东南亚其他国家及东北亚、北美等相关国家和地区产生更加紧密的联系。因此，随着中华经济圈影响的不断扩大，其必然进一步影响到世界上其他华人较多的国家。正如郑竹园先生所预想的那样中华经济圈将成为一个"将来可能包括新加坡及东南亚、北美华人的经济圈"。[①] 其次，从发展模式来看，中华经济圈提出之时香港、澳门尚未回归祖国，但是在其发展的过程中，香港、澳门陆续回归祖国怀抱。近些年来，随着两岸关系的缓和，两岸经济、文化交流日益密切，台湾回归亦指日可待。可以设想，随着台湾的回归，中国同南海周边国家的交流合作的进一步加深，中华经济圈的发展模式必然要由经济协作系统向其他更加紧密的合作模式进一步转变。

总而言之，中华经济圈并不是一个封闭、孤立的系统，更不可能是一个以狭隘的民族主义为主导的经济组织。随着世界经济全球化的日益明显和国际政治局势的不断发展转变，中华经济圈只有以开放的胸怀在不断汲取外部有利因素，才能够面对复杂多变的国际环境，抓住机遇应对挑战。

第二节　中华经济圈发展背景

"中华经济圈"的产生与发展，有其合理的现实基础和时代背景。一方面，它的存在和发展是世界经济发展区域化、集团化的必然产物，符合时代和潮流的发展趋势，有利于推动亚洲及世界经济和区域经济的快速发展。另一方面，它的出现和发展，也促进了中国"两岸四地"经济协调合作的不断增强，满足了各地区的经济发展需求。作为有效推动区域经济发展的主要形式，它不但能够促进本地区优势资源的合理开发和利用，避免由于零散地域发展而造成的资源浪费，而且能够使得区域发展的核心竞争力得以提升，使得区域成员在面对外来经济发展挑战时能够灵活应对。具体而言，对于中华经济圈的存在和发展背景可以从世界和区域两个角度予以分析。

一、国外背景

（一）国外经济背景

从世界经济发展层面来看，"中华经济圈"是世界经济发展区域化、集团化背景下的必然产物。自20世纪80年代，伴随着不同国家和地区间的经济交流和合作不断加强，世界经济

---

① 黄枝连."中华经济协作系统"发展中的理论与实践问题[J].世界经济,1992(10):6-13.

区域化、集团化便已经初步成为一种发展趋势。之后,进入 90 年代,在以信息技术为中心的高新科技作用力的推动下,世界经济在规模和层次上又有了较大的发展。信息技术的突飞猛进,不仅拉近了不同国家与区域之间的距离,加强了不同文化和不同种族之间的联系,促进了世界单个国家与区域的飞速发展,同时也加快了全球产业结构的调整步伐,使得以网络经济为代表的新经济发展模式在全球得以快速发展起来。

到 20 世纪 90 年代以后,随着各国经济交流与合作的进一步强化,各种区域经济组织和区域经济圈纷纷建立,世界经济区域化和集团化的速度明显加速。1965 年欧洲共同体成立,并于 1993 年发展成为欧洲联盟,之后陆续建立欧洲中央银行,发行单一货币欧元,从而实现欧洲大部分地区经济一统,协同发展的目标。1989 年亚太经济合作组织(APEC)成立,1998 年俄罗斯、越南、秘鲁加入该组织,至 2014 年该组织已经成为拥有 21 个成员,3 个观察员的在亚太地区最具影响力的经济合作官方论坛。1994 年美国、加拿大以及墨西哥三国建立北美自由贸易区(NAFTA),该贸易区于当年 1 月 1 日即开始生效。此外,在全球范围内,另有一些区域经济圈和经济合作组织也在形成和发展之中。这都对中华经济圈的发展产生了重要的促进和借鉴作用。

(二)国外政治背景

从世界政治层面来看,当前和平发展的世界主题为中华经济圈创造了稳定的发展环境;世界各国政治的紧密联系为中华经济圈的发展提供了有力的发展条件。世界格局多极发展的趋势为中华经济圈的发展提供了可靠的保障。三者的共同作用是中华经济圈得以存在和发展的基础。

1991 年苏联的解体,标志着冷战的结束,自此"二战"后苏美两国政治对峙的局面不复存在,世界战争的阴云渐渐散去。尽管当前形势下局部动荡依旧存在,但就世界整体局势而言各国已经纷纷将国家主要任务转向经济发展,正如邓小平所讲,和平发展成为当今时代的主题。和平稳定的国际局势使得拥有不同信仰的国家和区域间的合作成为可能,避免了不同政治纠纷对于经济发展造成的损害。随着信息技术和现在交通的快速发展,使得不同国家和地区之间的联系更加快速便捷;不同政治主体可以通过多种方式积极开展国际对话,加强政治交流与合作,从而避免了不必要的误会,加深了彼此的认识和了解,增加了互信互利。更加有利于不同国家与区域间开展经济合作和协调,从而实现互利双赢,满足不同发展主体的发展要求。世界各国紧密的政治联系为中华经济圈的存在和发展提供了有力的政治条件。

(三)国外文化背景

合作共赢的国际文化氛围对中华经济圈的发展也具有重要的促进作用。随着苏联的解体,世界格局中两极争霸的局面逐渐被改变,尽管霸权主义依旧存在,但是当今世界格局多极化的发展趋势已经普遍为世界所认可。"多极化"的世界格局的发展不仅能够抑制霸权主义的产生,同时,也有利于维护世界和地区的和平与稳定。在和平稳定的国际环境下,世界各国纷纷展开交流合作,也正是在这种背景下催生了众多区域经济合作组织的产生。

众多的经济组织和经济圈,在一定程度上促进了世界经济的发展,但同时也带来了世界范围内的激烈的市场竞争。对于各经济圈而言,圈内成员间往往表现出愈来愈大的相容性,而对于圈外成员则表现出一定的排他性。显然,全球化背景下新的经济发展形式给世界各国和地区带来了新的发展机遇,同时也带来了新的挑战。由于在经济发展过程中各国发展所依靠的资源条件、技术条件、管理能力以及自然环境和区域位置的有所不同,发展过程中必然会出现障碍,发展的结果必然会在一定程度上导致发展差距。因此如何在满足自身发展需求的基础上,依靠现有资源和技术抓住机遇应对挑战,实现合作双赢普遍成为世界各国和各地区的主要任务。基于此种文化背景中华经济圈应运而生。

二、国内背景

(一)国内政治背景

1978年12月,十一届三中全会明确提出了对内改革,对外开放基本政策。从此,我国封闭型的经济模式逐步被积极参与国际交换与合作的对外开放型经济模式所取代,逐步形成了"经济特区—沿海开放城市—沿海经济开发区—腹地—沿江经济开发区—沿边经济开发区"这样一个多层次、有重点、全方位的开放开发格局。这就从根本上确立了中国经济对外交流合作的发展方向,改革开放经济布局为日后中华经济圈的形成奠定了坚实的基础。在"一国两制"伟大构想下,1997年香港顺利回归,1999年澳门顺利回归,中国大陆与台湾也正逐步朝着和平统一的方向发展。与此同时,随着国际交流合作的加强,中国与南海周边国家及地区的关系也得到了较好的改善。"两岸四地"交流日益加深,以及中国与南海周边国家和地区之间的合作日益紧密,都为中华经济圈的存在和发展提供了良好的内部发展环境。

(二)国内经济背景

随着中国大陆改革开放政策的不断推进,港澳两地的顺利回归以及大陆与台湾关系的良好发展,全球化背景下的中国大陆与港澳台地区的经济交往逐步增多,产业合作互补关系不断增强。自1995年起香港和澳门就已经成为世界贸易组织(WTO)的成员,到2001年中国加入世界贸易组织(WTO),2002年台湾加入世界贸易组织(WTO),"两岸四地"已经成为经济科技全球化中的有机组成部分。全球化的经济背景下,既充满了机遇也充满了挑战。经济交流与合作的不断加深,"两岸四地"一体化趋势为应对这一挑战提供了有效途径。中国大陆方面所具有的丰富的人口资源、土地资源、原材料为港澳台地区的发展提供了不竭的动力,同时,港澳台地区所具有的充裕的资金、先进的生产技术以及市场管理经验也为大陆的发展注入了新的力量。从而使得中国"两岸四地"与南海周边国家与地区在经济发展的过程中扬长避短,各取所需。在充分利用各地资源的同时提升区域竞争力。

(三)国内文化背景

中国大陆与港澳台四地同宗同族,具有割不断的血缘关系。两岸四地都是中华优秀传统文化的继承者和发扬者,都是中华民族的优秀子孙,都深受这中国传统儒家思想的影响。这是中华经济圈得以存在和发展的先天优势。随着港澳的回归以及近些年大陆与台湾地区关系的缓和,"两岸四地"经济一体化已经是大势所趋。"中华经济圈"的形成和发展这不仅符合各个地区的经济发展的要求,更加符合两岸四地居民要求祖国尽快统一、实现中华民族伟大复兴中国梦的共同心愿。这就避免了文化壁垒对经济发展所造成的消极作用,从而为中华经济圈发展奠定了良好的文化氛围。

第三节 中华经济圈发展趋势

中华经济圈存在和发展适应了世界经济全球化、区域化、信息化的发展潮流,符合以中国大陆为代表的大中华区域各地区经济发展要求,对中国大陆以及南海周边国家和地区的经济发展和稳定发挥着重要的推动和促进作用。与此同时,随着世界经济全球化形势发展,中华经济圈的存在与发展必将对东南亚、南亚甚至欧美等其他国家和地区经济繁荣产生重要影响。

一、中华经济圈的核心是华南经济圈

中华经济圈的核心部分为华南经济圈,即由中国大陆的广东、广西、福建、海南四省与香港、台湾、澳门所形成的经济协作系统(也就是所谓的"4+3"模式)。尽管,普遍意义上所指中华经济圈指的是中国大陆(包括海南)与香港、澳门、台湾之间所形成的经济协作系统,但是由于广东、广西、福建、海南四个省区与香港、澳门、台湾地理位置相近,社会文化交流频繁,经济活动密切,再加之以华南地区是大陆最先实行改革开放的区域,能够充分利用国外资金、资源技术和市场,积极参与国际合作,大力发展外向型经济,这就使得位于中国大陆最南端的广东、广西、海南、福建四个省份不但成为整个中国大陆对外开放的窗口,同时也成为中国大陆与港、澳、台地区进行经济交流与合作的最活跃的舞台。

大陆土地辽阔,自然资源丰富,劳动力充足,有坚实的工业基础和雄厚的科技力量;港澳台地区的资金相对充裕,产业技术水平高,具有开拓国际市场的经验,适合于发展投资、金融、加工、外贸等业务。但港澳台地区土地狭小,不适宜发展大规模的加工业、制造业。就此广东、广西、福建、海南四省因地制宜,利用自身资源优势积极与港、澳、台地区展开经济交流

与合作,不但能够使得内地的各种资源得以有效利用,同时还可以使得港、澳、台地域的资金和技术向大陆不断流动。从而促进大陆地区和港澳台地区充分发挥其互补优势,以此推动中华经济圈不断向前发展。具体而言,华南经济圈的形成又是由多方面因素造成的:

首先,相对稳定的国际环境为华南经济圈的形成奠定了基础。随着世界局势的不断发展和演变,和平与发展已经成为时代的主题,进入20世纪80~90年代,世界科技周期更新缩短,世界范围的技术扩散和转让加快,特别是发达国家的部分技术、设备和资金向外转移,制造业的国际化为扩大国际合作创造了条件,给华南四省带来了千载难逢的发展机会。同时,在产业分工协作加强的背景下,愈来愈多的国外境外企业(包括港、澳、台)为了降低产品的生产成本,扩大销售市场,纷纷来华南进行产业协作,包括从华南采购零部件以及其他形式的技术经济协作,因而,可以说相对稳定的国际坏境为华南经济圈的形成奠定了基础。

其次,华南四省工业化取得明显进展、产业结构不断优化,使其具备了与港、澳、台地区进行充分合作的优越条件。20世纪80~90年代,华南四省通过改革开放,大力推进工业化,基本上实现了出口商品从初级产品为主向工业制成品为主的转变。同时,华南四省充分发挥门类较齐全的工业体系、多层次产业技术结构以及劳动成本较低的优势,利用国际间零部件生产专业化加强的机会,通过技术引进与开发、借贷合作、生产合作等多种形式使得自身产业结构不断优化,这都为与港、澳、台地区间的交流与合作创造了优越的条件。

再次,政策支持为华南经济圈的形成提供了保障。华南地区是大陆最先开放的区域,实行了与内陆不同的经济发展战略取向,即充分利用国外的资金、资源技术和市场,积极参与国际合作,大力发展外向型经济。在国家统一规则指导下,按照因地制宜、合理分工、各展所长、优势互补、共同发展的原则,促进地区经济合理布局和健康发展。重点发展附加价值高、创汇高、技术含量高、能源和原材料消耗低的产业和产品,利用国外资金、资源,求得经济发展更快速度和更好效益。这为华南经济圈的形成提供了保障。

最后,华南四省与港、澳、台地区的经济交流与合作的不断加强使得华南经济圈的形成成为了现实。随之,港澳台产业的比较优势已由劳动密集型产业为主转向资本、技术密集型产业相结合,并以技术密集型产业为主。华南四省利用自身资源优势与港澳台之间展开的经济合作日益紧密。双方共同开发高技术产品,合作建立工业区和科学园区,同时不断加强人才交流和人才优势互补,港澳台地区的资金和技术不断向华南四省流入,这无疑都极大促进了华南四省与港澳台地区的经济融合。经济交流与合作的不断深化,使得华南经济圈的形成变为事实。

二、中华经济圈是亚太经济圈的重要组成部分

随着世界经济区域化、集团化的日益明显,不同地区不同形式和不同规模的经济合作组

织日益增多,在世界经济发展的过程中陆续出现了欧洲经济圈、美洲经济圈、亚太经济圈三大经济圈。欧洲经济圈是第二次世界大战以后,形成时间最早、组织最为严密、涉及范围最广的地域性经济集团,它最初脱胎于1958年成立的欧洲经济共同体,但是由于当时复杂的国际政治形势在很长时间中欧洲经济圈仅有12个西欧国家加入,但是随着1989年东欧剧变和1991年苏联解体,欧洲经济圈迅速扩大起来,当前欧洲经济圈已经成为世界经济发展的最为重要的区域之一。美洲经济圈由北美自由贸易区发展而来,20世纪80年代,在美国总统里根和布什多次倡议下,美洲三国美国、加拿大和墨西哥经过艰苦谈判,最终于1992年10月草签了北美自由贸易协定,并于1994年1月起生效,这一举动成为北美经济圈形成的起点,之后随着"美洲倡议"的提出,美洲经济圈获得了迅速发展,当前北美自由贸易区已经成为世界上最大的自由贸易区。亚太经济圈,普遍指亚洲和环太平洋的国家和地区,重点指西太平洋的"新月带"。与欧洲经济圈、美洲经济圈相比,亚太经济圈是范围更广、情况更加复杂的一个地区性经济集团,也是全球经济增长最快、最富于活力的地区。[①]

具体而言,亚太经济圈是一个发展程度不一的、多层次的经济圈。其中主要包括中华经济圈、东北亚经济圈和南亚经济圈、中亚经济圈,南海经济圈、东盟经济圈等。在亚太地区众多经济圈中,中华经济圈与其他经济圈大多存在一定的交集,并且由于其特殊性质在先天发展优势上比其他经济圈更胜一筹。其中以东北亚经济圈为例,东北亚经济圈主要包括中国东北三省、朝鲜半岛、俄罗斯远东及日本海沿岸地区。东北亚经济圈构想始于80年代中期,主要框架内容是:日本、韩国的资金、技术、管理及销售渠道,中国、朝鲜的劳动力、市场,俄罗斯的资源和人才,这种互助互利的经贸分工体制,又派生出图们江经济圈、环渤海经济圈等。但是,由于当前朝鲜半岛尚不统一,且局势今年来随着朝鲜核试验而有所紧张;日本因政治问题声誉不佳,与东亚国家的关系并未得到较大缓和;因而,东北亚经济圈前景不容乐观。其他经济圈多存在此类不相协调的问题。而中华经济圈以中国大陆、香港、澳门、台湾为主要经济活动主体,不但区域环境较为稳定,而且相互之间经济协调、沟通能力更强。因而,中华经济圈较之以亚太地区的其他经济圈具有更为强劲的发展活力和更为坚实的发展基础。

其次,中华经济圈已经成为亚太地区经济持续快速发展的领头羊,在亚太地区的经济发展中逐渐发挥了领跑、示范作用,对亚太地区的经济协作发展产生了重要影响。亚太地区总体政治形势较为稳定,经济增长较快,"亚洲四小龙"的兴起则更为其注入了新的活力。其中随着"四小龙"中香港、台湾与中国大陆经济合作的进一步加深,中华经济圈的兴起也为泰国、越南、缅甸、印度尼西亚、马来西亚、菲律宾等东南亚国家的经济发展提供了良好的环境。广阔的中国大陆为南海周边国家及地区的木材、橡胶、金属矿产品和热带农副产品提供了巨大的销售市场,同时广东、上海等地较强的科学技术,以及台湾、香港先进的管理经验和发展

---

① 李伯溪."中华经济协作系统"发展大趋势[J].经济管理,1996(10):4-7.

模式也对南海周边国家及地区的经济发展起到了重要的推动作用。另一方面,中华经济圈的兴起对于东北亚的韩国、日本的经济发展也具有重要意义。中国大陆幅员辽阔,自然资源丰富,且人口众多,劳动力充足,这为日本、韩国的经济发展提供了有利条件,不但日本、韩国的高科技电子产品,娱乐文化产品得到了广阔的销售市场,同时廉价的劳动力为其来华建厂投资大大降低了成本。

中华经济圈作为亚太经济圈的重要组成部分,它的存在不但为亚太地区的经济发展提供了动力,同时也使得亚太地区不同国家和地区之间经济的协调发展成为可能。当前,世界经济危机的阴影还没有完全消退,世界各国都在为其经济的发展和复苏做着种种尝试。中华经济圈的进一步发展不仅会对亚太地区的经济发展具有重要的影响,同时对于整个世界经济的发展也必将具有极为重要的意义。

"中华经济圈"的构想从提出到现在已经历了30多年的大发展。在这30多年的时间中,国内外众多学者参与了中华经济圈的探讨,这使得中华经济圈不但在理论上而且在现实中也取得了巨大的发展。当前中华经济圈区域局势较为稳定,各地区协作紧密,经济发展较为迅速。改革开放以来中国内部香港、澳门相继回归,中国大陆与台湾地区的关系逐渐缓和;外部与南海周边国家及地区交流日益频繁,合作日益密切,发展较快。中华经济圈的发展取得了举世瞩目的成就。这主要体现在:首先,在世界经济区域化、集团化形势下,中国大陆、香港、澳门、台湾经济交流合作不断增强,关系日益紧密,在世界经济发展的大潮中,各地区经济都获得了迅速发展,取得了辉煌的成绩。其次,随着中国经济实力的迅速提升,中国对南海周边国家及地区国家经济的发展产生了重要影响,双方利用各自优势,在资源利用、技术开发以及人才交流方面均取得重大成果,不仅实现了双方经济的协作共赢,对于南海周边国家及地区的经济发展也产生了巨大的推动作用。最后,中华经济圈作为亚太地区最为重要的经济合作组织之一,在当前世界经济危机还未完全消除的情况下,为世界经济的发展注入了新的活力,对于世界经济的影响日益扩大。

三、中华经济圈将在全球经济增长中发挥重要作用

(一)中国内部的经济交流合作增强,经济迅速发展

中国大陆、香港、澳门、台湾彼此间经济交流合作增强,经济发展迅速是当前中华经济圈内部最为明显的表现之一。香港、澳门、台湾与中国大陆同宗同族,同属一个中国,一个协同、稳定的发展环境是"两岸四地"经济繁荣稳定的最根本保证。随着香港、澳门分别于1997年和1999年相继回归祖国,中国大陆与香港、澳门三地之间的经贸关系日益紧密。在改革开放的全力推动下中国内地经济持续快速增长不但带动了港澳对外贸易量的增加,同时也带动了台湾地区经济贸易的增长,这都使得"两岸四地"的经济融合度越来越高。

随后,内地与港澳在 2003 年签署了 CEPA 协议——《关于建立更紧密经贸关系的安排》(Closer Economic Partnership Arrangement,CEPA)。CEPA 协议的签署具有重要意义,它是由"一国两制"下的中央政府(中国内地)分别与其两个独立关税区(香港和澳门)签订的自由贸易协定,是国家主体与其单独关税区之间的优惠贸易安排,是作为主权国家内部加强制度性经济合作方面的重要尝试。① 之后,2007 年 6 月 29 日、7 月 2 日大陆分别与香港、澳门签署了《CEPA 补充协议四》,这进一步扩大了中国大陆对港澳的开放程度。

随着 2010 年海峡两岸经济合作框架协议(简称 ECFA)签订,中国大陆与台湾之间在扩大贸易量、吸引投资、促进产业结构升级、加快市场融合等方面的相互影响进一步加深,从此两岸关系正式进入了"ECFA 时代"。②

CEPA 的实施以及 ECFA 的签订不仅促进了内地与港、澳、台之间经济的优势互补、互利共赢,是深化内地与港、澳、台经贸合作的双向平台和有力引擎。同时,也为内地与港、澳、台的经贸合作开辟更宽广的空间,为内地与港、澳、台经济快速持续发展注入新的强大活力,并有利于加快"两岸四地"的区域经济整合。CEPA 与 ECFA 一同构建了两岸四地经贸往来的桥梁,使得两岸四地的经济交流与合作变得更加紧密,为中华经济圈的经济繁荣与发展提供了重要保障。

在经济贸易与投资方面,早在 2005 年,港、澳、台地区就已经成为中国大陆的第一贸易伙伴,最大的境外投资来源地和对外投资目的地,重要的承包工程和劳务合作市场。2007 年 1~10 月,大陆与台、港、澳地区贸易总额达 2 618.1 亿美元,占大陆对外贸易的 14%,成为了台湾最大的出口市场,是香港最大的进口市场。2007 年以后,两岸贸易继续保持了快速发展势头,台、港、澳地区继续成为大陆最大的境外投资来源地。③ 2013 年,大陆与台、港、澳地区贸易总额为 6 012.98 亿美元,占同年中国贸易总额的 14.5%,其中,对港、澳、台地区进口的进口额为 1 729.99 亿美元,出口额为 4 282.99 亿美元。2014 年,大陆与台、港、澳地区的贸易总额为 5 777.88 亿美元,占同年中国大陆贸易总额的 13.4%。其中,中国大陆对港、澳、台地区的进口额为 1 648.41 亿美元,出口额为 4 129.47 亿美元。与此同时,2013 年,中国大陆地区共吸收来自港、澳、台地区的直接投资额为 759.44 亿美元,约占外商直接投资的 65%。2014 年,中国大陆地区共吸收来自港、澳、台地区的直接投资额为 838.37 亿美元,约占外商直接投资总额的 70%。由此,台、港、澳地区成为大陆最大的境外投资来源地,最大的境外投资目的地和第二大贸易伙伴(位列欧盟之后)。④ 显然,中华经济圈的崛起,不仅使得两岸四

---

① 郑竹园."中华经济圈"势不可挡[J].台声,2004(9):58-59.
② 周青,田志立.中华经济圈的形成与特点——90 年代广东经济发展的国际环境分析[J].暨南学报(哲学社会科学),1994(1):57-60.
③ 李建民,王颖.对构建"中华经济圈"的几点思考[J].延边大学学报(社会科学版),2010(4):17-20.
④ 钟昌元,陶欣.海峡两岸 ECFA 对大陆经济的影响研究[J].商业时代,2013(2):50-52.

地之间紧密的经济合作成为了可能,同时也使得在不断地交流与合作中各地区的经济得到了迅速的发展。

(二) 中华经济圈促进了南海周边国家及地区的繁荣与发展

通过以资源利用、技术交流以及人才交往为主要内容的频繁的经济贸易和投资活动使得南海周边国家及地区经济迅速发展,是当前中华经济圈又一重要成就。由于中国与南海周边国家及地区之间的地缘关系,以及南海周边国家及地区华人分布广泛,文化上具有一定相似性的特点,中国大陆以及港、澳、台地区与南海周边国家及地区之间的贸易往来源远流长。长期以来,在经济发展方面,中国大陆地区与港、澳、台地区在南海周边国家及地区的经贸往来以及投资活动中发挥了举足轻重的作用,极大推动了南海周边国家及地区的经济发展。

首先,就中国大陆而言,中国大陆面积广阔,人口众多,具有得天独厚的市场优势和资源优势,同时随着中国科技发展的起飞其科技创新能力也取得了较大的进步,这就为南海周边国家及地区的经济发展提供了坚实的后盾。鉴于地理位置相近,文化传统相似的特点,大陆与南海周边国家的贸易长久以来取得了举世瞩目的发展成就。仅 2014 年,中国对南海周边国家中的马来西亚、菲律宾、新加坡、越南、印度尼西亚等五个主要国家的货物进出口贸易额分别为 1 020.06 亿美元、444.58 亿美元、797.40 亿美元、836.36 亿美元、635.45 亿美元,货物贸易总额高达 37 338.85 亿美元,约占同年中国对亚洲货物进出口总额的 16.4%。与此同时,中国与南海周边主要相关国家之间的投资关系也日益密切,截至 2014 年,中国对印度尼西亚的直接投资存量为 67.94 亿美元,对新加坡的直接投资存量为 206.40 亿美元,对越南的直接投资存量为 28.66 亿美元。密切的货物贸易关系和投资关系不仅促进了中国大陆经济的发展,同时也为南海周边国家和地区的经济发展和繁荣注入了新的动力。

其次,就香港而言,早在 20 世纪 80 年代,香港对南海周边国家及地区的投资就已经成为了其亚洲投资的最为重要的组成部分之一,香港与新加坡、越南、印尼、泰国、菲律宾、马来西亚等南海周边国家之间都存在着较为密切的投资关系。以新加坡为例,从 2011 至 2014 年四年间,香港从新加坡进口商品总额为 10 081 亿港元,香港对新加坡出口商品总额为 103 亿港元。无疑,香港巨大的销售市场为诸如新加坡、越南、印尼等南海周边国家的出口贸易提供了有力支撑。新加坡、越南、菲律宾等国家利用自身资源优势,在与中国大陆进行频繁的贸易活动的同时兼顾香港市场需求,必然会为自身经济的发展创造有利机会。香港作为世界著名的贸易、金融中心,巨大投资与频繁的经贸活动不但为其经济的持续繁荣稳定提供了新的动力,同时也为南海周边国家及地区的经济发展提供了重要的发展机遇,有助于南海周边国家在获得持续稳定的资金保障的同时不断扩大自身影响,实现自身飞速的发展。

最后,就台湾而言,台湾与南海周边的马来西亚、泰国、新加坡、菲律宾、印度尼西亚、越南等国家也存在着极为密切的投资贸易关系。台湾在过去较长一段时间内一度是越南的最大境外投资者,在马来西亚、泰国、菲律宾、新加坡等国的境外投资者处于十分重要的地位。在进出口贸易方面,以2014年为例,如表1-1所示,台湾对新加坡、越南、菲律宾、马来西亚、印度尼西亚、泰国等南海周边主要六个国家的贸易状况,其中可以看出南海周边六国与台湾2014年的进出口贸易总额分别占据到了台湾当年进出口贸易总额的12.2%和18.7%。由此可见,台湾与南海周边国家及地区的贸易极为紧密,台湾对南海周边国家及地区的持续的投资贸易活动无疑将成为未来其实现经济进一步飞跃的有力保障之一。

表1-1 2014年台湾与南海周边国家进出口贸易状况

进出口总额 (亿美元)	新加坡	越南	菲律宾	马来西亚	印度 尼西亚	泰国	总计 (亿美元)	占同年进出口 总额比重(%)
出口额(亿美元)	205.4	99.9	95.3	86.1	38.4	60.9	586	18.7%
进口额(亿美元)	83.8	25.6	20.7	87.9	73.9	43.0	334.9	12.2%

资料来源:根据《中国统计年鉴2015》整理

此外,作为特别行政区的澳门也与南海周边国家及地区存在着较为密切的投资和贸易关系。南海周边国家及地区作为中华经济圈一个重要组成区域,其本身又由于种种历史原因是世界华人分布较为密集的地区之一,因而,中华经济圈发展必然会极大地惠及南海周边国家及地区。香港、台湾以及澳门等地对南海周边国家及地区的经贸和投资活动为东南亚国家的经济发展提供了重要的资金来源和管理经验,以广东、广西、福建、海南为代表的中国大陆则在资源互补,技术引进等方面为南海周边国家及地区的经济的发展提供了有利支撑。当前,中华经济圈已经为维护和促进南海周边国家及地区的经济发展和繁荣做出了重要贡献。

(三)中华经济圈促进了世界经济的发展和稳定

中华经济圈的发展不仅带动了"两岸四地"经济的迅速发展,同时也对南海周边国家及地区的区域的经济发展产生了极为重要的促进作用。当前,在世界经济发展颇具波折的环境下,中华经济圈以其良好的发展势头赢得了世界越来越多的经济学者的关注。

始终保持较快的经济增长速度以及不断增加的经济总量使得中华经济圈已经成为世界经济发展中最为突出的力量之一。随着世界经济一体化趋势的不断推进,中华经济圈对于世界经济发展的影响日益扩大。以中国"两岸四地"2013~2014年度经贸发展状况为例如表1-2所示,其中2014年中国大陆货物进出口贸易总额高达264 241.8亿元人民币,较2013年进出口贸易总额高出2.3%,香港2014年货物进出口贸易总额高达78 918亿港元,较2013年增长3.6%,澳门2014年货物进出口贸易总额高达998.7亿澳门元,较2013年增长

10.8%,台湾 2014 年货物进出口贸易总额高达 177 783 亿元新台币,较 2013 年增长 4.0%。中国"两岸四地"总体经济增长率始终保持较高水平,极大促进了世界经济的增长,这都使得中华经济圈成为亚太地区乃至世界经济最活跃的地区之一;此外,随着 CEPA 的进一步实施以及 ECFA 影响的日益扩大,中国大陆与台湾、香港、澳门经济交流与合作的进一步深化,同时中国与南海周边国家及地区的合作关系日益密切,这必将更有助于"中华经济圈"的繁荣与发展,使得中华经济圈在世界经济的发展中扮演越来越重要的角色。

表 1-2 2013~2014 年中国"两岸四地"货物进出口状况

年度	内地货物进出口总额(亿人民币)	香港货物进出口总额(亿港元)	澳门货物进出口总额(亿澳门元)	台湾货物进出口总额(亿新台币)
2013	258 168.9	76 204	901.1	170 584
2014	264 241.8	78 918	998.7	177 783

资料来源:根据《中国统计年鉴 2015》整理

此外,单就中华经济圈区域内的中国大陆而言,其强大的经济发展潜力和巨大的经济市场,也对世界经济发展起到了重要作用。"十二五"期间,如中国大陆一直保持中高速经济增长,2011~2014 年国内生产总值年均增长为 8%,2012、2013 年均增长 7.7%,2014 年增长 7.3%。与此同时,中国大陆经济总量继续保持世界第二位的有利位置,自 2009 年超越日本成为世界第二大经济体后,中国经济持续保持良好发展势头,2014 年经济总量高达 636 139 亿元,占到了世界份额的 13.3%,比 2010 年增长 4.1 个百分点。无疑中国经济的快速发展和繁荣稳定都将对世界经济的复苏起到重要的推动作用。中国日益成为世界发展最快、最大和最具潜力的新兴市场,越来越多的国家都将其经济发展的目光聚焦中国。

随着 CEPA 的进一步实施以及 ECFA 影响的日益扩大,中国大陆与台湾、香港、澳门经济交流与合作的进一步深化,同时中国与南海周边国家及地区的合作关系日益密切,"中华经济圈"必然会展现出新的生机和活力,并在世界经济舞台上扮演越来越重要的角色。

第二章　中华经济圈建设的意义、原则与难点

中华经济圈这一说法的提出距今已有30多年,期间部分国内外学者,尤其是两岸学者在有关中华经济圈的学术实践方面做了大量富有成效的工作,最终形成了系统性的关于中华经济圈建设的具体构想,并在游说政府高层将其转化为政策实践方面也做出了诸多努力。中华经济圈最初由两岸设想拓展至两岸四地,然后拓展至海外以华裔为主体的国家或地区,其内涵也不断在丰富。从全球来看,在经济全球化与区域一体化愈加深入的今天,互利共赢的合作理念愈发被更多国家接受,全球国家间、组织间各种形式的合作不断往深入发展,打造命运共同体成为一种潮流,中华经济圈正是这样一种全球合作与区域合作潮流下的产物,其诞生有其应然之义。

从区域来看,近些年来中国大陆、台湾以及港澳地区,在社会、经济、人文等各方面的联系越来越紧密,已发展到谁也离不开谁的地步,尤其随着中国大陆上升为世界第二大经济体,台湾、港澳对大陆的经济依赖可谓深入骨髓,尽管两岸还未实现统一,处于分治的状态,但2008年以来,马英九政府在认同九二共识的基础上,大力加强与大陆的经济贸易人文往来,两岸始终朝着和平、积极的轨道迈进。香港近两年虽然港独势力有明显抬头,一度干扰香港日常发展,但总体上还处在中央政府与香港特区政府的控制范围之内,港独势力遭到一定程度的打压,概言之,中华经济圈构建的区域环境让其产生有其必然之义,也就是说,整个中国,包括港澳和台湾在内,在实现最终的政治、经济等全方位一体化(完全的统一)之前,必须要建立若干个缓冲或者过渡机制,来增进相互间的融合,所以中华经济圈的构建,可以作为其中的一种合作机制。

总而言之,中华经济圈建设的理论价值与应用价值正逐步被发掘。我们看待或者研究中华经济圈必须基于国际与区域的视野,必须基于现实与未来的考虑,必须基于顶层设计与具体实践的深入谋划。中华经济圈的建设并非一日之功,由于其所嵌入的错综复杂的利益结构以及面临着众多棘手而要解决的难题,注定在协商、谈判一致方面要付出诸多努力,但总体来讲,这些问题最终是可以解决的,其理由之一便是中华经济圈的各大主体在文化上存在根本的统一性,所以,这会影响人们的共同认知与行为习惯。基于此,本章内容将从偏宏观的视角,来具体探讨中华经济圈建设到底有哪些意义,要坚持什么样的原则,以及存在哪些深层次上的问题和矛盾,希望借此能为中华经济圈建设提供更多有益的理论与政策探索,

并在建设的大方向上提供部分有益的谋划。

第一节 中华经济圈建设的意义

"中华经济圈"这一概念在 20 世纪 80 年代正式提出以来,距今已将三十余载,时至今日,仍有不少学者在研究与此相关的课题。总体来看,关于中华经济圈的研究,近十年来呈趋冷之势,主要原因在于未能得到国内高层的明确支持与表态认可,同时有学者直接对其提出了质疑,认为既无必要,也难实行,[①]甚至有学者基于当时国内外环境,认为应慎提中华经济圈,担心其可能带来的负面效应。[②] 事实上,尽管对于中华经济圈的研究存有非议,但绝大部分学者认为中华经济圈的建设利大于弊,尤其新形势下,我国经济发展进入新常态,面临着更为复杂的国内外形势。所以,以"两岸四地"为核心主体的中华经济圈的建设,在新阶段呈现出独特的意义,并集中体现在政治意义、经济意义以及人文意义三个方面。

一、政治意义

经济基础决定上层建筑,无论是全球化的经济合作机制还是区域性的经济合作机制最终都会渗透至政治合作领域,并带有明显的政治博弈特征,甚至产生极为重要的影响。中华经济圈建设实际上主打经济合作牌,包括搁置必要的政治分歧(如两岸政治分歧),以促成经济方面的合作,显然,至少从目前的现状来看,它更多表现为一种区域的经济合作机制,但随着经济合作紧密度的增加,势必对经济圈内各主体间的政治关系会产生潜移默化的影响,而且对该经济圈所嵌入的外部政治关系也会出现明显的影响力增强现象。概而言之,由中华经济圈建设所传导出的政治意义,本章从两大层面进行阐述:第一层面,从中华经济圈的内部出发,着重探讨两岸间的政治意义,一国两制在港澳地区的实践意义,以及南海主权维护方面的意义;第二层面,侧重从外部层面进行阐述,着重强调基于中华经济圈的各大主体,尤其是我国在外围政治空间的拓展意义。

(一)有利于加强两岸联系,降低两岸政治敌对状态,维护台海和平

两岸关系在陈水扁掌管台湾时期历经风雨,可谓剑拔弩张,台独与反制台独成为当时两岸关系的一个重要主题,两岸正常的社会经济交流遭受重创,两岸关系遭到破坏,事实上,两岸在当时共商中华经济圈建设,缺乏良好的政治与经济环境。2008 年,马英九担任台湾地区领导人后,两岸关系开始缓和,并迈入正常轨道,和平发展是两岸的主基调,期间两岸共促大三通,签订一系列经济贸易协议,两岸经济自由化水平显著提升,大陆成为台湾的第一大贸

---

① 胡刚.异议"中华经济圈"[J].中国经济问题,1993(4):45-47.
② 吕鸣伦.应慎提"中华经济圈"[J].中国国情国力,1996(8):36.

易伙伴,以及第一大投资选择地,换言之,台湾经济发展越来越依赖于大陆市场。这样一种较为深度的经济依赖,以及台湾与大陆实力的差距,使得两岸关系必须朝着健康正确的轨道行驶,尽管2016年民进党重新获得掌管台湾的权力,也无法改变这一局面。所以,推动中华经济圈建设,至少从大陆与台湾的角度来说,已具备良好的经济基础,同时,习马会的如期进行,使得两岸在政治交流方面取得突破,以经促政,已成为两岸关系发展的一大特点。事实上,中华经济圈的建设,将使大陆和台湾的经济联系更加紧密,这对台湾在政治上的政策取向形成压力,对台湾的执政党形成压力,从而使两岸政治发展逐步迈入正确轨道,不断降低甚至会消除两岸的政治敌对状态,台海和平发展将是主基调,并不断夯实两岸最终走向统一的各项条件基础。

(二)有利于巩固一国两制的地位,强化港澳与内地的融合

香港和澳门分别自1997年、1999年回归以来,总体上保持着比较繁荣稳定的发展,一国两制方针焕发出巨大的生命力。随着内地与香港、澳门CEPA等其他经贸协议的签署,近些年来,内地与港澳地区的经济融合达到前所未有的程度,但仍然有进一步深入的空间。近些年来,内地社会经济发展取得世界瞩目的成绩,一跃成为世界第二大经济体,涌现出北京、上海等国际性知名大都市,而香港的比较优势在逐步缩减,似乎在失去曾经耀眼的光环。基于这样一种背景,香港整体呈现出一种危机意识,并夹杂着躁动不安的社会情绪,尤其是部分香港新生代群体,未能形成自我独立思考的意识,易受到相关媒体及人士的蛊惑,从而产生敌视港府、仇视内地的心理,产生叛逆、暴动的行为。近几年来,香港发生青年人暴动的事件呈上升趋势,最为典型的为香港"占中"事件,企图通过绑架港府来获取与内地谈判的筹码,这起事件在一定程度上对香港社会秩序,香港形象以及香港经济发展产生消极影响,不利于内地与香港的融合发展。从中也可看出,香港仍然存在政治上的不安分因素,集中表现为港独势力的发展以及与国外势力的勾结。这背后存在的根本因素,仍然是内地与香港在经济发展方面所形成的落差,所以推进中华经济圈建设,对于内地与港澳的经济一体化融合有着重要意义,有利于双方形成发展合力,共享彼此带来的发展机遇,从而缩小在整体社会福利提升层面的差距,增强港澳对内地的情感认同,最终促进内地与港澳的全面融合发展。

(三)有利于整合政治资源,增强南海主权维护的凝聚力与能力

南海岛礁及海域由我国最早发现,命名与管理,并最终形成我国拥有南海主权的历史性权利,而且《联合国海洋法公约》承认这一历史性权利,所以我国对南海拥有主权是无可争辩的,合情、合理、更是合法。20世纪70年代,随着勘探技术的进步,南海被发现藏有丰富的能源资源,其中包括丰富的石油资源,以及近些年发现的可燃冰等,受经济利益的驱使,越南、菲律宾等南海周边国家,鉴于我国当时南海防卫力量的羸弱,不顾我国的反对,打破原有现状,加快蚕食南海的部分岛礁,并占为己有,而且当时还爆发了较大规模的西沙海战,重在收

复西沙部分被越南占领的诸多岛礁。时至今日,南海主权争端持续发酵,有愈演愈烈之势,成为世界地缘政治不可忽视的一大热点。南海主权争端相较以往,更为复杂,其牵涉诸多利益主体,既包括域内的主权声索国家,如菲律宾、越南,又包括部分域外国家,如美国、日本,各种利益在此交织、博弈,稍有不慎,管控不当,就可能会出现矛盾激化,甚至爆发武装冲突的局面。美国近期以维护南海航行自由的名义,不断加强在南海周边的军事存在,同时菲律宾在某些国家的暗中支持下,就部分岛礁归属问题,对我国采取更加敌意的政策与行为,包括将南海主权争端诉诸国际仲裁。新形势下,南海主权维护比以往更为艰难,两岸四地同处南海之滨,应同仇敌忾,共同维护南海主权。事实上,中华经济圈的建设无法脱离于南海这块宝地,南海局势的恶化势必会影响到中华经济圈的建设,中华经济圈内各主体基于经济利益的驱使与联合,势必通过加强政治层面的联系与合作来维护取得的经济成果,所以,这在某种程度上,形成了维护南海主权的政治合力,从而既可以避免政治内耗带来的成本,又可以加强政治层面的团结以及凝聚力。

(四)有利于拓展我国政治空间,增强我国在亚太乃至全球的影响力

自2008年,奥巴马担任美国总统以来,美国力推亚太再平衡战略,将战略重心放置亚太,并向东移,以此平衡甚至遏制我国在亚太地区日益增强的影响力,事实上,美国正强化第一岛链的军事部署,企图实现对我国的海上围堵,其具体表现:支持日本解禁集体自卫权,利用日本通过东海钓鱼岛争端制衡中国;不断在南海对中国进行施压,并暗中支持菲律宾、越南等当事国对南海相关岛屿、海域的主权声索;继续向台湾出售常规型武器,以此增强台湾的防御力量。我国向东扩展的政治空间受到压制,同时新兴大国与守成大国之间必有冲突的"修昔底德陷阱"能否跨越,还存有疑问,中美关系仍然面临诸多不确定性。但总体来看,经济全球化的深入,使得国与国之间的经济依赖程度大大增强,爆发大规模冲突的可能性降低,而且,我国已经成为世界第一大贸易国,与诸多国家保持良好的经贸往来。所以,构建中华经济圈既是顺应经济全球化的潮流,顺应世界和平与发展的主体,也将成为我国一个重要的政治考量,对我国突破第一岛链具有重要意义,并在一定程度上起到抵制美国亚太战略东移的压力。同时,中华经济圈能够与我国的"一带一路"战略形成有效衔接,成为推进"一带一路"战略的重要后方支撑力量,对我国向西推进政治空间提供支持,具有重要意义。

二、经济意义

经济全球化与区域经济一体化,已成为世界经济形态的重要特征,尽管2008年金融危机以来,世界经济仍处于艰难且疲软的复苏阶段,并面临着经济持续下行的风险,但这样一种背景下,贸易保护主义并没有出现恶化的情况,在经济联系日益紧密的今天,世界主要经济体更加趋于理性,注重寻求在经济合作层面的共同努力,无论是美国主导的TPP、TTIP,东

盟主导的 RCEP，还是我国目前力推的亚太自由贸易区，客观上仍然是强调国家之间的经济合作与互补协调，致力于降低经济合作成本与提升贸易效益，实现一定程度的共赢。

中华经济圈的建设实际上顺应区域合作的趋势，重在构建富有实效的区域经济合作机制，大陆、港澳、台湾等为主体的大中华区域，主要以发展外向型经济为主，大陆仍然以持续深化对外开放为重点，港澳、台湾，包括新加坡等，已是较为自由开放的经济体，所以中华经济圈的建设实际上有着自由、开放的经济文化作为支撑。当然，正如同大多数主体所期望的那样，包括政府部门、学术机构以及企业等主体，中华经济圈应在经济合作领域发挥不可替代的功能或效用，体现其独特的意义与价值。

(一) 有利于圈内经济主体实现优势互补，促进互利共赢

中华经济圈包括传统核心上的"两岸四地"经济主体外，事实上，其外延又扩充到大量华人聚居的国家，包括新加坡、马来西亚等国家。总体来看，圈内经济主体的发展模式是多元的，即每个主体都有着符合自身发展的经济模式、制度环境，具有自身的比较优势，如中国内地人口众多，市场广阔，制造业发达，互联网产业发展迅速，如中国香港、新加坡是世界金融中心，资本市场发展十分成熟，经济自由度高，高端人才资源丰富，等等。可见，中华经济圈的推进在促进各方经济发展方面萌生出较大的动力与生命力，这源自于各经济主体的差异化发展基础。显然，在这样一种环境下，经济主体间的互补性将得到体现，经济发展的短板将得益于优势资源的进入，而加快增长的速度，技术与知识的外溢效应将会充分体现，从而提升整个区域内经济发展的效率。事实上，这也会加快圈内各要素的流通，基于利益最大化原则，以及供需关系影响，过剩要素区资源将会向要素稀缺区流通，最终出现较优的资源配置效果，资源得到最大化利用，投入产出效率明显增加，从而实现整个区域经济效益的提升，出现多赢的局面。但上述结果出现的前提是贸易壁垒得以消失，阻碍自由贸易的体制机制得以消除，贸易保护主义得到普遍抵制，即中华经济圈实现真正意义上的经济一体化。

(二) 有利于打造区域共同体经济，增强区域整体竞争力

事实上，全球经济仍处于 2008 年金融危机以来的调整阶段，诸多国家面临经济结构的调整压力，国家间的经济发展比较呈现极大分化的特点，全球石油价格严重下跌，大宗商品价格呈现底部震荡特点，全球贸易增长减缓，全球经济下滑的风险加剧，以量化宽松促经济增长的货币政策模式，其边际效应逐渐递减，同时给经济结构调整带来压力，全球需要新的变革，需要密切的协作来应对挑战，尤其在经济全球化愈发深入的今天更是如此，无论哪国，都无法独善其身，经济保护主义、贸易保护主义只会带来国家间的恶性竞争，将加剧整个世界经济的动荡。区域国家间的经济协作重在表现为实现区域经济一体化所做出的努力，共同体经济模式或许是应对全球经济挑战的一剂良方。所以，推动中华经济圈建设在某种程度上顺应了当今时代背景，可以将其作为区域共同体经济模式的一种实现方式，为区域内的

经济主体搭建一个经济共享的平台,各主体在政策沟通、政策协作、资源共享等方面形成强有力的合作,共促圈内的互联互通,实现边际效应的最大化,从而协作应对全球挑战,增强区域的整体竞争力。同时中华经济圈的建设将在更大区域的经济协作上发挥作用,包括对东盟主导的区域全面经济伙伴关系协定(RCEP)形成补充,对我国倡议的亚太自贸区建设起到一定支撑作用,而且对美国主导TPP协定将起到一定的缓冲作用,并最终嵌入到整个全球经济协作当中,在全球经济的复苏角色中担当重任。

(三)有利于加快我国的改革开放进程,促进经济转型

作为世界第二大经济体,世界第一大贸易国,我国经济发展已深深嵌入到全球经济当中,世界经济的低迷早已传导到国内,对我国贸易增长以及经济运行构成双重压力,此外,我国社会经济发展进入三期矛盾叠加阶段,即进入经济增长换挡期、经济结构调整期、前期政策消化期三期叠加阶段,如何有效地化解三期叠加矛盾,以及如何有效地应对全球经济下行风险给国内带来的传导压力,是我国今后一段时间所要解决的最为紧迫的问题,这关系到2020年全面建成小康社会目标的实现。所以我国已经进入新一轮的改革开放时间窗口,彻底的改革与更高水平的对外开放是解决上述问题的关键,也是我国是否能实现经济转型,迈入经济中高端增速的关键。基于此背景,推动中华经济圈建设,实际上利大于弊。主要体现于它能在我国新一轮改革开放所需要的良好经济环境方面提供协助,尽管香港澳门已回归中国,但两者与中国内地实行的经济制度存在较大差异,同时两岸并未实现统一,即台湾相对于港澳来说有更大的自主独立性,其实行的政治经济制度以及所做的决策,并不受中国内地的影响(中国内地倾向于在台独方面进行施压),所以,这存在利益博弈与内耗问题,不利于健康经济环境的培育,中华经济圈建设实际上要打造大中华经济共同体,实现经济一体化,可见它有利于解决中国内部的利益耗损问题,同时有利于我国与周边华人群体较多国家(新加坡等)的密切经济协作,并将其纳入中华经济圈内,从而将中华经济圈打造成我国新一轮对外开放的高地与平台,协助实现国内经济的中高速增长。

(四)有利于加强南海资源的开发合作,促进蓝色经济发展

南海之所以如此重要,不仅在于其独特的地理位置,也在于其所具有的丰富资源。就矿产资源而言,中国传统海疆内地质资源量石油120亿吨,天然气329千亿方,油当量349亿吨;可采资源量石油14亿吨,天然气66千亿方,油当量80亿吨,由此可见,南海中南部油气资源具有重要的战略地位,总体规模优于中国近海。同时,南海的非常规油气资源储量,尤其是被称之为21世纪新能源的可燃冰,其资源储量十分庞大。根据国土资源部的调查统计,整个南海的可燃冰地质储量约为700亿吨油当量,远景资源储量可达上千亿吨油当量,资源开发前景十分广阔,而且南海的多金属结核资源也较为丰富,南海的多金属结核"长"得有一个拳头大小,和太平洋地区不相上下,并比太平洋地区同样大小的多金属结核"长"更

快,时间上只相当于大洋结核的1/35。就渔业资源而言,南海渔业资源十分丰富,就已探明的渔业种类数不胜数,据相关部门统计,南沙海域渔业资源较为丰富,年可捕量50万吨以上,珍贵稀有鱼类品种有20多种,中沙、西沙海域中层鱼资源量为0.73亿至1.72亿吨,乌贼现存资源量为400多万吨,可捕量约300万吨/年,是中国当前乃至未来可以利用的大宗战略海洋生物资源。就海岛资源而言,南海中分布着许许多多的珊瑚礁和珊瑚岛,这些岛礁总称南海诸岛,分为东沙群岛、西沙群岛、中沙群岛、曾母暗沙、南沙群岛,礁体数量达到64个,面积总计5 286.5 km^2,天然岛屿数量达54个,面积总计达11.41 km^2。可见,南海实际上是一个亟待开发与挖掘的聚宝盆,但一方面,我国面临着自身对于南海资源开发不足的问题,另一方面,却面对着越南、菲律宾等南海周边国家对南海资源大肆非法开采的困境。事实上,对于这些存在的问题,我国至今并没有找出一个比较有效的方案来加以应对。打造中华经济圈或许可将南海资源开发议题列入其中,通过整合圈内主体的技术、资本等力量来共同谋求南海资源开发的合作,掌握南海资源开发的主动权,并在更大程度上不断挤压南海周边国家对于南海资源非法开采的空间,同时可基于此,深耕蓝色经济,促进经济结构转型。

(五)有利于嵌入到"一带一路"发展战略之中,形成一定程度的互补格局

"一带一路"战略是习近平主席于2013年先后访问中亚、东南亚时期提出来的一个系统性对外开放合作战略,具有鲜明的时代性与前瞻性。所谓"一带"是指丝绸之路经济带,"一路"则指21世纪海上丝绸之路,二者带有较明显的历史传承,但所面临的时代背景千差万别,不过其核心内涵并未发生本质的变化,仍然秉持相互合作的理念,是友谊之路,也是共赢之路。"一带一路"战略将陆上丝绸之路与海上丝绸之路有机结合在一起,形成我国向西战略的两个支撑面,并将沿线的多个国家与地区串联在一起,并以政策沟通、民心相同、贸易畅通、资金融通以及设施联通为核心基础,实现我国与沿线国家间以及沿线国家之间的互联互通,进而形成整个区域的整合,降低沿线国家间合作的成本,充分体现了我国所提倡的"命运共同体"的理念。在"一带一路"战略框架下,我国成立了亚洲基础设施投资银行(简称"亚投行")和丝路基金等多种形式的支持体系,这一战略开始产生效用,并被越来越多的国家所接纳,这说明我国以"一带一路"战略为支撑的向西开放的大战略是符合现实需求的,互利共赢的合作理念是符合潮流的。当然,如果将中华经济圈嵌入到"一带一路"战略之中会发现,中华经济圈的存在并不是多余的,反而,有其独特的意义,事实上,中华经济圈的主体范围处于陆上丝绸之路与海上丝绸之路始发地带的结合部位,这意味着,它可以担任这一战略下的双重角色。换言之,可以将中华经济圈作为一种区域性的经济合作机制嵌入到"一带一路"战略之中,成为该战略向前推进的坚实后方支撑,形成一定程度上的互补格局,同时也为中华经济圈及其圈内主体的经济发展提供更为广阔的外围空间。

三、人文意义

中华经济圈的建设尽管以圈内各主体的经济合作为核心,但它带来的影响不局限于经济领域,换言之,这种影响带有系统性,体现在多个层面,当然也包括对人文方面所产生的影响。以两岸四地为例,尽管大陆、港澳、台湾同属于炎黄子孙,同属于中华民族,但由于实行的政治经济制度的差异,实际上对所在地区人民的心智结构以及文化感知产生了极为深刻的影响,所以两岸四地虽然仍处于中华文化的范畴内,但人民所表现出来的对中华文化的理解与情感认同存在差异,这种差异下所形成的惯例、习俗等非正式的准则或约束,所影响到的个体甚至群体的行为都存在差异,这种差异实际上体现为现实中两岸四地的人文隔阂,甚至产生的人文偏见。当然,经济的功能总是巨大的,经济的发展总是伴随着各种要素的流通与利用,其中最为关键的是人的流通,中华经济圈的建设或许能为这种流通提供更多的便利,主要因为中华经济圈的构建实际上是要为大中华区域的经济合作提供便利,换言之,就是要破除一系列体制机制的障碍,为各要素的自由流通提供更有利的制度环境,如果它无法为经济合作带来红利,那么它便没有建设价值。所以,经济合作密度的增强也带来各要素,尤其是劳动力要素更为频繁的流通,进而加强了相互间来往,最终体现出人文交流的意义。

(一)有利于促进圈内民间友好交流,增强对中华民族的认同感与归属感

总体来看,近些年来,中国内地与港澳的民间交流,两岸间的民间交流愈发频繁,相互间有更加清晰的认识,尤其是内地同胞与港澳台同胞的感情进一步加深,当然,事情也有对立的一面,需认识到其中存在的问题:首先从内地与香港的民间交往来看,存在一些问题,主要源自于香港市民由于内地经济快速崛起而产生的落差感与危机感,这样一种社会心理的持续发酵,使得部分香港市民对内地同胞产生敌对心理与不友好行为,包括抵制内地游客在香港购物游玩,甚至发生谩骂等不文明行为,而且香港新生代市民,越来越疏离于中华民族传统文化,甚至对此不认同,产生逆反心理,如"占中事件"的爆发(产生极为恶劣的影响);其次,由于两岸长时间的分治,使得两岸同胞仍然存在隔阂,尤其是成长于台湾"去中国化"时期的年轻人越来越疏离于中华民族传统文化的摇篮,而更偏向于台湾本土化,很大一部分台湾同胞倾向于认可自己为台湾人,而不是中国人,两岸民心的分离更是为台湾本土台独势力提供了生存的土壤,民进党2016年的当选,意味着台湾本土化势力十分强大。事实上,解决这一切问题的关键在于两岸四地在经济发展方面的协调以及贫富差距的不断缩小,让人民对未来的发展充满信心,对中华民族的伟大复兴充满信心,而中华经济圈的建设恰恰能在其中扮演重要的角色,它不仅将整个大中华区域整合成一个经济统一体,也将两岸四地的民心整合到一起。

(二)有利于促进圈内科教文卫方面的协作,提升整个区域的人文素质

社会经济的发展需要科技、教育、文化、卫生等层面的支撑。科学技术是第一生产力,是

经济结构调整的驱动力;教育能够培养人才,促进人的全面发展;文化是千百年来的历史积淀与现实积累,能够陶冶人,是一个国家或地区软实力的重要构成部分;卫生医疗促进人的健康发展,以及可持续发展,是现代文明不断向前发展的重要保证。所以中华经济圈的推进也应注重圈内各经济主体在科教文卫方面的协作,有必要共同努力来提升整个区域的人文素质,以推动整个区域经济的持续性健康发展。事实上,从要素流通角度来讲,中华经济圈的推进将加快区域内各要素的流通,尤其是技术要素与高素质劳动力的流通。流通,实际上意味着双向开放,这种开放的结果使得区域内各经济主体的全方位交流与协作成为可能,包括科学技术的共同研发,高校间的交流合作,教育理念的碰撞,以及对五千年来中华民族传统文化的传承与创新,在医疗方面的合作与共享等等,这些又反过来促进整个区域内经济的发展,人文素质的提升,尤其是在创新方面提供不竭的动力。

(三)有利于整合文化资源,打造文化品牌,提升区域软实力

中华文化历经五千余载,一直没有中断过,其历史积淀十分浓郁,源远流长,而且在历史上很长一段时期,我国是世界的文化中心,东方文化极具世界影响力。但19世纪以后,世界风云变幻,清朝统治下的中华大地,日渐衰微,而西方历经第一、二次工业革命,发展十分迅速,双方实力的悬殊,最终带来中华大地被欺凌被侵占的命运,当然,随之而来的也是中华文化的地位的迅速下降,而西方文化逐渐在世界文化话语权中占主导地位。进入新时期以来,我国综合国力大幅增强,国际地位与国际影响力显著提升,实现中华民族的伟大复兴在不久的将来定可成为现实,同时所伴随的,也是中华文化话语权的重新回归。然而,实现这一切并不容易,至少从目前局势来看,西方文化势力仍然在世界上居于主导地位,实现中华文化的复兴需要付出巨大努力。而且,从整个大中华地区的内部来看,存在中华文化整合的问题,主要表现在两岸还未实现最终的统一,同时两岸四地在政治经济制度上存在差异,所以这导致中华文化实际上处于分割的局面,进而分散中华文化对外的力量。中华经济圈的建设,实际上对整个区域的文化资源整合起到一定的作用,主要体现于文化产业方面的合作可能是圈内主体间合作的重点,而且无法脱离于中华文化的整体框架,基于中华文化的底蕴,打造本土化的文化品牌不是难事,事实上,孔子学院在世界各地的创办,已是中华文化向外传播的一面旗帜,中华经济圈内主体完全可以联合起来,共同把基于中华文化的产业链做大做强,形成具有世界影响力的文化品牌,进而提升中华文化的世界话语权,增强区域软实力。

第二节 中华经济圈面临的主要挑战

近年来,随着世界经济区域化、集团化趋势的不断推进,中华经济圈在亚太地区迅速崛起,取得了巨大的发展成就,不但中国与南海周边国家及地区的经济取得了跨越式发展,同

时对于东北亚、北美及世界经济的发展都产生了极为重要的影响。但是不可否认,当前中华经济圈的发展依旧面临着严峻的考验与挑战。

就中华经济圈内部而言,一方面,尽管随着港澳台地区与中国大陆经济交流合作的逐渐加深,各地区经济取得了迅速发展,但是区域经济发展的不平衡使得中华经济圈的经济发展依旧难以保持较高的统一性;另一方面,尽管当前中华经济圈内部政治环境相对稳定,但是中国大陆与台湾地区的政治问题并没有得到根本性解决,对于两岸关系,当前依旧存在不同声音,这对于中华经济圈的发展无疑是不利的。另外,就大中华区域外部而言,首先,世界经济区域化、集团化的趋势既带来了机遇也带来了挑战,作为世界经济发展的重要推动力量的中华经济圈如何抓住机遇应对挑战成为了必须要考虑的问题;其次,世界经济一体化背景下,世界经济危机的影响并没有完全消退,尽管中华经济圈当前经济发展依旧保持在较高的水平,但是世界其他地区经济的萧条必然会对大中华经济圈产生一定的连锁反应;最后,虽然随着时代的发展和平已经成为世界发展的主题,但是当今世界局势依旧存在着一定的不确定因素,如,最近的朝鲜核问题以及中国南海争端等,这些问题如果不能妥善解决,都有可能在某种刺激下进一步激化,从而造成地区冲突,对大中华地区的经济发展造成不利影响。

一、来自中华经济圈内部的挑战

(一)区域经济发展的不平衡,发展难以保持较高的一致性

就中国而言,尽管"两岸四地"关系日益紧密,各地区之间的经济交流加强,使得大中华区域内的经济协作发展取得了巨大的成就,中国大的经济总量不断上升,经济水平得到了较大提高。但是这依旧不能掩盖中国经济发展不平衡,经济发展难以保持一致性的事实。而这其中尤其以中国大陆最为严重,当前,大陆经济发展水平差距较大,区域经济发展不平衡的问题极为突出。据资料统计,地区生产总值第一的广东省2013年生产总值到了6.21万亿元人民币(1万亿美元),超越世界第16大经济体印度尼西亚(0.87万亿美元),而西藏仅为808亿元人民币,仅相当于排名世界第122位的阿尔巴尼亚(129亿美元)的水平。另外,从人均来看,天津、北京、上海、江苏、内蒙古人均国内生产总值已经超过世界平均水平(人均1.06万美元左右),而贵州仅为22 922元人民币(3 724美元),不及世界第110位的佛得角(3 785美元)的水平。[①]

此外,南海周边国家及地区的发展也表现出了参差不齐的状况,尤其近年来随着世界经济的发展波动,在固有差距的基础上诸如新加坡、越南、菲律宾等国家之间的发展差距呈现出了进一步扩大的趋势。如此大的经济差距不仅不利于中国与南海周边国家及地区的繁荣

---

① 参见2008中国经济蓝皮书:大陆经济增长带动台港澳经济.

与稳定,同时对于中华经济圈的总体竞争力也会产生不利影响。尤其对于中国的华南经济圈而言,如不能在实现其自身快速发展的同时对其他经济发展较慢的地区起带动作用,则久而久之华南经济圈经济发展所具有的带动意义,其依托的资源优势也将大大减弱,中国经济发展的新飞跃更将难以实现。

(二)海峡两岸政治问题所带来的障碍伴随始终

就中华经济圈的发展而言,政治问题所带来的障碍伴随始终。在"一国两制"的制度主导下,1997年和1999年香港、澳门相继回归祖国怀抱,这无疑对中国大陆、香港、澳门之间的经济交流与合作产生了巨大的推动作用。然而与此相比台湾地区则不同,台湾自古就是中国不可分割的一部分,但是由于历史原因台湾与大陆时至今日仍旧没有走向统一。尽管随着时代的发展以及几代人不懈的努力,台湾地区与大陆的关系经历了由对抗到缓和再到如今交流合作不断加强的局面,但由于台湾地区党派林立、局势复杂且"台独"言论较为猖獗,大陆与台湾地区的关系依旧并不明朗。

从1993年的"汪辜会谈"海峡两岸开启隔绝40多年的首次会谈,到2005年时任中共中央总书记的胡锦涛在北京接见中国国民党主席连战,再到2015年两岸领导人习近平、马英九在新加坡会面,就推动两岸关系和平发展交换意见。虽然海峡两岸的领导人都在为海峡两岸关系的缓和不断做出新的努力,并且取得了一定的成就,但是,关于两岸关系的根本性问题却未得到真正的解决。同时,中国与南海周边国家及地区围绕南海争端所产生的政治问题近年来也表现出了不断升温的趋势。显然,政治问题所造成的阻碍,这对于正在发展中的中华经济圈而言,无论是现在还是未来都是十分不利的。

(三)南海地区不稳定因素依旧存在,发展环境安全面临威胁

一个和平、稳定的国际环境是中华经济圈得以顺利发展的根本保障。尽管"和平与发展"早已成为当今世界发展的大势所趋,但是纵观近几年世界政治局势的发展和变化,南海地区不稳定的因素依旧存在。随着世界经济与政治形势的不断发展和变化,"南海争端问题"已经成为影响南海地区稳定与安全的重要因素之一。

南海问题近些年来一直备受国内外关注,由于南海问题涉及我国主权问题,并且牵扯国家众多,除去菲律宾、越南等东南亚国家外其中亦不乏诸如美国、日本等世界性的经济强国。随着2011年美国战略重心向"亚太"转移,美国高调"积极介入"南海争端,公开拉拢东南亚国家,分裂中国与东盟之间的关系,鼓动在东盟框架内解决南海问题并派遣监测船在南海从事非法活动,侦测中国海洋军事情报;日本也为了维护其"海上生命线"、扩大其在东南亚的战略空间和势力范围,打着维护南海自由通行权的幌子,积极介入南海争端,公然鼓动东盟国家"合纵"对抗中国。2013年菲律宾单方面向联合国海洋法庭提出针对我国南海的"仲裁",2016年7月12日,海牙国际仲裁法庭对南海仲裁案作出严重损害我国领土主权的非法

判决,诸如此类的一系列活动都加剧了这一区域的紧张氛围。区域外国家势力的无理介入以及部分南海周边国家只为一己私利的无理要求使得南海地区局势不断升温,不仅造成了中国与南海周边国家及地区关系紧张的局面,同时对于中华经济圈的繁荣稳定与发展也造成了严重的威胁。

二、来自于中华经济圈外部的挑战

(一)世界经济区域化、集团化的趋势既带来了机遇也带来了挑战

世界经济区域化、集团化趋势下,中华经济圈的发展既面临着其所带来的巨大机遇,也面临着其所带来的严峻挑战。随着世界经济集团化、区域化的不断发展,进入20世纪90年代以后,各国经济交流与合作的进一步强化,诸如,欧盟、亚太经济合作组织以及北美自由贸易区等各种区域经济组织和区域经济圈纷纷建立。不同层次的经济组织和经济圈的建立,一方面促进了世界区域经济的发展与交流合作,另一方面也带来了世界范围内的激烈的市场竞争和资源争夺,区域保护主义和贸易壁垒也随之产生。同时,由于在经济发展过程中各国发展所依靠的资源条件、技术条件、管理能力以及自然环境和区域位置的有所不同,从而各地区经济在发展过程中必然会面临着种种差别各异的问题,发展的结果必然也会在一定程度上导致发展差距。特别对于亚太地区众多发展中国家和地区而言,其经济基础较为薄弱,经济发展水平层次差异较大,这些问题显得尤其严重。

因此如何在满足自身发展需求的基础上,依靠现有资源和技术在区域经济协作过程中不断提升自身经济竞争力,就成为世界各国和各地区经济发展的主要任务。中华经济圈作为亚太地区最具活力的经济组织之一,其本身亦是世界经济区域化、集团化的产物。在当前世界经济区域化、集团化趋势影响的不断加深的情况下,积极主动地抓住机遇,冷静从容地应对挑战也是中华经济圈不得不做的选择。

(二)世界经济一体化趋势下,经济危机的影响仍未消除

当前,世界经济危机的影响并未消除,世界各国经济发展普遍面临着较为严峻的考验,世界经济发展形势依旧不容乐观,这对中华经济圈的经济发展亦产生了极为不利的影响。随着经济危机的发生,世界一些国家的经济进入了一轮时间较长的衰退期,部分国家甚至发生财政危机,国家经济面临破产的境地。虽然中华经济圈由于其自身所具有的独特优势在经济危机中依旧保持着不错的经济增长水平,但是在当今世界经济一体化的趋势下,世界经济危机所产生的消极影响势必会产生连带效应,对中华经济圈的经济发展造成阻碍。

一方面,经济危机对国际市场贸易造成了巨大的损失,经济危机下世界各国订单与消费急剧下降,以美国三大汽车巨头和世界最大的花旗银行为代表的众多大型企业和集团纷纷面临破产危机,全球数以万计的企业倒闭。国际市场贸易的不景气,势必会对中华经济圈内

的以产品制造业和加工业为主的中国大陆华南地区的众多工厂企业造成极为不利的影响。另一方面,由于经济危机的影响,致使世界各国消费预期大幅下降,对于原材料的需求和各类产品的进口大大减少,这势必会对台湾、香港以及大陆部分沿海省份的产品出口产业造成不良影响。除此以外,在经济危机的影响下,世界各国股市连连暴跌,给世界各国的投资者造成了巨大的经济损失,这也使得最近几年中华经济圈内各地区的股市行情不容乐观。

第三节 中华经济圈面临的发展机遇

尽管当前中华经济圈正面临着一系列形式复杂且较为严峻的挑战,但是这并不能完全阻挡中华经济圈在经济发展道路上的前进步伐。相反的,中华经济圈的发展不但没有因此止步,反而却随着其不断取得的辉煌的发展成果而备受世人瞩目。当前,中华经济圈各地区间合作紧密,区域经济协调能力和沟通能力不断增强,不但自身经济发展取得了较大进步,同时在世界经济发展过程中发挥着越来越大的作用。

在当前发展现状的基础上,对中华经济圈的总体发展趋势可以从两个主要方面进行概括:一方面,随着中国大陆、香港、澳门、台湾之间包括交通设施和通信设施在内的基础设施和经济发展政策的不断完善,以及四个地区彼此间经贸合作领域的不断扩展和投资合作质量的不断提高,中国内部经济合作与交流将进一步增强,逐步实现经济一体化;另一方面,随着中国经济实力的不断提升,以及其在国际经济发展过程中地位不断得到巩固,中国势必会在当前已经对南海周边国家和地区产生的带动作用的基础上,进一步对南海周边国家和地区产生更加深远的影响,其范围极有可能正如郑竹园先生所预料的那样进一步扩展到整个东南亚华人所在的地区甚至是世界上其他华人所在的国家和地区,从而对世界经济发展产生更加深远的影响。

一、区域内经济合作进一步增强,逐步实现经济一体化

随着中华经济圈的不断发展,中华经济圈内中国大陆、香港、澳门、台湾四个地区间的经济合作进一步增强,逐步实现经济一体化已经成为大势所趋。所谓区域经济一体化是指不同空间经济主体之间为了生产、消费、贸易等利益的获取,产生的市场一体化的过程,包括从产品市场、生产要素(劳动力、资本、技术、信息等)市场到经济政策统一逐步演化。区域经济一体化作为空间过程其基本特征是各种生产要素的空间流动,作为空间状态是生产要素流动所形成的经济集聚核心和经济扩散点。[①] 中华经济圈区域经济一体化的实现,不但可以缩

---

① 数据来源于中国商务部台港澳司唐炜司长应邀在商务部网站"司局长访谈栏目"介绍大陆与台港澳地区的经贸合作情况. http:// video. mofcom. gov. cn/class on-ile010672248.html.

小和弥补各个成员间的发展差距,加强彼此间的贸易往来,形成紧密互助的合作关系;同时也可以实现地区专业化分工,改善规模经济效益,加速区域内各经济实体的工业化进程,从而推动区域经济实现更加健康快速的发展。当前,中国大陆、香港、澳门、台湾四个地区的经济一体化已经具备一定的条件。

首先,中国大陆、香港、澳门、台湾四个地区近些年来一系列合作协议的签订为区域内经济合作、交流的进一步增强,实现经济一体化打下了坚实的基础。随着中国大陆分别于2003年6月和10月与香港、澳门签订《关于建立更紧密经贸关系的安排》,并于2004年1月1日正式开始实施,中国大陆与香港、澳门之间的经济交流合作进入了一个崭新的阶段。之后2007年6月29日和7月2日中国大陆与香港、澳门又分别签署了《补充协议四》,从而进一步扩大了中国大陆对香港和澳门的开放程度,有效地促进了大陆与香港、澳门间经贸交流的快速发展,三地之间经济合作与发展的紧密关系得到了进一步巩固和升华。与此同时,2009年4月26日海协会会长陈云林与台湾海基会董事长,在南京紫金山庄签署《海峡两岸空运补充协议》《海峡两岸金融合作协议》《海峡两岸共同打击犯罪及司法互助协议》,宣布开通两岸定期航班并就大陆赴台投资达成共识,从此,两岸"三通"已经全面实现;2010年6月29日大陆和台湾又签署了《海峡两岸经济合作框架协议》(ECFA)和《海峡两岸知识产权保护合作协议》,这不但使得台湾在经济上避免了被边缘化的危险,而且使得台湾和大陆的经济合作关系进一步得到了提升。2015年11月7日习近平主席与马英九总统在新加坡举行会面,就两岸关系和平发展交换意见,从而实现了1949年以来两岸领导人的首次会面。随着上述一系列紧密合作协议的签订以及两岸交流合作的进一步加深,从此中华经济圈的各经济实体之间的紧密合作关系得以明确,从而为"两岸四地"逐步区域经济一体化打下了坚实的基础。

其次,"两岸四地"的经贸合作经受住了时代的考验,在合作范围和合作质量方面不断提高,在贸易数额上呈现出不断上升的趋势,各地区已经成为彼此间经济发展的可靠保障。据中国统计年鉴统计,1981年香港与大陆的贸易总额仅有65亿美元,而到2014年已经达到3 757.0亿美元,三十三年增长了57.8倍,年均增长17.5%。不得不承认,这是一个足以让世界惊讶的速度,随着贸易往来的频繁,香港和大陆彼此为促进对方的经济发展和繁荣做出了重大的贡献,香港成为了引领中国大陆走向世界市场的最重要的合作伙伴,而中国大陆成为了香港经济发展的有力推动者和保障者。同时,自20世纪80年代中后期台湾开放民众赴大陆探亲后,大陆与台湾的经贸关系也取得突破性的进展,两岸的贸易额也获得持续上升。如表1-3所示,至2012年台湾与大陆的贸易额为1 689.8亿美元,2013年增至1 970.4亿美元,2014年达到1 982.8亿美元。尽管海峡两岸由于政治原因,使得两岸之间的经贸发展颇费周折,但是随着两岸关系的不断改善,大陆与台湾之间的经贸也取得了巨大的成就,两岸经贸合作的加深对于两岸经济发展具有不可替代的作用。除此之外,澳门与大陆的贸易额也呈增长趋势,虽然增速较香港和台湾增速较缓,但是由2012年的29.9亿美元增至2014年的38.1亿美元,3年间也增长了约1.3倍之多。中华经济圈内"两岸四地"经贸合作的不断加深,经贸数额的不断增长,不但促进了各地区经济的迅速发展与繁荣,同时为"两岸四地"经济一体化提供了有力支撑。

表1-3　2013—2014年中国内地与港澳台地区贸易状况(单位:亿美元)

地区	2012年	2013年	2014年
香港	3 413.1	4 007.0	3 757.0
澳门	29.9	35.6	38.1
台湾	1 689.8	1 970.4	1 982.8
总计	5 132.8	6 013.0	5 777.9

资料来源:根据《中国统计年鉴2015》整理

最后,随着各地区相互开放程度的不断加大,"两岸四地"经济融合程度不断上升,各地区间已经成为牢不可分的合作伙伴。自2005年起,香港和台湾就一直是大陆最为重要的贸易伙伴之一,由表1-3可以看出,2014年中国大陆与港澳台地区贸易总额达到了5 777.9亿美元,这一数额占中国对外贸易总额的13.43%,占中国与亚洲各国贸易总额的25.41%;这一数额远高于同处于中国周边的其他地区。三地之中,香港更是因雄厚的经济实力和与内地良好的地缘关系与大陆之间的贸易合作极为密切,2014年香港与中国大陆贸易额为3 757.0亿美元,占与港澳台贸易总额的65.02%。且香港与中国大陆的贸易额高于整个拉丁美洲与中国的贸易额,是非洲与中国贸易总额的近两倍。同时,中华经济圈的另一经济实体中国台湾与中国大陆2014年贸易额达到了1 982.8亿美元,占与港澳台贸易总额的34.31%。同年,中国澳门与中国大陆的贸易额为38.1亿美元,占与港澳台贸易总额的0.67%。这足以看出,中国大陆与港澳台经贸合作的紧密程度和相互之间重要的依存关系已经使得中华经济圈内经济实体间经济融合度不断上升,"两岸四地"已经成为牢不可分的合作伙伴,经济一体化已经成为可能。

二、对于东南亚经济影响不断深化,向东南亚华人所在国家的进一步扩展成为可能

郑竹园先生曾指出"过去二十年间,由于两岸关系的实质性改善,一个以中国人为主体的'中华经济圈'正在加速形成。这一目前包括中国大陆、台湾及港澳,将来可能包括新加坡

及东南亚华人的经济圈,具有丰富的潜力及灿烂的远景"。① 如今随着中华经济圈在亚太地区的崛起,这一设想极有可能成为现实。当前,中华经济圈内中国与东南亚南海周边的国家和地区在不断地经济交流发展中已经形成了紧密的协作关系。此外,基于东南亚国家与中华经济圈在地理上相近,在文化上相似,华人众多,在历史上往来本就极为密切等一系列综合因素,中华经济圈日益成为东南亚国家在经济发展过程中不可缺少的重要支撑力量。可以说,随着中华经济圈各经济实体经济区域一体化程度的不断提高以及中华经济圈在世界经济中地位的不断上升和巩固,中华经济圈对东南亚国家影响进一步深化,其范围向东南亚华人甚至世界上其他华人所在的地区扩展已经成为了可能。

首先,中华经济圈向东南亚华人所在地区的扩展具有得天独厚的先天优势。东南亚地区自古以来就与中国有着极为密切的交往和联系,双方不仅地缘相近,文化也具有一定的相似性,此外,由于种种历史关系东南亚也是海外华人的主要聚居区。据统计,目前世界海外华侨华人有3 300余万人,其中东盟十国的华侨华人最多,约有2 500万人,占全球华侨华人总数的75%。② 人口众多的华人不仅成为东南经济发展的主要贡献者,也成为了东南亚国家与中国展开经贸活动与投资活动的推动者。1991年,中国与东盟开始对话,当时双边贸易额仅63亿美元。近年中国与东盟关系发展迅速,尤其是经贸联系日益密切。2014年,中国与东盟贸易额已超过4 800亿美元,比1991年增长了70多倍。中国已连续6年成为东盟第一大贸易伙伴,东盟是中国第四大出口市场和第二大进口来源地,连续4年成为中国第三大贸易伙伴。③ 另外,香港、澳门、台湾与东南亚地区的经贸和投资活动也日益密切。相近的地缘、相似的文化以及彼此间经贸活动密切往来对经济发展的促进作用,都使得中华经济圈向东南亚华人所在国家和地区的扩展具有得天独厚的优势。

其次,中国—东盟自由贸易区(CAFTA)的建立为中华经济圈对东南亚国家的影响进一步加深,范围向东南亚华人所在地区的扩展创造了机遇。随着东南亚国际联盟(ASEAN,简称东盟)规模的逐步扩大,其范围已经包括越南、柬埔寨、马来西亚、老挝、缅甸、泰国、新加坡、印度尼西亚、文莱、菲律宾等十个国家,面积达450万平方千米,人口超过六亿,已经成为东南亚地区以经济合作为基础的政治、经济、安全一体化合作组织,并建立起一系列合作机制。20世纪90年代,以东盟为中心的一系列东南亚国家的区域合作机制在东盟的发起下逐步形成。④ 而在这当中,东盟与中日韩(10+3)、东盟与中国(10+1)合作机制则逐渐发展成

---

① 参见网易财经,中国区域经济不平衡突出,人均国内生产总值差距最大近3倍[EB/OL]. http://money.163.com/15/0108/04/AFDM3I7N00252G50.html,2015-01.
② 朱锋.朝鲜半岛局势颠覆性的变化,[EB/OL]. http://www.zaobao.com/special/report/politic/korea/story20160218-582832.联合早报网,2016-02-18.
③ 蔡鹏鸿.面向未来的亚太经济合作[M].上海:学林出版社,2002:59-61.
④ 王满.中国地缘经济时空格局演变及其战略研究[D].济南:山东师范大学.2014:39-40

为我国大陆地区乃至整个中华经济圈与东南亚国家合作的主要渠道。之后,随着2002年1月1日,以吸引外资,消除成员国之间关税与非关税障碍,扩大成员国之间互惠贸易范围,促进本地区贸易自由化为主要目标的东盟自由贸易区正式启动。2010年1月1日中国—东盟自由贸易区(CAFTA)正式全面启动,标志着继欧盟和北美自由贸易区之后的世界上第三大区域经济合作区的形成,从此一个涵盖11个国家、19亿人口、国内生产总值达6万亿美元由发展中国家组成的最大自由贸易区建立起来。中国—东盟自由贸易区(CAFTA)的建立不但加强和巩固了中国与东南亚各国的友好合作关系,同时也在双方扩大贸易和投资规模的基础上有力的促进了中华经济圈与东南亚各国的经济发展。此外,更为重要的是它不仅有效的推动了东盟经济一体化的进程,而且为中华经济圈向东南亚国家的进一步扩展创造了良好的机遇。

最后,随着中国东盟自由贸易区的建立,加速了中华经济圈与东南亚国家投资关系和双边贸易关系的融合,双方在经贸发展上的彼此依赖性增加为中华经济圈向东南亚华人所在国家的扩展提供了有利条件。据统计,2014年中国与东盟贸易额高达4 804亿美元,占中国对外贸易总额的11.16%,高于2013年的10.66%的占有比重,同时较2013年增长8.3%,比中国对外贸易的平均增幅多了一倍多。马来西亚、越南、新加坡跻身中国对东盟的前三大贸易伙伴行列,新加坡、印尼、老挝、柬埔寨、越南分别占据了中国对东盟国家投资排名前五的位置,越来越多的东盟国家正与中国建立紧密的贸易合作关系。由此可见,东盟与中国的投资关系和双边贸易关系正在加速融合。[①] 此外,香港、澳门、台湾三地对于东南亚的经贸与投资数额亦十分巨大,随着近些年亚太地区经济发展越来越有活力,如今港澳台对东南亚国家的经贸与投资都呈现出不断上升的趋势,日益成为东南亚国家经济增长的重要推动力量之一。巨大的贸易和投资比重,不断增长的贸易和投资数额不但使得东南亚各国经济得以迅速发展,同时也使得东南亚各国对于中华经济圈的依赖性不断增强,中华经济圈逐渐成为了东南亚国家紧密不可分割的好朋友、好伙伴,这就为双方经济的进一步融合提供了有利的条件。东南亚地区不但华人众多,而且与中华经济圈地缘相近,文化相似,心灵相惜,都正在积极的行动致力于自身经济的不断发展。相信随着经济全球化趋势的不断推进,以及中华经济圈在国际发展中发挥越来越重要的作用,中华经济圈向东南亚华人所在地区的进一步扩展已经不再是纯粹的梦想。

第四节 中华经济圈建设的主要难点

中华经济圈建设尽管提了很长一段时间,但在具体政策实践方面还没有迈开较为明显

---

① 郑竹园."中华经济圈"势不可挡[J].台声,2004(9):58-59.

的步伐,之所以如此,离不开两大因素:一是中华经济圈建设能否创造多大的价值,还存在不确定性,或者说它所创造的价值,能否对大中华区域内各经济主体决策层构成明显吸引力,也存在不确定性;二是中华经济圈建设确实面临诸多困境,这些困境源自于多个层面的因素,既源自于区域内部,也源自于区域外部,这些都构成了中华经济圈所面临的复杂情境,正是这些困境的存在,可能使中华经济圈的前景存在不确定性,所以也未能掀起波澜。当然,任何新事物的产生、发展、壮大都不是一帆风顺的,暂时的困境并不能否定中华经济圈所包含的现实意义与价值,信念和信心十分重要,最为关键的是应明晰具体的困境,从而提出有针对性的解决对策。

从中华经济圈建设的外部情境来看,全球经济仍然处于2008年金融危机以来的艰难复苏阶段,新兴经济体经济增速的回落加大了全球经济下行的风险,而且各经济体经济发展状况呈现两极分化走势,同时中国金融市场的系统性风险,美联储加息以及英国退欧公投,可能会对全球金融市场带来不确定性,这一点值得警惕。同时区域经济合作伙伴关系(RECP)、跨太平洋伙伴关系协议(Trans-Pacific Partnership Agreement,TPP)、中日韩自贸区,以及亚太自贸区(FTAAP)等一系列区域经济合作机制的建构,在一定程度上挤压了中华经济圈构建的空间,换言之,分化了在中华经济圈构建上的关注度。此外,围绕在中华经济圈周围的地缘政治热点问题,挥之不去,且有加剧之势,钓鱼岛问题、南海问题以及朝核问题等,都像是一颗颗定时炸弹,稍有不慎,可能会擦枪走火。从中华经济圈的内部情境来看,形势也不能说乐观,中华经济圈的范围界定,以及中华经济圈到底该如何建构,到现在也还没有形成确定性方案或达成统一的共识,事实上,这很难找到可供借鉴的范本,需要摸着石头过河,总体看来,这是技术型难题,同时,两岸关系处理问题仍然是中华经济圈建设的不确定因素,也是一个难点,如何从其中找到平衡,还需要更加睿智的办法。

一、中华经济圈范围界定的问题

应包括哪些范围,现在并没有统一的认定。中华经济圈提出早期,认为主要包括两岸四地,即中国大陆、香港、澳门以及台湾,随着港澳的相继回归,有人提出中华经济圈最终变为两岸经济圈,具有明显的局限性,甚至认为没有构建的必要。随着后续的发展,有人提出将中华经济圈的范围进一步往外延伸,延伸的范围包括东南亚的部分国家,以及东亚国家,这些国家要么华人众多,如新加坡,要么深受中华传统文化的影响,如日韩。事实上,有人提出的中华经济圈最终沦为两岸经济圈的观点值得商榷,香港和澳门虽然回归祖国,但是在"一国两制"的前提下,内地与港澳的社会经济制度都不同,而且港澳有着极为高度的自治权,仅外交权与国防权力受到中央控制,所以从经济合作的角度,香港和澳门完全可以独立开来,在中华经济圈框架下,与内地进行平等合作。此外,中华经济圈范围的外延具有一定的难度,主要在于外延内国家,是否认同中华经济圈这一框架,而且出于政治层面的考虑,甚至会抵制中华经济圈,显然,具有自主意识的国家不想与大中华扯上关系。所以,目前来看,中华经济圈范围的界定,仍然以两岸三地为核心主体,形成统一的共同体经济,同时可通过谈判协商的形式,有计划、有步骤地将外延内的国家纳入进来。如果从基于利益最大化的磁吸效应来考虑,随着以两岸三地为核心主体的中华经济圈取得整体经济的高速发展,其对外延内国家的溢出效应充分体现的话,这些外延内国家可能出于发展经济的需要,进行权衡之后,会主动加入到中华经济圈。

二、中华经济圈如何构建的问题

中华经济圈的提出由来已久,但从未落实到具体实践当中,虽然理论上具有实践的可行性,但在具体构建的过程中仍然需要解决诸多难题:一是需要解决谁来主导构建的问题,事实上,中华经济圈并未得到相关方正式层面上的认可,尤其是中国大陆并没有对此相关的政府声明,所以这出现了谁来主导构建的真空,但综合进行考虑,中国大陆应是比较理想的主导者,主要在于其不断强大的综合实力与世界影响力,有足够的资源来推动中华经济圈的构建,关键是中国大陆愿不愿意主导,这涉及优先利益的考量与现实情境的选择;二是中华经济圈构建的定位问题,显然,中华经济圈不可能是区域政府间合作机制,只能是非政府间合作机制,关键是中华经济圈是要被打造成自由贸易区域还是完全形式的经济一体化(共同体经济),或者是简单的区域经济贸易安排的一个协定,这仍然涉及相关方的利益权衡问题,而且能否将政治成分摄入到中华经济圈内,这也是值得考虑的一个因素;三是中华经济圈具体运作的问题,主要包括制度框架的构建,运行机制的设计以及经济贸易政策安排等,这其实是一个技术层面的问题,即最理想的制度框架,最优的运行机制,最互惠的经济贸易政策安排,但实际上,这并不容易达到,这仍然涉及利益的博弈问题,必然存在某种程度的分歧,最后达成一个折中的方案。

三、两岸关系问题

两岸作为中华经济圈的重要参与主体,其关系的好坏,将直接影响中华经济圈的建设。2008年以来,在坚持九二共识的前提下,两岸保持着稳定发展的态势,台海形势向好,两岸交流处于较好时期,成果丰硕,尤其是2015年习马会的成功举行,开拓了两岸交流的新篇章,尤其为两岸的政治交流提供了新方法、新思路。2016年1月份,台湾进行换届选举,民进党成为台湾地区执政党,民进党主席蔡英文成为台湾地区新一届领导人,向来以台独著称的民进党将会带领台湾走向何方,两岸形势又该如何发展,很多人怀着且走且看的态度。总之,两岸关系在两岸没有正式统一以前,仍然存在诸多不确定因素,仍然面临挫折,之所以为然,主要基于以下几点考虑:(1)台湾政党的轮换,带来两岸政策的不确定性。国民党与民进党尊崇的党纲存在实质性差别,随着两党执政地位的轮换,对台政策也会发生变化,甚至是颠覆性变化,陈水扁时期的民进党与马英九时期的国民党,其采取的两岸政策的差别就是一个鲜活的例子。(2)台湾去中国化政策在本土产生根深蒂固的影响,台湾年轻人对祖国的认知出现偏差。陈水扁执政时期,修改教学课纲,力推去中国化政策,这一政策,在陈水扁时期接受教育的年轻人中产生深远影响,可谓彻底改变年轻人对大陆的认知,对中国的认知,而且,马英九执政时期,未能铁腕修改教学课纲,拨乱反正,使得去中国化政策继续在年轻人当中产生影响,这一大批年轻人的存在,将对两岸关系产生最大的不确定性。(3)美国对台政策是两岸关系最大的外部不确定因素。尽管美国完全撤出台湾,没有保留在台湾的军事存在,但美国仍然与台湾签订安保方面的条案,以期继续充当台湾的军事保护伞,继续巩固其在台湾的影响,以阻碍延缓两岸和平统一的进程,美国最愿意看到的现状是,两岸始终处于分而治之的状态,既不统一,也不愿看到生乱,使台湾长期成为自己的一颗阻碍大陆崛起的棋子。

四、地缘政治风险问题

全球处于后金融危机时代的调整阶段,地缘政治风险往往在经济低迷的背景下膨胀,成为区域动荡的导火索。中华经济圈的主体部分位于中国大陆以及第一岛链范围之类,事实上,该区域包含着诸多不稳定因素,多重利益在此交织,大国力量博弈日趋激烈。目前来看,中华经济圈建设面临四大地缘政治风险的挑战,这些挑战的实质性影响主要表现为中华经济圈的建设缺乏较为安全稳定的外部环境,并且,这些不稳定因素甚至会渗透到中华经济圈内部,从而产生根本性的破坏作用:

(一)南海问题

南海问题现在集中表现为南海部分岛礁海域的主权争议问题和南海航行自由问题,而且这两个问题成为某些大国间政治角力的焦点性问题,尤其是美国一方面借南海航行自由问题,不断在国际上抹黑中国,此外拉拢其盟国参与南海的博弈,甚至通过军事化的手段直接在南海秀肌肉,以期对中国施压,另一方面,美国尽管在南海的主权争议上持中立态度,却暗中支持某些声索国家,鼓励其对华的强硬态度,并不断在军事上予以援助,其目的就是想破坏南海的正常秩序,为中国的和平崛起制造障碍。

(二)朝核问题

朝核问题实质上是安全问题,朝鲜缺乏安全感,发展核武,是其必然。近两年来,朝鲜不顾国际社会反对,仍然发展核武器,朝鲜半岛无核化的目标受到冲击,韩国受到强烈刺激,朝韩矛盾加剧。而且,朝鲜半岛也是大国政治博弈的试验场,六方会谈中止,实质上反映了国家间的利益冲突问题;同时朝核问题为美国的军事干预提供借口,韩国是美国的盟友,美国有义务保护韩国的安全。近期美韩商讨部署萨德系统其最大的负面影响是将对我国安全造成威胁,我国是朝鲜半岛最大的邻国,半岛不稳定,我国将遭受损害。

(三)钓鱼岛问题

钓鱼岛问题是美国在"二战"时期埋下的不安分的种子,这颗不安分的种子,确实如今生根发芽,给中日关系蒙上阴影。钓鱼岛问题实际上是中日综合实力的较量问题,而且美国扮演渔翁的角色。钓鱼岛问题最大的负面影响是使日本对中国的心态发生变化,右翼势力借此膨胀,以中国为假想敌,不断在军事上予以制度上的变革,企图重走军国主义道路。而且日本在战略上是没有把中国当朋友的,反而是压制中国的战略空间,企图获得政治大国地位。

(四)美国亚太战略的西移

美国提出重返亚太的亚太再平衡战略,把战略重点放到亚太,尤其近几年,美国亚太战略西移特别明显,不断加强在东亚以及东南亚的持续性影响。南海问题、朝核问题、钓鱼岛问题等焦点性问题背后都有美国的影子,而且主要针对一个共同的国家,即中国。显然,亚太再平衡战略,实际上是要压制中国在亚太区域日益增长的影响力,平衡中国的影响,强化美国在亚太,尤其是在东南亚、东亚的存在。其存在的目的,实质上就是要增加中国周边的不安定因素,尤其是第一岛链的区域,其企图挤压中国的海洋战略发展空间,遏制中国的和平崛起。

五、世界经济的不确定性问题

目前,全球经济形势仍然不容乐观,处于2008年金融危机以来的最艰难复苏阶段,新兴经济体经济增速进一步下滑,大宗商品需求低迷,全球经济面临下行风险与分化风险。总体来看,全球经济面临结构性调整,货币政策的边际效应逐渐递减,贸易保护主义有所抬头,以外向型经济为主的经济体面临外贸需求疲软的现状,需要采取更有力的措施来提振内部经济。当前,世界经济呈现一些新的特征,可能会加剧全球经济的不确定性风险,需要对此进行辨识:中国经济发展的不确定风险,主要源自于中国面临的内外部环境发生变化,外部需求的疲软影响了对外贸易的增长,内部环境面临去产能,去杠杆,去库存的问题,供给侧改革推进的效果还有待观察。金融市场面临的系统性风险还未完全消除,改革已进入攻坚期,面临的阻碍将会更加巨大,期待更多政策落地;美国近两年经济复苏态势明显,各方面经济指标好于预期,美联储货币政策转向收紧,并企图通过加息政策来提升美国国内财产的价值,使世界财富流入美国。事实上美联储加息对世界金融市场会带来负面影响,尤其会加剧新兴市场的金融波动,表现为大量美元资产会逃离新兴市场,回到美国,从而使新兴市场汇率波动加剧,进而传导到以股票为主的资本市场;2016年6月份,英国举行全民公投,决定退出欧盟,对欧盟内部产生影响。欧洲出现分化,英国将更为孤立,进而影响到欧洲经济的走势,并产生若干消极影响。近两年来,地缘风险加剧,局部冲突加剧,如乌克兰内战,克里米亚归并俄罗斯,又如叙利亚危机,伊斯兰极端恐怖主义,再如朝核问题,南海问题,等等。事实上,这些地缘风险的存在使得全球安全受到极大威胁,增加了全球环境面临的不稳定性,譬如乌克兰危机使得俄罗斯与西方关系出现恶化,制裁与反制裁严重影响了双方间正常的经济往来,俄罗斯经济遭受重创,叙利亚危机同样给中东经济带来显著负面影响,表现为经济发展无法拥有一个稳定安全的环境。联系是具有普遍性的,世界经济的不确定性以及呈现的这些新特征,同样给中华经济圈的建设带来莫大挑战,不能忽视。

六、中华经济圈面临竞争与被挤压的问题

尽管世界经济与地缘政治面临诸多挑战,但全球经济一体化与区域经济一体化的趋势不可逆转,并有持续深化之势。欧盟一体化日趋成熟,在体制机制建设方面日趋完善,东盟也正朝着打造共同体经济的目标迈进,东盟一体化指日可待,APEC会议以及G20集团会议,在全球经济治理方面发挥着越来越重要的作用。纵观整个亚太地区,区域经济合作机制的构建出现一股热潮,出现了较为典型的三大区域经济合作机制,目前得到亚太多个国家的响应,正处于积极的构建之中。

(一)东盟主导,我国大力支持的区域全面经济伙伴关系协定(简称RCEP),涵盖多个国家,包括东盟10国,以及中日韩等国家,具有较大的区域影响力,如协定最终达成,必将有利于整合区域经济。

(二)美国主导的跨太平洋伙伴关系协定(简称TPP),2016年2月4日,美国、日本、澳大利亚、文莱、加拿大、智利、马来西亚、墨西哥、新西兰、秘鲁、新加坡和越南12个国家在奥克兰正式签署了跨太平洋伙伴关系协定(TPP)协议,该协议具有较高的准入标准。

(三)2010年横滨APEC部长级会议宣布,将在APEC各国之间43项双边及小型自由贸易协定的基础上,在亚太地区建立自由贸易区(Free Trade Area of the Asia-Pacific, FTAAP),并在2014年我国举办的APEC会议上确定了亚太自贸区建设的具体路线图。

第三章 中华经济圈建设的市场体系架构

第一节 中华经济圈市场体系建设的原则

中华经济圈建设的提出由来已久,但在系统性的理论探索方面没有迈出较大的步伐,包括中华经济圈的建设应遵循什么样的原则,也并没有统一明确的认识。众所周知,一项较为复杂烦琐的区域经济合作机制的构建,实际上是一个全局的、系统性的工程,必须具备整体性思维,即面面俱到,考虑周全。至于遵循什么样的原则,实际上是方法论问题,要站在高度上予以统筹,而且会极为深远的影响到中华经济圈的具体运行构建,防止其走偏走歪,确保其始终运行在正确的轨道上,所以在中华经济圈建设的原则上须具体化和明晰化,当然,确定中华经济圈建设的原则并不是一件容易的工作,考虑的方面很多,譬如特定关系的处理问题,即各个主体间的关系怎么定位,尤其是两岸对"九二共识"的认知是否等同,一个中国原则能否被各方所接受,既然中华经济圈是以大中华为主体区域,必会涉及一个中国原则。

总体来看,中华经济圈建设所应遵循的原则可分为三大层面:一是理论层面的指导性原则,包括系统性原则、问题导向原则、可行性原则。二是政治层面的指导性原则,包括一个中国原则、政府主导原则、互相尊重原则。三是经济层面的指导性原则,包括市场运作原则、平等合作原则以及互利共赢原则。这三个层面的原则,并非彼此独立,而是相互联系在一起,构成整个中华经济圈所要遵循的原则体系,也是中华经济圈市场体系建设的主要原则。

一、理论层面的指导性原则

(一)系统性原则

所谓系统性原则,主要强调以整体性思维看待分析问题,着重处理好局部与整体的关系,避免只见树木,不见森林,或者一叶障目,不见泰山,同时也不能过于强调整体,而忽视了局部的差异。中华经济圈既是区域经济合作机制,也是区域经济协作系统,显然,以系统性的思维对中华经济圈进行整体性建构,是一条正确的路径。这一建构,需要以系统的眼光来看到各个子系统间的关系,包括各经济主体间的关系协调,制度规则的设计,正常的运转、工作流程等等,清楚各个子系统间的利害关系,有助于理解各个子系统间的运行联系以及冲突之处,从而尽早地发现问题,弥补其中的不足,并完善一系列体制机制,从而使整体的功能得到最大程度的发挥。当然,辩证的看待系统与局部的关系有时候在实践中会陷入一定的困境,主要体现为局部问题的放大或者局部焦点的存在,使关注的重点可能转移到局部上去了,中华经济圈的经济主体间关系的处理可能是局部的焦点,因为这个处理不好,会涉及整个中华经济圈能否健康运行下去,但从另一个角度来讲,又不能陷入太深,否则便影响整体功能的发挥。

(二)问题导向原则

世界上任何区域合作机制的构建,并不是一帆风顺的,无论在建设初期,还是在正常的运行过程之中,总是会遇到这样或那样的问题,问题解决不好,必会影响整个机制的运行效率,从而使合作产出大打折扣。中华经济圈的建设同样会面对诸多问题与挑战,它们既源自于外部,也源自于内部,相互交织,相互影响,处理不好,甚至会影响到中华经济圈能不能成功建设。所以,坚持问题导向来建设中华经济圈是具有较强的现实意义的,而且,需要把问题进行归类、细分,重点聚焦关键问题,集中精力啃硬骨头。事实上,中华经济圈有着一般区域经济合作机制的共性,所以从以往成功典范中学习解决问题的经验是值得探索的路径,但更需关注的是中华经济圈的个性(差异性),而关键的问题恰恰主要来自其内部的差异。尽管中华经济圈主打经济牌,但其背后仍然摆脱不了政治的干扰,最为典型的是两岸在其中的关系确定问题,尤其2016年民进党上台以后,对九二共识闪烁其词,模糊理解,给两岸关系蒙上阴影,同时也给两岸在中华经济圈框架内的合作带来更多的不确定性,而这显然是影响中华经济圈能否正常运转的关键性问题,如何去解决,将考验圈内各个主体的智慧。

(三)可行性原则

打造中华经济圈,并不是造象牙塔,或者什么理想国度,而是要经得起时间的检验,现实的推敲,能够产生实实在在的成果,反之,则是做无用功,浪费人、财、物、力。所以,将可行性原则融入到中华经济圈的具体构建中是十分必要的,而且应贯穿中华经济圈建设的始终。事实上,需要意识到可行性分析实际上是技术性的工作,具有一定的难度与复杂性,但这可以增强我们的预见性与确定性,能够清楚地认识到一项工作或任务是否具备去做的现实价值。当然,可行性分析并不是面面俱到,而是要关注重点领域、重点方案的可行性,而且还需要关注外部和内部环境的变化,可见,可行性原则脱离不了系统论方法,仍然需要树立整体性思维,正确看待整体与局部的辩证统一。从目前来看,中华经济圈的建设仍然处于探讨论证的阶段,换言之,仍旧在可行与不可行上纠结、徘徊,这反映出了一种焦虑与不确定的心态,不过换个角度来思考,或许这是践行可行性分析思维的最佳良机,即出台中华经济圈建设系统全面的可行性分析论证报告,给部分犹豫者一颗定心丸,对于可行与不可行给出一个具有充分科学分析依据的回答。

二、政治层面的指导性原则

（一）一个中国原则

中华经济圈的核心构成主体是中国内地、香港、澳门、台湾（即我们认为的两岸四地），同时其外围还包括以华人群体为主的国家。就从功能定位上来讲，中华经济圈实际上是一个区域性的经济合作机制，其区域的划分主要根据种族层次来考虑，即同属于中华民族。圈内的主体在经济合作方面是平等的，但部分主体仅局限于经济合作层面的平等，要注意到中华经济圈不是区域性的政府间合作机制，总体来看，应该说是非政府间合作机制，这一点主要基于两岸关系的考虑，香港和澳门已回归祖国，即内地与港澳同属于一个国家这已毫无疑问，关键是台湾与大陆的关系，如果台湾坚持以类似于独立国家的身份加入中华经济圈，那么大陆肯定不答应，大陆会选择抵制中华经济圈，或者不让台湾加入，但无论是哪种结果，中华经济圈都将难以推行或不完整。所以，中华经济圈建设首要的原则，是要坚持一个中国原则，即台湾承认并接受九二共识这一政治基础，认同大陆与台湾同属一个中国，而不是"两国论"或"一边一国论"，台湾必须以台湾地区的身份加入到中华经济圈。

（二）政府主导原则

中华经济圈不是自发性的区域经济合作机制，而是有主体构成，有制度构建，有具体运行机制运行的正式、规范的区域经济合作机制，所以这意味着只有相关主体方政府的共同协作，才能推动中华经济圈的建设，任何主体都无法替代政府在中华经济圈推进过程中的主导作用，否则不具备有效性与合法性，政府的优势在于具有制定政策、进行决策、拥有外交权等合法性权力，并握有大量的行政资源，实际上是代表人民管理国家。中华经济圈的推进涉及跨地区、跨国家问题，相关的利益主体多元且复杂，非政府主体无法承担如此复杂的任务，需要相关方政府就涉及的具体议题进行谈判磋商，取得各方都能接受的建设性方案，并共同搭建起建设框架，完善其制度建构，在治理机制与运行机制方面取得进展。同时，在此需要强调，政府主导的焦点是关于中华经济圈的一系列经济议题（包括经济机制、约束性制度建构等），而并非较为敏感的政治议题，当然某些政治因素可能会干扰经济议题的协商谈判，这里特别指出两岸的政治议题敏感性，所以这需要两岸政府着眼中华经济圈建设的大局，智慧处理可能涉及的两岸政治议题。

（三）互相尊重原则

中华经济圈的建设显然会涉及多个主体的参与，而且各个主体间存在不同程度的差异，尤其在综合实力上的对比悬殊，客观来说，中华经济圈实际上是中国大陆一家独大。显然，中华经济圈内部的力量是失衡的，而不是匹敌的，所以这会引起其他主体的担心，即中华经济圈会不会出现权威型领导体制，会不会出现鲜明的等级，从而自身的地位无法得到尊重，利益无法得到保障。这种担忧的存在,可能会出现主体相继退出的情况或者一开始就没有加入的意愿,换言之,无法形成中华经济圈建设的向心力。所以,相互尊重原则是平衡中华经济圈内各主体关系的重要原则,尊重的核心是身份认同的深化,同时不包含政治层面的干扰,尤其是中国大陆在与港澳、台湾地区关系的处理上更是如此,台湾在与大陆的合作中,总是担心其地位被矮化,政治被干扰,所以忌惮与大陆的合作。当然,中华经济圈的相互尊重原则应是经济地位上的互相认可,平等相待,共同协作,而不应过多被政治因素所干扰,因为从政治层面,三者显然是不对等的,而且这也是正常的。

三、经济层面的指导性原则

(一)市场运作原则

正所谓"政府搭台,企业唱戏",实际上是指政府通过营造公平公正的市场环境,以及构建一系列高效的经济体制机制,来为企业等市场主体从事商业性活动提供制度性支持与便利。中华经济圈实际上是圈内经济主体的政府联合起来搭建的区域性的经济舞台,为圈内的各市场主体进行商业性活动,尤其是跨区域商业性活动提供便利。事实上,中华经济圈的效用能不能得到发挥,关键是看整个大中华市场的运作情况如何,如企业的跨域投资是不是更为便利,圈内各主体间贸易来往是不是更为通畅,通关速度是不是更为快捷便利等,个人的跨境旅游、跨境消费是不是更加便捷,所获得的服务质量是不是更好,等等。所以,中华经济圈建设所呈现的价值最终要被市场反映出来,如果市场主体未能获得相比较更高的效用,那么中华经济圈的建设可能徒劳无功的,也许只能看成是政府的副产品。同时,特别需要处理好政府与市场的边界问题,政府不能既要搭台,还得唱戏,最后市场成了台下的观众,出现本末倒置的结果,所以政府需要注意是否出现越位、错位的情况,政府的职责是进行整个宏观的制度完善与建构,并进行严格的市场监管,以确保市场运作的主体地位以及市场运作的有序性。

(二)平等合作原则

所谓平等合作是指中华经济圈所包含的各经济主体在经济合作方面是平等的,都要受到中华经济圈所建构的制度约束,不存在特权,不存在一方对另一方的经济控制。可以看出,这里包含多个层面的含义:各主体的平等合作是在中华经济圈的框架下进行的,需要遵守其运行规则,服从制度性安排,不能脱离于中华经济圈这一框架,否则平等合作会出现裂痕;圈内各经济主体不存在谁强谁弱的问题,不存在以强凌弱的情况,也不存在一方控制另一方的现象,各经济主体是基于一种互补性的平等合作,相互借鉴,一视同仁;平等合作也意味着各经济主体间的互不干涉,主要不干涉其自主制定经济政策的权力,当然,如果某一方制定的政策与中华经济圈的制度性规定有冲突,并损害到其他经济主体的利益,那么,可通过谈判协商的形式进行解决;相互信任是各经济主体进行平等合作的前提,只有在相互信任的前提下,各经济主体才能达成一致的协议,做出互惠的行为。概而言之,平等合作对于中华经济圈建设是极为重要的,这关系到其建设的成败,以及可持续性。

(三)互利共赢原则

中华经济圈构建的目的,就是能够使各主体通过紧密的协作,达成多赢的局面。互利共赢实际上是中华经济圈构建的一个初衷,为什么互利共赢如此重要,主要在于它不是零和博弈,不会出现恶性竞争,会大大降低各主体的竞争成本与资源耗损,最终实现基于一种共同利益基础上的各方主体利益最大化,所以,互利共赢的局面对合作的每一方都是有益的。当然,互利共赢不会凭空出现,这取决于合作各方的努力,同时,对于中华经济圈在此方面的制度建构也极为重要,不同的制度建构,可能会产生相对应的行为。做到互利共赢,仍然存在两个前提,一个是平等合作,另一个是相互信任,各方合作的不平等与不信任,最终会走向零和博弈之路,恶性竞争之路。所以,从这个角度来看,中华经济圈建设需要解决各主体间进行经济合作的平等问题与相互信任问题,如果得不到解决,中华经济圈最终形同虚设,无法产生凝聚力与向心力,互利共赢也沦为一纸空谈。从各大经济主体来看,能最大限度地发掘各方优势互补的潜能,对于互利共赢也极具意义,这意味着各主体间存在利益依赖,拥有共同利益,具有进行深度合作的动能。

第二节　中华经济圈建设的全球市场

一、市场全球化概述

"全球化"是一个可以从多种角度辨识、探讨的概念,它包括交通全球化、信息全球化、市场经济全球化、知识技术全球化、国际性问题解决的全球化等。市场全球化的过程很早以前就开始了,但其全球化进程大大加快是在20世纪90年代以后。市场全球化是指贸易、投资、金融、生产等活动的全球化,即生存要素在全球范围内的最佳配置。从根本上说是由于生产力的进步和国际分工的高度发展,使得各种生存要素跨越了民族和疆界,在全世界各个范围内流动。市场全球化不仅促进了资本和产品的全球性流动以及新科技的全球性扩张,同时还促进了发展中国家和地区的经济发展,是人类不断进步的表现,也是世界经济发展的必然趋势。

(一)市场全球化的由来和发展趋势

从历史发展来看,1492年哥伦布发现新大陆,人类从此知道大家生活在一个共同的地球上便可以说揭开了全球化的序幕。此次的地理大发现为早期西方资本主义的商品输出和世界市场的开拓奠定了基础。19世纪末,国际贸易从西欧、地中海扩大到非洲、美洲、亚洲和大洋洲,由于开拓了世界市场,一切国家的生产和消费便具有世界性。

目前的这个市场全球化趋势,最早可追溯到半个世纪以前、"二战"结束时西欧实施的"马歇尔计划"。当时美国要求西欧国家要向其开放国内市场,作为援助西欧的前提条件之一。随后,欧美一些国家先后主动或被动地实施了贸易自由化政策。市场全球化和资本集中同各国政府的政策有很大关系,贸易自由化政策推动了全球化。有些国家不仅支持本国的跨国公司向外发展,对外来跨国公司进入本国也给予补贴和税收优惠,如英国、爱尔兰和改制后的东欧国家便是如此。后来相继有许多地区和国家也纷纷效仿,如东亚地区大力推行开放国内市场和吸引外资的政策。从1970~1997年,先后取消对进口商品和服务控制的国家从35个增加到137个。有些是个别国家进行的,如20世纪80年代初,英国取消了对外贸的监控。许多东南亚国家也先后通过立法,放松了对外贸和外国投资的限制。它们通常是以多边谈判的方式,集体采取国际贸易自由化的措施以及签订相关条约规范和约束双方行为,如"关税和贸易总协定"(GATT)的乌拉圭回合谈判等。

随着科技不断进步,市场全球化也逐渐变为了可能。而微电子计算技术与现代通信相结合,特别是运用光导纤维通信技术后,无疑引领了一个新的时代——信息时代的到来。电话、电视、电脑和国际网络的普及,缩短甚至消除了时间和空间的距离。这些现代的通信化、计算机化、自动控制化设备促进了全球化的到来。没有这些先进的技术条件,今天的全球化就无从谈起。反而言之,市场全球化也带动了科技的发展。可以说,由于有了全球化的需求,才产生了信息化的产业。国际贸易、资本的国际流动、科技的发展,它们相互间密不可分,相互促进。① 国际货币基金组织(IMF)对1997年世界经济的总结指出:"由于跨国界商品和服务贸易的数量和品种的增加,由于资本的国际流动、同时也由于科技迅速传播和普及,世界各国之间的经济相互依赖性增加了。"②

市场全球化只是经济区域化的进一步发展,而且,区域一体化的发展速度始终超过全球化。经济发展的客观规律表明,当规模经济发展到一定程度以后,为便于利用优势互补和其他因素,经济活动往往趋向于相对集中的一定地区,形成区域性经济技术优势。所谓全球化和国际化,目前的重点依然是以北美、西欧、日本三个地区为经济中心,首先加强了这三个中心之间的相互往来。20世纪80年代以来,绝大多数跨国的投资集中在少数发达国家之间。这些国家的经济在迅速实现一体化,其结果是在汽车、飞机、宇航等国际化强度较高的产业中形成难分你我的局面。欧洲联盟的发展就是一个很好的证明。区域化发展最早和取得成效最多的欧洲联盟,它的对外贸易主要是在欧盟成员国之间进行的。欧盟的优先扩展目标,

---

① 杨祖功,等.国家与市场[M].北京:社会科学文献出版社,1999.
② 国际货币基金组织.世界经济展望[M].北京:教育科学出版社,1997.

首先是在欧洲东部和地中海,然后是黑非洲。而且欧盟第一步是扩大贸易伙伴关系,然后才是经济伙伴关系。欧盟还把主要精力放在完善内部大市场和统一货币(欧元)方面。在北美自由贸易区成立后的第三年,墨西哥成为了继加拿大和日本之后的美国第三大贸易伙伴。南美共同市场成立三年半,内部贸易增加了3倍。

世界政治经济格局是在整个20世纪80年代和90年代发生翻天覆地变化的,"二战"后的两极世界里形成的一系列的政治经济体制也随着柏林墙的倒塌、东欧剧变和苏联的解体而瓦解。在全球化面前,各具特色的政治、经济、文化或人为制定的制度关卡都显得那么的渺小和脆弱。不同的国家和文化之间开始形成一种全新的开放格局,且国家与国家之间的地理位置的差距逐步缩小。而世界各国间的经济依存度却越来越高,具体的表现是贸易和直接投资的高速发展。因此,我们能够预测到,世界经济版图正日益扩大,它以资本市场、人才市场、信息市场和金融市场为核心,市场全球化的浪潮也正席卷全球的每个角落,而国与国之间的经济界线也愈发模糊甚至消失。在这样的经济大背景下,中华经济圈的建设势在必行,乘着市场全球化的顺风,利用好国际国内的各种资源优势,让大中华走出世界,实现与世界经济的互利共赢。

(二)全球化对发展中国家的影响

从总体上看,发展中国家在全球化中是受益的,贸易全球化的确给发展中国家的经济发展提供了不少机遇。如果没有全球化,发展中国家的产品就难以通过双边贸易的形式流通到发达国家。不仅让发展中国家在世界贸易中的份额有了明显增加,也提高了发展中国家的人均收入水平。发达国家劳动密集型和资源密集型产业向发展中国家转移,使得发展中国家劳动密集型制造业有了较大发展。虽然发展中国家吸收了大量的外国直接投资,但其内部发展情况很不平衡,导致贫富差距扩大。

中国在全球化的总趋势下,也吸收了大量外资。以上海为例,在全世界500强最大公司中,到上海投资的包括美国通用汽车公司、福特汽车公司、IBM、杜邦、惠普、施乐、强生、可口可乐、百事可乐等;美国花旗银行、大通银行等在上海设有分行,友邦保险公司、美林证券也有分支机构。美国在上海投资规模呈逐年扩大之势。有些合资企业还与上海交通大学、复旦大学、同济大学等联合成立技术开发中心,不但有助于自身新技术、新产品开发,也为上海高新技术产业化开创了新道路。同时,上海也存在美商发展的多种机会。如上海正在形成的多方位、多层次、多领域利用外资的新格局,以及浦东新区对全国的辐射作用等对美商而言都具有不可抗拒的吸引力。而近些年来上海飞速发展的基础设施也为美商和上海的合作提供了广阔空间。[1]

---

[1] 杨祖功等.国家与市场[M].北京:社会科学文献出版社,1999.

除了上述全球化对发展中国家的有利影响外,仍然存在着诸多不利影响。正如我们所面对的,发达国家对发展中国家设置的质量标准越来越严格,他们随时拿着这张"王牌"来限制发展中国家的产品出口。他们手中的另一张"王牌"就是"知识产权壁垒",所谓的知识产权壁垒主要表现在两个方面:一是某些国外企业在当地抢注所在国的知名品牌,使发展中国家企业的产品难以在该国销售。二是在高技术领域,一旦发展中国家在某些方面的研究进展到可以用于商品生产的阶段,发达国家的企业或科研机构就把他们早已掌握的技术拿到这个国家中申请专利,发展中国家要用相应的技术,就不得不支付巨款购买对方的专利使用权。因此,发展中国家应该重视专利的申请和保护,以防本国在国际竞争中处于被动局面和国家利益受到损害。

二、中华经济圈建设的全球化市场

(一)中华经济圈建设的市场全球化是大势所趋

20世纪80年代以来,随着国际形势趋向缓和,和平与发展已成为两大主旋律。尽管战争的危险依然存在,但由于多种因素的制约,世界性的战争有极大可能打不起来。在这样的大背景下,世界上大部分主要国家的首脑和学者们都已强烈地认识到,国家的强弱不仅取决于军事力量,更取决于综合国力。于是,许多国家都积极地进行战略调整,从以军备竞赛为主转为提高综合国力,以期在未来的竞争中取胜。为了加快经济发展,提高以经济实力为基础的综合国力,许多国家都制定并采取了相应措施,如:以市场经济为取向的宏观经济和微观经济政策措施;加快科技进步,加快科技成果到生产力的转化的政策措施;调整产业结构、加快产业结构升级的政策和措施;以地缘经济取代地缘政治,加强区域经济合作的政策措施。

中华经济圈的建设正是顺应了上述最后一条措施。中国大陆依靠自古以来与港澳台的同胞关系,以及特殊的地理位置,促进中国经济发展,提高其在国际上的综合国力,实现中华民族的伟大复兴。

由于生产力的高度发达和科学技术的飞速发展,世界各国经济相互依赖的程度加深,相互交往的范围扩大,致使几乎没有哪一个国家能够脱离世界经济独立发展,自行运转,不受他国影响。对任何一个国家而言,都不可能再是一座孤岛,而是整个世界经济中不可缺少的一个有机组成部分。"二战"后世界经济发展的其中一个突出特点就是世界经济中的相互依赖关系不断加深,从而使得世界经济的国际化程度不断提高,以至出现了世界经济一体化明显加强的趋势,以及一体化步伐明显加快的势头。因此,中华经济圈的建设是势在必行,也是大势所趋。它不仅符合当今世界经济发展的潮流,也是中国经济迈向世界而走出的一大步。

(二) 中华经济圈在全球化市场中的机遇与挑战

作为一把双刃剑,市场全球化具有两面性。它为中华经济圈建设带来的机遇主要表现在:

1.能够有效地促进经济增长。贸易自由化的发展使得中华经济圈逐步融入经济全球化进程,并且获得了过去难以得到的先进技术、管理经验、资本、市场、资源和其他有利条件。这对其弥补国内资本、技术等生产要素缺口,实现产业升级、技术进步、制度创新和整个经济起飞都是非常有利的。同时,中华经济圈吸引着许多海外华侨和企业的直接投资,而投资的乘数效应能够直接促进国内生产总值增长。

2.能够创造大量新的就业岗位。随着我国经济发展由"短缺经济"类型向"结构性过剩"类型转变,造成大量劳动人口失业。而海外企业的来华投资和设厂,能够很好地解决失业人口增加这一社会问题。众所周知,中国是个人口大国,劳动资源丰富且低廉,这使得海外企业更加偏爱于利用中国廉价的劳动力去为其创造财富。

3.有助于促进市场建设,构建新的市场秩序。中国对内而言,既存在发展动力不足的问题,缺乏新的投资来源和技术来源,又存在改革动力不足的短板,缺乏竞争机制和淘汰机制。而抓住全球化机遇恰好能够有效解决改革和发展动力不足的问题。世界贸易组织等国际经济组织的规则建立在市场机制的基础之上,中国可以借助外力扫除市场化改革的障碍。全球化还能引进外来的竞争机制,促进整个国际经济环境更加公平、公正、公开,有利于新的国际市场秩序的形成。

4.成为中国缩小与发达国家之间差距的重要途径。世界银行认为,发展中国家要想缩小与发达国家的经济差距,首先要缩小技术差距和知识差距,而这是可以通过引进外国直接投资、扩大国际贸易、发达国家转让技术等手段直接来实现的。中华经济圈通过吸引国外直接投资和跨国公司来华设厂,不断学习和掌握先进技术,逐步缩小与发达国家之间的差距。

中华经济圈在全球化市场中面临的挑战主要有三个方面。首先,增加了国家经济运行的风险。迄今为止的国际金融体系都是以发达国家的利益为基础形成的,而我国由于历史和生产力发展水平的原因,在国际竞争中处于劣势地位,且在国际经济风险面前的抵抗力更是非常脆弱的。因此,市场全球化会导致中国经济安全无法保障,也没有可以完全规避风险的可能性。其次,市场全球化会导致中华经济圈内的各个地区的发展差异进一步拉大。目前的全球化是不均衡的,它加深了穷国和富国、穷人和富人的鸿沟。[①] 在全球化过程中,虽然蛋糕是做大了,但绝大部分都是被发达国家给拿走了,而发展中国家分得的却是少之又少。中华经济圈内的各个地区也是如此,由于遭到不公平的利益分配,造成发展差异。再者,西

---

① 姜桂石,姚大学等.全球化与亚洲现代化[M].北京:社会科学文献出版社,2005.

方资本主义国家尤其是美国竭力采取各种手段推行资本主义民主制度和价值观念,试图蛊惑港澳台同胞,动摇其原有的社会主义观念和意识形态,使其精神世界不得不面临严重考验。

第三节　中华经济圈建设的亚太市场

一、亚太市场概述

(一)亚太地区概况

亚太地区(Asia & Pacific)也可称为环太平洋地区,它是亚洲地区和太平洋沿岸地区的简称。亚太地区在狭义上是指西太平洋地区,主要包括中国(包含港澳地区在内)、日本、俄罗斯远东地区和东南亚的东盟国家,也可延伸到大洋洲的澳大利亚和新西兰等国;在广义上,亚太地区的范围则相当广,它包括整个环太平洋地区和太平洋东西两岸的地区,即包括美国、加拿大、墨西哥、秘鲁、智利等南北美洲的国家和太平洋西岸的俄罗斯远东地区、日本、韩国、中国大陆、中国台湾和香港、东盟各国以及大洋洲的澳大利亚、新西兰等国家和地区。

环太平洋地区具有丰富多样的自然资源和在世界经济上排位前三的美国、中国和日本。而亚洲四小龙:韩国、新加坡、台湾、香港,自20世纪80年代开始成为创造发展奇迹,至今仍具发展活力;日本、韩国和美国西海岸为重要的技术策源地;俄罗斯远东地区、加拿大和澳大利亚蕴藏着丰富的自然资源;中国、墨西哥正快速走上工业化发展之路;中国具有丰富的人力资源;美国和新西兰有生产力水平极高的农业,澳大利亚和新西兰具有发达的畜牧业。有经济学家预测,未来世界的经济中心由传统的欧洲、北美东部转向环太平洋地区。

(二)亚太经济合作圈形成的原因

太平洋仿佛像个带有磁力的大洋,正在逐渐将沿岸的各个国家和地区吸引过来,共同促使它在明天变得更加繁荣和昌盛。正是由于这股巨大的磁力所形成的亚太经济圈恰好落在了太平洋的西北海岸即亚洲国家一带。之所以会出现一个亚洲—太平洋经济合作圈,原因可能有以下几点:

1.亚洲太平洋地区有着相似的文化传统和历史遭遇。它们同属东方国家,文化接近,在历史上又不同程度地遭受到殖民主义剥削和帝国主义侵略,发展民族经济是它们共同的目标。

2.近年来,亚太国家和地区的经济高速增长,相互间的依存关系不断深化,客观上为这一地区的合作提供了依据,创造了良好条件。

3.亚太各国经济技术水平的差异,虽然造成了不同的发展层次和阶梯,但为不同国家之间加强经济互补性提供了可能。

4.亚太地区的发展中国家在产业结构和贸易结构上有一定的相似性,这固然会对彼此间贸易产生不利,但在处理同发达国家的关系时,就容易找到共同语言,联合起来一致对付贸易保护主义,转嫁贸易危机等不公平现象。这也是东盟这样的多边合作组织存在的重要基础之一。

5.冷战的结束,苏联的解体和美国的不断衰落,又使得亚洲一些国家间长期存在的尖锐矛盾和地区冲突得以化解,将眼光更多地由政治合作解决问题转移到经济合作解决,促使该地区繁荣稳定,为更广泛的南南合作铺平道路。

由此可见,随着亚太国家和地区加强经贸合作,扩大交流的愿望进一步增强,亚太经济圈的发展前景是十分广阔的。再加上中国大陆、香港、台湾在1991年同时加入亚太经济合作(部长级)会议,太平洋合作圈又打开了一扇新的大门。21世纪称作太平洋世纪的时代已经为时不远了。

二、中华经济圈在亚太市场的发展状况

(一) 中国在亚太经济圈中的重要地位

亚太经济合作圈离开了中国,就不是完整的经济圈。中国大陆的特殊位置、特定条件和经济发展状况,决定了它在亚洲的分量和作用不同凡响。

1.地理位置优越,海洋资源丰富。中国面对太平洋西北部,领海幅员辽阔,海域宽广,海洋总面积多达470多万平方千米,接近陆地面积的一半。海岸线长达18 000多千米,是东亚各国中除岛国外最长的。从北而南,拥有渤、黄、东、南海四个海域,有台湾、海南等大小岛屿5 000多个。在漫长的海岸线上,分布着许多优良海港,其中有像上海、天津、大连、秦皇岛等设备先进、海港条件优越的大型客货港口,又有类似旅顺、威海及南海诸岛等重要军事战略要地。可以说,以中国据于东南亚与东北亚之间的战略位置,以其联系东西方的"丝绸之路"这条交通要道最东端入海口的特定位置,以其拥有的天然港湾条件和十多年来建设的成果,就足以使中国具备了面向太平洋地区广泛开展对外交往的基本因素。

不仅如此,中国的沿海海域蕴藏着丰富的自然资源,种类之多、藏量之大,也是世界各国少有的。如丰富的石油、天然气资源都蕴藏在沿海大陆架中。如今在世界某些国家相互间引起激烈争议的南海海域也是因为其丰富的石油和天然气资源。同时,南海海底的矿产资源如铜、金、银等矿藏储量也很丰富。

世界上海洋生物生产力最高的区域之一正是在中国沿海海域。从整个中国地图上看,自北向南有四大渔场,它们分别是:黄渤海渔场、舟山渔场、南海沿岸渔场、北部湾渔场,这四大渔场以占世界浅海渔场总面积四分之一的海域,拥有着稳居世界前列的生产力。这里捕

捞的各种经济鱼类达 200 多种，富饶的海洋养育了几亿沿海的华夏子孙。由此可见，我国的沿海海域，无论从自然位置、地理条件和资源分布情况来看，都是自然资源的宝库，有着极其广阔的发展前景。

2.与沿岸各国交往历史悠久，中华民族传统文化影响深远。作为东方文明古国，中华民族很早就开始了与太平洋周围各国交往的历史。从地理位置上看，我国由于在陆上与朝鲜、越南、缅甸、老挝等东亚、东南亚国家接壤，在历史长河中早已与各国人民结下了深厚的友谊。中国革命取得胜利后，在这些国家的经济发展和维护独立主权等方面，中国人民也给予了无私的支援和协助，尽到了我们的国际义务。在海上，我国同日本、菲律宾、印度尼西亚等岛国隔海相望。中日之间近千年的文化交流史，使两国人民的文化传统、风俗礼仪、起居饮食，乃至语言文字等都有惊人的相似和共通之处。而以郑和下西洋为代表的中国古代远洋航海壮举，也开始了中国与南洋各国的交往历史。自 19 世纪起，难以计数的华人纷纷走向东南亚国家，如印尼、新加坡、菲律宾、马来西亚等，通过自身的努力，为这些国家的发展做出了相当大的贡献。

中国以其高度发达的文明程度，先进的古代科技成就和巨大的文化渗透力，使得周边众多国家深受其文化传统的影响。如今，当人们谈及亚洲新兴工业化国家和地区的发展道路和文化背景时，总是要和中国的儒家传统思想联系在一起。我们不可否认的是，在亚洲太平洋地区国家的发展过程中，这种带有深深的中国传统文化烙印的深层价值观念和道德取向，是一个不容忽视的重要因素。历史发展到了今天，随着亚太地区的经济蓬勃发展，特别是一些深受中国传统文化影响的国家如日本、韩国、新加坡等在"二战"后奇迹般地崛起，那种所谓传统的东方文化无法适应现代经济发展的神话早已在大多数人头脑中被破除。越来越多的人开始相信，只有将东方传统文化与西方的商品经济思想和注重个人奋斗的价值取向结合起来，才是下一个世纪人类文明发展的新方向。[①]

中国在亚洲的自然条件、社会文化和本民族的优势，决定了它在形成中的亚太经济合作圈中必然占据着无法替代的重要地位。亚太经济圈的形成与壮大，离不开对外开放的中国。同样，中国要想在亚太市场实现自己的战略目标，也必须眼睛向外，充分利用自身优势，在亚太经济圈中发挥最大的作用。

(二)中华经济圈在亚太市场的进出口贸易情况

1.中国大陆在亚太市场的发展情况。由表 3-1 可知，中国大陆与亚太地区的许多国家都有贸易往来，且数额巨大。2010 至 2014 年的数据表明，中国大陆与亚太地区各个国家的贸易额是逐年增长的，但有个别国家的贸易额在 2014 年相比 2013 年有所下降。

---

① 党大建,孙卫东.中国:面对亚太的挑战[M].北京:中国国际广播出版社,1993.11.

表 3-1 2010~2014 年中国大陆同亚太地区各国海关货物进出口总额(单位:万美元)

国别(地区)	2010 年	2011 年	2012 年	2013 年	2014 年
孟加拉国	705 770	825 921	844 984	1 030 745	1 254 338
文莱	103 194	131 121	162 554	179 358	193 653
柬埔寨	144 097	249 911	292 343	377 314	375 765
朝鲜	347 182	564 149	603 616	655 757	638 758
中国香港	23 056 247	28 347 550	34 131 100	40 070 147	37 569 852
印度	6 176 120	7 390 824	6 647 333	6 540 266	7 057 611
印度尼西亚	4 275 028	6 055 462	6 623 408	6 835 475	6 354 485
日本	29 777 959	34 283 401	32 945 578	31 237 785	31 231 185
科威特	855 695	1 130 362	1 255 699	1 226 215	1 343 369
老挝	108 512	130 088	172 078	273 266	361 736
中国澳门	226 435	251 754	298 739	355 791	380 527
马来西亚	7 424 884	9 002 270	9 483 205	10 608 338	10 200 563
尼泊尔	74 267	119 509	199 768	225 414	233 065
巴基斯坦	866 862	1 055 833	1 241 365	1 421 644	1 599 835
菲律宾	2 776 223	3 224 704	3 637 546	3 804 994	4 445 771
新加坡	5 707 598	6 371 006	6 927 265	7 589 638	7 973 991
韩国	20 711 512	24 562 635	25 641 529	27 423 771	29 044 222
泰国	5 293 702	6 473 385	6 975 086	7 124 055	7 262 116
越南	3 008 608	4 020 784	5 043 941	6 547 819	8 363 641
中国台湾	14 541 314	16 001 761	16 898 106	19 703 896	19 828 375

数据来源:根据《中国统计年鉴 2010~2014》整理

2.中国大陆与亚太地区国家有贸易往来关系的不仅仅是表中所示国家,表中国家为本书选取的具有代表性的且贸易总额较大的国家。一些亚太地区的有识之士早就认识到中国在亚太地区经济合作的重要性。日本的一位学者曾经说过:"为什么最近越来越注重太平洋圈了呢？尤其使欧美人关注到如此程度,恐怕是由于他们对巨大的中国市场的未来作了展望。而且考虑到推动东南亚经济明显跃进的是华人,从更大意义上可以说,中国人恢复活力是产生'太平洋'魅力的主要因素,但是从经济上说,不包括中国的太平洋圈,无异是跑了气的柠檬汽水!"还有别的日本学者指出,表明太平洋时代即将来临的论据之一,就是中国大力推行改革和开放的政策。中国对建立"亚洲经济圈"的重要性越来越大。因此,未来的经济循环和发展模式不得不把中国考虑在内,否则很难把太平洋经济圈的实景描绘出来。

东亚是当今世界经济发展史上最大的"博物馆"。它地域广袤、民族众多、语言文化及风俗各异,难以形成像欧共体、北美那样的组织严密,法规健全,商品、劳务、资本、技术自由流动的区域集团。在相当长的一段时间内,东亚只能以加强资金流动与贸易往来,促进各国、各地区之间的双边、多边和次区域性的合作为主。通过进一步的资金流动和贸易往来广泛参与国际生产力的分工与合作。这种态势对我国利大弊小,与我国全方位开放战略不谋而合,可以使我国利用多种优势,多层次的生产力水平参与到东亚的经济合作中去,获得广泛收益。改革开放以来,我国已经参与东亚和亚太地区的内部分工,特别是沿海地区经济发展战略的不断推进,成为东亚地区经济合作的重要组成部分。我们在东亚未来的合作中注定要起到主推动力的作用。

遍布东亚和东南亚的华侨也是推动东亚合作,促进中华经济圈形成的重要经济力量之一。外电甚至认为:海外华人是全球主要经济力量。中国改革开放以来,海外华侨对大陆的建设做出了显著的贡献。在海外,他们控制的资源比例远超过人口比例。以泰国为例,华人占泰国人口的8%~10%,却拥有90%的商业及制造业资产,及半数的银行资本。菲律宾华人占不到人口1%,华人公司却占六七家最大商家三分之二的营业额,小企业中华人的势力更大。

韩国是出口导向型国家,国土面积小,内部市场有限,生产成本上升,区域集团化大潮对韩国的压力比对中国更大。中韩两国隔海相望,两国的经济贸易结构各有特色,互补大于竞争。中国的经济建设需要引进资金、技术和管理经验,要进口机械设备和原料;而韩国的中等程度的技术与产品更适合中国的发展。从产品结构上看,韩国在机械、电子、纺织、化工等方面的产品比中国有优势,而中国的纺织原料、能源产品、工矿产品、农副土特产产品、工艺品和机电产品,又能适合韩国的需要。可见,中韩两国的经济合作基础雄厚,潜力很大。黄海经济圈成功有望。

近年来,亚太地区各国在发挥各自优势,加强多边经济合作的过程中,涌现出一些小区域经济圈和经济"成长三角"的崭新合作形式。中国在这种新型的经济合作过程中正在发挥日益重要的作用。沿中国沿海正在生成由若干中小经济圈串连成的中华经济圈,这种与我国相联的经济链已经使我国成为东亚腾飞的基地之一。中国用实力打开了东亚经济合作和太平洋合作的大门,并为这一有助于整个亚太地区繁荣与稳定的事业注入了生机与活力。

3.中国香港、澳门在亚太市场的发展情况

香港位于珠江口东侧,它由香港岛、新界和九龙组成,总面积有1 071平方千米,还不及北京市的一半大小。它是一个移民的国际城市,其居民的来源具有广泛性和多样性,大约4%左右的人口为外国人。就是这么一个弹丸之地,最早的时候只是一个人迹罕见的荒凉小岛,岛上大部分地区是山丘地带,没有大的河流、湖泊和丰富的地下水,水资源极度缺乏,更不要说有什么矿物资源了。所以直至现在,它所需要的淡水都是内地供给的。尽管香港的自然资源极度贫乏,又不适宜发展农业,但是它也有自己特殊的地理优势,就是它的港湾众多,港口条件良好,是世界上少有的深水不冻港,可供远洋轮随时出入。加之它位于亚太地区的交通要冲,北可接欧亚大陆,南可通澳洲、南洋,东与美洲大陆相望。这些优势足以让香港具备得天独厚的经济发展和对外贸易的条件。

香港是一个推行自由贸易的地区,世界各地的商品都可以自由进入香港,对外贸易成为香港国民经济中的一个重要组成部分。香港从一个荒凉的海岛发展成为世界著名的转口贸易港,继而成为多元化的国际工商业中心,与发展对外贸易有着十分密切的联系。[1]

由下表可知,中国香港与中国内地、中国台湾以及亚太地区的日本、新加坡、美国、越南有贸易往来关系。中国香港与下表中每个国家(地区)的贸易额,从2010年至2014年的变化情况是不一致的,有些国家逐年增长,有些国家有增有降。总体而言,同期相比,中国香港的货物进口额大于出口额,出现贸易逆差。

表3-2 中国香港商品进口及出口的主要供应地和目的地(单位:亿港元)

贸易种类	主要国家/地区	2010	2011	2012	2013	2014
进口(供应地)	合计	33 648	37 646	39 122	40 607	42 190
	中国内地	15 298	16 968	18 409	19 421	19 870
	中国台湾	2 248	2 409	2 449	2 619	3 003
	日本	3 082	3 186	3 116	2 863	2 889
	新加坡	2 374	2 546	2 463	2 464	2 608
	美国	1 792	2 114	2 045	2 197	2 196
出口(目的地)	合计	695	657	588	544	553
	中国内地	312	307	260	248	232
	美国	84	72	68	54	45
	中国台湾	28	30	27	24	30
	新加坡	29	26	27	25	25
	越南	10	11	14	18	21

数据来源:根据《中国统计年鉴2010~2014》整理

香港充分利用了亚太地区丰富的初级产品和廉价的劳动力资源,以及中国内地的广阔消费市场和生产设备供应市场,弥补了自身资源匮乏、市场狭小等缺陷,通过对外贸易的迅速发展,带动了香港加工制造业及整个经济的发展,形成一种符合实际情况的行之有效的对外贸易格局。从香港对外贸易发展的前景来看,面临严峻的挑战是不可避免的,但同时也存

---

[1] 武京闽.港澳经济[M].北京:人民出版社,1994.

在着良好的机遇,特别是背靠着中国大陆这个广阔的市场。而亚太市场将是香港货物出口的主要支柱。

与香港遥遥相对的澳门毗邻广东省珠海市,位于珠江口的西南面,它由澳门半岛、路环岛和氹仔岛组成,总面积有16.92平方千米,包括填海新生地在内。澳门的市场狭小,因此经济发展对外依赖性强。澳门一直以来的对外贸易都是通过香港与外界联系,依靠香港转口,因为它缺乏深水港湾。它的工业生产也依赖于香港的订单,甚至依赖香港厂家来澳投资设厂,几乎所有的外资都属于香港资金。香港大集团在澳门取得从事赌博的专利权,是澳门政府财政收入的主要来源。[①]

澳门地处亚太地区的中心位置,既与富庶的珠江三角洲毗邻,又靠近世界金融、贸易、航运、信息和旅游中心——香港,地理位置十分优越,是中国内地与外界进行贸易往来的重要枢纽之一。长期奉行的自由经济和自由贸易政策、较低的工资水平,都是其对外贸易发展的有利条件。由下表可知,中国澳门与中国内地、中国香港、中国台湾、日本、美国都有贸易往来关系。澳门与表中国家的贸易额的变化情况是不一致的,有些国家逐年增长,有些国家有增有降。它作为转口贸易的一个点,在亚太地区的经济发展中同样起着重要作用。

表3-3 中国澳门商品进口及出口主要供应地和目的地(单位:亿澳门元)

贸易种类	主要国家/地区	2010	2011	2012	2013	2014
进口(原产地)	合计	258.6	356.8	407.3	471.1	513
	中国内地	137.2	191.2	232.0	264.1	298.4
	中国香港	46.3	75.9	82.1	105.0	92.3
	日本	38.1	39.1	42.4	48.0	50.2
	中国台湾	10.8	13.3	14.0	13.2	13.5
	美国	26.2	37.3	36.8	40.8	58.6
出口(目的地)	合计	48.8	47.7	59.8	68.3	76.5
	美国	7.8	5.6	5.1	3.6	2.9
	中国内地	11.0	11.0	13.7	16.1	15.5
	中国香港	30.0	31.1	41.0	48.6	58.1

数据来源:根据《中国统计年鉴2010~2014》整理

4.中国台湾在亚太市场的发展情况

由表3-4可知,中国台湾无论在进口还是在出口,都与亚太地区的多个国家有着良好的贸易往来关系,这与它特殊的地理位置以及自然条件有着密不可分的关系。台湾扼守着西

---

① 武京闽.港澳经济[M].北京:人民出版社,1994.07.

太平洋南北航线之要冲,不仅是亚欧大陆东入太平洋的桥头堡,还是从海洋西进亚欧大陆的跳板与基地,是联结亚欧大陆与太平洋、印度洋的重要岛礁,处于海权与陆权的交叉点。台湾四面环海,面积3.6万平方千米,岛上中央山脉横贯南北,森林面积占全岛二分之一;盛产稻米、甘蔗、茶叶、水果和鱼类。

在20世纪60年代以前,台湾是以农业为主的经济结构。而将经济发展政策由进口替代型转向出口导向型是从1961年开始截至1973年。为了改善投资环境吸引外资,还设立了出口加工区,面向世界市场,鼓励出口。这一政策直接促进了台湾经济的较快发展,在此阶段,台湾每年的经济增长率为10.4%,创造了罕见的高速度。1973年以后,受国际经济不景气的影响,台湾出口产品自身也面临升级换代问题,因而它的发展速度总体上有所放慢,呈现起伏不定的态势。但由于当时台湾当局采取了一系列措施,如大力发展重化工业,投资建设交通、港口、核能发电、钢铁、造船等社会经济基础设施,经济增长速度保持在8%左右,仍属亚太发展较快的地区之一。到了1986年,台湾国民生产总值位居亚洲"四小龙"的第二位,仅次于韩国。如今,台湾仍然是亚太地区不可忽视的一个充满活力的经济增长点,它对整个亚太地区的经济发展有着重要贡献。[①]

表3-4 中国台湾货物去向和进口来源(单位:亿美元)

	项 目	2010年	2011年	2012年	2013年	2014年
	合计	1 444.1	1 640.1	1 636.2	1 673.6	1 745.9
	中国香港	378.1	400.8	379.3	394.3	425.3
	日本	180.1	182.3	189.9	192.2	199
	韩国	106.8	123.8	118.4	120.8	126.9
	新加坡	121	168.8	200.9	195.2	205.4
	马来西亚	59.5	68.9	65.6	81.8	86.1
出口去向	泰国	52.9	61.4	65.7	63.4	60.9
	加拿大	19.5	25.7	25.1	24.1	24.4
	美国	314.7	363.6	329.8	325.6	348.7
	澳大利亚	31.3	36.5	36.5	37.7	35.6
	印度尼西亚	45.1	48.4	51.9	51.5	38.4
	菲律宾	59.8	69.6	88.8	97.7	95.3
	越南	75.3	90.3	84.3	89.3	99.9

---

① 党大建,孙卫东.中国:面对亚太的挑战[M].北京:中国国际广播出版社,1993.

续表

	项 目	2010年	2011年	2012年	2013年	2014年
进口来源	合计	1 342.3	1 430.6	1 311.8	1 275.6	1 279.3
	中国香港	16.3	16.8	26.6	16.6	16.9
	日本	519.2	522	475.7	431.6	416.9
	韩国	160.6	178.6	150.7	157.7	147.9
	新加坡	76.4	79.5	81.1	85.4	83.8
	马来西亚	77	86	78.4	81.2	87.9
	泰国	38.3	43.9	37	37.5	43
	加拿大	15.3	20.2	16.2	14.8	15.2
	美国	253.8	257.6	236	252	274.2
	澳大利亚	89.2	109.1	92.9	79	73.3
	印度尼西亚	60.2	74.3	73.3	71.5	73.9
	菲律宾	23.2	24.1	21	22	20.7
	越南	12.8	18.5	22.9	26.3	25.6

数据来源：根据《中国统计年鉴 2010~2014》整理

第四节 中华经济圈建设的中国大陆及港澳台市场

一、中国大陆与港澳台经贸关系的发展历程

(一)中国大陆与香港经贸关系发展历程

早在鸦片战争期间，英国强占香港岛之后，即宣布香港为自由港。香港与祖国大陆的经济关系也随之进入了一个特殊的历史发展时期。中华人民共和国成立后，面对当时复杂的国际背景、西方帝国主义的封锁和包围，更基于内地与香港长远发展的战略考虑，没有立刻收复香港，而是维持香港现状，充分利用香港作为同国外进行经济联系的基地。1949年和1950年，内地与香港的贸易额分别较上年上升了66%和74%。1951年两地贸易额达到4.327亿美元，占当年香港贸易总额的26.5%。此后由于朝鲜战争的影响，美国操纵下的联合国宣布对华实施禁运，英国也随之宣布对华出口管制，从而使内地与香港的贸易额急剧下降。20世纪60年代以后，两地经贸关系在曲折中缓慢发展，香港成为中国同西方国家贸易主要的、甚至是唯一的窗口，因此中国获得了大量贸易外汇和非贸易外汇，香港成为中国获得外汇的主要来源。

自 1978 年中国实行改革开放政策以后,内地与香港的经济关系进入了一个全面迅速的发展时期,两地的经贸联系唇齿相依,密不可分。这一时期两地的经贸关系大致经历了三个阶段:

第一阶段,从 1978 年至 1983 年。这是中国对外开放初期,内地与香港的经济交往主要以发展商品贸易为主,港商开始试探性投资内地,"三来一补"(即来料加工、来件装配、来样制作和补偿贸易)是主要项目。经济关系属于典型的生产要素互补型。香港的资本进入在短短几年内使珠三角与香港之间形成"前店后厂"式的经济分工发展体系,成为带动两地经济发展与香港经济转型的重要推动力。

第二阶段,是从 1984 年至 1992 年初。1984 年,中英两国政府签署了关于香港问题的联合声明,使香港前途明朗化。同年 5 月,国务院作出进一步开放沿海 14 个城市的决定,从而增强了港商与内地发展经贸关系的信心。1984 年,香港与内地贸易总额为 951 亿港元,占香港总贸易额的 21.4%;1988 年为 2 885.72 亿,占香港总贸易额的 29.1%;1991 年为 5 010.78 亿港元,占香港总贸易额的 32.4%。在两地贸易持续发展的同时,两地的相互投资也呈现出勃勃生机和持续增长的势头。由于珠江三角洲是著名的侨乡,香港同胞众多,加之地理位置、社会文化习惯以及历史上的经济联系,这一时期港商对内地的投资主要集中在广东,尤其以广州为中心的珠江三角洲为主。此时来广投资的港资企业已经高达 22 375 家,而资金总额也达到了 56.4 亿美元。内地各级政府部门对香港的投资也在不断增加,内地一些大中型企业也开始对香港进行适度规模的投资。通过这一阶段的发展,内地一些地区已成为香港制造业的生产基地,香港则成为内地产品的市场窗口并逐渐成为大陆商业、金融服务中心。

第三阶段,从 1992 年至 1997 年。1992 年邓小平发表著名的南巡讲话,强调要加快改革开放与经济发展的速度。中央政府决定开发开放上海浦东,带动整个华东地区的发展。这一形势使香港与内地经济关系又迈上一个新台阶。在投资方面,港商由过去集中于电子、纺织、服装等加工工业和宾馆、酒店、办公楼宇等劳动密集型、技术层次较低、投资规模较小、回报期短、收益较高的项目向大型基础设施、房地产、零售商业等方面转移,投资主体趋向大型化。截至 1996 年,香港对内地的投资项目超过 16 万个,协议投资金额为 2 618 亿美元,实际投资高达 993 亿美元。与此同时,内地企业也开始大举赴港投资。1992 年,香港东荣钢铁集团被首都钢铁集团与香港长江实业集团及加拿大怡东集团联合收购;此后不到半年时间,首钢集团、中信公司、中国航天、中国石油、中国粮油等大公司先后收购了十几家香港上市公司。据有关方面的统计,截至 1994 年上半年,在香港的中资企业已达 1 800 多家,累计投资金额约 200 亿美元,成为当时除英国资本外香港最大的外来投资。内地企业在香港的投资领域涉及商业贸易、金融、保险、航运、旅游、建筑工程、房地产开发、制造业、酒店服务以及广告与出版印刷等。其中从事贸易的最多,约占中资企业总数的45%。这些中资企业一方面为香港的繁荣稳定做出较大的贡献,一方面利用香港作为金融、贸易及运输中心的地位,积极引进外资,成为促进内地与香港经济合作的重要桥梁。在这一阶段,内地与香港之间的经济关系日益巩固和扩大,已从过去的以贸易为主发展到产业结构的全面互融阶段,形成双向互动的新局面。两地已相互成为最大的贸易伙伴,最大的投资伙伴;香港还是内地最大承包工程和劳务合作市场。

总而言之,通过同香港的经济往来,内地不但可以了解世界经济贸易发展趋势,有利于制定中国经济发展的战略和策略,而且还可以及时掌握国际市场行情,增强对世界市场的应变能力。这对加强中国与世界各地的经济联系,加速中国经济发展,无疑起到了积极作用。应该特别指出的是,香港还是祖国大陆与台湾进行"三通"(通航、通邮、通商)的重要中转站,台商投资祖国大陆的重要跳板。这时增加海峡两岸相互理解,促进祖国和平统一产生了积极作用。

(二) 中国大陆与澳门经贸关系发展历程

澳门和香港虽然都是自由港,同样背靠珠江三角洲,但两地最大的不同,是对内、对外联系方位的不同。对内联系方面,香港同东江流域以至东南沿海地带联系密切;澳门背靠西江三角洲以至西江流域,而西江是我国西部的水运大动脉,因此澳门与我国西南地区有着传统的联系。在对外联系方面,澳门同拉丁国家有传统和广泛的联系,历史上曾是亚洲沟通欧美诸拉丁国家的贸易中心,且葡文和中文同为澳门的正式语文,这在中国以至东南亚都是独一无二的。由此可见,澳门在中国对外开放,与世界各国发展经贸关系中占有难以替代的地位。

中国改革开放以来,内地与澳门的贸易总额基本保持稳定且平缓增长的势头。据《中国对外经济贸易年鉴》统计,内地与澳门的贸易额1982年为2.77亿美元;1987年为4.72亿美元;1992年为6.94亿美元,较1979年增长了7.5倍。澳门从内地进口的商品主要是纺织材料及半制成品、矿物燃料、矿物油、水泥、皮革及毛皮、水产动物、陶瓷制品等;澳门对内地出口主要商品是机器及机械用具、电器设备、汽车、人造塑胶材料及其制品、录音机、感光材料等。20世纪80年代以来,面对劳动力短缺和生产成本的不断上涨,澳门商人和企业家把很大一部分劳动密集型或需要大型厂房的行业转到珠江三角洲生产,如玩具、电子、人造花等行业。截至1992年底,在广东的澳资企业已有1 401家,资金总额为24.4亿美元。进入20世纪90年代,澳门厂商在内地的投资地区已经扩大到华中、华东及东北地区。内地对澳门的投资历来占澳门外来投资的主要方面,而且为了支持澳门的经济发展,广东省还向澳门供水、供电,有力推动了澳门的经济发展。①

(三)中国大陆与台湾经贸关系的发展历程

台湾自古以来就是中国领土的一个组成部分,经济上,台湾与大陆本来就是一个整体,但出于政治原因,新中国成立以后至1978年以前,由于海峡两岸处于尖锐的军事和政治对峙状态,海峡两岸几乎没有经贸往来。1978年大陆实行改革开放的政策后,随着"和平统一、一国两制"方针以及各项具体政策的实施,两岸同胞经过不懈努力,主动交好,使得两岸间的贸易开始发展起来。1979年1月1日全国人大常委会发表了《告台湾同胞书》,祖国大陆主动提出实现两岸"三通",但台湾当局对中国共产党和祖国大陆政府和平解决台湾问题并首先实现"三通"的主张采取了断然拒绝和百般阻挠的态度,实行"不接触、不谈判、不妥协"的"三不"政策。但台湾民众对两岸"三通"政策却积极支持参与。在这样的高压下,台湾当局不得不宣布对大陆转口输出台湾商品,在"不接触、不鼓励、不干预"的原则下,采取默认态度。直到1987年,大陆经贸部门积极推动两岸贸易的措施受到台湾工商界的积极响应,至此,两岸间接贸易迅速发展。大致来说,两岸贸易关系的发展可以分为三个阶段:

1.在尖锐对峙状态下贸易往来隔绝(1941~1978年)

在这一时期,海峡两岸处于尖锐的政治和军事对峙状态,彼此间没有直接的贸易交流,仅有通过香港的间接、微量的贸易联系。由于台湾对大陆的中药材及茶叶等土特产有特殊需要,因此,台湾官方的"物资局"每年都要在香港采购这些大陆产品。同时大陆方面也通过香港购买一些台湾商品,以胶合板、合成纤维及化纤织物为主,但数量较少。

2.海峡两岸紧张关系开始缓解,间接贸易逐步发展(1979~1987年)

自1979年1月1日《告台湾同胞书》的发表,大陆当局提出了解决台湾问题的基本方针和政策,并首次提出了两岸通商的倡议。《告台湾同胞书》明确指出:"台湾和祖国大陆在经济上本来是一个整体,我们相互之间完全应当发展贸易,互通有无,进行交流。这是互相的需要,对任何一方都有利无害。"同时表示希望两岸能尽快通航、通邮。此后,中国政府有关部门对实现两岸通商进一步发表了具体意见。为了适应对台通商从无到有这一形势,1979年5月,外经贸部制定了有关对台贸易管理的暂行规定,规定了对台贸易的机构,确定了对台贸易由大陆有关贸易机构对台商、企业机构直接进行。或由港澳同胞、海外侨胞居间进行,不宜经外国厂商、企业做大陆同台湾间转口贸易的原则;并对台湾进口商品的包装、纳税、运输、结汇等问题做了具体规定。这个规定对对台贸易的起步有了很好的作用。时任全国人大常委会委员长叶剑英于1981年9月30日发表了谈话,此次谈话提出了要"实现祖国和平统一的九条方针、再次呼吁和谈、'两岸三通',并衷心希望台湾工商界人士回大陆投资

---

① 薛毅,彭元杰.台港澳侨概论[M].北京:华文出版社,2000.

以及举办各种经济事业"。

为缓和海峡两岸的紧张关系,方便两岸"三通",1979年1月1日,中华人民共和国国防部发布命令,主动停止对台湾岛屿的军事行动,原来处于战备状态的大陆东南沿海地区实行了对外开放,为两岸开展正常的经济、文化交流创造了良好的环境。大陆对外经贸部门和其他有关部门也采取了一系列的切实措施,以推动两岸贸易的发展。如每年春秋两季在广州举办的中国出口商品交易会,从1979年春季起,每届都会邀请台湾厂商到会参观和洽谈贸易。向台湾出口商品方面,大陆这边的外贸公司对一些热销商品的出口优先安排供应且价格实惠。同时在铁路、航运、港口装卸方面也提供了不少便利。在进口这一块,大陆这边的外贸公司比较相同商品的价格和质量后,相差无几的前提下优先购买台湾商品。

由于中国政府主动停止了对台湾岛屿的军事行动,1979年以后,台湾海峡逐渐出现了祥和的气氛。在这样的环境下,台湾渔船出于海上作业或因避风、修理、补给等原因,同大陆东南沿海渔民及渔港的接触逐渐增加。自1981年起,台湾渔民同大陆东南沿海的小额贸易逐渐发展起来。这种小额贸易的特点是,台湾渔民使用1 000吨以下的渔船,每航次运进或运出3~5万美元的台湾或大陆商品。台湾购买的大陆商品主要是海产品、中草药、烟酒及土特产。大陆购买的台湾产品主要是工业原料及制成品。在小额贸易中,台湾渔民及小商人以岛内库存积压的过时商品以至伪劣商品向大陆民间换取金银元、文物以及人民币硬币等,沿海各地市场紊乱,金融市场硬币短缺,经济生活受到一定程度的干扰。鉴于这一混乱局面,大陆自1982年起开始采取严厉措施打击走私行为,关闭地下交易市场,进行清理整顿。于是两岸民间小额贸易在1982~1984年进入低潮。

3.两岸贸易进入快速发展时期(1987~1991年)

1987年5月,国务院办公厅转发了外经贸部关于管理对台贸易的暂行办法,该文件中明确规定由外经贸部负责全面管理对台贸易工作;鼓励大陆直接对台贸易,同时对台进出口商品实行许可管理制度。这一规定促进了对台贸易的顺利、健康发展,在维护双方工商、外贸界的正常权益方面起了十分重要的作用。在大陆外贸体制不断改革和两岸关系进一步缓和的背景下,大陆关于对台贸易的具体管理措施逐步放宽,操作上更加灵活简便。1988年5月,外经贸部对对台贸易有关办法进行了相关修订正是为了进一步改善两岸贸易,更好地维护双方工商、外贸界的正常权益。修订后的办法放宽了对台出口经营权,各外贸进出口公司须按照规定,在批准的经营范围内开展对台出口业务。而在1988年7月国务院发布的《关于鼓励台湾同胞投资的规定》中明确写道:"台湾同胞到大陆投资的提供优惠待遇,并保护台湾同胞投资企业的合法权益。"此后,到大陆投资的台湾同胞人数激增,掀起了一波又一波的高潮,并带动了相关机器、设备和原料出口大陆。

由于两岸关系的发展,加之岛内经济环境的恶化,台湾厂商迫切寄希望于大陆市场。因此,大陆经贸部门积极推动两岸贸易的措施受到了台湾工商界的积极响应,他们不仅积极向大陆出口,也大力争取从大陆进口,两岸间接贸易迅速发展。

4.两岸贸易深化发展期(1991年至今)

1994年,中共中央确定了"积极主动、发挥优势、互补互利、共同发展"的对台经贸工作总方针,同时遵照"和平统一、一国两制"的方针,以确定两岸经贸交流的性质,即两岸经贸交流属于中国主体同其单独关税区(台湾)之间的经贸交流,并纳入对外经贸管理体系进行管理。为了让台湾方面更好地了解大陆市场,1997年在外经贸部的指导下,厦门举办了首届对台出口商品交易会。此次交易会为两岸工商界人士提供了直接洽谈贸易合作的机会,极大地拉进了两岸商贸关系。不仅为台商了解、采购大陆出口商品提供了专门的场所和便利条件,而且能使大陆厂商直接与台商洽谈,能更好地了解他们的需求,对进一步扩大大陆对台出口、拓展两岸贸易渠道十分有益。首届"台交会"成交额超过一亿美元。在大陆的积极推动下,经过两岸同胞的共同努力,两岸贸易交流冲破了各种阻力,结出了累累的硕果,开始形成互补互益、互利互惠、日益紧密的两岸贸易合作格局。[①]

二、CEPA框架下中国大陆与港澳台市场的发展前景

内地与香港《关于建立更紧密经贸关系安排》是中国中央政府与香港特区政府在2003年6月29日正式签署的一份关于经贸合作与发展的协议。其主要内容包括3个方面:两地实现货物贸易零关税;扩大服务贸易市场准入;实行贸易投资便利化。即:从2004年1月1日起,273个内地税目涵盖的香港产品(涉及食品、药品、纺织品、电子产品等)符合原产地规则进入内地时,可享受零关税优惠;对香港扩大服务贸易市场准入,涉及的行业包括诸如管理咨询服务、会展服务、广告服务、会计服务、建筑及房地产、医疗及牙医、分销服务、物流等部门;至于吸引投资方面,规定大陆将在通关及电子商务等7个领域简化手续以便香港资金更加自由地进入内地。CEPA的签署使香港与内地的经贸关系更加紧密,它显示着中国大陆加入世贸组织后香港与内地经济关系出现历史性的变革。

CEPA具有自由贸易协定性质,且有明显的自由贸易特征。从宏观上看,CEPA的基本目标是:逐步取消货物贸易的关税和非关税壁垒,以及逐步实现服务贸易自由化,促进贸易投资便利化,提高内地与香港、澳门之间的经贸合作关系。CEPA的签署是整合中国经济的重要一步,也是把内地与香港、澳门甚至台湾连接起来形成"中华经济圈"的重要战略部署,其带来的影响是广泛而深远的,追求的利益也是长远的。

长期以来,香港在两岸经贸关系中发挥着无可替代的桥梁与纽带作用,而台港关系的发展对台湾的经济有着举足轻重的影响。这一点仅从台港航线的热络程度便可见一斑。香港

[①] 薛毅,彭元杰.台港澳侨概论[M].北京:华文出版社,2000.04.

对外经济关系的丝毫变化都将直接影响着台湾经济,更何况是对香港经济发展具有重大影响的 CEPA。CEPA 产生的基本影响是,它的实施会促使台湾对香港的投资更快。在 CEPA 的吸引下,将会有更多的台商企业加快来港投资发展,投资专案将会以金融保险业为主,其次为电子电器产品制造业,目的是以香港公司名义享用 CEPA 优惠,加快进入大陆。由于香港紧挨大陆,台商多,两岸经贸投资又持续热络,因此,尽管同行业间竞争相当激烈,但相关投资依然旺盛,尤其 CEPA 中有关金融服务业的条款,对台资银行投资香港具有更大的吸引力,更有利于其利用香港 CEPA 优惠加快进入大陆。此外,CEPA 中的零关税措施,加上香港资金运作灵活与方便,将吸引台湾及海外中小企业增加在港的投资或合作。为了更好地享受内地零关税优惠,台商在未来的投资中将会考虑把香港作为生产基地。某些在大陆设厂、生产原料或加工半成品的台资企业,或者是生产钟表、玩具、小家电、化妆品等生产轻工业的台商,会借机把资本流向香港或借香港这个中转港口把产地由台湾变成香港,打着香港产品的旗号出口到大陆以享受免税优惠,增加利润收入。从短期看,CEPA 的签署主要在服务业方面影响着台湾经济,有部分台商把香港作为打开大陆服务业市场的跳板。从长期看,CEPA 的签署将会大大加快内地、香港和澳门的一体化进程,从而促进中华经济圈的形成,使其对周边国家和地区的影响扩大化。台湾若不能在这一过程中取得合理的定位与参与机会,经济势必逐渐遭到边缘化。

毋庸置疑的是,CEPA 的签署必定会使中华经济圈的影响力和辐射作用大大增强,台湾不可能完全不受影响。如今世界经济全球化和区域集团化特点明显,几乎所有发达国家都已融入这个洪流之中。而中国参加区域经济合作,最明智的就是建立大中华自由贸易圈,把大陆、香港、澳门与台湾连接起来。随着大陆与香港、澳门签署 CEPA,大陆与港澳间在经济上逐渐融为一体,对周边地区的经济影响力与辐射作用也逐渐增强,以大陆为中心的整合过程正在逐步展开。港澳借由 CEPA 成功地获得了大陆广阔的的发展腹地。随着港澳从中获得的利益日益显著,台湾将无法回避中华经济圈对台湾经济的影响。综合全局,为了两岸未来的经济关系更好的发展,台湾与大陆建立新的贸易合作机制是势在必行,而共同为两岸及港澳的发展和繁荣而努力是不可抗的趋势。而 CEPA 的签署,只是大陆与香港、台湾经贸关系重新调整的开始。①

根据美国国际经济研究所所长博格斯顿预言,21 世纪将是一个经济一体化、政治多元化的世界,到不了 21 世纪中叶,全球经济将出现许多区域性的共同市场,区域经济日益成为世界经济的主流,而经济区域化的洪流最终将融入经济国际化的大潮之中。在 20 世纪内,两岸的经济交流与合作,基本上仍然遵循市场导向模式发展,即根据比较利益原则,由市场价格机能引导两岸的经济整合,从局部、松散的合作逐步发展到全面、有组织的整合;由个别

---

① 陈广汉,袁持平.全球化和区域经济一体化中的香港经济[M].广州:中山大学出版社,2006.10.

企业的初级合作不断扩展到整个行业的集中整合,从加工出口业的转移调整上升到科技产品的合作开发;由双边到多边,逐步建立起两岸产业分工体系。这种"经济整合",就是彼此不改变现行经济体制、不影响其他地区实际利益的前提下,使目前自发、松散、缺乏规范的、不稳定的经济交流,通过一些建设性安排,逐步发展成为"规范化"的经济合作关系。加强大陆与台湾经济的整合,逐步建立包括大陆、港澳和台湾在内的区域性经济体,形成一个强大的中华经济圈,将是未来经济发展的必然趋势。

三、建设中华经济圈对祖国统一和繁荣富强的重要意义

两岸人民都是血缘深厚的中国人,都希望中华民族强大。实现经济合作与发展,互通有无,加强往来,不仅仅符合两岸人民的利益,更符合中华民族的整体利益。经济交往密切了,经济合作加强了,必然有利于促进政治上的统一和整个中华民族的振兴。尽管台湾当局知道"大陆因素"对其经济发展十分有利,考虑到政治方面的一些原因,其在实施政策的过程中难免存在着某些顾虑。这种矛盾的心理体现在两岸经贸交流与合作的过程中,台湾当局担心对大陆经济太过依赖而使其产业陷入"空洞化",导致其内部不安定。而恰恰是这种矛盾的心理必然令其决策时受到一定影响,出现泛政治化倾向。比较明显的举动是台湾当局把两岸"三通"作为政治筹码,使其"国统纲领"由近程进入到中程。两岸经济合作,目前最重要的问题就是要实现两岸经济关系的全面正常化。而实现两岸经济关系的正常化,首先就应当使经济行为非政治化。唯有在互信的基础上消除各种人为的障碍,两岸经济合作才能步入坦途。

从根本上说,是血缘、亲缘和地缘一直在维系着分属四地的炎黄子孙,当历史把机遇摆在他们面前时,重振中华的共同目标和使命感将会产生极大的凝聚力,这是形成"中华经济圈"的重要基础。更为重要的是,"中华经济圈"的形成,无疑将使中国大陆、香港、澳门和台湾地区都可以从中受益,这支以"大中华"为中心的新的亚洲经济力量正在迅速成为国际社会关注的焦点。而且,这个被称为"中华经济圈"的经济区域将在未来很可能具备与欧盟、美国、日本抗衡的实力。海峡两岸有着共同的文化历史,有相同的语言和习俗,同时面临着世界性的经济挑战,一切爱国的中国人无不迫切期待大陆与香港、澳门和台湾能首先在经济上联合起来,相互合作,以一个新的无比强大的姿态,共同走向世界,迎接新的挑战。

第四章 中华经济圈建设的体系与分层

由于历史原因,在主权上香港、澳门和台湾是中国不可分割的一部分,和祖国大陆有着千丝万缕的联系。其次,东盟、东北亚等周边地区作为亚太经济增长的重要一支,与我国存在互利共赢的协同关系。日本、朝鲜、韩国以及俄罗斯作为东北亚的核心增长极,在整个亚太地区的作用和影响力也是不容小觑的。最后,改革开放新时期,远居海外的华人华侨同胞对中华经济圈的建设影响显著。可见,这三股力量彼此牵制、相互影响,共同为构建中华经济圈贡献力量。

第一节 中华经济圈区域体系

中华经济圈的构建起始于2003年6月内地与香港签署的《更紧密经贸关系安排》,在此带动之下2003年10月大陆与澳门的协议CEPA签署,并于2004年1月1日正式实施。这是在"一国两制"背景下,内地与它的两个独立关税区签订的自由贸易协定,是作为主权国家在其内部加强制度性经济合作方面的重要尝试。2007年6月29日,大陆又与香港签署了《CEPA补充协议四》,7月2日大陆又与澳门签署《CEPA补充协议四》,进一步扩大了对香港和澳门的开放,有效促进了大陆与港澳间经贸交流的发展。在大陆与港澳之间成功签署CEPA的背景之下,中国与东北亚日益密切的经贸联系,对与日韩产业相似度很高的中国台湾发出的讯号,台湾经济趋向边缘化的呼声再起,"兄弟虽有小忿,不废懿亲",2010年6月29日大陆和台湾在重庆签署了《海峡两岸经济合作框架协议》(ECFA)和《海峡两岸知识产权保护合作协议》,这使台湾回归中华经济圈完成了实体化,从20世纪90年代起国际舆论议论的"中华经济圈"轮廓已日益明显。在中华经济圈框架下,港澳台成为大陆在周边地缘经济格局中的增长极点。

国与国之间基于某种共同利益而建立和维系的某种相对稳定的关系,是一个区域性经济共同体成立和发展的先决条件,同样,这种稳定关系的维系,需要成员国之间存在利益交换或者是优势互补的常态,比如产品、市场或资源等等。随着中国社会经济的持续发展和工业化过程的深入,中国与亚洲发达国家之间的差距正在迅速缩小,中国与这些国家之间的互补优势也正在发生变化。对中国而言,随着生活水平和人均收入的提高,廉价劳动力的优势正在减弱,国内生产对原材料、能源的需求加大,出口结构也开始向以高附加值的工业制成品为主转化,原材料、能源和初级产品在出口中的比重将逐渐下降。这对于亚洲较发达国家之间紧密联系的进一步发展显然是一个潜在的威胁。

欧洲经济共同体自1951年初创,1965年正式成立以来,经过20世纪70年代以来的三次扩大,已从单纯的区域性经济联系,逐渐发展成以成员国之间密切的经济贸易联系为基础,政治、外交、军事等方面全面合作的超国家的政治性联系。目前欧共体各成员国每年的国际交易额中,欧共体内部成员国之间的交易额占50%以上,而且常年保持稳定。而所谓的"中华经济圈"中的国家每年各国之间的双边贸易额只占各国国际贸易总额的20%左右,尚不及欧共体成员国的一半。亚洲地区经济一体化的实现还需要亚洲各国长期艰苦的努力。

历史事实证明,仅是文化背景的认同尚不足以形成区域经济共同体。"二战"以后,东南亚国家对中国的影响一直保持着一种谨慎的态度。华人通过多年的自力更生和经济发展,在东南亚国家及地区获得了一些国际认同和尊重,尤其在经济发展上的实力及增长速度方面,都遥遥领先。但是,在政治认同方面,华人并未形成显著优势,这也阻碍了经济政治的长足发展。随着中国综合国力的增长,东南亚国家已经开始联合起来抗衡中国的影响。近年来东西方各国之间政治经济军事关系进一步加强,高层互访频繁,区域性会议、专题论坛不断,并且已开始在国际事务中联合起来维护各自国家的利益。

一、建制与建制化

在讨论国家或地区间经济合作模式时,须厘清"建制"与"建制化"这两个不同但又密切联系的概念。所谓"建制",正如香港浸会学院新闻系主任陈玉玺在"华人经济协作系统建制化问题"一文中所述,其范畴包括组织、规约和制度等三个方面,"组织是指参加经济合作的有关各方,设立单边、双边或多边机构,以从事协调联络,或制订并执行共同政策和法规。规约是指有关各方就贸易、投资、共同开发等合作关系签订契约、协议或条约,或由共同机构制订法规,以规范经济合作关系。制度则是指执行规约的结果所形成的体制以及共同遵守的行事程序和惯例"。两个国家或地区就彼此经济交流与合作达成某种协议,如签署贸易协定,或在对方互设贸易办事处,是一种建制安排;两个国家或地区相关部门为解决某些经济问题共同作出某种决定,如成立经贸纠纷调解、协调或咨询服务机构,是一种建制安排;多个国家或地区达成的多边协议、条约,也是一种建制安排,关税暨贸易总协定、欧洲经济共同体、北美自由贸易区、东南亚国家联盟等,都属此类。

"建制化"则是指各经济主体间的建制安排由少到多、由低到高、由局部到全面,由双边到多边的发展演变过程。经济关系的建制化,可纯以解决彼此间的经济问题、提高经济效益,促进经济发展为目的,也可以兼具政治、经济、社会等多方面的功能。近年不少人在议论

"中国经济圈"、"中华经济共同市场"等经济合作构想时,其所涉及的建制安排,显然都有意无意地兼具政治、经济等多种目的,甚至是联合对外的排他性组织。笔者认为,就现阶段的政经环境而言,不应把两岸四地经济关系的"建侧化"理解或等同于建立"共同体"或排他性的经济集团,或经济"一体化",而是要在彼此不改变现行政经体制,不影响或损害其他国家和地区利益的情况下,使目前自发、松散、不稳定的经济交流,逐渐增加建制安排,步入"规范化"和"效益化"稳步发展的新阶段。经过多年"一般性的议论",现在确实到了为两岸四地经济合作,或为"中华经济圈"之类的概念与理论,进行具体细致的"建制化"设计的时候了。其中,必须首先着手研究或解决的问题包括:确定"中华经济圈"覆盖范围与建制化步骤,有关政治与经济关系问题的处理原则和办法,有关方面如何进行产业政策与产业结构的调整或协调,如何处理"协作系统"地区和"非系统"的中国其他地区之间的关系、如何处理"协作系统"与周边国家和地区的关系,如何制订各种配套与辅助措施,培育良好的建制化环境,等等。

二、中华经济圈建制的动力

(一)两岸四地日趋频繁、扩大的经贸交流活动,产生了强烈的建制要求

近年来,大陆、台湾、香港、澳门的经济都有不同程度的新发展,其增长率高于世界其他许多国家和地区,使这些中国人地区成为亚太乃至世界经济最活跃的地区之一。其重要原因是,两岸四地各种双边或多边互惠经济技术交流的扩大与深化。但是,这种自发、分散、缺乏规范的经贸关系的发展,亦产生了一系列只能依靠建制力量,特别是政府间的建制力量才能解决的问题,包括直接通商、通航、通汇、共同开发资源、大型合资计划、纠纷仲裁、遏止劳工偷渡、走私等等。从香港与内地的关系看:经济关系的多元化,要求双方加强建制安排,因为有许多问题,如简化报关手续、人员交往、法规的制订、道路交通及其他基础设施建设等,只有通过官方的沟通、接触和建制安排才能解决。从港台关系看:香港是两岸经贸交流事务主要的中介地和亚太地区重要的转运港。因此,随着两岸经贸关系的迅速发展和亚太经济的持续繁荣,港台间的经贸关系亦日趋密切,双方同样希望突破障碍,增加建制安排,提高经济效益。从两岸关系看:双方经贸关系的快速发展,是在自发、松散、高代价的不正常情况下进行的。要改善这种不正常状况,使其逐渐走上健康发展的轨道,当务之急是两岸增加沟通和了解,加速两岸经济技术层面的建制化进程,使通航、通商、通邮、通汇、纠纷仲裁、海上走私的缉查以至产业政策的协调等涉及两岸有关部门公权力的问题,得到有效的解决。现在,两岸四地都认为,应加强经济上的联系和协作,把四个地区经济资源优势结合起来,互补长短,以形成强大的经济力量。这些共识的扩大和进一步发挥,将成为两岸四地经济关系建制化的重要动力。

(二)专家学者的呼吁推动

近几年来,在专家学者的呼吁推动下,出现了以下几种令人鼓舞的好现象,成为两岸四地经济关系建制化的重要推动力。第一,以两岸四地经济关系为主题的讨论,从早期宏观合作构想的提出,到近几年的热烈议论和现阶段运作方案的酝酿设计等实践活动,专家学者起了主导作用。从整体的角度讨论两岸四地经济合作关系,始见于香港浸会学院首席讲师、香港亚太二十一学会会长黄枝连先生"中国人共同体"构想。到20世纪80年代后半期,随着大陆改革开放的深化和经济发展,以及两岸互动关系特别是互惠互利经贸关系的发展,有关两岸四地经济合作关系的讨论成为一个热门话题及海内外舆论关注的焦点,类似构想或提法现已有数十种之多。在这场日趋热烈的讨论中,黄枝连先生实际上起了一种重要的"带头人"作用。他在此一崭新的领域中所下的功夫及其做出的贡献是有目共睹的。第二,引起了工商界的兴趣和有远见企业家的积极参与。近年来,在有关以两岸四地经济合作为主题的学术或学术与实践相结合的会议中,往往有一些企业主管参与,有的会议甚至是在企业直接赞助下召开,越来越多的企业家对专家学者的分析、讨论感兴趣,有的大企业还自己邀集专家学者座谈或举办讨论会,或进行有关课题的研究,作为制订企业发展战略和策略的依据。这是一种好现象和好趋势。第三,逐渐引起了官方和经济主管部门的兴趣与重视。两岸四地经贸合作关系问题的讨论,现已越出学术圈,成为这些地区经济决策、主管部门研究、讨论的重要问题。香港与内地,特别是与广东省政府部门间的联系已越来越多,加强交流合作已成为双方的共同愿望,并逐步见诸双方的行动。就两岸关系而言,大陆从中央到地方,单方面向台商提供了各种投资贸易的保障,提供了许多便利条件。但许多经济交流问题,只有两岸的共同协商、努力,进行某种建制安排,才能使目前迅速发展的经贸关系健康稳定发展。为此,双方经济主管部门都有越来越强烈的要求,加强彼此的合作,共同规范两岸经贸交流活动。可喜的是,双方为解决交流中出现的问题,已多次进行事务性、功能性接触商谈,并取得了一定的成效。1990年9月两岸红十字会举行"金门谈判"后,双方有关机构相继处理了"三保警案"、"闽狮渔案"等多起突发案件;两岸合作打击海上走私、抢劫犯罪的程序性商谈也有进展。"两岸交流已从'个案'处理到一定程度的'通案'规划,从分别研拟应急性措施到双方有关职能机构协商制定解决常见问题的原则"这些都说明,日益广泛的接触交往,使双方加深了了解,增强了互信,从而为建立两岸交流的正常化秩序,扩大双方多方位、多层次合作起到了催化作用。

(三)国际经济集团化趋势的发展和中国市场经济前景吸引力的增加,形成两股推动两岸四地经济协作的外部力量

近年来,世界正经历着深刻的变化,旧的格局已经打破,新的格局尚未形成,每个国家和地区都在调整发展战略。其中有两个现象尤为令人瞩目:

1.世界各种区域性的经济合作在加强,国际经济集团化的趋势在发展。这一趋势加速了西欧统一大市场的形成、北美三国自由贸易区协定的签署,以及其他区域性经济合作(如东盟内部经济合作)的加强,加上近几年西方国家经济普遍不景气,以致国际贸易保护主义盛行,区域性的经济竞争加剧。

2.随着中国改革开放的深化,经济获得了持续稳定的快速发展。无论是发达国家还是发展中国家和地区,都普遍看好中国庞大的市场前景,并纷纷进行部署,增加对中国的投资,加强与中国的经济贸易合作关系。这两种现象形成了对两岸四地扩大经济交流合作的两股推动力:前者是"压力",后者则激发了台、港、澳地区与世界其他地区在拓展、抢占中国大陆市场方面的竞争意识。

三、中华经济圈建制化的主要障碍与限制因素

近年来,有关两岸四地经济协作的可能性及其巨大的潜在经济效益,已为越来越多海内外中国人所认识,但为什么这些合作条件良好的地区,彼此经济关系建制化一直未能取得理想的进展,最主要的是来自政治方面的阻力。这种政治阻力主要包括以下两个方面:

(一)内部政治、意识形态差异

由于两岸四地的经济是在不同的政治力量支配下发展起来的、相对独立的经济实体,它们的经济合作无论采取何种形式或名称,都不可能是纯经济的,四方决策阶层政治上的支持、配合与否对经济合作进展与成败具有关键性的影响。因此,近年来,许多专家学者在论及两岸四地建立有组织经济合作关系时,几乎都认为,这些地区政治、意识形态的差异或对立,是最大障碍。其中,两岸的对立情绪,对双方经贸关系发展的影响最为明显和典型。大陆一直呼吁台湾当局放弃"三不政策",实现两岸直接"三通",阻遏任何形式的分裂主义("台独"、"独台"等)的发展,并就国家统一问题进行谈判。而台湾当局则认为大陆没有"诚意",并提出了种种"先决条件",如放弃"武力犯台"、承认台湾为独立"政治实体"、给予台湾"国际生存空间"等。为此,尽管台湾当局在各种压力下采取了一系列开放程度不一的措施,但出于政治考虑,延续和强化了一系列限制性的政策措施,干预和阻挠两岸经贸关系的发展进程,力图把对大陆经贸政策的开放与否作为与大陆讨价还价的筹码。正如台湾知名学者高长先生所言,两岸"这种意识形态的分歧,影响彼此间的相互信赖,一直妨碍着双方正常的经贸交流,势必不利于筹组推动任何形式和程度的经济合作方案"。海峡两岸能否排除政治上的阻力,开展经济上的协作,是整个"中华经济圈"能否形成的关键。

(二)西方一些国家直接、间接的阻挠与离间

近年来,随着中国经济的发展、国力的增强和两岸四地经济交往的密切化,西方一些国家对中国的疑惧和猜忌愈趋加深,担心中国迅速强大起来,成为世界"经济大国"及与西方对

垒的"强权"。因此,西方强权国家纷纷制造一系列无端指责中国的谣言和谬论,例如"中国威胁论",企图阻碍中国与周边国家建立亲密友好关系。1992年底,香港《亚洲周刊》一篇题为"中国威胁论"的文章说,"目前西方主要国家,都被重重经济困难压得喘不过气来。但中国大陆却奇迹般地恢复经济高速发展","而且,一个以中国大陆为主体的'中华经济圈'正在隐然成型中。按照这样的势头发展下去,中国大陆的经济实力,到下个世纪初就可能追上美国和日本"。1993年中,美国《幸福》杂志一篇署名托马斯·斯图尔特的文章则说,"中国是亚洲最大的潜在市场,但同时也是美国对外政策中棘手的问题。对美国最坏的亚洲前景将是:中国在军事和经济上日趋强大;朝鲜统一或者分裂而又怯弱;美日关系恶化";"最好的前景是中国分裂"。西方一些国家宣扬所谓"中国威胁论"有多种目的,其中包括离间中国与周边国家的关系,阻止两岸四地特别是海峡两岸经济合作关系的快速发展,力图保持中国目前的分裂状况,制造两岸及亚太地区军备竞赛的环境,为西方国家向这些国家和地区大量兜售武器,坐收渔利制造借口。西方一些国家大量向台湾当局兜售先进武器、延缓中国加入关贸总协定的进程、对彭定康"三违反洲政改方案"的支持,以及反对中国申办2000年奥运会的种种表现,都在某种程度上反映了西方国家的心态。除了上述内外两种政治因素外,两岸四地经济制度、经济结构及经济发展水平的差异,大陆各省区间经济横向联系的不足及其发展的不平衡,两岸四地从经济协作中所可能获得的经济效益及利益分配的不匀,以及宣传、认识的不足等,都会在某种程度上影响"中华经济圈"建制化的进展。

四、中华经济圈建制化的基本原则与取向

基于以上主客观环境的分析,笔者认为,两岸四地在推动"中华经济圈"建制化进程时,应该遵循以下几项基本原则与取向:

(一)以华南、台湾、香港、澳门经济协作为取向,避免类似"大中国"等含有"民族主义"成分的提法,不把新加坡和其他华人社会包括其中

"中华经济圈"涵盖地区问题处理不好,可能产生复杂的"政治反应"。因而在地区选择取向上,要明确以两岸四地的"中国人地区"为对象,同时强调不包括新加坡及其他华人社会,不搞"大中国",以免引起国际社会特别是东南亚国家不必要的误解、猜忌、疑虑及其他消极反应,为"中华经济圈"的形成创造一个良好的国际环境。

(二)"中华经济圈"的大陆地区以华南为主,但不人为限制具体涵盖范围

由于"中华经济圈"不是一个集团性的经济组织,其所涵盖的大陆地区部分可以华南地区为主,但不人为的加以限制,而应让市场经济规律,让台、港、澳厂商和大陆各省区自行决定双边或多边经济协作事宜及其协作层次。因为虽然华南地区在地理位置等方面与台、港、澳地区有较方便、密切的联系,但有些方面的合作,不一定以地理位置的远近为唯一考虑因素,在交通、信息日趋发达的今天,厂商的活动范围已大大扩大,使其完全可以同距离较远的地区发展方便的经济合作。即使在华南地区,也不一定以省为单位参与协作。

(三)正视两岸四地间的政治现实,处理好政治与经济的关系

两岸四地政治、意识形态的差异,是客观存在的事实。我们在推动这四个地区经济协作时,必须首先承认、正视这一点。以海峡两岸来说,双方的政治主张与目标差异很大,政治问题的最终解决可能还需要一个比较长的过程,但两岸没有理由不进行经济方面的交流和合作。两岸四地可以采取"求同存异"及"非政治化"的办法,进行经济上的交流和协作,有关各方在制订政治政策和处理彼此经济关系时,不要附加对方难以接受的政治条件,而应本着互利、互补、平等的原则,各自发挥优势、特点,促进共同繁荣及获取更大利益。为减少阻力,此协作系统可先由民间机构推动,以"非政治化"的方式及形式,来促成这个由低到高、由浅到深、从小到大、从分散到集中的产业协作系统。

(四)明确"中华经济圈"须建成一种开放性结构,其"建制化"进程是两岸四地经济关系的"规范化"、"正常化",而非"集团化"

华南、台湾、香港、澳门的经济发展都与美、日、欧、东南亚市场有密切的关系,甚至是结构性的关系。这一特性决定两岸四地不宜搞排他性、封闭性的经济集团。因此,正如黄枝连先生所说,两岸四地在加强经济协作时,"必须考虑到美、日、苏(俄)、东南亚以及大洋洲各国的反应,必须向它们清楚地传达这么一个信息:中国人只是根据其内部的政治与经济的发展需要,进行某种程度的产业协作。这样做,不针对任何国家、集团,相信也是不会损害任何国家、集团的利益的。"

第二节 中华经济圈核心层

构建中华经济圈是当今世界经济全球化背景下,中国经济走向富强的必经之路;其次大陆与港澳台在贸易产业和资源等方面互补性强,中华经济圈必能实现两岸四地的优势互补;最后,大陆和港澳台同种同宗,语言相通,文化一脉,彼此间更有血浓于水的情感,中华经济圈的构建是历史的必然。

中国在加入世界贸易组织(WTO)以后,积极加强与东亚各国经济联系,加快经济区域化进程,推动中华经济圈的形成与发展。除中、日、韩与东盟10国的合作框架(10+3)机制持续运作外,自2001年启动中国与东盟10国10年内组合成自由贸易区的协议(10+1)合作。中国的区域经济一体化战略,是在"经济全球化"客观上并不完美,它的实现还需要一个漫长的过程的基础上提出的。确切地说,是在1999年世界贸易组织(WTO)西雅图会议后,中国扬弃了以往的国际单边主义而改采区域多边主义开始的。有专家指出,中国作为政治

大国和经济大国,无论是从全球战略还是从地区战略的角度,都需要建立以自身为核心的区域经济一体化战略。在这个战略中,内地、香港、澳门和台湾将构成最紧密的核心层,东盟和东北亚国家是紧密联系层。我们认为,在"两岸四地"之间,应该更多的依赖文化和观念中"重协商"的传统,建立自身的解决贸易过程发生的摩擦和纠纷的机制,而不仅仅依赖某些国际机制。

CEPA 机制的建立表明"中华经济圈"已从概念走向现实。香港和澳门与大陆经贸往来形成了以特区基本法及相关机制为基础的"商谈"框架;《反分裂法》的出台及国民党副主席江丙坤大陆之行昭示着,经济大潮势不可当,两岸商谈机制的建立仅是时间上的问题。我们寄希望于"两岸四地"商人交往,也寄希望于"两岸四地"的行政当局进一步完善和协调"两岸四地"商事立法,建立有效的贸易纠纷解决机制,促进商品市场和资本市场的发展,使"中华经济圈"日臻成熟。

一、中华经济圈核心层建设的必要性

有的教授认为,世界经济已进入新经济时代,在这个高速发展的时代里,要取得更大的进步,必须与国际接轨,这就需要两岸四地的经济界互相合作,共求发展。另一种观点认为,地处亚太经济社会中心的粤港澳台四地,在亚太新格局的整体发展中承担更为突出的特殊作用。由此产生全新的经济联系和合作关系。粤港澳台经济日益向区域化发展,将促进亚太新格局的持续发展。因此随着经济全球化的进一步扩大,以及新的经济形势的严峻挑战,两岸四地必须在经济发展上共谋利益,同舟共济。同时,两岸四地只有加强合作,才能增强与其他一些区域集团抗衡的能力,提高在国际市场上的竞争力。

二、中华经济圈核心层建设的可行性

两岸四地在发展新经济方面,都具有各自的优势,也各有缺陷和不足,只有不断加强协作,才能优势互补,共谋发展,在合作中稳定健康长足发展。大陆广东地区具有良好的投资环境,基础设施日趋健全,劳动力成本较低,有许多优秀人才,并有庞大的内销市场;台湾在资本和软硬件技术方面则较为领先;香港作为一个具有悠久历史的国际金融中心、货运交通中心、信息融资中心,在两岸四地的协作发展方面,起着中枢纽带作用;澳门经济也很有特色,其未来的发展将更加有赖于如何加强与内地交流协作。两岸四地经济有很强的互补性,中国加入世界贸易组织(WTO)已经十多年了,对两岸四地来说,这依然是一个机遇,也是一个崭新的挑战,两岸四地经济在专业上的分工与合作机会也会不断加快,领域会更加广阔。

三、新经济形势下核心层建构的新场域

来自内地的一些学者认为,可以借鉴旧金山湾区的经验建立香港—珠江三角洲湾区。

以香港为融资营运中心,以港深穗为高科技孵化中心,以珠江三角洲为生产基地,并与京沪等城市建立策略性联盟,形成南中国的高新技术产业开发地区。另外一些学者认为,可以将香港国际金融中心与深圳区域金融中心的优势结合起来,建立以民营资本为主的风险投资机制和以民营企业为主体的二板市场,使高科技企业形成有效的激励和约束机制。来自台湾的一些学者认为,在知识经济时代,经济的对抗不再是国与国之间的抗衡,而是经济圈对经济圈的竞争,两岸四地要同心协力建构一个中华经济圈。在此经济圈中,对两岸的科技交流、人才交流应持开放态度,要加强教育体系的合作,并促成两岸科研的新的分工与整合。有的学者建议两岸应集资成立"研究智能库"和"创业投资基金",鼓励科技人员创新;继续推动资讯通信基础建设,建立与新经济体系相关的法律制度,改善投资环境,提供新知识经济体系所需的知识、技术及能力。包括港澳和以广州为中心的珠江三角洲,即大珠江三角洲应进一步提升对内与对外的合作层次和水平,使之成为亚太地区的一个主要的增长源。来自日本的一些学者认为,新经济、新产业的兴起,不仅改变了传统的产业结构,也引起了对外投资形态的变化,而IT行业对外投资已有趋向水平分工及寻求配套厂商群聚规模的要求,而广东珠江三角洲地区最大的区位优势是群聚,应充分利用这一优势,吸引IT产业的外资,发展新经济。

四、中华经济圈核心层制度设计

(一)两岸四地核心层的建构中,顶层机构设计需要有独立权威的立法、行政、司法体系

设置类似欧盟的相对独立的较为完整的立法、行政和司法机构。成立"中华人民代表大会"负责大中华经济区的各项立法,"中华经济合作委员会"具有大中华经济区的执行功能,设置"中华合议法院"作为解决大中华经济区各项争端的司法机构。考虑到两岸四地间政治制度、经济发展水平、内部复杂程度等方面的不同,该体系的设计可采取较之欧盟更为宽松的模式。

(二)中华经济区核心层的运行可采取"全体一致"规则

区域经济一体化的运行机制,既要能达到加快经济发展一体化速度的目的,也力求达到整体福利在一体化发展中的长足稳定,并实现福利的公平分配。"全体一致"的决策机制可以保证大中华经济区内的公平与效率,如采"多数原则"恐会让台湾方面存在疑虑。

(三)两岸四地经济形成拥有统一货币的共同市场

制定大中华经济区总体发展规划,与两岸四地宏观经济政策相衔接,基本实现生产要素在两岸四地间自由流动的共同市场,最终形成两岸四地经济各有分工、一致对外、拥有统一货币、有高度竞争力的大中华经济核心层,奠定国家完全统一的坚实经济基础。

五、中华经济圈核心层建设推动步骤

(一)提升两岸四地经济自由化程度使其高于东亚区域经济合作水平

完成 ECFA 后续商谈后,确立时间表加快推动与落实货物与服务贸易自由化,并不断扩大 ECFA 内涵,可考虑纳入区域全面经济伙伴协定(RCEP)已有的领域和议题,如知识产权、政府采购、投资的国民待遇、国有企业、中小企业、电子商务、供应链、透明度等,适时纳入港澳,使两岸四地经济整合程度和水平高于东亚区域经济一体化。

(二)继续强化双向投资以增进生产要素自由流动

设立"两岸投资协调小组",对两岸投资尤其是大陆对台投资提供协助与支持,互通投资政策信息。建立对台投资审批的单一窗口,负责专门推动与协助企业对台投资。同时成立专业服务机构,对赴台投资企业提供政策、法规与市场信息等免费服务。

(三)构建深度融合的两岸金融合作机制

将金融业作为推动未来两岸服务业合作的重点内容,结合大陆金融发展战略,在人民币跨境使用进程中赋予台湾一定的功能与角色,为两岸货币一体化创造条件。

(四)共同成立"中华经济合作委员会"

先将"两岸经济合作委员会"层级提升至副总理级,再适时纳入港澳,共同成立"中华经济合作委员会",初步奠定两岸和平统一后的经济制度架构,并为成立"中华人民代表大会"预作铺垫。

第三节 中华经济圈紧密层

中华经济圈的建构,除了核心层这一轴心骨以外,东盟和东北亚国家则是中华经济圈构建的紧密层。东盟和东北亚国家,囊括众多世界强国以及新兴增长体,是整个世界经济发展的强劲一支,构建中国—东盟自由贸易区产业协作系统,以及加快东北亚区域经济合作,无论从国际经济全球化,还是从大中华区亚太经济发展的实际情况来看,对于促进该区域各国各地区经济、科技、文化的共同发展与繁荣,提高该区域在构筑中华经济圈紧密层建设中的地位与作用,并发挥它的强有力纽带作用,都功不可没。

一、构建中国—东盟自由贸易区产业协作系统

中国与东盟处于大中华区亚太经济合作体系东端的桥头堡地位,促进该区域产业协作系统的形成与发展,对构建中华经济圈,加强东西方交流与合作,促进全球经济增长,维护世

界和平与发展,无疑具有十分重要的国际性意义。当然,这也将极大有利于中华经济圈的建构与稳健发展。

国与国之间的历史渊源不可小视,影响深远,小到国家间的政治互信,民间贸易发展,大到领土争端,海域划界。东南亚地处东西方交通要道,在历史上与中国关系紧密,2000多年前中国就有了对东南亚的记载,研究证实中国西南沿海各省与东南亚各国的民风,技术都有一定重合,历史上也发生了多次亚洲大陆居民大规模迁移到东南亚的现象。海上丝绸之路的开通使中国和东南亚各国的交往变得密切,包括互派使节,僧侣互访和艺术交流等,东南亚受中国和印度的影响较大,它是世界上华侨华人的最大聚居地,而华侨华人在双方经济文化交流中发挥了重要的桥梁作用。

除传统的印支半岛陆路通道外,更有价值的南海是联系中国与东盟国家的天然纽带,南海在全球、亚太、东南亚及华南西南结合部等不同区域层面具有重要的战略地位与作用,是区内各国和区外大国或国家集团致力争夺的宝域。从目前国际经济全球化、区域化、集团化的形势看,亚太地区经济、科技、教育、文化等多层面的交流与合作正在增强,区域经济发展与产业分工协作日趋明显,作为洲际桥梁与纽带的南海区域将成为21世纪亚太地区一个十分重要的区域。面对复杂的国际经济政治形势,中国应积极探索应付区域化集团化的对策,在构建中国—东盟自由贸易区产业协作关系中发挥重要作用,发挥我国政府在促成建立中华经济圈建设中的引擎作用。

二、构建中国—东盟自由贸易区产业协作系统

中国—东盟自由贸易区产业协作系统,指的是中国及其港澳台地区,与新加坡、马来西亚、泰国、印度尼西亚、菲律宾、文莱、越南、缅甸、老挝、柬埔寨等东南亚国家联盟(简称"东盟")之间,在共同的区域经济基础之上,循序渐进地发展起来的一种符合国际潮流要求的产业分工与协作体系。

(一)建立中国—东盟自由贸易区产业协作系统的意义

总体上看,建立中国—东盟自由贸易区产业协作系统对中国来说,是利大于弊,且是和谐双赢。中国目前对欧美出口相对减少,而国内市场无法消化掉我国庞大的生产力,如果不找到新的市场,经济增长势必放缓甚至负增长,因而近年来我国一方面在非洲开拓市场,一方面就是加强东盟的贸易合作和开放。东盟成员多为经济、科技不发达的小国,我国产品具有相对竞争力,能够解决我国的生产力过剩问题,而且加大贸易合作性后,能够增强他们对我国的经济依赖性,而经济基础决定上层建筑,或多或少能够影响他们对我国外交、政治的态度,而且,从经济角度来讲,贸易促进分工,有利于双方人民生活水平的提高,也可以得到我国发展所需的某些资源。然而,资本都是寻求最大化利益的,目前,东盟国家中不乏很多

工资低于我国的国家,当贸易开放后,贸易成本下降,会出现大量劳动密集型企业外迁,其中包括外资,我国本土加工型企业也会外迁。这是一个国家发展过程中不可避免的一个过程,但是开放自由贸易区会加速这个过程,这给我国经济平稳转型带来压力,在这个阶段过程中会出现国内生产总值总量低增长甚至负增长,而且失业率在一个长时间内会高居不下带来巨大的社会隐患。所以,即使中国也不会短时间内全部行业放开,而会采取逐步放开给转型提供必要的时间。

1.中国—东盟自由贸易区产业协作系统将促进中国区域经济结构调整。我国西南省区同东盟国家地理位置相邻,东盟国家是这些省区的主要出口市场,其与东盟国家的贸易互补性更强,通过与东盟在自由贸易区的框架下加强经济合作,将大大促进这些省区的出口,为其在更大范围参与国际分工和分享分工效益创造条件,从而有力地配合我国西部大开发战略的实施,促我国区域经济结构的调整优化,以及区域经济的协调发展。尤其是广西和云南与东盟国家毗邻,历史上与东盟国家有着密切的经济和文化交往,在中国—东盟自由贸易区中拥有明显的区位优势,今后它们将从国内的地理边缘变成自由贸易区产业协作系统在物流、商务、投资等方面的中心,从而发挥独特作用,带动经济的发展。

2.中国—东盟自由贸易区产业协作系统将提升中国整体经济实力。首先,中国—东盟自由贸易区产业协作系统启动后,将通过外贸和投资的增长以及内需的扩大所导致的乘数效应,拉动中国的经济增长,根据东盟专家"全球贸易分析项目"模型的测算,中国—东盟自由贸易区建成后,中国国内生产总值将增加0.3%,达35亿美元。其次,中国—东盟自由贸易区产业协作系统启动后,通过关税的降低,可以增进国内竞争,推动中国产业结构升级,并且通过东盟市场化所产生的示范效应,从而促进中国市场化进程的加快。最后,通过启动中国—东盟自由贸易区产业协作系统,可以在东亚地区构建新的有利于我国的国际分工,从而形成并加强中国与东亚地区经济的互动增长关系,进一步促进中国经济的开放和发展。

3.中国—东盟自由贸易区产业协作系统将扩大中国的政治影响力。中国与东盟将政治安全也作为自由贸易区产业协作系统协议的重要内容纳入,通过启动自由贸易区产业协作系统,与东盟国家建立战略伙伴关系,能为中国营造良好的区域政治环境,提高中国的国际政治地位,使我国在世界经贸、政治和安全事务中具有更大的发言权,从而扩大中国的政治影响力。

4.中国—东盟自由贸易区产业协作系统将促进中国吸引外资的增加和"走出去"战略的进一步实施。(1)促进对中国吸引外资的增加。中国目前已经是世界上吸引外商直接投资最多的国家,但中国—东盟自由贸易区产业协作系统所带来的投资刺激效应将进一步促进中国吸引外资的增加。自贸区建成后,将形成一个统一的大市场,到中国投资生产就可以方便地进入东盟市场,而且中国投资的软硬环境要比大部分东盟国家好,投资中国要比投资东盟更容易取得成效,因此中国在吸引外资的竞争中处于更加有利的位置。(2)促进中国企业"走出去"到东盟投资,规避贸易壁垒。近年来,中国对东盟的投资虽然以60%以上的年均速度增长,但仍然落后于东盟对中国的投资,具有较大的发展潜力。中国—东盟自由贸易区产业协作系统的启动将给中国企业带来一个更加便利广阔的区域性市场,而且中国企业赴东盟投资达到一定比例,还可以享受到区内的关税优惠政策,并规避发达国家专门针对我国设置的部分贸易壁垒如"非市场经济地位"等所带来的出口风险,这些都将促进中国对东盟的投资。

(二)进一步推动中国—东盟自由贸易区产业协作系统的措施与建议

在推进的中国—东盟自由贸易区产业协作系统进程中,如何扩大自贸区对中国的正面影响,同时尽量消除其负面影响,是目前中国政府面临的一个重要问题。如果能够解决这一问题,不仅有利于我们推进中东自贸区的建设进程,进一步加深同东盟的全面经济合作,而且还将为我国同其他国家和地区的区域经济合作提供有益的经验借鉴。为此,我们提出如下的政策措施建议。

1.增强产业竞争力,与东盟构建产业协作体系。针对相关行业在自贸区启动后面临的竞争问题,我们一方面应该通过各种方式大力培育其产业竞争力,另一方面,则应该在同东盟协商的基础上,建立产业协作体系,根据区域内的产业发展现状和区域产业合理布局原则,加强中国与东盟在第一、二产业的协作,在更大范围优化双方之间的生产要素及资源配置效率,推动产业与经济融合,提高区域产业结构升级和区域性国际竞争能力。

2.通过贸易与投资相结合,实现产业互补互利和经济的持续发展。随着自由贸易区建设进程的加快,有形贸易将更加顺畅,贸易规模不断放大,我国与东盟成员国将逐渐形成贸易结构不同的产业梯次转移体系,将更好地解决区内各国间产业趋同和相互间竞争的问题,形成多赢的格局。同时通过贸易与投资相结合,"引进来"、"走出去",鼓励企业相互间直接投资,特别是发挥国有中资公司资金雄厚、对外联络广泛的优势,加大对外投资和对外承包工程,与东盟国家联合起来,推动资源开发,实现资源共享。

3.立风险防范机制,提高抵御外部冲击能力。成立自贸区后中国对东盟国家的依赖程度将会加深,因此,应该建立风险防范机制,提高抵御外部冲击的能力。建议加强与东盟国家在经济安全与风险防范方面的合作与交流,共同建立风险防范机制,同时加强对自身产业、贸易与金融结构的监控、调整与优化,提高抗外部冲击能力。

4.加强与东盟在各个领域的交流与合作,争取较多的主动权。进一步深化金融、服务、投资、文化、信息产业等领域的合作,积极开展双方在高科技如电子信息、生物技术、遥感技术运用、地震学、海洋科学和热带生物资源研究领域的合作,促进共同发展。此外,还应在自贸区建设中发挥大国的优势,积极就双方关心的政治、经济安全等重大问题展开对话与交流,尽量消除外界因素的不良影响,争取较多的主动权。

5.重视基础设施建设和整合,加快货物与信息的流通。首先,抓好交通基础设施的建设,包括增加沟通相邻国家的航线,加快澜沧江—湄公河流域航道建设和港口建设,打通因运输条件差制约西南部对外贸易发展的瓶颈,加快东、南向交通通道建设,连通西南、内地和越南等铁路、高速公路等。其次,抓好水电等能源基础设施、通讯设施建设。最后,共同构筑一个信息互动平台,加快货物与信息的流通。

6.建立高效、快捷的地区贸易结算体系。随着中国与东盟产业合作、无形贸易的深入开展以及区域内贸易的逐年增加,必然要求双方加强金融业方面的合作,因此,有必要尝试建立地区贸易结算体系,可以建立以人民币为结算体系的一篮子货币的银行结算体系,区域内各国货币可以直接结算,减轻对美元的过度依赖,减少交易成本和降低汇率波动对国际收支的影响,从而促进经贸的进一步发展。

在世界经济区域集团化和南海地区出现若干"次区域"集团化趋势的背景下,中国在构建中国—东盟自由贸易区产业协作系统中应该按以下4个层次来推进这种合作:第1个层次是建立中国大陆及香港、澳门、台湾之间经济协作的"中华经济圈",即"中华经济协作系统"。目前除台湾外,"中华经济圈"已完成第一步,即确立了协调性投资、贸易和技术合作政策,下一步的核心是确立产业协作政策,实现产业互补,在此基础上完全消除市场壁垒,建立统一的区域市场。第2个层次是建立南海经济圈,范围主要包括华南与西南沿海省区及港澳台地区、越南、马来西亚、印度尼西亚、菲律宾、文莱等国,这一区域的劳动力资源充足,自然资源丰富,产业结构互补性强,经济增长势头看好,"梯形"经济发展格局初步形成。如在这一地区加强产业协作,整体发展功能会大大增强,仅仅是联合开发南海海洋资源这项大的合作就可使本地区繁荣兴旺。因此,构建南中国海周边国家及地区产业协作系统不仅应该而且有可能加快步伐,并且是构建中国—东盟自由贸易区产业协作系统的核心内容。第3个层次是建立中国—东盟经济圈,即中国—东盟自由贸易区,它以南中国海周边国家及地区产业协作为核心,进一步扩展到整个中国大陆和整个东南亚国家。第4个层次是建立大中华区亚太经济圈,范围包括日、韩、美、加、澳、新等亚太国家及地区,这是一个更高层次、更大范围的国际经济合作圈。这4个层次的经济合作圈,以南海为核心,将全球与地区性经济协作紧密结合起来。因而,构建中国—东盟自由贸易区产业协作系统,将成为构建中国—东盟自由贸易区的枢纽和中介。这是21世纪中国经济发展与国际经济合作的战略选择。

构建中国—东盟自由贸易区产业协作系统必须从该区域的现实情况出发,制定区域联合开放开发的一系列基本政策。如制定联合发展资源技术型及外向型海洋产业的基本政策;海洋资源可持续利用与环境保护的基本政策;综合开发与一体化开放的基本政策;区域内各生产要素优化配置的基本政策;以及联合发展区域性基础设施的基本政策等。实施"非均衡、逐级递进、突出重点、兼顾一般"的开发政策,引导投资者向目标区域重点产业进行重点投资开发。通过政策引导,处理好区域产业发展中的重点建设与一般建设关系。

在区域内资金投入有限的情况下,应重点发展能源、交通、通信等基础产业,以适应区域联合开放开发的需要。在区域内部,选择那些区位优越、交通便利、基础雄厚、科技发达及劳动者素质较高的地段;选择那些能带动区域经济发展,并对其他产业开发起较强联带影响作用的一组产业,进行适度倾斜,重点突破,优先发展,尽快形成聚集效应和辐射带动能力。突出各方沿海港口城市的功能特点,构筑多层次、全方位开放扇面。充分利用该区域各沿海港口城市的现有优势,进一步发挥各类经济自由区和中国大陆的经济特区、经济技术开发区、试验区功能,尽快向国际自由贸易区、自由港、出口加工区方向发展。

为了减少各方面阻力,构建中国—东盟自由贸易区产业协作系统主要依靠企业、民间组织推动,以非政治化方式来促进该区域产业协作系统由小到大、由浅到深、从分散到集中的全面升级。区域产业协作实行互补性和结构性合作并存,以结构性合作为主,坚持以民间合作为主、官方合作为辅,形成高层次的结构优化、多元化、整体化、互惠互利的产业协作关系,努力提高区域产业结构升级和区域性国际竞争能力。建立政府搭台企业唱戏的协调机制,加强文化教育科技合作等方面交流,建立区域产业协作的对话机制。由区域各方政府代表组成南海开发协调组织——南海区域开发协调委员会,赋予其协调区域产业和部分行政管理职能,以协统区域各方海洋资源开发与公共海域对外开放事宜,形成以产业管理为基础,行业管理、综合管理和跨国协调有机结合的南海海洋产业管理机制。重点建设区域性自由贸易港和出口加工区,以改善基础设施为重点搞好南海区域生产力的总体布局,制定培植生长点、由点到线、由线到面的开发战略,重点建设能源、交通、通信、港口及市政基础设施。

最大限度地发挥政府在公共物品投资中的整体效益。政府根据主要港口城市各自的特点,进行科学布局和合理分工,而具体项目与产业协作内容则主要依靠企业、民间组织推动,以市场经济手段协调关系。南海区域各方的产业部门之间,进一步推动跨国、跨地区、跨部门、跨行业之间的产业联合,在资金、技术、商品、信息、资源等方面形成互补合作关系,在此基础上组建跨国、跨地区、跨部门的企业集团和跨国公司,从事分工协作生产、共同开拓国际市场,采取承包、租赁、拍卖、委托、股份制、合作制等更为灵活的经营方式,形成跨国跨地区跨行业的生产联合体。

三、东北亚区域经济合作有利于大中华区亚太经济的发展

东北亚是大国势力比较集中的地区,不同于东南亚和中国周边的其他地区。它是"二战"后大国关系盘根错节,民族、边界、领土、意识形态冲突迭起的地区。在这里,既有全球唯一超级大国美国的势力,有军事超级大国俄罗斯的势力,又有政治大国和经济大国中国的势

力,还有从经济超级大国向政治、军事大国迈进的日本势力。另外,新兴工业化国家韩国的势力也在日益增强。

大中华区亚太经济的崛起是20世纪世界经济发展史上的一个奇迹,人们都异口同声地在惊呼"太平洋时代"的到来。但是,大中华区亚太经济的崛起是从东北亚地区开始的。日本的经济起飞和经济奇迹的创造,揭开了大中华区亚太经济崛起和太平洋时代的序幕。此后,韩国和中国经济奇迹的出现,由日本、韩国、中国先后兴起的产业结构传递过程,使大中华区亚太经济崛起进入了前所未有的高峰时期。诸如此类的发展状况,在东北亚地区不断发生。很显然,东北亚地区在亚太经济发展中发挥着主力军作用,使亚太经济始终保持异常活跃和富有生机的发展走势。同时,随着许多国家政治经济实力的异军突起,太平洋时代已成为全球经济政治发展走势的必然选择,而东北亚地区经济的发展则是该时代稳定发展的基本保证和重要标志。如果东北亚各国能有效地开展地缘经济合作,将会更好地展现其亚太核心经济区域的地位,使整个大中华区亚太经济增长保持长盛不衰的势头。

亚太地区经济合作的探索和实践已有三十余年,尽管出现了几次高潮,也有了一些发展,但仍然没有什么实质性的进步,基本上还是处于论坛性的阶段。到20世纪80年代后期,东北亚国际经济合作问题被提出和经济增长三角出现以后,一种全新的探索和发展模式被提出,以达到促进亚太地区经济合作的目的。在亚太地区,次区域经济合作,也符合由小到大、由简到繁的一般事物发展规律;加之国际上政治经济形势和区域内政治经济形势发展变化的推动,东北亚是亚太地区发展地缘经济合作最有希望和最有前途的一个主要地区。要想达到促进整个亚太地区的多边与双边地缘经济合作长久发展的目的,则需通过亚太地区的自力更生,共谋利益,协同发展,使该地区的合作范围不断扩大,并发挥成功合作的典范作用。

针对现在东北亚区域经济合作的进展状况和中国经济的发展需要,我们认为参与东北亚区域经济合作可以从以下几个方面入手:

(一)参与东北亚区域经济合作与振兴东北老工业基地战略相结合

中国的东北地区是我国处于东北亚的主要地区,也是我国参与东北亚区域经济合作的前沿、主要力量。不过改革开放很长一段时间以来,由于种种原因,东北地区却成为我国经济相对衰落的地区。2003年,我国政府提出了振兴东北老工业基地的战略,力图把东北地区培养成继珠三角,长三角和环渤海经济圈之后,我国经济增长的"第三极",使国内区域经济得到统筹、协调发展。但在实施振兴东北老工业基地战略的过程中,我们要进一步扩大对外开放的力度,利用区位优势,加强东北老工业基地与东北亚各国的合作。为了进一步推进东北亚区域经济合作的发展进程,中国通过不断引进韩国、日本的先进技术和资金支持,努力创新发展东北地区的传统产业,提高东北地区工业发展的核心竞争力;利用好俄罗斯、蒙古的资源,为振兴东北老工业基地服务,没有资源和技术东北老工业基地是无法振兴的。因此,中国政府一定要把振兴东北老工业基地与推动东北亚区域经济合作为两项长足发展的战略举措,二者相辅相成,相互依存,共同发展。

(二)参与东北亚区域经济合作与我国的沿边开放政策相结合

由于东北亚地区的经济合作发展水平还有限,影响力还不大,参与这一进程的主要是我国与其他东北亚国家接壤的省份和地区,主要包括东北三省和内蒙等地。这些省份都属我国的沿边省份,经济发展与我国沿海等其他地区相比比较落后,但是在我国的对外开放中有着地理上的优势,因此我国很早就提出了沿边开放的战略。沿边开放战略的实施,在一定程度上促进了沿边省份与接壤国家间的交流与合作,但是一直以来这种合作的形式还比较简单,层次还不高,规模也不大,有待进一步的深入发展。而东北亚区域经济合作则为我国沿边省份的开放提供了一个更加广阔的平台,我国应该在积极参与东北亚区域经济合作中,进一步促进沿边省份的开放,在有条件的地方考虑建立边境经济合作区。如可以考虑我国内蒙的二连浩特与蒙古的扎蒙乌德建立国际经济合作区;黑龙江省的绥芬河、同江等地可以考虑与俄罗斯的海参崴建立合作区;吉林省延吉自治州的珲春市、延吉市可以考虑如何开发图们江地区同朝鲜、俄罗斯的合作等等。

(三)积极参与东北亚区域经济合作,实现我国与东北亚国家间的优势互补

我国的经济经过20多年的发展,已经是日益融入国际社会的外向型经济。充分利用国内国外两种资源,一直是指导我国经济发展的重要战略。东北亚地区的国家中,俄罗斯和蒙古,包括朝鲜,拥有丰富的资源,如石油等都是我国需要大量进口的,对我国经济的可持续发展起着至关重要的作用。日本和韩国两个国家的经济发展水平比较高,拥有技术和资本上的优势,加强与他们的合作,有助于加快我国产业结构的升级换代。我国则在劳动力资源上具有优势。可见,东北亚国家的经济互补性非常强,合作的空间很大。所以在东北亚区域经济合作框架下,促进我国与这些国家的经济合作,也将加快我国整体经济的发展。

(四)妥善处理东北亚地区内的敏感热点问题,努力创建区域经济合作的健康稳定环境

东北亚地区由于政治关系、经济关系都十分复杂,因此,我们在参与东北亚区域经济合作的过程中,要处理好一些热点和重点问题,为我国参与和推进东北亚区域经济创造一个良好的合作环境。

第四节 中华经济圈关键层

整合海峡两岸产业协作系统,是构建中华经济圈的关键层级。

一、海峡两岸产业协作系统理论概述

（一）海峡两岸产业协作系统的界定

在对海峡两岸产业协作系统进行界定之前，首先应当对海峡两岸有一个清晰的认识。海峡两岸，即台湾海峡两岸，具体是指台湾海峡两岸的中国台湾与中国大陆，有时也指香港特别行政区、澳门特别行政区。那么，笔者认为，海峡两岸产业协作系统就是海峡两岸基于自身产业发展的状况，为了保证海峡两岸双方的市场优势，从而形成的一种产业合作机制。举例来说，2015年11月12日到18日，海峡两岸开展了"一带一路与两岸产业发展合作机会研讨会"，会上说明了大陆与中国台湾在高端制造业方面的合作意向。

另外，在海峡两岸产业协作系统所涉及的地域范围上，海峡两岸产业协作系统与中华经济协作系统有很大相似性。因此，有必要对中华经济协作系统的概念进行介绍。"中华经济协作系统"[①]的概念一般有广义和狭义之分：广义的中华经济协作系统包括中国大陆的全部和琼、港、澳、台等地区，其中华南大陆之广东、福建、广西加海南4省区与港、澳、台3个地区，即"4+3"，为"中华经济协作系统"的南部，是本经济协作系统最活跃和最前沿的部分。狭义的"中华经济协作系统"，仅指广义的中华经济协作系统南部，即只包括中国大陆的广东、福建、广西加海南4省区及港、澳、台3个地区。

广义的中华经济协作系统合作，应当是中华民族全方位的经济合作，不仅包括协作系统南部（华南），而且包括协作系统其他区域的华人产业协作系统。尽管中国大陆与其他华人地区之间的产业合作与经贸交流是在不同社会制度之间进行的，但不同制度地区之间合作的特点是长期存在的。中国大陆与相邻国家华人华侨经济、港澳台地区经济之间的合作交流，是建立在中华民族认同基础上进行的。特别是"中华经济协作系统"的南部——华南经济协作系统中的港澳台地区，经济本属一体，只是由于历史和政治的原因处于分割状态，但目前港澳已经回归，台湾统一还需要长久努力。因此，有必要将3地经济当作是中华经济协作系统的有机组成部分。

"中华经济协作系统"有关各方相互交流与合作中的一个核心问题，是产业的合理分工与协作问题。对于这个问题是否有必要加以讨论，学术界和实际部门还有着不同的看法。因为整个中华经济协作系统是一个不很发达的经济协作区，有关各方面都致力于改变技术结构的落后性和被动性，以实现经济的现代化。从其内部来看，有关各方既存在结构性差距，也存在发达区域与不发达区域传统的分工关系。

（二）整合海峡两岸产业协作系统的理论基础

在第一节，我们介绍了产业协作的相关理论，使我们对产业协作有一个比较清楚的认

---

① 朱坚真.南中国海周边国家和地区产业协作系统问题研究[J].海洋开发与管理，2001(1):54-57.

知。整合海峡两岸产业协作系统不仅需要产业协作的相关知识,而且还需要依靠产业整合的相关理论。

产业整合是按产业发展规律以企业为主要整合对象的跨区域、行业和所有制重新配置生产要素的过程。而现代交易费用理论是产业整合的基本理论基础。

科斯和威廉姆森的交易费用理论认为,企业和市场都是组织生产活动的方式,企业是节约交易费用的组织创新产物。科斯认为,市场当事人每完成一笔交易,都要承担相应的交易费用,正是因为交易费用的存在,作为市场替代物的企业由此产生并发展起来。同理,企业组织经济活动也有行政成本、管理成本等形式的交易成本,所以产业中的许多企业倾向于整合集中发展。

产业组织理论的三个主要流派即哈佛学派、芝加哥学派和新产业组织理论从不同的角度对产业整合进行了分析。以梅森、贝恩为代表的哈佛学派提出了结构-行为-绩效分析范式,认为产业整合的目的源于企业的垄断动机、设置市场壁垒与经营的多样化,最终获得垄断利润。以斯蒂格勒、德姆赛茨等为代表的芝加哥学派认为企业能力差异是导致产业整合的重要原因,企业自身的效率提高导致企业利润的增加和规模的扩大,从而使市场集中度提高并使市场势力得以增强。以阿罗为代表的新产业组织理论应用博弈分析方法对产业整合进行了分析,认为纵向整合是提高合作博弈的有效手段,企业可以通过纵向合并或施加纵向约束将产业链的外部性内部化,从而提高产业链的利润水平。

潘罗斯最先创立了企业能力理论。他认为企业是知识和能力的集合体,企业知识水平和能力高低决定了资源发挥效用的范围和效果。1992年,曼哈尼和潘汀证明了企业纵向整合不仅可以将企业的内在能力和外在能力组合起来创造价值,而且可以"绑定"新技术,不断更新企业的竞争优势。在变化的环境中,纵向整合成为更新企业能力的战略工具。

(三)整合海峡两岸产业协作系统的背景

整合海峡两岸产业协作系统不是一件易事,需要考虑国际、国家、社会、地区等多方面的因素。当前,整合海峡两岸产业协作系统主要是依托以下几大背景:

首先,经济全球化的发展为海峡两岸产业协作系统的整合提供支持。在经济全球化的背景下,中国大陆与港澳台的经贸联系日益密切。为了更好地推动蓝色产业协作系统的发展,需要在经济全球化的依托下,在目前产业协作的基础上,寻求一种更精细和优化的产业协作模式,整合海洋产业协作中不适宜的部分,从而保证集聚效应的最大化。

其次,科学技术的蓬勃发展要求对海峡两岸的产业协作模式进行整合。21世纪,既是科技的世纪,也是海洋的世纪。海洋产业的整合和发展也必须以科技为指导。放眼望去,知识不断创新,科技突飞猛进,科技成果商品化、产业化日益加快,促进了全球经济的迅速发展,推动了世界产业结构的重大调整,带动了国际贸易与合作的全面加强。那么,一味遵循过去的海洋产业协作模式就会出现问题,蓝色产业协作系统需要不断更新,也就意味着要对海峡两岸产业协作系统进行整合。

最后,政治条件和社会舆论也将推动海峡两岸产业协作系统的整合。香港基本法和澳门基本法的制定和实施,保证了港澳的政治稳定,中国中央政府提出的"一国两制"方针使港澳同胞受益,并影响海峡两岸关系日趋缓和。这也就为中国大陆与港澳台产业协作系统的纵深发展提供了制度基础。而海峡两岸产业协作系统的整合就是为了强化优势资源,剔除不合理部分,保证产业协作系统的纵深发展。

二、整合海峡两岸产业协作系统的意义

"中华经济圈"在全球发展过程中扮演着关键角色,这种基于国际背景的和平与经济发展的势头是必然的。那么,如何更好地推进和整合两岸四地间更紧密的经济合作和贸易,推动两岸四地的经济繁荣与发展,无疑具有相当重要的战略意义。

(一)有利于打造"区位"品牌

海峡两岸产业协作系统是一种区域之间的协作系统,在各个区域之间进行海洋产业协作可以加强区域之间沟通,打开经贸发展的新渠道。然而,我们也不应当忽视各个区域内发展势头良好的优势企业。在整合海峡两岸产业协作系统时,我们要不断加强对优势企业的重视,因为产业关联企业及其支撑企业、相应辅助机构,如地方政府、行业协会、金融部门等都会在空间上相应集聚,形成一种柔性生产综合体,从而形成区域的核心竞争力量。一旦区域的核心竞争力得以迸发,整个产业协作的凝聚力会更强,能够更好地推动蓝色产业协作系统的发展。

"区位品牌"即产业区位是品牌的象征,如法国的香水、意大利的时装、瑞士的手表等。单个较小的企业要想拥有属于自己的品牌并非易事,都会面临着资金、技术、空间等方面的限制,然而企业的聚合效应可以为这些企业提供可能,通过群体效应,较小的企业可以获得资金和技术方面的支持,而扶持的企业也可以发展成为大股东,得到丰厚的收益,同时也收获了"区位品牌"效应,让每个企业都受益。同样的,海峡两岸也会因这些企业的良好发展,形成更大的集聚效应。因此,必须加大对海峡两岸优良企业的产业协作的整合。

(二)有利于创新精神的汇聚

整合可能意味着在海峡两岸产业协作的过程中出现了问题,或者是有些产业协作的模式需要升级,以符合现代经济发展的步伐。在整合过程中,我们通常会思考:如何采用一种更有效、更先进的方法来保证海峡两岸产业协作的良好运行。而这个思考的过程,通常是智慧集聚的过程,也就是创新思维诞生的地方。当今社会,高科技手段层出不穷,高新技术产业发展势头迅猛,这也就说明整合海峡两岸产业协作系统应更好发挥技术创新的作用。同

时,集群就好比管理学中提到的"头脑风暴法",它将会聚集所有人的智慧与力量,在轻松的氛围下讲出自己的观点与期望,在沟通与交流中就会为产业技术创新能力的提高提供一个基本平台。在拥有平台之后,就可以借助组织体系、组织资源等将最具创新的观点付诸实施,从而不断提高创新水平。

(三)有利于各区域内部产业结构的调整

海峡两岸产业协作系统在一定程度缓解了中国大陆与港澳台在自身劣势生产要素上的困扰,通过优势资源的互补,对自身原来的一些弱势产业起到一定的推动作用,与此同时,对自身的优势产业进行强化。不难发现,在海峡两岸产业协作的过程中,各自区域内部的产业结构也在发生变动。比如:大陆技术不发达,港澳台市场和劳动力缺乏,这会在一定程度上制约相关产业的进步。但是,港澳台和中国大陆可以针对各自经济发展的需要,在若干主要产业科技领域里,共同选一些互补性强、市场效益好、合作意愿强的项目进行开发,那么这种合作形式能够较为充分地发挥各方的优势,避开相互可能冲突的目标部分,面向国际市场,具有广泛的合作前景[①]。当然,技术的合作也必然会对区域内各自的产业结构产生影响,整合海峡两岸产业协作系统会使得区域内的产业结构趋于合理。

(四)有利于彰显海峡两岸的合作精神

在最初的产业协作系统中,海峡两岸的产业协作更多呈现出来的是一种松散状态,虽然进行了产业协作,但是未能达到预期结果。21世纪给予了海峡两岸进行产业协作更多的机遇,那么整合海峡两岸产业协作系统就变得尤为重要。海峡两岸产业协作应当从经济产业链的思维中跳跃出来,关注两岸四地民众"生活圈"的交汇。只要我们更多地取长补短,这种经济上"唇齿相依",感情上"休戚与共"的"血融效应"将发挥积极的变化,有利于更好地彰显海峡两岸人民的合作精神。

(五)有利于提高海洋经济的地位

在过去几十年的发展过程中,工业是发展的龙头,重工业为我国经济腾飞做出了重要贡献。而在近几年,随着能源的消耗及环境污染的不断恶化,重工业的发展受到了很大限制,相反,第三产业迎来了发展的机遇。在第三产业中,海洋经济的发展更是备受关注。国家也开始将战略转向了海洋。同时,公民对于海洋的意识也在不断提高。中华经济圈涉及的海域范围相当广阔,那么,产业协作系统的运行也必将提高该区域海洋经济的地位。更为重要的是,国家在政策方面也给予相当大的支持,海洋渔业、海洋旅游业、海洋文化等多种形式的海洋产业不断兴起,为海洋经济朝着现代化的发展提供机遇。

---

① 黄枝连."三跨越发展协作系统"的理论与实践——亚太地区产业协作新模式的探索[J].亚非纵横,1994(3):8-11.

三、海峡两岸产业协作系统区域产业现状及特点分析

蓝色产业协作系统是海峡两岸产业协作系统进行整合的一个依靠,不论如何进行整合,其最终目的都是为了蓝色产业协作系统的良好发展。所以,海峡两岸产业协作系统内各个区域都应当根据各自实际情况积极进行产业分工与协作,从点滴做起,不断积聚力量,从而不断满足各个区域对于利益的需求。当然,为了更好地了解海峡两岸区域产业现状及特点,我们首先对中华经济圈整体的经济竞争力进行阐述,然后针对各地区的产业结构现状和特点进行分析。

(一) 中华经济圈总体经济实力

新加坡国立大学李光耀公共政策学院亚洲竞争力研究所报告显示,大陆省市竞争力持续赶超港澳台,社会内耗将使港台竞争力进一步落后。排名前十经济体中,7个属大陆东部沿海,3个是港澳台。广东江苏稳坐一二,台湾从五升三,香港从三跌五,澳门从九滑十。

表4-1 2013~2014年中华经济圈34个经济体综合竞争排名

2014年排名	2013年排名	省/市/地区
1	1	广东
2	2	江苏
3	5	台湾
4	6	北京
5	3	香港
6	4	上海
7	7	浙江
8	8	山东
9	10	辽宁
10	9	澳门

数据来源:根据新加坡国立大学李光耀公共政策学院亚洲竞争力研究所整理所得

表4-2 2014年中华经济圈五大区域竞争力排名

排名	区域
1	中国东部沿海地区
2	中国香港、澳门和台湾
3	中国西部
4	中国东北部
5	中国中部

数据来源:根据新加坡国立大学李光耀公共政策学院亚洲竞争力研究所整理所得

(二)港澳台产业结构现状与特点分析

1.港澳台产业结构现状。多年的磨炼与发展已经使得港澳台地区的产业结构发生了很大变化。由于目前搜集到的资料有限,这里主要是对港台地区的产业结构现状进行列表。但是,港澳台地区在发展过程中由于历史、政治等方面的因素,在产业结构变迁方面有类似的地方。下面通过国内和国际的地区与国家之间进行比较分析。

表4-3 香港与韩国、台湾、新加坡工业与制造业指标比较

国家/地区	工业占总产出比重(%)	制造业指数
中国香港	7.7(2010年)	82.3
中国台湾	31.3(2010年)	119.3
新加坡	24.3(2009年)	164.4
韩国	36.5(2009年)	211.3

数据来源:根据《中国统计年鉴》历年数据整理所得

表4-4 2010年香港"4+6"个主要服务产业的比较劳动生产率

行业及产业名称	占总产出比重	占劳动力比重	比较劳动生产率	2006~2010年均增速
金融行业	15.4	6.3	2.44	8.8
贸易物流行业	25.5	22.4	1.14	2.3
旅游行业	4.4	6.2	0.71	2.3
专业与工商服务行业	12.8	13.3	0.96	10.9
文化产业	4.6	5.4	0.85	10.8
医疗产业	1.5	2.1	0.71	8.3
教育产业	1.0	1.9	0.53	5.3
创新科技产业	0.7	0.8	0.88	7.0
检测及认证产业	0.3	0.4	0.75	7.1
环保产业	0.3	1.0	0.30	15.8

数据来源:根据特区政府统计处整理所得

一方面,通过表4-3,我们可以发现港台地区产业结构发展的趋势具有某些相似的地方。总体来说,香港在2010年已经呈现出制造业跌落的情况,且在四个地区中工业所占比重最低,仅为7.7%,这也就意味着香港在第三产业的投入和产出上占据大部分。相反,台湾在2010年工业占总产出的比重为31.3%,工业仍然是台湾地区发展的重点。而与其他国家相比,台湾大抵与韩国不相上下,新加坡的工业产值也比较低。

另一方面,通过表4-4,我们可以得出从2006年到2010年,香港地区的专业与工商服务

业以及环保产业增速最快,这也就说明了香港地区对于第三产业和清洁能源的重视,在未来,服务业将会是香港的经济命脉。但是,六大产业中没有一个产业的比较劳动生产率大于"1",也没有一个产业的比较优势能高过金融和贸易物流这两个产业。这种情况说明,尽管金融和贸易物流以外的其他服务业的增长势头近年来还不错,但在这八大产业及行业中,任何一个行业在未来很长的时间内都很难代替金融和贸易物流这两大服务业的地位。

2.港澳台地区产业结构的特点。第一,三次产业结构的转型方式存在差异。香港在转型发展之前,第三产业已经占据了重要地位,因此,香港以第三产业作为基石,然后在各产业之间进行内部调整;相反,台湾更多的是按照第一、二、三次产业顺序逐级转型;总体来说,港澳台依靠自身技术优势,分别向不同领域发展。

第二,轻、重工业所处地位不同。台湾制造业结构以重化工业为主,经济结构"重型化"程度较高。香港和澳门则不同,它们以轻工业为主,产业结构"轻型化"十分明显。其中,纺织、制衣、玩具等产业构成主体地位。

第三,服务业内部结构不同。目前来看,港澳台地区的服务业已逐渐上升为主体产业,但各地发展的重点仍然存在差异。香港因拥有独特的自由港口以及国际金融中心的特殊地位,每年吸引着许多游客前来购物,商机颇多,也在此基础上形成了以金融业、贸易业和与此相关的旅游业;相比较澳门来讲,博彩业是澳门发展的一大支柱力量,同时,出口工业也为澳门的发展添彩。而台湾主要致力于从传统服务业向现代服务业的转变,因此,也就催生了贸易、通信、运输等方方面面的发展,当然,工业仍然是台湾地区发展的砥柱。

(三)大陆东南沿海四省区的产业结构现状及其特点

1.大陆东南沿海四省区产业结构现状。在此,我们选取中国大陆中比较有代表性的东南沿海四省区来进行分析。

表4-5 2015年南方沿海四省区海洋经济状况

行政区	海洋地区生产总值(亿元)	三产比例
福建	7 000	8.1∶50.9∶41.0
广东	15 200	4.6∶44.6∶50.8
广西	1 010	15.3∶45.8∶38.9
海南	1 050	23.1∶23.6∶53.3
南部沿海四省	24 260	6.12∶39.5∶53.9
全国	64 669	5.1∶42.5∶52.4

数据来源:根据百度及维基网站统计结果整理所得

通过表格,我们可以发现,2015年四大省区海洋生产总值为24 260亿元,占全国海洋经济总产值的37.51%;海洋三产结构为6.12∶39.5∶53.9,整体呈现出以第三产业为主导的"三二一"发展顺序的海洋产业高级阶段发展特征。与全国海洋三产结构5.1∶42.5∶52.4对比,第一产业稍高,高1.02个百分点;第二产业稍低,低3个百分点;而第三产业则高于全国三产比例的水平,高1.15个百分点。数据表明,四省区海洋经济已形成规模,第三产业发展势头迅猛,但第二产业发展相对滞后,第一产业进一步调整的空间很大。

但是,当与港澳台地区产业结构发展进行对比时,我们可以很明显地看到差异。就第三产业而言,大陆沿海四省区在2015年总的比重为53.9,而香港和台湾分别在1955年和1990年就达到甚至超越此水平,说明大陆地区第三产业发展较为迟缓。而在第二产业方面,情况恰好相反。这些数据能够真切地反映出大陆地区与港澳台之间的差异,也更加说明了整合海峡两岸产业协作系统的重要性。

2.大陆东南沿海四省区产业结构特点。为了更好地分析东南沿海四省区产业结构的特点,在这里,我们首先对2015年四省区分行业固定资产的投资情况进行整理,由于涉及行业较多,笔者只选取了几个比较有代表性的行业进行分析,以方便总结梳理。

表4-6 2015年南方沿海四省区分行业固定资产投资(不含农户)及其增长速度

省份	行业	投资额(亿元)	比上年增长(%)
福建	卫生和社会工作	171.94	44.9
	信息传输、软件和信息技术服务业	319.05	53.4
	科学研究和技术服务业	82.97	57.5
	水利、环境和公共设施	2 669.14	49.3
	电力、燃气	908.44	-1.0
广西	租赁和商务服务业	380.19	64.7
	科学研究和技术服务业	116.88	67.6
	建筑业	88.54	45.4
	农、林、牧、渔业	748.60	43.9
	黑色金属冶炼	136.89	-22.2
广东	卫生和社会工作	254.7	59.9
	科学研究、技术服务业	218.14	32.4
	计算机、通信及电子设备	937.54	31.1
	铁路、船舶、航天	93.62	35.1
	石油和天然气开采业	23.74	-82.5
海南	房地产投资	1 704.00	19
	第三产业	2 980.84	17
	第二产业	322.84	-28.1

数据来源:根据百度及维基网站统计结果整理所得

第一,产业发展水平差异较大。从表4-5中可以看到,广东省海洋经济发展水平最高,海南产业发展水平不平衡,工业化程度仍然保持低位。

第二,产业结构朝着高科技方向迈进。从表4-5中,我们可以清晰的看到,四大省区在计算机、通信、航空等高科技方面的投入不断增加,相应地,电力、燃气、石油等一些污染型工业的资金投入大幅减少。资金流向就体现了政府对于产业结构调整的方向,第三产业的发展是大势所趋。

第三,四大省区的产业结构仍然以劳动密集型企业为主。特别要指出的是,虽然高科技产业以及服务业和社会公益性组织在不断崛起,但是,在短时间内,劳动密集型产业仍然是主流。就拿广西来说,虽然科学研究和技术服务业、租赁和商务服务业的投资增长额达到60%以上,但是,对于农、林、渔、牧业的投资仍然未减,总体保持一个稳定水平,仍然在43.9%。

以上对港澳台和大陆四省产业现状的分析,其实主要从侧面反映了中华经济协作系统和华南经济协作系统的情况,即两大系统是海峡两岸产业协作系统进行整合的重点。港澳台与粤、闽、琼、桂之间的产业合作,大体经历了两个发展阶段:一是20世纪70年代至90年代初粤、闽、琼、桂对港、澳、台地区的资金利用阶段,其方式主要是东南亚模式,即吸引港澳台资金流入粤、闽、琼、桂要素富足的行业,如劳动或资源密集型产业,属于促进贸易型;二是20世纪90年代中期以来,港澳台资金流入粤、闽、琼、桂产业的重点,逐渐从劳动密集型向资本与技术密集型转变。总之,两岸四地的经济交流与合作积极影响着大陆经济尤其是华南4省区的经济发展,推动了华南经济协作系统的形成与发展,这也从侧面反映了产业协作系统的重要性,有力促进了该区域产业结构的不断升级以及区域竞争实力的提升。

综上所述,中国大陆和港澳台地区在产业结构发展方面有所不同,各自具有独特的发展模式,这大抵是由于经济体制、政治背景、文化差异所造成的。但是,正是因为有了这些差异才为海峡两岸产业协作系统的发展提供了机遇。蓝色产业协作系统包含了国际、国内、各个地区的产业协作系统,海峡两岸产业协作系统只是它的一个分支。当然,量变决定质变,分支的好坏也会对蓝色产业协作系统产生影响。因此,我们必须清楚地认识到中国大陆与港澳台地区在产业发展方面的差异,在生产要素方面的优劣势,结合当前时代发展大势,明确未来产业结构的发展方向,积极推进海峡两岸产业协作系统的整合。

第五节 中华经济圈松散层

"中华经济圈松散层"这一称谓,实际上是对中国的跨国移民的一种约定俗成的说法而已,它是世界移民体系的一个部分并且是一个重要的组成部分。作为中华经济圈的松散外延层,华侨华人世界从各个层面影响着整个世界的经济政治文化的发展,是不容小觑的强劲力量,有利于海峡两岸的早日统一,有利于中华文化的海外传播,促进世界多元文化社会的发展,为中华经济圈营造良好的国际环境。

一、华侨华人世界助力海峡两岸的和解与统一

海外华人华侨架起海峡两岸沟通的桥梁,将有利于推动两岸和解与统一。面对台湾的现状,海外华侨华人在推动两岸的和平统一进程中,不仅要注重对所在国的华侨华人大力宣传和促进海峡两岸的和平统一思想,还应利用各种形式和渠道,积极推动与影响岛内和平统一意识形态的发展,支持和推动岛内泛蓝阵营的大联合,增强岛内制衡"台独"的能力,引导泛绿阵营中大多数的民众,增进他们与大陆的沟通了解,推动两岸民众全面交流交往。[1]

目前,由于台湾当局对两岸往来设置了诸多的阻碍,使海峡两岸民众的正常交流交往难以进行。海外华侨华人应该利用自己的优势,扮演促进两岸早日统一、缓和两岸关系的桥梁作用,实现两岸高层政治对话,努力达成政治共识。不管是用经济、商业、文化、艺术、体育、宗亲交流的机会,还是采取会议、拜访、参观、旅游的方式,台湾地区人民更多更好地听到海外华人华侨盼望民族统一的强烈心声,早日实现两岸统一。

二、有利于中华文化的海外传播,促进世界多元文化社会的发展

当今世界,全球化的进程继续朝纵深发展。全球化带来资本、技术、劳务、金融的全球流动的同时,也带来了文化的交流、冲突与融合。首先,全球化拓宽了文化事业,推动人们以全球视角重构文化活动,在人们发展本民族文化的同时,越来越重视民族关系、国家利益与全人类利益的协调。其次,全球化突出了文化精神中的整体精神,即人类意识。再次,全球化创造了当代文化的多样性,使人类社会变得丰富多彩。最后,全球化有利于加速多样性文化的融合,促进当代文化的繁荣,赋予当代文化以广阔发展空间。"汉语热"、"孔子学院"的建立、"春节热"走向世界说明了中华文化在海外的传播,还有海外华文媒体对祖国大陆宣传力度的加大、内容的增多都大大有利于世界了解中国,文化之间的沟通与交流,在冲突中逐渐融合。[2]特别是海外华人逐渐融入主流社会、华文教育融入主流教育、华文媒体进军主流文化产业等方面都使中华文化与当地主流文化由冲突逐渐开始转向融合,促进当代文化的繁荣,多元文化社会继续发展。

三、华侨华人世界为中华经济圈营造良好的国际环境

海外华侨华人社会政治权利和地位的提高,融入主流社会,参政议政,有利于未来中国发展与其居住国国家关系,为中国未来发展营造良好的国际环境。冷战时期,由于东南亚华

侨华人占世界华侨华人总数的多数,属本地区最大的外来民族。而中国和东南亚在地理位置上的靠近和地域政治格局中的特殊关系,均令华侨华人问题成为地区格局中值得关注和考量的"华人因素",无论是亚太周边国家,还是东南亚国家,都在利用和借助"华人因素",矛头直指中国。其原因一方面是"中国威胁论",认为中国利用"华人因素"推动"东南亚殖民",另一方面由于华侨华人的认同问题,也就是认同祖籍国还是认同居住国,即政治认同的不清晰,导致对华侨华人的怀疑,从而也加剧了国家之间的不信任,国家关系趋于紧张。

随着华侨华人国籍问题的解决,华人思想观念变化,开始落地生根,参政议政。华人在东南亚或者北美开始被主流社会接受和认可。因此,不会再出现"中国利用海外华人建立经济文化共同体的可能"。因为海外华人已经本着"主人翁"的姿态,关心居住国的经济繁荣和政治稳定、社会发展,他们以为居住国的发展和强大做贡献为奋斗目标。

特别是中国睦邻外交战略的实施、中国—东盟自由贸易区的构建过程中所表现出来的热情与诚意等等,使得中国的负责任大国、和平发展大国形象开始为东南亚国家接受,中国不再是潜在的威胁,而是推动地区经济发展的重要伙伴和好邻居。这样也同样有利于海外华人在居住国参政议政,发出"华人的政治声音"。

第五章　中华经济圈建设的产业协作系统

第一节　中国大陆产业协作系统

一、大陆建立产业协作的基础

经济总体实力逐步增强,区域经济发展差异大

改革开放36年来,我国经济发展取得了重大突破。从共和国建国初期经济凋敝、物资匮乏,到2000年基本解决温饱问题,再到目前小康社会的逐步实现无不体现了经济发展的重要性。由于西部地区基础设施落后,经济发展主要依靠初级产品的加工,东部沿海地区作为改革的试点地区,经济快速发展,造就了东部地区与中西部地区以及西南地区经济发展的巨大落差,区域经济的差异已经成为了当前中国经济发展不可回避的严重问题。在当前的经济背景下,中国产业面临着结构层次较低,一二三产业比例不合理,资源配置和分布空间不平衡,土地资源和自然资源利用率低等一系列问题。为实现产业经济的合理发展、资源的最大化利用,中央和地方政府需改变以往片面追求经济发展速度的做法,从整体出发着眼全局,建立一个覆盖全大陆的产业协作系统,实现产业结构的空间布局和结构的优化升级,弥补市场调节的失衡。比如说2015年,我国国内生产总值676 708亿元,比2014年增长6.9%。其中,第一产业增加值60 863亿元,增长3.9%;第二产业增加值274 278亿元,增长6.0%;第三产业增加值341 567亿元,增长8.3%。

二、产业协作系统构建的基本方向

(一)城乡产业协作——提高农村经济实力,优化城乡产业布局

1.城乡协作存在的问题

面对经济发展新形势,我国提出了城乡统筹发展的理念,这是构建我国社会主义和谐社会的重要举措之一。城乡统筹发展的关键则是城乡产业之间的协调发展,我国以往的经济发展措施是"先工业后农业,先城市再农村",在这种政策的影响下,城乡产业协作发展呈现诸多问题:第一,我国农村大量的剩余劳动力纷纷涌入城市,城市流动人口急剧增加,农村滞

留劳动力严重不足,农村的第一产业遭到削弱,第二三产业发展严重滞后,城乡收入差距异常明显;第二,农村的产业组织多以家庭为单位,但其生产方式较为落后,难以满足现代化的生产需求,其对抗市场风险能力较弱,城乡产业协作缺乏组织支撑;第三,城市经济和农村经济的双重二元结构和产业布局不利于城乡统筹经济的发展,在城乡产业结构高度相似的情况下,资源的配置得不到有效的发挥,分散的农村小工业经济造成了土地资源、水资源、生态资源的严重浪费和破坏,这直接影响了城乡产业的关联和互动。第四,城乡产业协作具体要求就是实现生产要素、市场、劳动力等资源在城乡经济发展中的高效互补,目前国家在户籍、社保、医疗、税收等领域长期实施城乡二元化政策影响了城乡产业协作系统的建设。

2.城乡协作的发展方向

在统筹城乡产业发展的进程之中,中央和地方政府进一步出台相关扶持措施,加大对农业的投入,进一步完善农村基本生活设施,扩大对农村农业发展的支持力度,帮助农民创业,实现城市与农村产业之间的有效对接,改变农村产业发展的薄弱局面;推进农村现代化、农业产业化,构建完整的农村产业化链条。在组织形式上,可以发展多种形式的农村合作组织,鼓励农户共建农产品或加工业的基地,鼓励农户与企业签约合作生产,即"农户+基地+公司"的产业发展模式。在城乡产业化的内容上,政府需从政策、资金以及技术上鼓励有条件的农民或者农村合作组织、企业等投资农产品的加工与贸易,形成完整的城乡合作的产业链条;进一步调整优化农村产业结构,转变农业生产方式,大力发展现代农业和生态农业。引导中小型企业和乡镇企业进驻农产品产业领域,增强城乡产业发展的相互联系。从空间上来看,城镇应该利用自身连接着城市和农村的区位优势,积极承接城市二三产业的转移,同时积极发展农产品加工业。侧重于劳动密集型的传统产业亟待转型和升级,资金密集型和技术密集型产业成为新的选择;进一步完善对农村农民的保障性政策,消灭城乡产业协作的制度障碍,积极构建城乡平等的政策和制度框架,建立公平合理的国民收入分配新格局,消除户籍制度所带来的歧视,使农民能够充分享受社会的发展成果;进一步改革农村土地流转经营制度,维护农民的合法权益。有些政策并不公平,阻碍了城乡产业协作的进程。

(二)区域产业协作——优化区域产业结构,合理调节产业布局

1.区域产业协作存在的困难

——区域产业趋同。我国幅员辽阔,不同区域产业的发展速度和规模差异明显,经济发展速度不平衡。改革初期,一些地方政府官员为片面追求地方经济发展的政绩,不遵循区域资源的特色,盲目借鉴经济发展的普遍规律,导致各个区域间产业发展趋同现象,造成各地区自然资源和人力资源的巨大浪费,加剧了市场的恶性竞争,降低了产业间的规模效益,产业发展的趋同现象成为制约我国经济发展的重要问题。以环渤海地区为例,在该区域内产业的发展结构和主导产业都存在雷同现象,北京、河北、山东、辽宁等环渤海地带同时发展医

药制造业,金属冶炼业,装备制造业,辽宁、河北、山东等三个城市的发展囊括农产品加工业,食品制造业,石油冶炼工业,交通运输制造业等相关产业。

——政府管理的失衡。一方面,我国区域的产业发展和政策制定具有多变性,部分政策制定后,当地政府的实施能力较弱,只凭政策难以实现对区域产业的引导和规范。也是我国体育产业发展雷同的根源所在。另一方面,部分地区地方政府为保护本地企业和市场,人为限制外来企业的进入和竞争,导致市场失灵,无法发挥资源的配置作用;有些地方政府片面追求经济发展的眼前效益,忽视国家的产业发展长期规划和总体方向,这同样是我国区域产业发展趋同的原因之一。另一方面,信息的不对称也是造成区域产业发展不平衡的重要原因之一,政府在行政的过程中,忽视对市场信息的全面把握,盲目规划产业发展政策,政府行政效率的低下和政策决策失误也同样会导致区域产业结构无法适应市场的需求变化。

2.区域产业协作的建设方向

——合理调节区域产业布局。产业间的多向互动转移:为适应经济发展的新趋势,解决区域产业发展不均衡的问题,我国相继实施了西部大开发,中原崛起,振兴东北老工业基地等一系列措施。这些规划的实施带动了区域产业的转移从纯粹的以发达地区为主导,到东部与中部,中部与西部,东部与西部产业之间的互助合作,中部地区、尤其是西部地区利用产业转移的有利时机使得自身经济总量获得了快速增长,改变了传统产业格局。第二,一些发达地区诸如长三角珠三角及环渤海地带,早期的经济发展使得这些地区的产业发展较为完善,近年来,随着国家经济发展趋势的变化,东部地区以及部分较为发达的中部地区面临着产业转型的需要,中部地区人力资源丰富、西部地区土地、自然资源丰富,这些优势在吸引东部地区产业转移方面发挥着重要的作用,在未来,产业的转移并不局限于周边地区,而是会呈现扩散转移的趋势,东部地区的产业直接向西部地区和西南地区转移。产业间的转移不受地域的限制更有利于资源的优化配置。

——积极优化区域产业结构。区域产业的发展并不是一成不变的,它受到交通、自然资源、文化等因素的影响,并随着经济、制度、科技、环境的变化而变化。区域产业的健康发展离不开资源的合理配置和产业结构的不断调整,区域产业在一定程度上的优化和融合,必须在原区域所有的资源基础上。解决我国区域产业结构趋同的问题,首先要从国民经济总体产业结构出发,合理调节各个区域内部的产业结构,同时也要兼顾区域间产业结构的相互影响,发挥各个地区之间的产业效益。区域产业的协作要求根据区域的优势资源因地制宜地发展适合本地区的相关产业,同时,对区内的产业结构进行合理布局,发挥市场经济的基础性作用,同时积极配合政府的区域产业发展政策,制定适合本区域的产业发展规划,突出区域经济发展特色,根据市场及时调整产业结构,以适应整个经济形势的转变。

（三）三次产业协作——三大产业均衡发展

1.我国三次产业发展存在的问题

——产业结构不合理。从总体来看，我国三次产业的发展趋势较合理，但仍有很大的进步空间。从第一产业来看，我国第一产业比重逐步下降，第二产业比例基本稳定，呈微小上升趋势，第三产业发展速度快，但总体水平仍偏低。从整个国民经济产业结构看，第一产业和第三产业虽在近些年增长较为迅速，但在整个国民经济中的比重仍旧偏低，第二产业仍占据主导地位，这种畸形的产业结构不利于我国经济结构的转型和升级。从产业层次上看，我国第二产业发展水平较低，主要侧重于建筑、加工和对自然资源的初步开发利用，许多传统的第二产业面临着利润减少、价格下降、产能过剩的情况，形势不容乐观。

——产业发展失衡，社会矛盾突出。加快转变经济发展方式，是目前我国经济发展的重要任务之一。改革开放以来，我国的发展多依赖于资源的开采和开发，以此形成以第二产业为主，从而拉动整个国民经济的发展的局面，但依赖资源而形成的以资源为主导的产业结构过于单一，产品集中在初级阶段，附加值低，对资源的大规模开采和利用的粗放型经营模式存在巨大的缺陷，造成了严重的环境污染问题。

2.我国三次产业协作的方向

——加快转变经济发展方式。在初期，经济的发展总是以牺牲环境和资源为代价，进入21世纪以来，我国经济发展与资源环境相矛盾的问题日益突出，建立资源节约型环境友好型社会成为贯彻落实科学发展观的新要求。转变传统的经济发展方式，第一产业、第二产业、第三产业协同发展，转变需求结构，重视消费、出口、投资三者协调拉动，进一步发挥消费对经济增长的拉动作用；调整供给结构，摆脱过去经济的发展依靠资源带动第二产业的局面，实现三次产业的协调发展，不同地区根据资源和自身经济的发展条件，积极构建具有特色的产业，保持经济发展的活力和可持续性；提高产业的管理水平，鼓励有序发展高科技产业，通过技术进步和创新发展，改善管理和提高劳动者素质来推动经济增长。

——注重产业结构的内部优化。我国三次产业协作主要集中在产业内部优化调整，依靠创新驱动经济增长的发展道路，努力提高三次产业的综合竞争力和可持续发展能力。众所周知，工业在第二产业中所占的比重较高，传统工业产业结构冗杂、产能过剩，而新兴产业的发展却严重滞后，在这种情况下，一方面，需通过改造传统产业的基础上努力培育新兴产业以达到推动工业结构优化升级的目的，将新兴产业作为拉动经济新的增长点，合理调整产业产能过剩的同时以技术创新和设备更新来保持传统产业的竞争力。另一方面，努力加快第三产业的发展，尤其是现代服务业发展，推动服务业产业结构的优化升级。服务业的发展需要适应现代信息化的发展需求，大力发展现代性的服务产业（诸如：金融，电信，运输等产业），全面深化改革，提高服务业的竞争力，努力改善我国服务业在国际市场上的贸易逆差局面,抑制奢侈品产业的畸形发展,鼓励公共服务业发展。

第二节 香港、澳门、台湾产业协作系统

一、两岸四地建立产业协作系统的必要性

(一)两岸四地经济发展需要优势互补

21世纪世界经济贸易发展的总体趋势是经济全球化和区域集团化,但同时也应当看到贸易保护主义的盛行,这一新的发展势态对中国,尤其是香港、澳门、台湾两岸四地来说既是一个严峻的挑战,同时又是一个伟大的机遇,由于同宗同源的文化背景外加血脉相承的历史渊源,两岸四地的经济发展必将共同融合互补,但是目前为止中国大陆、香港、台湾和澳门的经贸发展仍是"1234"的格局(即一个国家、两种制度、三角贸易、四种货币),将中国大陆,台湾,香港,澳门,融合成一个新的经济实体,互相取长补短,发挥整体优势必将成为未来一段时间的发展潮流,大陆、香港、澳门、台湾四个地区将成为构建中华经济圈的紧密核心层,成为连接着东盟以及东北亚的国家的纽带。根据第六次全国人口普查的结果显示,中国大陆包括港澳台四个地区的总人口约14亿左右,2015年两岸四地的生产总值约为11 000亿美元,市场、资金、技术、人才等资源得天独厚,四个地区间的经济互补优势异常明显,且经济关系往来日趋密切,但是这四个地区间的经济发展水平以及资源存在的不均衡,使得地区间存在各自的优势和不足之处也各不相同。

(二)两岸四地贸易交流频繁,产业协作基础雄厚

1.大陆和台湾地区的经济贸易

进入新世纪以来,全球多边贸易体系已难以满足中国以及台湾地区的经济发展需求,随着两岸经贸关系的不断发展,在马英九当局的积极推动下,台湾地区和大陆在2010年6月29日签订《海峡两岸经济合作框架协议》即ECFA,就双方的投资合作行为进行协商,推动两岸经济正常化制度化以及自由化,最大限度地实现两岸经济的互利双赢。

表5-1 2015年大陆和台湾地区贸易、投资情况

2015年	总额	对比分析数据
贸易总额	1 885.6亿美元	占大陆对外贸易总额的4.8%
进口贸易额	1 436亿美元	同比下降3%
出口贸易额	449亿美元	同比下降5.5%
受台投资	15.4亿美元	同比下降23.8%

数据来源:根据百度及维基网站统计结果整理所得

——货物贸易方面。2015年，大陆优惠进口ECFA早期收获项下台湾产品货值104.2亿美元，同比下降13.3%，关税减免约45.8亿元，同比下降3.5%。对台出口方面，2015年，台湾通过ECFA优惠进口大陆产品约23亿美元，比2014年增长5.8%，关税减免约8 449.1万美元，同比增长7.4%。

——服务贸易方面。据商务部统计，2015年，在非金融领域，共有8家台湾会计师事务所申请获得有效期为1年的"临时执行审计业务许可证"；105家台资企业设立独资或合资企业，合同台资金额2.2亿美元。在金融领域，6家台资金融机构获得了合格境外机构投资者（QFII）资格，QFII投资额度提高了37.1亿美元。

——两岸产业合作进展。2015年，两岸地区就冷链物流、电子商务等8个产业分组持续推动相关工作，成效显著，一是成功举办了2015年"两岸冷链物流产业合作交流会"，二是截至2015年底，两岸共签署了51个合作项目，合作领域涉及冷库改造、新型冷库建设、冷链车队职能管理系统等方面。三是编写了《两岸冷链物流产业合作报告书》，厦门、天津制定、完善了冷链物流产业标准。此外，两岸成功举办了"两岸电子商务产业合作及交流会议"，双方就物流、资金、信息等方面达成一致，这些措施对台湾和大陆之间的电子商务贸易产生了重大的影响。

2.中国大陆与港澳地区的经济贸易

2015年，内地与香港、澳门的经贸交流与合作日益紧密、再结硕果。2015年底，内地与港澳分别签署了《<安排>服务贸易协议》，标志着内地全境与港澳基本实现服务贸易自由化。

——货物贸易。据海关统计，2015年，香港继续保持内地第四大贸易伙伴（前三位依次为欧盟、美国、东盟）、最主要出口市场地位。内地与香港货物贸易额3 443.4亿美元，占内地对外货物贸易总额8.7%；内地与澳门货物贸易额47.8亿美元，同比上升25.1%。其中，内地对澳门出口45.9亿美元，同比上升27.4%；自澳门进口1.9亿美元。

——服务贸易。内地与香港服务贸易额1 225.6亿美元，内地对香港出口551.6亿美元；内地自香港进口674亿美元。从服务类别商看，自港进口以旅游业为主，进口金额达自港进口总额的66.8%；对港出口以运输业、加工服务业、专业和管理咨询服务业为主，出口金额分别占对港出口总额的26%、14.8%、14.6%。内地与澳门服务贸易额237.6亿美元，其中，内地对澳门出口37.1亿美元，自澳门进口200.5亿美元。从服务类别商看，自澳门进口以旅游业为主，进口金额达自澳门进口总额的98.1%；对澳门出口以旅游业和加工服务业为主，出口金额分别占对澳门出口总额的51.2%、29.4%。

——投资方面。2015年，内地共批准港资项目13,146个，同比上升8%，实际使用港资863.9亿美元，同比上升6.3%，占内地利用境外投资总额的68.4%。内地对香港非金融类直接投资584.7亿美元,同比上升24.9%,占内地对外投资总额1 180.2亿美元的49.5%,为内地最大境外投资目的地。2015年,澳门在大陆地区获批准的项目566个,数量同比增加48.9%,澳资项目实际投资资金占大陆使用外资总量的7%,截至2015年底,内地对澳门非金融类直接投资总额17.2亿美元。

二、两岸四地建立产业协作系统的战略构想

(一)产业系统中的功能定位

两岸四地的产业协作主要体现在资金、技术、劳动力、资源、市场等方面的互相配合,根据各自的经济发展水平,各地的功能定位也不尽相同。经济发展成熟度较高的地区(香港、澳门、台湾)拥有资金、技术等方面的优势,经济欠发达地区(中国大陆)拥有市场、劳动力、资源等方面的优势,四地区的产业合作主要是大陆地区利用好港澳台等地的技术、资金、海外市场,努力发展技术密集型和资本密集型行业,港澳台地区则利用好大陆地区的资源、劳动力、市场,弥补自身的不足[①]。

1.香港作为亚洲和国际金融中心

从历史渊源上看,大陆地区和香港地区紧密相连,二者早就形成了相互支持依赖并共同发展的产业合作关系,香港地区和大陆地区各自利用自己的产业优势,展开深层次的合作交流,为双方的产业发展和产业升级奠定了雄厚的物质基础。在产业协作的定位之中,香港作为金融中心,自身的旅游业和金融咨询服务水平都居于世界领先水平,背靠大陆为香港流通产业的发展拓展了巨大的空间,香港流通产业丰富的国际市场竞争经验,高水平的战略和科学经营管理方法,以及在人才、资金信息、技术等方面的优势,也为大陆流通产业发展提供了相应的条件。正是这种优势互补,才使香港和大陆成为最重要的经济合作伙伴[②]。

2.澳门作为区域性合作进出口贸易中心

特殊的地理位置和历史原因共同造就了澳门独特的风格,一种"小而全"的经济体。在整个产业链结构中,澳门土地资源和淡水资源匮乏,缺乏第一产业;第二产业以纺织制衣业为主,纺织制衣业在轻工业中所占比例较高,主要用于出口国外市场,澳门的制造业以中小企业为主,综合竞争能力不足;第三产业较为发达,澳门的旅游资源丰富,旅游业、博彩业驰名中外。中国大陆与澳门之间的贸易往来日益密切,2016年前3个月,内地与澳门贸易额为7.4亿美元,其中,内地对澳门出口为7亿美元,内地共批准澳商投资项目76个,实际使用澳资金额1.8亿美元,同比上升0.9%。两岸四地产业协作系统的建立必将巩固澳门的国际都

---

① 张华."中华经济圈"经贸交流发展问题研究[D].吉林:吉林大学,2011:19
② 赵书华.构建香港与内地流通产业链的构想与策略[J].北京工业大学学报,1999:116-119

市地位,产业之间的互补必将给澳门经济的发展注入新的活力。

3.台湾作为区域性合作技术中心

台湾的制造业尤为发达,近些年,为适应经济发展的需求,台湾地区对传统产业不断地进行产业升级和转型,部分的劳动密集型被新兴的高科技产业所取代,开始逐步外迁;但是转型时期所要面临的问题仍旧十分严峻,劳动力缺乏且成本高昂、土地空间不足、资源对外依赖性大等问题亟待解决。21世纪后,两岸关系进一步缓和,双方在经济合作方面取得重大突破;2008年11月4日,海峡两岸在台北达成了海运、空运、邮政、食品安全等四项重要协议,两岸民众期盼30年之久的直接"三通"(通航、通邮、通商)终于成为了现实。台湾地区和大陆之间的互相投资和进出口贸易迅速增长,2016年1~3月,大陆与台湾贸易额为375亿美元,占大陆对外贸易总额的4.7%,其中,大陆对台湾出口为91.5亿美元,自台湾进口为283.5亿美元;大陆批准台商投资项目738个,同比上升41.4%,台湾是大陆第七大贸易伙伴和第六大进口来源地①。产业间的协作要求台湾地区充分利用大陆地区的资源和市场优势,延伸产业链;大陆地区积极承接台湾地区的技术和资金转移,发展内陆经济。

(二)产业协作系统的构建方向

1.逐步放宽两岸四地之间的开放程度

历史的发展经验告诉我们,要取得经济快速发展,就必须开展合作交流,中国大陆取得如此突出成绩的根本原因在于改革开放。从20世纪末期香港和澳门重新回归祖国的怀抱,到21世纪初中国大陆与香港澳门分别签订了《关于建立更紧密的经贸关系的安排》,简称CEPA;从大陆与台湾对立到两岸三通的初步实现,再到大陆与台湾地区签订《两岸经济架构协议》,简称ECFA,两岸四地的经济贸易发展更加密切,相互的开放程度也越来越高。面对产业协作的需求,大陆与香港、澳门、台湾之间应该进一步扩大互相开放的程度,大陆地区逐步减少对资源和进出口的限制,弥补港澳台地区此方面的不足、逐步减少其对大陆地区的投资限制,调动三地商人投资大陆产业的积极性;港澳台地区需要逐步放宽对大陆的限制,利用自身存在的技术、资金、海外市场等优势,积极与大陆地区的相关产业进行对接,形成完整的产业链条。要合理地利用两岸四地各自的优势资源,在进一步降低双方的贸易关税的基础之上,实行优惠的产业转移政策,建立两岸四地良好的投资环境,促进两岸经济和产业的发展。

2.建立区域内的人才教育和共享机制

产业的发展需要人才的支撑,而人才来源于教育,开发人力资源,加大人才资本投入力

---

① 商务部港澳司:2016年1~3月大陆与台湾贸易、投资情况,载于中华人民共和国商务部台港澳司网:http://tga.mofcom.gov.cn/article/sjzl/jmjl/201605/20160501316653.shtml,2016年5月15日访问。

度,提高劳动力的受教育程度,为两岸四地经济的发展和产业的协作保驾护航。在人才培养方面,两岸四地根据自身产业发展规划和产业结构的特点,加大对职业技能的培训,定量定向的培养专业人才使之与产业发展的需求相接轨,同时积极引导和鼓励非政府组织参与到人才培养的过程中,调动社会的积极性。就人才共享机制而言,大陆地区拥有世界五分之一的总人口数,劳动力资源作为一项基本要素参与到社会管理中去,但是劳动力资源过度剩余,且劳动力平均受教育程度仍处于一个较低的水平,人力资源优势得不到充分的发挥,香港、澳门、台湾等地区本土人力资源的开发较为成熟,但受困于地理条件限制,其产业的发展面临着人力资源不足的问题,港澳台地区需积极引进大陆人才和劳动力,一方面弥补自身资源不足,另一方面解决大陆人口就业问题,大陆方面也需要出台相应的政策鼓励人力资本的合理流动。从人才培养方面来看,港澳台三地的教育相对发达,尤其是三地依托国际教育资源,人才培养的平均水平高于内陆地区,大陆地区在人才培养方面可与三地合作,由政府牵头,结合四地高校,走产学研一体化道路,合力培育高科技产业人才,促进四地之间的信息交流和经济发展。

3.合理调整四地之间的产业结构

继香港、澳门回归祖国的怀抱以来,台湾地区与祖国大陆的关系也日益改善,过大的经济差异并不利于社会主义和谐社会的构建,两岸四地的产业化差异同样也阻碍着祖国和平统一的进程。完全依靠市场经济的手段来达到调整产业结构的目的并不现实,两岸四地产业结构的互相协作需要政府间的合理调控,四地之间的经济合作尤其是产业结构的互相调整与适应,符合四地经济发展的需要,符合整个中华民族的整体利益。深化两岸四地产业合作,合理调整两岸四地的产业经济结构,加强产业协作,有利于提高两岸四地的整体经济实力和综合竞争力。

随着经济形势的发展,四方就多边贸易场所展开了多次的合作。2015年,大陆与港澳台地区的贸易总额达5 375亿美元,CEPA的签订和ECFA的拟定,为两岸四地的产业发展提供了新的机遇。一方面,中国大陆产业面临转型,降低第一产业在国民经济中的比重、在稳定第二产业的同时努力提高第三产业的比重;产业结构的调整是内陆地区全面深化改革的开端,也是加快其转型的具体要求。转型时期所需的资金技术和巨大的市场蓝海,为港澳台同胞及海外侨胞带来了更多的合作机遇。在第二产业上,大陆地区可以承接香港澳门及台湾的产业转移调整内陆地区的产业分布,带动欠发达地区的经济发展,形成产业发展新格局。从第三产业来看,港澳台地区的第三产业较发达和成熟,内陆地区严重落后的第三产业制约了中国西部以及中部经济的发展,在现今的条件下,我们需要降低门槛,积极引进港澳台第三产业进驻中国大陆地区,提高服务业的整体水平。香港地区可依托内陆地区积极拓展旅游市场,发展金融产业等支柱型产业,鼓励港商投资内陆地区产业的发展,同时努力研发新技术,推动香港制造业的稳步发展。澳门的产业结构较为单一,主要以服务业和制造业为主,在产业协作的建设中,澳门主要借助三地资源,以第三产业为主体,采取多元化的战略,积极发展海洋运输业、海洋装备制造业等新兴产业。台湾地区将加工制造业向内陆转移,利用大陆的市场和资源,扩大台商投资,发展知识型服务业、高科技产业,在商业、物流、水泥建材、新兴科技、医疗和教育等多个领域展开合作。

第三节 环渤海、黄海、东海、南海蓝色产业协作系统

一、我国蓝色海洋产业协作的背景与必要性

(一)海洋产业发展呈现新常态,产业协作基础雄厚

21世纪是海洋的世纪,推动我国四海海洋产业相互协作是实现我国经济可持续发展,应对全球海洋经济发展大环境的必要举措。海洋经济已经成为我国经济新的增长点,2011至2014年,全国海洋生产总值每年增量始终保持在4 500亿元以上,2014年更是接近6 000亿元大关,占国民经济总产值的9.4%。党的十六大提出了建设海洋强国的战略目标,而我国目前的海洋经济正处在从规模速度型向质量效率型转变的关键时期,"十二五"期间,我国传统海洋产业加快了产业转型和升级的步伐,逐步实现了海洋产业由沿海到浅海、由浅海到深海的转变,海洋油气、海洋油气勘探开发向深海扩展,海水养殖、海洋捕捞、海洋运输等产业进一步提高,海产品加工业、滨海旅游业发展势头突出,游轮、游艇等产业快速发展;涉海金融旅游业迅猛起步,海洋经济发展已进入产业结构持续优化、战略性新兴产业迅速起步、新型产业形态加速涌现的新常态。

(二)"一带一路"联动四海产业发展新格局

一带一路(即"丝绸之路经济带"和"21世纪海上丝绸之路")宏伟战略目标的提出昭示了我国建立海洋强国的伟大决心。21世纪海上丝绸之路主要经过上海、福建、广东、浙江、海南等五个省市,纵贯东海黄海和南海,辐射渤海四个海洋,海上丝绸之路的建设为提高海洋综合管理、保护海洋生态环境、维护我国海洋合法权益,推动海洋蓝色经济带建设、促进海洋产业的优化升级打下了坚实的基础,其深厚的影响力为四个地区之间的海洋产业协作创造了条件。

(三)海洋产业发展仍存问题

当前,理应看到在我国海洋产业发展速度较快,海洋经济稳步向前的同时,我国海洋产业同质同构问题依然存在,许多问题亟待解决。渤海、黄海、东海、南海之间的海洋产业没有形成合理的产业发展格局,海洋产业对沿海地区经济发展的助推力仍旧不足。如在海洋渔

业方面,环渤海地区和沿海地区的海洋养殖业多是粗放型的养殖模式,对海洋的利用率低,四海的近海过度捕捞,远洋捕捞能力不足;在港口运输能力上,除环渤海地区港口运输能力外,其余三个地区的港口建设相对滞后;在滨海旅游业方面,存在着资源开发不足,利用不合理,旅游开发各自为政,恶性竞争;海洋科技创新能力不足,海洋环境污染日趋严峻,这些问题制约海洋经济发展。

二、环渤海、黄海、东海、南海海洋产业协作系统建设方向

(一)完善海洋产业基础设施,畅通海洋产业协作"大动脉"

完善海洋基础设施建设是实现海洋产业协作的基础,以沿海地区的进出口贸易港和普通交通运输港口为建设目标,分步骤、有计划地对港口进行改造升级,扩建泊位,完善港口的配套设施,新建一批综合性港口,加强渔、工、商、运、旅游等小港口建设,鼓励海洋运输业的发展,扩大海洋运输业的规模,组建远洋运输团队,扩大四海之间的港口吞吐能力和船舶的运输能力。加快完成海洋产业发展的交通运输体系建设,将沿海交通与铁路、公路、航道、港口、码头、仓储等设施相结合,按照区域经济一体化的要求,不断提高海洋交通运输能力和港口对城市的辐射能力,科学合理的布局港口区、出口加工区、保税区、商业区、旅游区、金融区等。

(二)协调海洋产业布局,推动海洋产业区域间的分工与合作

30多年来,我国海洋产业发展取得了巨大进步。根据初步核算数据,2015年全国海洋生产总值64 669亿元,比上年增长7.0%,海洋生产总值占国内生产总值的9.6%,其中环渤海地区海洋生产总值23 437亿元,占全国海洋生产总值的比重为36.2%。长江三角洲地区海洋生产总值18 439亿元,占全国海洋生产总值的比重为28.5%。珠江三角洲地区海洋生产总值13 796亿元,占全国海洋生产总值的比重为21.3%。

我国海洋产业发展取得了巨大的进步,同时也存在很多的问题。主要表现在海洋三次产业结构不合理,第一产业比重失衡,二三产业发展滞后,海洋资源的开发利用程度低,海洋相关技术不够先进,海洋产业主要集中于沿海地区,而对远海或南海地区的海洋产业开发较为滞后,有些地区仍处于空白状态;海洋经济开发的不平衡和沿海海洋产业分布的不平衡,受地理位置和交通因素影响我国的海洋产业主要分布在环渤海地区、珠三角地区以及长江三角洲地区,其中广东省、上海市、浙江省以及山东省海洋产业的发展处于全国领先地位,这些地区利用本身存在的科技人才优势以及资本优势,海洋产业获得了蓬勃发展,而落后地区则对资源的开发利用明显不足。

优化海洋产业结构,制定相关的海洋产业发展政策,引导社会资本注入海洋产业,以市场手段实现部分海洋产业的内部自我调节;优先发展海洋运输业、海洋渔业和滨海旅游业;

积极发展海洋高新技术产业和海洋新兴产业,实现海洋一二三次产业合理发展;积极发挥国家的宏观调控作用,将海洋产业由发达地区向欠发达地区扩展,推进部分产业由沿海地区向内陆地区转移,扩大海洋产业的辐射范围;保护近海渔业资源、海岛资源、海洋环境、建立海洋保护区;因地制宜地发挥海洋资源优势,发展特色海洋支柱产业,打造特色海洋产业经济,实现各区域海洋产业的平衡发展。

(三)构建海洋产业集聚区,促进海洋产业集聚与融合发展

海洋产业的集聚效应是一个世界性的经济现象,它推动着海洋经济的健康发展。一方面随着资本、技术、劳动力、土地等要素流动,使得海洋产业之间能够发挥关联和协作效应,破除资源流动的束缚,为海洋产业的集聚创造了可能。另一方面,海洋产业集聚区的发展能够提升海洋产业的产出效益,降低区域经济发展的不协调程度。

表5-2 2015年全国沿海各省区海洋产业集聚水平和经济规模排名

省区	海洋产业集聚水平排名	海洋国内生产总值(亿元)	海洋经济规模排名
天津	1	3 519.3	7
上海	2	5 618.5	3
海南	3	653.5	10
福建	4	4 284	5
山东	5	8 029	2
广东	6	9 191.1	1
辽宁	7	3 345.55	8
浙江	8	4 536.8	4
江苏	9	4 253.1	6
河北	10	1 451.4	9
广西	11	613.8	11

数据来源:根据百度及维基网站统计结果整理所得

由上表可知,我国的海洋产业集聚水平呈现分散性特征,我们大致将沿海11个省市分为三个区域进行分析,第一个区域为环渤海区域(天津、河北、山东、辽宁),第二个区域划定为黄海东海区域(江苏、上海、浙江),第三个区域也就是南海区(广东、广西、福建、海南)。整体而言,海洋产业集聚水平在三个区域内分布较为均衡,出海口城市的集聚水平较高,区域内部的海洋产业集聚水平都呈现高中低三个层次的状态,体现了海洋产业的集聚是依托海洋资源而存在的特性,因此在推进我国海洋产业集聚区建设的过程中,要依托海洋资源的特性做好产业发展规划,避免海洋产业重复建设。三个地区之间的海洋产业协作需要落实国家海洋产业的发展规划,优化海洋产业空间布局,提高自身海洋产业集聚效应;加强对沿

海城市海洋第二产业的支持力度,引导社会资本积极向海洋产业倾斜,扶持海洋新能源利用产业,海洋生物制药产业,海洋装备制造产业,远洋渔业和海水淡化产业的发展;东海、黄海以及南海,优先发展船舶制造工业和海洋工程产业,渤海地区、南海地区积极培育海洋科技服务业、海洋航运服务业,协调并重组传统海洋产业的空间布局,促进其产业结构升级,打破三个地域之间地域界限,构建我国海域资源的联合开发体系和产业集聚区,加强海洋产业之间互相协作,提高自身的竞争能力。

(四)协同合作,开发海洋资源、保护海洋环境

1.合理开发近海资源

我国是一个海洋大国,管辖海域300万平方千米,海洋面积相当于陆地面积的三分之一。近岸四海蕴藏着丰富的资源,依托海洋资源形成的海洋产业优势明显。渤、黄、东、南海的外缘为岛链所环绕,属半封闭性海域,区域内海洋生物资源丰富,海水养殖和海洋捕捞业发达,渤海和东海地区近海水质受到工业的污染较为严重,珍贵的渔业资源养殖产业和远洋捕捞业可向南海地区转移。渔业的加工和进出口贸易转移到黄海和东海沿岸的欠发达地区,渤海地区先进的渔业管理经验可传授给其余三个地区。同时四海地区可利用本身的区位优势,建立良好的渔业养殖、研发合作平台,加强相互之间的交流合作。滨海旅游业在沿海地区经济协作中发挥着首要的作用,我国沿海地区滨海旅游资源丰富,独特的岛屿风光和滨海风光独具魅力,每年都吸引着内陆和海外的游客流连忘返,四海之间滨海旅游业应与环保共生,走一体化发展之路,改善各地旅游资源的基础设施建设,调高滨海旅游的服务水平,将其与整个海洋产业的发展联系起来,发展大旅游,合力打造中国沿海蓝色旅游经济带,依托旅游协作网络,开展更深层次的经济交流,实现产业间的优势互补。

2.科学用海,保护海洋环境

21世纪是海洋的世纪,海洋成为经济发展的又一蓝海。对海洋资源的开发和使用既充满了诱惑又存在巨大的挑战,一方面,人类从海洋攫取相关资源,利用海洋科技发展了一系列诸如:滨海旅游业、海洋装备制造业、海洋石油勘探工业等海洋相关产业,但这些海洋产业的负面效应同样给海洋生态造成极大的压力。另一方面,人类的行为给海洋带来了严重的生态破坏,在沿海地区工业化和城市化的进程中,片面追求经济发展的高速度,向海洋排放大量的工业废水和生活垃圾,忽视了对近海海洋资源和海洋环境的保护,致使海洋污染问题日益严重;无节制的对海洋生物进行掠夺性的捕捞,致使近海岸地区许多珍贵的海洋生物濒临灭绝;海洋综合管理能力较弱,海洋权益保护意识不足这些问题都限制了我国海洋产业的发展,海洋经济的发展依托于海洋的可持续利用,在经济的发展过程中我们必须科学用海,保护海洋生态环境。

3.提高海洋科技,建立海洋预监机制

我国对海洋的开发和利用应坚持科学发展观,重点建设区域海洋环境立体监测系统,海洋环境实时监测和信息服务系统,海洋渔业生态监测与服务系统,重点创新海洋环境预报技术,海洋环境保护以及修复技术,海洋生物资源持续开发利用技术,海洋渔业资源可持续高效利用技术,海水综合利用技术,海洋信息技术等,建立符合我国利益的立体海洋环境保护体系,促进我国海洋环境与海洋产业协调发展;加强渤海、黄海、东海、南海对海洋的综合管理能力,遵循海洋环境保护法和海洋环境管理的相关规定,依据四海不同的具体情况,制定相关法律细则,为我国海洋环境保护提供法律依据,同时建立健全我国海洋环境预测体系和监察体系,提高海洋保护能力。

第四节 海陆一体化的产业协作系统

一、构建海陆一体化的产业协作系统的主要目标与基本原则

(一)构建海陆一体化的产业协作系统的主要目标

环渤海、黄海、东海、南海所辐射到的东中西部区域,它们由于地理位置、发展水平、资源状况等方面的不同,在产业发展方向上也就不一致。但是,既然要建立这样一种海陆一体化的产业协作系统,那么就要明确共同发展目标,在适应国家产业结构发展的大势之下,积极推进分工协作发展,实现资源互补、优势互促,真正实现产业协作系统的意义所在。具体包括以下几个目标:

1.建立以海洋产业为核心的区域性产业协作系统

——统筹沿海陆地区域和海洋区域的国土开发规划。随着海洋开发向深度和广度的方向发展,海洋产业群逐步增殖扩大,它们对陆岸基地和腹地的要求必然越来越高。因此,要根据海陆一体化的战略,统筹沿海陆地区域和海洋区域的国土开发规划,坚持区域经济协调发展的方针,逐步形成不同类型的海岸带国土开发区。这些开发区包括辽东半岛海洋经济区、辽河三角洲海洋经济区、渤海西部海洋经济区、渤海西南部海洋经济区、山东半岛海洋经济区、苏东海洋经济区、长江口及浙江沿岸海洋经济区、闽东南海洋经济区、南海北部海洋经济区、北部湾海洋经济区、海南岛海洋经济区[1]。

——实行分区开发与共同开发相结合的海洋产业发展策略。通过第二节对海峡两岸产业协作现状及特点的分析与比较,表明各自有自己的优势,也有各自的劣势。因此,一方面,

---

[1] 张开城.中国蓝色产业带战略构想[J].时代经贸(下旬刊),2008(9):11-16.

由于环渤海、黄海、东海、南海区域具有很明显的南北方发展差异,北方工业发展较为迅速,南方服务业发展势头迅猛,加之港澳台与大陆地区不同的社会制度,那么就必须要通过分区开发来实现区域经济一体化。另一方面,单凭某个区域的力量是无法形成具有特色和发达的海洋产业,必须充分发挥环渤海、黄海、东海、南海区域的合作能力,共同开发,共同进步。

——突出沿海重点产业和重点区域开发。重点发展能源、交通、旅游等第三产业,重视沿海区域内部的海湾、港口、岛屿、沙滩等资源开发,加大对海洋运输、海滨旅游、海洋生物、海洋工程等产业的投入与扶持,积极探索海洋高新技术产业发展的路径。在环渤海、黄海、东海、南海区域中,各个区域都有自己的重点开发对象和产业。例如:环渤海拥有辽阔的经济区域,山东半岛的蓝色经济区域等都是未来环渤海区域的发展重点。同样的,黄海丰富的渔业资源、东海优良的港湾、南海丰富的矿产资源以及港澳台独有的旅游风光都应当成为蓝色产业协作过程中的重点开发对象。

2.建立区域性海洋经济、海洋科技、海洋文化为主体的交流系统

——建立区域性海洋经济交流系统。构建环渤海、黄海、东海、南海的蓝色产业协作系统,归根结底,都是针对海洋产业所进行的延伸和拓展。纵观国家整体的经济发展情况,沿海城市的经济发展情况要远超内陆地区。因此,区域内的各大滨海城市应积极主动的进行交流合作,找到自身经济发展的弱点,尽可能寻求经济的共同发展,通过集聚效应,打造滨海城市经济发展的新热点。更为重要的是,建立环渤海、黄海、东海、南海区域的经济交流系统,一方面体现了沿海城市对于"一带一路"国家战略的重视;另一方面能够凸显各个区域强大的产业功能,充分发挥各个区域的产业优势及独特资源。挖掘利用沿海区域处于"一带一路"交汇点的特殊的地理位置,依靠良好的港口优势资源、强大的发展基础,加快推进综合交通运输网络的发展,提高内外之间的互通互信能力,向西沟通新亚欧大陆桥沿线国家和地区,向南连接浙江舟山群岛经济区,建设四通八达的交通体系和商品贸易枢纽,打造具有较强竞争力的沿海新型产业基地。

——建立区域性海洋科技交流系统。海洋战略性新兴产业首要特征就是海洋高新技术,其快速的发展同样离不开科技的强大支撑[①]。由于任何一个国家或地区都不可能具有其经济发展所需的一切资源和生产要素,不可能同时在任何高科技水平上都居于顶尖水平,也不可能独立地处理所有新型问题,因此,亟需通过科技交流来加强沟通和协调,积极借鉴其他区域的好办法,使各类智力、知识、资源、生产要素和技术在不同区域间实现优化配置。就环渤海、黄海、东海、南海区域而言,海洋科技资源主要集中在沿海的辽宁、河北、天津、山东、江苏、上海、浙江、福建、广东、广西、海南11省市,并且各个省市在海洋科技方面也有专攻,

---

① 卢秀容.粤琼两省海洋科技合作模式及对策研究[J].生态经济(学术版),2013(2):263-266.

只有通过建立区域性海洋科技交流系统才能实现资源的合理流动[1]。

——建立区域性海洋文化交流系统。环渤海、黄海、东海、南海区域,自北向南,由于地理位置的不同也就造就了不同的文化景观,同样的,海洋文化系统也是各有千秋。对于滨海城市而言,首先,在重点、有条件地区,鼓励建设生态博物馆、海洋博物馆以及生态类、海洋类的科技馆、展览馆,鼓励在图书馆、文化馆、博物馆等公共文化服务机构中增添生态海洋文化的内容,更好地传播弘扬生态文化和海洋文化的理念;其次,还要大力推进海洋文物资源的保护。要通过系统的考古工作进一步摸清我国海洋文物资源、存量和资本特点,特别是要查明海上丝绸之路遗产以及涉及国家海洋权益的像南海等重点区域遗产的分布;最后,加强与海上丝绸之路沿线国家文化的交流。主要围绕"21世纪海上丝绸之路"的战略,加强顶层设计和战略部署,与沿线国家深入开展文化交流与合作,促进民心相通;要精心打造以海上丝绸之路为主题的文化交流品牌,如举办海上交通史展览、水下考古发掘合作、郑和相关文化旅游文化产品的开发等。

(二)构建海陆一体化的产业协作系统的基本原则

要实现上述的主要目标,关键在于统筹安排海陆一体化的产业协作。为此,应当从以下几个原则进行谋划。

1.全方位开放的原则

全方位开放的原则需要依靠国家的力量进行,通过国家层面的交涉,获得某个区域内各方之间互相协作的全方位开放的格局,这是区域之间进行协作的重要条件[2]。国家在区域合作方面应当积极发挥主导作用,摒弃前嫌,积极与各方开展合作交流。同时,对于其他国家的主动接触,应当积极响应,以真诚的态度对待,不断推进全方位合作的进一步发展。

2.互惠互利,共同发展原则

在第二节中,我们曾提及协作系统,协作系统作为共同体的一种形式,要发挥协作系统的作用,关键在于必须坚持互惠、合作、共赢的精神。这一点在港澳台和大陆地区更为明显的体现出来,比如:我们应当根据各自发展实际情况,分门别类的制定并且执行优惠政策。我们应当在关税等方面做好协商,真正将港澳台地区的经济发展与内陆区域的良好发展紧密结合,实现两岸经济的共同进步,对于推动其他区域的产业协作起着表率作用。

3.因地制宜,突出重点原则

每个区域都有各自发展的不同模式,目前来说,环渤海、黄海、东海区域调整重点应放在加快基础产业如能源、电力、交通运输的建设,从而提高结构平衡度和结构关联度。港澳和

---

[1] 卢秀容.粤琼两省海洋科技合作模式及对策研究[J].生态经济(学术版),2013(2):263-266.
[2] 朱坚真.南中国海周边国家和地区产业协作系统问题研究[J].海洋开发与管理,2001(1):54-57.

台湾工业的发展,重点应是促进产业升级,提高技术密集型产业比重,并把一些已处于成熟阶段而在大陆仍有发展前途的产业转移至大陆,促进工业升级。同时,积极打造服务业,可以把服务业与海洋产业进行关联,积极推动区域内部的多元化发展。

4.优化产业结构原则

优化环渤海、黄海、东海、南海区域产业结构,对实现区域一体目标,促进南中国海区域经济发展具有至关重要的战略作用。海洋的开发与利用应当与保护海洋环境、海洋生态和海洋资源同步进行,同时,合理的布局海洋产业结构,积极进行海洋产业结构的调整,应使产业结构的重心沿着第一产业—第三产业—第二产业的顺序转移。目前要大力发展海洋第三产业,积极开发并利用海洋第二产业,保持基本的海洋第一产业,推动海洋产业结构由低级走向高级,由高级向更高级循环发展。

二、构建海陆一体化的产业协作系统的主要难点

环渤海、黄海、东海、南海所涵盖的海陆一体化的区域在国际经济科技全球化趋势下,呈现出总体缓和的投资环境。但潜在的和现实的矛盾依然存在。

(一)领海矛盾突出

环渤海、黄海、东海、南海区域作为整个南中国海的重要组成部分,拥有丰富的海洋资源、矿产资源、海运资源、滨海旅游资源等,具有较高的开发价值,其战略地位不言而喻。但是,只有渤海属于中国内海,其他海域只是中国三大边缘海。所谓边缘海[①],是位于大陆和大洋的边缘的海洋,其一侧以大陆为界,另一侧以半岛、岛屿或岛弧与大洋分隔。这也就引起了其他国家对于这三大海域的觊觎,主要表现在东海、南海问题的争端。

在东海争端方面,2015年东海局势有逐步缓和的趋势,基本保持稳定,这种稳定一方面归功于中国保持着很大程度的克制,以地区和平稳定的大局为重,另一方面中日双方在钓鱼岛问题上也保持着一种默契。但是,在2016年,日本执政党自民党再次围绕东海问题大做文章,该党议员呼吁安倍政府通过诉诸国际仲裁来处理与中国在东海的争议。但是,日本恶意指责中国开发东海油气田,鼓噪东海仲裁终将打错算盘。

在南海问题方面,2016年的全国两会对此做出了深入解释。尹卓认为,目前美国与我们相比最大的优势就是军事,所以他们利用军事上的优势,在我们周边制造安全问题,比如东海钓鱼岛问题、南海问题先后爆发,今后还可能转移到台海问题上,归根结底就是利用安全问题破坏中国经济发展的大环境,割裂中国与经济伙伴之间的联系。和平发展大势决定了

---

① 参见:http://baike.baidu.com/link?url=tlTRwgmGPMhP2sEdNVjEmucDoWWgqdciA9sVwUYPVkLXbeixbi96u3dL4z_gjTYmoeTl-TwOafPk3t_-9jh8sK.

美国在南海问题上的混淆视听达不到目标,但是我们也不能掉以轻心。

总之,构建环渤海、黄海、东海、南海蓝色产业协作系统需要有一个稳定的局势作为保证,如何妥善处理领海争端问题,已成为有关国家政府、国内外专家学者普遍关注的难点。

(二)生态环境的影响

构建环渤海、黄海、东海、南海蓝色产业协作系统,最基本的出发点就是要保证经济效益的最大化,但是一味快速的寻求经济发展势必会造成对海洋各类资源的掠夺,导致生态环境的恶化。近几年来,环渤海、黄海、东海、南海区域内都面临许多生态环境方面的问题,问题的产生主要来源于经济高速发展与环境的承载力出现不相适应的情况所导致。这些问题都威胁着该区域的海洋产业发展。"以海为家"的区域,一旦区域内部的供需矛盾不断尖锐,海洋生态出现不良情况,必然会引起区域内部的波动。在当前,良好的环境是开展蓝色产业协作系统的基础,不能不顾环境效益而盲目进行区域开发。目前来看,环渤海、黄海、东海、南海区域的环境承载力已经减弱,因此,各级政府及其相关的专家学者应当从各个区域的实际情况来积极寻找可持续发展的路径,实现区域的永续发展。

(三)区域内海洋经济的竞争

随着21世纪海洋经济时代的到来,沿海省份也纷纷将发展的目光投向了广阔的海洋,沿海区域各省市纷纷提出建设海洋经济强省的发展战略,我国沿海地区自北向南掀起了一场开发海洋的经济发展战略热潮。各沿海省份纷纷挖掘各自的资源禀赋与比较优势,大力发展海洋经济[①]。海洋经济是整个经济运行过程中的重要支撑,也是未来经济腾飞的一个亮点,各区域对于海洋经济的不断重视也反映了这一点。但是,在取得成效的同时,也导致了个别省份海洋产业优势被弱化的现象。蓝色产业协作系统强调的是"协作",需要发挥各个区域的优势,竞争是好事,但过分的竞争一方面会导致某些沿海城市本拥有的海洋产业优势被丧失,另一方面也会引发环渤海、黄海、东海、南海区域内海洋产业的趋同。趋同就意味着各区域海洋产业互补性差,那么,进行蓝色产业协作系统就存在一定困难,无法发挥产业集聚效应和规模效应。

(四)协调联动机制的不足

蓝色产业协作系统若想要良好运行必须得到各个区域的积极回应。但是,由于环渤海、黄海、东海、南海区域内的城市人文传统十分浓重,地方保护主义盛行,产业合作意识不强,遵循固有的产业发展模式,对于产业协作问题态度不够坚定,历史的重负使这些地区步履艰难。同时,由于区域内部缺乏运转良好的协调联动机制,导致一大部分优秀人才无法实现自由的流动,即使能够自由流动,也是困难重重。既然是产业协作系统,就应当注重各个区域

---

① 吴健鹏.广东省海洋产业发展的结构分析与策略探讨[D].暨南大学,2008.

内部协作系统的建设。因此,蓝色产业协作系统亟需协调联动机制的带动,如果没有协调机制,那么蓝色产业协作系统就无法进行下去,即使进行下去,也会因为区域内部缺乏沟通而导致一系列问题。

总之,构建环渤海、黄海、东海、南海蓝色产业协作系统存在一定难点,要想使得该区域蓝色产业协作真正步入正轨,需要各个地区共同行动起来,围绕着一个共同的目标,加快各个区域协作部门的建设,充分发挥各个区域的主动性和创造性,不断完善海洋产业发展的政策,在良好的大环境之下不断实现海洋产业的平稳快速发展,实现海洋产业协作的目标。

三、构建海陆一体化的产业协作系统的重点与对策

根据以上对环渤海、黄海、东海、南海沿海地带,实现海陆一体化的产业协作系统存在的主要难点分析,我们可以得知,该区域内的蓝色产业协作系统建设不是一蹴而就的过程,必须以长远的视角来谋划该区域的蓝色产业协作。据此提出构建环渤海、黄海、东海、南海兼顾海陆一体化的产业协作系统的重点与对策。

(一)大力发展区域性滨海旅游业

2013年被确立为"中国海洋旅游年"。虽然我国海洋旅游开发尚处于起步阶段,但发展潜力很大。《全国海洋经济发展"十三五"规划》提出积极发展海洋服务业,大力发展海洋旅游业,因地制宜打造滨海黄金旅游带,把"滨海旅游"列为新兴的支柱性海洋产业予以重点发展。政策支持与丰厚的旅游资源为该区域大力发展滨海旅游业提供了可能。

首先,各沿海地区应加强区域性旅游基础设施建设。区域性基础设施建设是发展旅游业的根基。旅游业将会涉及交通、供水、供电、排水、排污等快速处理通道,良好的快速处理通道可以提升游客的满意度。同时,应当注重区域性特色文化的培育,不论是红色文化还是海洋文化,只要是符合区域特色,能够满足游客的需求,都应当得到重视和开发。另外,也要加大对公共娱乐设施的投入。

其次,加快各个产业之间的协调合作。在拥有良好基础设施的基础之上,应当不断加强各个产业的合作。旅游业涉及的方方面面非常广泛,要不断完善软硬环境,充分发挥各个区域的优势,从而形成强大的信息和资金流,进一步完善旅游产业体系,不断向现代化迈进。

最后,各个区域应当合理分工。在发展旅游业的过程中,各个区域应遵循"梯度发展"的原则,一步步推进旅游业的改造升级,不断打造全新的旅游产品与环境,通过分工的形式,各司其职,保证旅游业的有序发展。

(二)重视区域性海洋生态环境保护

海洋生态环境的保护已经是一个长谈的话题。从国家到最普通的公民都有义务对海洋生态环境的保护负责任。从国家层面来看,国家已经建立了比较完备的生态环境保护体系,

建立了湿地保护区、森林公园等基础设施,沿路的交通系统的设计也都尽可能的规避环境破坏的风险,保证双赢。同时,还是十分重视跨区域的海洋生态环境保护,加强跨区域的河流、交通等方面的规划工作。而且,还积极参与国际方面生态环境的保护,保护大气,保护动物栖息地,不断加强国际合作与对话,建立良好的环境防治机制,共同应对污染。从社会层面来说,许多企业开始研发高科技产品,以绿色发展为目标,减少能源消耗,尽可能寻求更为清洁的能源来替代高消耗的产品。从个人层面来说,保护海洋生态环境是每一个公民的使命,我们应当从小事做起,助力生态良好发展。国家、社会及个人的积极行动才能保证生态环境不被破坏,实现生态效益的最大化[①]。

(三)积极打造海洋经济的多元化

海洋经济的多元化代表着海洋产业发展的兴盛,单调的产品和产业体系更可能会导致海洋资源的无谓消耗与浪费,多元化不仅会使得海洋产品种类繁多、海洋产业发展迅速,同时,也会为未来向外发展提供契机。多元化,是一种融合和进步。它不是为了更快发展,而是为了更好地发展。一味的赶超经济发展没有任何长远意义,均衡、多元的协调发展才能够保证某个海洋区域向更高水平迈进。同时,多元化集中了某个区域的智慧力量,就像环渤海地区的发展一样,它们既要兼顾已经发展起来的、市场强大的、发展良好的海洋产业,也要重视那些起步比较晚,发展比较缓慢的海洋产业。多元化告诉我们不要因为产业"小"就放弃,多元发展可能就是它的出路所在。[②]。

(四)集合资源联合推动基础设施建设

各区域应以大区域为导向,汇聚资源共同开发基础设施的建设。首先,打造现代集疏运物流体系,对外将港口作为联系枢纽,对内不断完善各级公路及高速公路运输;其次,充分发挥信息网络的优势,借助高科技平台实现资源的对接和共享,一方面做好各省市海洋数据官网的完善工作,便于查询数据并及时做好数据的反馈与更新,方便用户及政府工作部门的进行。另一方面在官方网站完善的基础之上,要不断向下级部门宣扬和渗透信息网络的强大力量,各个层级应当建立起属于自己管辖区域的网络体系,从而能够在大的网络布局之下实现内部各个部门的数据共享,提高办事效率,提升政府公信力。此外,通过在官方网站留言等渠道,有利于信息的沟通与传递,保证沟通通畅,减少阻力,推动政策的不断完善[③]。

(五)发挥沿海城市群的集聚力和辐射力

重视发挥沿海城市群的带动和辐射作用,加强沿海城市群的协作和配合,集中优势资

---

① 全国海洋经济发展规划纲要[EB/OL] http://www.cme.gov.cn/gh/gy.htm.
② 马晓琳.环渤海地区海洋经济产业结构优化研究[D].大连:大连海事大学,2014.
③ 陈烨.沿海三大经济区海洋产业与区域经济联动关系比较研究[D].青岛:中国海洋大学,2014.

源,充分发挥各个城市群的特色,带动整个沿海城市群的同步发展,提升竞争能力。另外,应当积极做好沿海城市群的发展与规划工作,合理利用每一寸土地,沿海城市因为地理位置的特殊应当尽可能在规划过程中保留海洋特色,这样更有利于未来发挥海洋优势。除了沿海城市之外,还应当重视各大都市的辐射带动作用,大都市因为其经济实力等各方面占据优势地位,拥有着沿海城市所不具备的政策资源、经济资源等,那么,只有合作才能更好地打造经济发展的核心区,凸显协作优势。例如:上海、南京、武汉、重庆、成都等超大城市,初步形成了长三角城市群、长江中游城市群和成渝城市群。这几大城市群是带动整个长江流域经济发展的攻坚区。类似的,环渤海、黄海、东海、南海的其他区域亦可以参照该模式进行发展。

(六)完善协调联动机制

在上一节的阐述中,我们看到了由于传统因素的限制而导致协调联动机制无法真正实施的情况。对于整个中华经济圈的产业协作系统的建设而言,协调联动机制应当是最基本也是最为重要的一个机制。政府应当主动去与其他区域的管理者进行沟通、协调,明确协调联动机制的目标及所带来的集聚效应,讲清楚协调联动机制的重要性,从而使得各个区域的管理者积极主动的参与到协调联动机制的完善过程中,促进各个区域内资金、技术、信息和人才都能够自由、顺畅流动。协调联动机制是把整个产业协作系统更好的连接起来,实现整体全面发展。一个良好的协调联动机制是产业协作系统现在乃至未来发展的关键所在,必须加以高度重视。

第五节 "一带一路"背景下的产业协作系统

一、基于"一带一路"的全球化产业协作系统建设的必要性

(一)经济全球化信息化浪潮的影响

随着社会进程的不断加深,科学技术的发展促使着世界各国之间的交流日益增多,全球逐渐转变成地球村,全球联系的不断加深带动着全球产业和经济间的联系也越来越密切,产业之间的互助合作成为经济发展的又一助推力,从20世纪40年代以美元为中心的布雷顿森林体系确立,全球之间的贸易和产业往来逐渐增多,到1995年世界贸易组织(WTO)在摩洛哥正式成立,统一的贸易体系为世界经济的发展做出了巨大贡献。20世纪初,经济全球化初见端倪,21世纪已成为世界经济的重要组成部分,世界经济全球化的事实证明,任何经济实体都无法脱离其他经济体而单独存在,孤立和封闭只会导致经济更加衰落。资源、人力、资金、技术等在全球范围内交换的趋势势不可挡,它为全球实现资源优化配置提供了条件,在经济全球化的大方向下,区域经济一体化成为当前国与国贸易之间的主要形式,通过

签订符合区内成员国家利益的相关协议,去除成员国(地区)之间的贸易壁垒,加强双方的进出口贸易往来,共享区域内的市场,推动区域经济的发展。

(二)国际需求的变动与产业分工

我国产业在全球范围内的分工协作必须适应当前国际需求特点。对我国而言,以欧洲、美国、日本等为代表的发达国家需求逐步下降,以中南美洲、独联体、亚洲等为代表的发展中国家的经济需求逐步上升;从我国的进出口贸易来看,发达国家对产品的需求仍旧占据主导地位,而发展中国家与我国的产品贸易急速增长,其地位逐步上升。针对当前国际经济发展的形式,鼓励我国相关企业实施"走出去"的发展战略,利用当地资源建立工厂,抓住发展中国家工业化进程加速的有利时机,促进我国产业的发展。高度开放的经济加剧了各国产业之间的相互影响与协作,突破了传统经济受地域限制的影响,改革开放之后,我国不断扩大对外开放程度,加入世贸组织,融入世界经济大循环,积极参与全球经济竞争和产业合作,在"十一五"期间大力发展外向型经济,提高国内外的交流与合作,在"十二五"期间积极利用我国的市场、技术、服务和人力资源优势加强区域合作,参与全球经济治理。在经济全球化早期,世界各国的进出口贸易壁垒逐步削弱,跨国公司在全球范围内进行产业布局,通过在不同国家生产然后将产品组合,逐步实现产业全球化的目的,产业全球化成为经济全球化的重要组成部分,跨国公司在应对产业全球化冲击中起着最主要的作用,它改变了以往的产业分工形式与内容,丰富了国际产业竞争的新形势。

(三)中国"制造业"产业的崛起

改革开放以来,中国凭借自身拥有的劳动力和市场优势,吸引来自世界各国的企业纷纷在华设厂,世界资本不断注入,先进的国际管理理念和产业技术促进了中国产品加工制造、软件工程、信息工程、石油化工等相关产业的发展,中国工业产值在国民经济总产值中的比重不断上升。工业的发展主要靠第二产业中的制造业拉动,20世纪80年代,中国制造业在全球范围内地位微弱,1990年的中国成为世界第八大制造国,21世纪初,中国紧紧抓住入世后的巨大机遇,成长成全球第二的制造业大国,中国制造业在全球范围内的地位日益上升。目前中国的制造业已在全球范围内形成了独特优势,服装加工、家用电器、电子产品等诸多行业处于全球领先地位。长三角地区、珠三角地区和环渤海经济带成为全球范围内的产业聚集区,中国逐渐成长为世界工厂。中国制造业主要集中于东南沿海地带,该地区制造业的发展已经产生资本外溢现象,随着生产成本的不断攀升,产业转移势在必行。国内的产业目前已寻求全球范围内的产业转移,从产业转移的分布地区来看,中国传统产业逐步向非洲地区以及东南亚地区转移,利用当地廉价劳动力和市场,降低生产成本提高产业效益;在高新技术产业和新兴产业的发展中则力求与欧美等发达国家进行产业协作,谋求参与全球产业分工。

二、基于"一带一路"的全球化产业协作系统构建

近些年,中国与全球的产业合作不断增多,在产业协作系统的构建上我们以区域经济集团为单位进行分析,着重分析中国与欧洲产业协作、中国与非洲产业协作、中国与东盟之间的产业协作。

(一)中国与非洲之间的产业发展趋势

从中非建交以来,中国与非洲就走上了平等互利、合作双赢的发展道路,2015年1~12月,我国与非洲进出口总额1 790.3亿美元,高出我国同期外贸总体降幅11.2个百分点。其中,我国对非出口1 086.7亿美元,增长2.5%;自非进口703.7亿美元,下滑39.1%,顺差383亿美元。在过去的10年中中非的贸易规模不断扩大,产业间的合作呈现多领域多层次的特点;在未来,中国和非洲将共同处于经济的上升期,工业化、城市化、农业现代化将成为中非产业合作的新兴领域。在未来的10~15年,中非之间的经济合作,将仍以中国投资带动非洲的贸易和产业为主要形式;中国经济发展需要资源的支撑,从我国从非洲进口的资源的类别上看,能源矿产和农产品占据60%以上比例,而非组件的开发也需要以工业化为基础,双方拥有共同的利益交汇点。中非产业合作应推动双方在产业的规模质量和结构上的全面提高,从全局着手,相互协作促进产业之间的共同发展。

1.中非产业协作基础

中国与非洲产业协作潜力巨大。从非洲的角度看,非洲有着丰富的自然资源和充足的劳动力,许多产业的市场一片空白,但欧洲早期对非洲的殖民统治,致使非洲经济发展基础薄弱,结构单一,工业化进程缓慢,受政治、文化和经济的影响,中国在非洲的产业发展必须要与其金融、生态环保和安全事业相关;从中国的角度看,虽然当前中国仍旧继续扮演"世界工厂"的角色,但随着国内资源因素制约,企业生产成本将会不断增加,中国产业面临转型,部分资源密集型和劳动密集型产业(农贸加工、轻工业、矿业)需对外转移,非洲的工业化进程也为中国产业转移提供了良好的契机。

2.产业协作的方向

随着全球产业转型的深入开展,这一轮的国际分工将发生变化,在发达国家利用资金技术完成产业升级之后,世界各国的产业协作将引导新一轮国际产业结构调整,中国等发展中国家必将丧失生产成本优势,产业必将向非洲等欠发达地区转移。加强非洲对接中国产业转移的政策引导,吸引中国企业"走出去"在非建厂投资。目前能源矿业和农业是非洲主打产业,中非产业协作过程中要转变以往以投资换取资源的观念,在扩大双方进出口交易规模的基础上,加强对非洲农业科技的指导,提高农业生产力,注重对农业、能源矿产业的加工,提高初级产品的附加值,延伸产品的产业链。在加工制造业领域:未来一段时间里非洲将成

为中国劳动密集型产业转移的重要基地。一方面,缓解非洲紧迫的就业压力,解决非洲传统的产业结构单一问题。另一方面,促进非洲工业化的进程。在新兴产业领域加强双方在交通、通信、水利、电力、能源等基础设施领域的产业协作,解决中国产业产能过剩问题,破除非洲经济发展的制约因素,加强双方在教育领域的合作,帮助非洲培养专业人才,提高非洲产业发展的科技水平。共建产业对接工业园区,营造双方投资的良好环境。双方产业协作在促进非洲工业化进程的同时也带动中国产业的升级和转型,符合中非双方的共同利益。

(二)中国与欧洲之间的产业协作

1. 中国与欧洲产业协作的背景

当前欧洲经济发展形势不容乐观,在全球经济疲软的背景下,部分欧洲国家由于劳动生产成本过高而爆发债务危机,资本和劳动力向外转移,资源的外溢导致政府税收减少,欧洲经济进一步受挫,冲击了欧洲经济的发展,受经济的影响,欧洲产业的发展呈现疲软状态。中国在当前的形势下,提出"一带一路"的战略发展目标,谋求世界经济共同发展,积极与欧洲各国展开合作,通过共建"第三方市场合作"的提议来实现与欧洲各国产业间的优势互补,达到双方互利共赢的目的;第三方市场的发展依赖中国的低成本的产品、中高端的制造能力,利用欧洲先进的管理理念和技术,在双方投资的基础上共同开发,共同对抗经济风险,培育新的经济增长点,促进中国与欧洲之间的产业合作。

2. 中国与欧洲产业协作的方向

欧洲是当今世界上经济发展程度最高的区域之一,中国则是目前世界上经济发展速度最快的国家之一,两者之间的产业协作基础雄厚,中国与欧洲之间开展产业协作是大势所趋,双方之间的产业合作应从以下几个方面进行。

——在产业发展政策方面。中欧双方政府出台相关政策,鼓励和引导双方企业互相建厂投资,中国企业利用欧洲丰富的自然资源和工业基础优势,降低企业的生产成本,欧洲则利用中国廉价的劳动力优势和市场优势,提高企业经济效益。

——在基础设施建设方面。当前我国的基础设施产能过剩,主要集中在钢铁、水泥、玻璃等相关产业;在高科技基础设施建设领域上我国的高铁建设技术已经处于世界领先地位;而欧洲为了实现经济的重新振兴,加大了对基础设施的投入力度,双方有望展开合作。

——在清洁能源领域方面。我国可利用本国在技术上的优势,与中东欧能源不足的国家就核电、水电、风电、太阳能发电等技术开展相关产业的合作。

——在通信产业和汽车工业方面。通信产业是中国的优势产业,欧洲对通信产业的需求急剧增加,中国可以为欧洲地区提供通信设备和信息服务。我国汽车产业的发展程度与欧洲相比具有明显的不足,以捷克为代表的中东欧国家则是世界汽车生产大国,产业间的协作必将带动我国汽车产业的发展。

——在人力资源和产业转移方面。欧洲地区人力资源素质较高,产业科技能力强,因此在向欧洲进行产业转移的时候,注重产业转移的整体性,扩大产业协作的多样性,延伸企业合作的产业链。

——在高新技术产业方面。加强中国与欧洲的新兴产业合作,我国新兴产业基础较为薄弱,在欧洲进行产业合作的过程中应像欧洲学习先进技术,集中消化再创新,提高自身的研发能力,提高我国新兴产业的技术含量。

(三)中国与东盟之间的产业协作

据初步核算,2015年中国与东盟的双边贸易额达到4 720亿美元,双边投资总额高达1 500亿美元,中国连续成为东盟第一大贸易伙伴。而东盟是中国的第二大进口棉地和第四大出口市场。

1.中国与东盟产业协作的必要性

中国与东盟成员国之间产业协作系统的构建,具有重要的现实意义。第一,就地理位置而言,中国与东盟共同处于亚太经济合作体系的最东端,是连接东亚与欧洲的桥梁,该地区的政治和经济战略地位极其重要,因此而引发区内各国的争端日益加剧;中国-东盟产业协作系统的构建,有利于加强中国与东盟各国之间的科教文卫事业的交流合作,有利于促进亚太地区经济的发展,稳定区域经济的秩序;有利于促进东西方文化的交流,维护世界的和平与稳定。第二,从国际形势上来看,在经济全球化蓬勃发展大背景下,区域经济集团化成为各地区经济对外发展的主要形式,新世纪初国际形势日趋明朗,以美国为中心的"一超多强"国际经济新格局逐步确立,如何在新的格局下,带动中国经济的飞速发展?如何通过产业协作,促进中国与周边国家之间实现资源、资金、技术、劳动力等生产要素的有效整合?如何协调中国与东亚、中国与南亚、中国与东盟之间的产业协作关系?这些问题的解决都需要通过构建产业协作系统来实现。

2.中国与东盟产业协作的方向

中国与东盟之间的产业协作重点依托海滨旅游业、海水养殖业、海洋交通运输业、海洋生物制药业,重视对海洋资源和海洋环境的保护,通过与东盟成员国之间的贸易往来,带动区内的商品、技术、资金、人才等资源的交流,加快我国产业转移和升级,加快东盟成员内部产业结构的调整,促进区域内经济发展的步伐,实现产业现代化。

加强中国与东盟一、二产业的协作,优化区域内资源配置,以产业推动经济的发展;发挥沿海中心产业发展的辐射带动作用。重视教育产业,推动高新技术产业的发展;进一步扩大开放程度,逐步建立沿海开放城市、经济特区、经济技术开发区、自由港、自由贸易区、出口加工区、科学园区的产业层次,发挥产业的集聚效应。

在完善市场体系的前提下,积极发展信息产业,以信息化带动工业化,以工业化促进信息化,利用资本和技术优势发展资金与技术密集型产业。产业协作系统的建设要依据具体国情而定:加强制度设计,制定中国与东盟之间产业协作的支撑性政策(包括海域资源开发政策、海洋环境保护政策、税收优惠政策、产业转移扶持政策等),实施"非均衡、逐级递进、突出重点、兼顾一般"的开发政策,引导投资者向目标区域重点产业(能源、交通、通信)进行重点投资开发[1],完善区域内海陆空交通网络,带动区域经济提速。选择交通便利、工业基础雄厚、科技和人力资源充足的城市建立产业合作园区。构建区域内技术信息共享平台,加强企业间的技术交流与合作,提高创新能力,增强产业在世界市场的竞争力。

---

[1] 朱坚真、高世昌.略论中国与东盟产业协作的主要途径[M].经济研究参考,2002(54):33-36.

第六章　海陆一体化走势下的中华产业协作系统建设

海陆一体化和全球海洋观,是包容开放、互利共赢、和谐发展,旨在海洋开发与保护并重的新观念。在世界经济复苏乏力的大背景下,中国以实际行动践行全球海洋观的精神底蕴,站在全球战略高度,提出建设21世纪海上丝绸之路。

经济新常态下,中国将致力于与其他海洋国家一道构建海洋合作伙伴关系,不断拓展国际海洋合作领域,共建海上通道、发展海洋经济、利用海洋资源,实现"政策沟通、道路连通、贸易畅通、货币流通、民心相通"。在"一个地球、共享海洋"的认识基础上,搁置争议,求同存异,合理有序地进入海洋开发与保护。加强中华经济圈国家(地区)之间的海洋经济交流和海洋文化沟通,共同打造海洋资源合作开发与保护的"黄金时代"。

第一节　基于海陆一体化和全球海洋观的海洋资源共享

一、海洋资源共享的内涵

海洋资源(marine resources)作为自然资源的重要组成部分,在整个资源大系统中发挥着不可替代的作用,发挥着越来越重要的自然、经济和社会价值。它是沿海国家社会发展的宝贵财富,为一国兴旺发达提供物质基础,保障海洋强国战略顺利实施。伴随着陆地资源短缺问题的出现,人类对海洋资源的依赖度增强。21世纪以来,人类社会逐渐从陆地向海洋回归,各个沿海国家开始重视对海洋资源的开发和利用,一场声势浩大的"蓝色革命"席卷而来。

人们对于海洋资源的定义和理解随着社会科技进步而不断丰富和完善,对于海洋资源的界定略有差异,综合起来可以分为狭义和广义两个层次。狭义上讲,海洋资源是海洋中的生产资料和生活资料的天然来源,指的是能在海水中生存的生物,溶解于海水中的化学元素,海水中所蕴藏的能量以及海底的矿产资源,具体划分为海洋生物资源、海水化学资源、海洋动力资源和海底矿产资源。广义的海洋资源,除了狭义中的能量和物质之外,还把与海洋相关的人类活动如教育、信息、科技、文化等都视为海洋资源。因此,海洋资源概念的外延不断扩大,从"通过人类开发活动可以转化为社会财富的海洋物质"到泛海洋资源拓展。

海洋资源共享指的是以海洋资源为纽带,通过一定的载体和形式,建立起互利共赢的合作机制,促进双方多边发展的海洋发展模式。内地、香港、澳门和台湾四个区域经济体,实现海洋资源共享的实质是在一个中国的主权条件下,建立"两岸四地"区域性海洋经济合作机制,发挥港澳台资金技术和内地廉价劳动力相对优势。通过以海洋科学技术创新促进海洋研究更快地取得实用性成果,打造一个全球性的、开放创新的中华经济圈海洋资源共享网络,在海洋观测预测、开发利用、科技教育、保护与管理等领域加强协作,共同应对挑战,深化对海洋的认知,打造"和平之海、合作之海、和谐之海",促进社会的繁荣昌盛并造福于人类的子孙后代,实现海洋的可持续发展。

二、海洋资源共享的功能与作用

中华经济圈拥有丰富的海洋资源,而各区域经济体实行的政治制度存在差异,加之中国的统一大业尚未完成,这为推进海洋资源共享机制带来诸多障碍。未来中华经济圈建设的方向和重点是构建海洋资源共享平台,以海为桥梁促进两岸四地全方位合作,最大限度的发挥各自优势。具体来讲,海洋资源共享的功能和作用表现在以下方面:

(一)整合与共享功能,提升海洋研究的质量

科学归纳整理海洋信息资源,甄别信息的来源与类型,运用技术手段对信息进行编码储存,对原有的数据库进行重组优化,建立起功能齐全、信息可靠的信息资源库,为科研工作者进行学术研究提供丰富的资料文献。

为便于信息的检索与利用,必须对信息资源库中各部分内容及其相互关系进行描述与链接,揭示各知识点之间的等级关系、因果关系、逻辑关系、评价关系,标明各种信息资源的位置,改善检索效率,增强信息的迁移与扩散能力。提高信息更新的频率,为研究者提供及时准确的信息,与决策者、读者一道分享最新研究成果,收集评价与反馈意见,巩固海洋信息资源共享机制建设成果。

(二)交流与互动功能,密切两岸四地的关系

香港、澳门、台湾是中国的三个单独关税区,彼此间又互为重要的贸易和投资伙伴关系。在两岸四地建立起"自由贸易区",即中华经济圈自由贸易区,是经济繁荣与发展的基础,是顺应历史潮流提出的"新举措",也是实现中国经济快速发展和中华民族全面复兴的需要。[①]

(三)管理与协调功能,合理配置海洋资源

中华经济圈的形成,可以盘活区域内的海洋资源,加强不同经济体之间的沟通与理解,优化海洋资源开发方式,提升海洋资源开发效益。降低单个经济体受市场波动影响的机率,

---

① 张华."中华经济圈"经贸交流发展问题研究[D]吉林大学,2005.

增加日益密切的经济行为活动,必将提高整个中华经济圈成员之间的凝聚力,增强其社会影响力。

(四)服务功能,有效满足各方需求

随着 ECFA 和 CEPA 的签署,内地与港、澳、台之间的交流增多,民间往来投资异常活跃。大陆有廉价的劳动力和市场空间,港澳台拥有大量的资金、技术、人才,在中华经济圈内可以实现多方之间的分工协作、扬长避短,为各经济体发展插上腾飞的翅膀。

三、海洋资源平台与多元化共享模式构建

(一)信息资源

21 世纪是一个信息的时代,全球技术创新步伐不断加快,以云计算、物联网、大数据、3D 打印和移动互联网为代表的新技术革命有望取得重大突破,新能源、新材料、生物产业、绿色经济、低碳技术将加快融合发展。"互联网+"行动将进一步促进新一代互联网技术与各行各业相结合,电子商务、互联网+工业、互联网+金融、互联网+农业等新兴业态将快速发展。充分利用现代信息技术手段和平台,有利于更好挖掘与利用海洋资源。

1.海洋特色藏书共享

所谓"共享"就是最大限度的发挥各方资源,实现资源间的合理流通,满足各主体对信息的需求。两岸四地的经济发展存在明显的差异,发展层次和速度也各不相同,对海洋纸质图书的需求也就不一样。尽量采购利用效率高的图书文献,订购重点性资料报刊,形成鲜明的藏书特色。建立权威性的协调机构,具体协调和规划藏书建设和馆际互借工作。

2.建立网络数据库

电子文献的出现是社会发展的一次巨大进步,信息承载的媒介逐渐丰富起来。信息的共享由线下走上线上,足不出户便可知天下事。建立网络数据库平台,整合海量图书信息资源,方便人民更便捷的获取信息,服务于群众生活。

3.海洋监测

优化海洋环境观测力量布局与资源配置,提高观测数据和信息资源的共享程度。将内地和港澳台海洋观测点数据并网,进行信息实时传输,在应急管理、灾害预警预报方面展开全方位合作,寻求互利共赢契合点。

(二)教育资源

促进了全球海洋高等教育的交流与合作,构建了落实行动目标的新平台和新机制。涉海大学、研究机构以及国际海洋科学学术组织加强合作。制定"人才柔性流动"政策,建立区

域人力资本共享机制。建立人才流动库,促进人才的合理有序流动[①]。如现在大陆的广东和香港在教育方面,就有了较好的合作先例。由两地政府牵头,由内地著名大学和香港高等院校在广东创办现代科技研究院,走产学研一体化之路,培养国际型、实用型高科技人才。由广东省教育厅与香港教育署联合制定两地教师合作交流计划会办高科技工业园和企业博士后工作站,培养和造就高科技人才等等。香港则可为海外华人学者和两岸四地海外留学生创造更多来港就业机会,以真正成为全球华人的创业之都。四地政府应放宽四地科技人员、教授、教师出入境进行学术交流的限制条件,同时使四地的信息交流更开放、更便利。[②]

为了实现海洋的可持续发展,必须加快培养一大批热爱海洋、研究海洋、开发海洋、保护海洋的优秀人才推进海洋发达国家与海洋发展中国家之间的教育资源共享,海洋发达国家将尽力为海洋发展中国家在未来海洋科学与教育的优秀人才培养上提供支持。

海洋知识的传播与海洋人才的培养是一项重要的基础性工作和紧迫任务。通过拓展教育资源,实现海洋国家和地区间的信息共享。海洋发达国家和地区为海洋发展中国家和地区在未来海洋领域专业人才的培养上提供支持。充分发挥各自在海洋领域的知识、专业及能力优势,推动全球"蓝色智库"建设,并通过海洋科技成果的转化推动全球海洋的可持续发展。

以2010年发起的"海峡两岸海洋海事大学蓝海策略大学校长论坛暨海洋科学与人文研讨会"为平台,促进两岸海洋海事教育、科技与文化的发展与交流,增强海洋科学与人文领域专家学者间合作与互动,共同致力于推动两岸海洋科教事业的发展。

南海周边各国及地区,由于独特的人文、历史及海岸、岛屿类型结合,形成了与众不同的海洋文化系统。这些海洋文化区域的管理和保护,无论对旅游娱乐、自然景观欣赏,还是产业开发都是极为重要的。应通过建设海洋文化公园系列的办法对它们加以开发和保护。[③]由于这些区域往往在自然景观的基础上,加以人工建设,形成一种文化景观,其分布范围比较广泛,主要包括人类用于娱乐、旅游的自然区域和因人类活动形成的具有特殊美学价值的海岸区域,这一系列保护区可分为海洋自然公园和海洋文化公园两种。

海洋自然公园主要包括海岸线上具有国家或国际重要意义的风景区,如海岸、峡湾、怪石、古树和珍稀植物。为了科研、教学和娱乐目的必须保护这些区域,以便尽可能地阻止或消除对这些区域的开发和占用,应当重视它们的生态、地貌和美学价值。海洋自然公园内的资源管理和开发要在控制的基础上进行,以便维持娱乐和教育活动,这些区域要保持在自然或接近自然状态,游客要以教学、文化和娱乐目的才能进入。

---

① 李露."中华经济圈"区域经济差异化研究[D].浙江工商大学,2010.
② 曾志球,刘海云.香港直接投资对广东经济增长的影响[J].特区经济,2003(1):32-34.
③ 邹桂斌.中国与马来西亚海洋渔业合作机制研究[D].广东海洋大学,2010.

海洋文化公园类型具有展示人类在开发利用海洋时的习惯、信仰、社会组织或物质特性,这些区域的特点是具有引人入胜的景观或人类村落在美学上的独特类型,主要是与农业、放牧和捕鱼有关的传统开发活动,其大小要足以确保景观的完整。与国际自然和自然资源同盟(IUCN)划分的10种保护区类型比较,环海洋周边国家在保护海洋资源方面应重点建设:海洋自然保护区系列(含世界自然历史遗产地保护区);海洋特别保护区系列和海洋自然公园系列,这些都是广义的海洋文化系统,必须建设与保护好。

(三)建立区域性海洋科技交流系统

当代海洋科技发展应当基于问题和需求导向,应当着眼于为解决问题和进行决策提供科学依据,应着力促进多学科交叉研究,特别是将海洋科学研究与社会科学以及经济社会发展的问题紧密联系在一起。为推动全球海洋科技更好更快地发展,各方应共同致力于打造一个全球性的、资源共享的协同创新研究平台,在全球海洋观测、预测以及海洋管理、海洋资源综合开发与保护等领域加强交流与合作,促进跨学科研究。

南海海洋资源丰富,也是人工增殖资源条件较好的区域。在考虑南海产业协作与海洋资源保护问题时,既要按生态经济规律科学利用资源,又要利用现代技术人工增殖资源,使南海成为多种产业发展的重要基地。按生态经济规律科学利用资源,限制一些不合理的产业,实现南海产业的可持续发展。加强海洋资源调查研究,确切掌握海洋资源的变动规律,科学合理地开发利用资源安排生产,克服产业发展的盲目性,加强对沿海居民的资源教育。适时调整产业技术结构,使资源利用多元化。如在海洋渔业方面,南海面临的一个突出问题是捕捞能力过大,对渔业造成强大压力,同时造成劳动生产率下降和整体经济效益下降。由于捕捞力量过剩造成的经济损失是十分惊人的。同时,捕捞力量过大必然造成渔业资源日趋恶化,压缩捕捞力量是一个必须解决的问题,应限制底拖网的使用,发展大型围网和拖网捕捞外海的中上层鱼;限制渔船数量、鱼体长度、网眼大小等,加强执法力度,建设一支渔政执法队伍,联合海上其他执法力量共同进行渔业资源管理;合理分配各方的捕捞份额。

重点在沿岸严重缺水的滨海城市,联合开发利用海水淡化技术,直接利用海水。缺水滨海地带的工业冷却水普遍使用海水,海水淡化与海水化学资源开发,海水淡化主要在滨海苦咸水区、沿海缺水工业区、海水倒灌区和海岛等地发展。联合发展水产品加工技术、海潮风力发电技术、海盐及盐化工技术等。海盐生产主要集中在沿海滩涂地区,择优开发地下天然卤水资源,以老盐场的挖潜为主,适当扩建部分盐田,发展中小型规模盐场;充分利用晒盐卤水、苦卤资源生产钾、溴、镁等化工产品。

第二节 基于海陆一体化和全球海洋观的海岸带和海岛资源开发与保护

一、海岛和海岸带在经济社会中的重要作用

海岸带是指现在海陆之间相互作用的地带。也就是每天受潮汐涨落海水影响的潮间带(海涂)及其两侧一定范围的陆地和浅海的海陆过渡地带。海岸带既是临海国家宝贵的国土资源,也是海洋开发、经济发展的基地和对外贸易和文化交流的纽带,其重要性不言而喻。按照国际惯例,将海岛定义为海洋中四面环水并在高潮时露出水面自然形成的小块陆地。[1] 海岛作为海洋生态系统的重要组成部分,其特殊的地理位置和资源环境,关系到沿海国家甚至是全球未来的可持续发展,战略地位十分突出。

海洋是生命的摇篮、资源的宝库,是人类生存和发展的第二空间。从20世纪70年代以来,海洋与人类的关系逐渐被放到这样的战略高度:"只有海洋具有开发不尽的资源、能源和空间,海洋才是唯一值得倾注全力去开发的对象"。我国是一个海陆兼备的大国,掌握海洋国土状况,关心海洋资源开发前景和研究海洋资源管理与保护对策,将资源优势转变为经济优势,建设海洋经济强国,是我国国土资源利用和保护的一项重要任务。

海洋资源在整个资源大系统中占有重要地位,在现代社会中显示出越来越大的经济、社会价值。[2] 因随着许多陆地资源的日益枯竭,人类对海洋资源的依赖性增强。海洋中蕴藏着丰富的资源,如:生物资源、油气资源、固体矿物资源、海水资源、海洋能源、滨海旅游资源等,这些资源将为人类解决资源短缺提供巨大的物质支撑力。各种海洋资源在开发活动中所形成的不同的海洋产业,已成为沿海经济的重要内容之一,有的甚至作为支柱产业带动了区域经济的发展。

应该看到,尽管人们对海洋开发投入极大的热情,并已取得重大成就,但对海洋资源的开发利用程度却不是很高,除了传统的海洋生物资源外,其他资源的开发利用基本上处于初始阶段或低级水平,因此,海洋开发具有极大的发展前景。可以说,海洋是我们将来的依赖领域。通过有计划、有方向的海洋开发活动,可逐步解决沿海地区社会、经济发展中的重大制约问题,诸如:空间紧张、水资源短缺和食物数量与质量等问题。缓解沿海地区人口、资源、环境的矛盾,促进其社会与经济的可持续发展。

海岛和海岸带是国家海洋开发、海洋经济和国防建设的重要支撑点。海岸带和海岛属

---

[1] 胡增祥,徐文君等.我国无居民海岛保护与利用对策[J].海洋开发与管理,2004,06:26-29.
[2] 王琪,于忠海.我国海洋综合管理中公众参与的现状分析及其对策[J].海洋信息,2005,04:26-28.

于稀缺资源,一旦被污染,恢复起来将要付出高昂代价。全球海洋观视野下,对海岸带和海岛的开发不能只看眼前经济利益,忽略整个人类长远利益,应当遵循"在开发中保护、在保护中开发"的原则。全面提升海岸带和海岛资源保护与开发管控能力,必须摸清资源存量,制定前瞻性的保护规划,严格划定保护范围,一律严禁将污染严重的产业布局在岸线和海岛上。

因海洋资源开发受海洋自然环境条件的制约,如海底油气资源开发,其原理和方法与陆地石油工作,并不存在根本性的区别。但一层海水使得海洋石油勘探、开发比陆地复杂得多;海上风浪、海水运动、中高纬度冬季海冰活动、海底地质地貌动态以及工作场地等都给勘探与开发带来一系列的困难和问题。因此,在海洋资源开发过程中,只有全面安排各方面的工作,才能确保开发的正常进行、功效提高和人身财产安全。[1]

我国海洋资源开发的重点是海岸带和邻近海域(包括海岛)。目标是充分利用海岸带和邻近海域在资源和地理位置上的优势条件,依靠政策和科技进步,发展各种海洋产业和其他临海产业,适应人口向沿岸集中的客观趋势,扩大生产领域、生存空间、耕地面积,增加就业机会,提高生活水平和质量,使之成为我国最发达的外向型经济地带,为我国现代化建设和整个国民经济的发展做出最佳的服务和重大贡献。

二、我国海岸带与海岛资源开发与保护概况

从海洋资源开发的历史来看,因为海洋知识和技术的不足,远古的先民们只是在滨海地区从事一些简单的贝类采集和捕鱼等原始渔业活动。文艺复兴特别是工业革命以后,跨大洋的洲际贸易和殖民活动日趋活跃,海洋开发的重点转移到远洋。到了现代,海洋开发进入向海洋索取矿物资源和食物资源的时代,开发的重点又一次从远洋转移到近海。根据我国的实际情况,我国海洋资源开发应当立足于向海洋开拓陆地替代资源的现代海洋开发,海洋资源开发战略的空间布局大致可以按海岸带、海岛、管辖海域和大洋极地这几个区域来考虑。由于我国是一个海洋大国,但是现代海洋研究和开发事业比西方国家晚了近100年,在大洋和极地方面显得更为薄弱,因此需要加强对大洋和极地研究与开发的投入,这样才与我国的国际地位相称。

我国有6 500多个海岛,类型多,资源丰富。除台湾岛、海南岛外,其他岛屿面积约10 000平方千米,其中有人居住的海岛有400多个,人口约300万。各个海岛开发程度不一,其中的台湾岛经济较发达;海南岛经济正在起飞;辽宁的外长山列岛、山东的庙岛群岛、浙江的舟山群岛、上海的崇明岛等,经济基础较好,改革开放以后发展很快。其他的海岛多为经济落后地区,很多岛屿缺乏淡水和能源,交通条件包括港口、航船是制约经济发展的瓶

---

[1] 王琪,高中文等. 关于构建海洋经济学理论体系的设想[J]. 海洋开发与管理,2004,01:67-71.

颈。由于各岛所处地理位置不同,资源、环境条件各异,应视具体情况,以解决能源、交通和淡水供应为龙头,因岛制宜,加快开发。对人口较多的海岛要重点扶持,尽快改变落后面貌。

由于海岸带和海岛具有非凡的生产力和生态系统以及优越的地理区位,海洋资源的多样性、丰富性和再生性等特点在海岸带和海岛表现最为典型。海岛四面环海,是一个特殊的海洋、海岸带和陆地区域,其资源价值对于国家具有双重意义,一是国家的主权权益,二是物质资源利益。考虑到我国海岛地区的特殊情况,海岛开发是我国海洋资源开发战略中的一个专门区域,需要加强海岛基本资源情况的调查、开发规划和海洋权益维护等工作。

海洋资源开发利用涉及诸多行业,协调发展是客观要求,要注意到邻近区域所有开发的内容及其彼此之间可能发生的影响,力求每一类开发活动所产生的负面影响减少到最低限度。海岸带开发因为地处海岸地区,拥有丰富的矿产、生物、土地、动力、港口、旅游和环境资源,可供发展海水养殖、围垦、交通航运、采矿和发电等工农业生产,还可发展旅游事业等。所以,在海岸带实施开发时,绝不可仅从本单位利益出发安排利用项目,必须综合论证,以决定取舍。[①]

三、"十二五"我国海岸线和海岛资源开发与保护

全国海洋生产总值年均增速8.1%,到"十二五"期末,占国民生产总值比重近9.6%。推进13个无居民海岛使用的确权发证。实现大陆自然岸线保有率大于36%目标,累计修复岸线2 000余千米。利用中央海域使用金实施海域、海岛、海岸带整治修复及生态保护项目总计230余个。编制《中国海域海岛标准名录》并获国务院批准,及时公布钓鱼岛及其附属岛屿标准名称,完成22个领海基点保护范围的选划。"908"专项顺利完成,基本摸清我国近海家底,更新了我国海洋资源环境基础数据,构建了"数字海洋"信息基础框架。在沿海五个省市推行生态保护红线制度,渤海35%的近岸海域和30%的自然岸线纳入海洋生态红线区管理。

(一)开发过程中存在的主要问题

1. 海洋资源开发行为无章可循[②]

我国海洋资源开发存在不合理不科学、开发混乱、无序过度等问题,诸如一些地方政府未能科学合理地围滩造田、填海造地,过度开发;严重破坏了海洋生态系统,其中珊瑚礁、红树林以及河口湿地等方面的破坏比较严重,并使海岸线急剧缩短,海洋生物物种锐减,有些物种甚至濒临灭绝,填海造地对海洋养殖业带来的危害具有隐蔽性,往往需要一段时间才能

---

① 刘伟.我国海洋经济可持续发展战略研究[D]青岛:中国海洋大学,2001.
② 薛山,王淼.基于可持续发展的海洋资源保护与开发[J].中国渔业经济,2013(6):152-156.

完全表现出来。目前对周围环境造成的危害或许还不太严重,多年后填海造地等的危害程度就会非常明显。同时,一些海岸工程建设和海底挖砂等活动,加剧了对海岸线的侵蚀和破坏。这主要是因为我国陆地资源有限,不能满足经济发展的需要。而地方政府在围填海造地时,甚至违法违规操作,注重地方经济效益,忽视生态环境保护,存在不按可持续科学发展观发展海洋经济的短视行为。

2. 海岸功能退化,海岸生态平衡遭到破坏

突出表现在:海湾湿地功能退化;近岸海域生物多样性降低、渔业资源减少;部分岸线被高度人工化和稳固化;礁石基岩岸线和砂质海岸遭到圈占、破坏;部分海岸滩面侵蚀和沙滩流失严重;沿岸黑松海防林、沙坝等滨海景观资源遭到破坏;港口海湾和入海河口水环境质量堪忧;海岸抵御风暴潮、海水入侵等自然灾害的能力减弱等等。

3. 海岸线保护利用缺乏统一规划与系统科学论证

目前涉海管理与开发类规划日益增多,但是各类行业专项规划统筹协调性不足,海岸带等规划的实施效果并不理想,导致海岸线资源配置不够合理,岸线开发利用中出现了许多不协调问题,主要表现在:局部岸线开发利用布局不合理、岸线功能混乱;部分港口码头重复建设、盲目建设,小规模修造船项目占用深水岸线,海岸和海域资源浪费严重;局部建设用海需求难以满足;滨海公共休闲空间、亲水空间受到挤压;毗邻岸线开发利用功能相互冲突等问题。

4. 海岸开发利用仍比较粗放,产业集中度与综合效益不高

主要表现在:以池塘养殖、滩涂养殖为主的粗放模式仍占很大比重;港口、码头利用率和集约化程度相对较低;滨海旅游开发模式单一、雷同,且开发层次较低;临海船舶工业产业配套能力差等问题。

5. 海岸开发利用监管力度不够,缺乏规范的管理制度和政策

海岸线管理职能分散且监管责任模糊,缺乏有效的综合协调机制;加之,现有的涉及岸线开发利用的管理法规和政策缺乏可操作性,缺失使用产权管理和动态管理,造成岸线开发利用监管薄弱,从而出现岸线"乱圈乱占、未批先建、少批多建"等现象时常发生,岸线开发利用矛盾突出,生态敏感的岸线资源没有得到有效保护。

(二)科学有序开发海洋资源取得实质进展

1. 海洋传统产业总体稳定,转型升级步伐加快

海洋渔业。"十二五"以来,我国海洋渔业保持平稳增长态势,海水养殖和远洋渔业产量稳步增长。2011年~2014年海洋渔业增加值年均增长4.7%。2015年海洋渔业增加值达到4 352亿元,比上年增长2.8%。2014年海水产品产量3 296.2万吨,比2010年增长17.8%,

占全国水产品总产量的51%。远洋渔业发展迅速,远洋渔业产量202.7万吨,比2010年增长81.6%。水产品加工能力不断增强,2014年我国海水加工产品产量达到1 678.6万吨,比2010年增长24.2%。海洋休闲渔业快速兴起,已成为海洋渔业新的增长点。

海洋船舶工业。"十二五"以来,受国际金融危机影响,国际货物运输需求大幅下滑,海洋船舶工业发展跌入谷底。2011年~2013年海洋船舶工业增加值增速分别为10.8%、-4.0%和-3.6%,船舶工业进入深度调整期。在市场倒逼和政策引导下,船舶行业加快调整转型步伐,骨干造船企业主动适应国际船舶技术和产品发展新趋势,大力发展技术含量高、市场潜力大的绿色环保船舶、专用特种船舶、高技术船舶,沿海各地、各船舶集团积极开展造船产能清理工作,淘汰产能近千万吨。2015年,海洋船舶工业加速淘汰落后产能,转型升级成效明显,但仍面临较为严峻的形势。全年实现增加值1 441亿元,比上年增长3.4%。

海洋油气业。"十二五"以来,我国海洋油气勘探开发能力进一步增强,海洋油气产量保持稳定。海洋油气资源勘探开发力度不断加大,储量持续上升。截至2013年年底,我国探明海上石油地质储量(含凝析油)40.18亿吨,天然气地质储量(含溶解气)8 346.8亿立方米,分别比2010年增长26.7%和25.2%。深海油气勘探开发能力有了较大提升,特别是2012年深水半潜式钻井平台"海洋石油981"和深水铺管起重船"海洋石油201"等一批深水装备陆续投入作业,我国海洋油气勘探开发能力实现了从水深300米到3 000米的跨越。海洋油气产量保持增长,其中海洋原油产量5 416万吨,比上年增长17.4%,海洋天然气产量136亿立方米,比上年增长3.9%。受国际原油价格持续走低影响,全年实现增加值939亿元,比上年下降2.0%。

2. 海洋战略性新兴产业蓬勃发展,增长速度处于领先地位

海洋工程装备制造业。"十二五"以来,我国海洋工程装备业发展迅速,海洋工程船、钻井平台工程承接量大幅攀升,海洋工程装备的国际市场占有率不断提高。2014年我国承接各类海洋工程装备订单31座、海洋工程船149艘,接单金额147.6亿美元,占全球市场份额的35.2%,位居世界第一。

海水利用业。"十二五"以来,我国海水利用产业发展迅速。2011年~2014年海水利用业增加值年均增长9.4%。海水淡化规模不断扩大,截至2014年年底,全国9个沿海省市已建成海水淡化工程112个,工程总规模达到92.69万吨/日。海水直流冷却、海水循环冷却应用规模不断增长,年利用海水作为冷却水量达1 009亿吨。大生活用海水技术的应用示范取得突破,建成青岛"海之韵"46万平方米小区大生活用水示范工程。海水利用标准化工作进一步推进,海水利用业保持平稳的增长态势,发展环境持续向好,全年实现增加值14亿元,比上年增长7.8%。

海洋药物与生物制品业。"十二五"以来,我国海洋药物与生物制品业规模迅速扩大,发展驶入快车道。2011年~2014年海洋药物与生物制品业增加值年均增长19.6%,目前已经形成青岛、上海、厦门、广州为中心的4个海洋生物技术和海洋药物生产研发中心,突破了一批海洋药物关键技术,为海洋药物产业加快发展奠定了基础。2011年以来,沿海地区相继申报获批的6个"国家科技兴海产业示范基地"中有3个基地(辽宁大连现代海洋生物产业示范基地、江苏大丰海洋生物产业园、福建诏安金都海洋生物产业园)是以海洋生物产业为主导的。山东、浙江、江苏等省通过建立海洋生物产业联盟方式,加速海洋生物产业领域产学研合作,壮大产业规模。

海上风电。"十二五"以来,我国海洋可再生能源业发展势头良好,2011年~2014年,海洋可再生能源业增加值年均增长25.3%。我国沿海地区海上风能资源丰富,发展前景十分广阔,但受制于海上风电稳定性差、海上风电投资成本高、企业投资热情低、配套电网相关设施建设相对滞后等因素,"十二五"以来,海上风电建设波动较大。2011年~2013年,海上风电新增装机容量分别为109.6兆瓦、127兆瓦、39兆瓦,2014年快速增至229.3兆瓦。截至2014年年底,我国已建成海上风电装机容量共计657.9兆瓦,其中潮间带风电装机容量达到434.5兆瓦,近海风电装机容量为223.4兆瓦。

3. 海洋服务业带动效应明显,为海洋经济发展提供有力支撑

海洋交通运输业。"十二五"以来,我国海洋交通运输能力大幅提高。受国际市场需求下降影响,2011年~2015年我国海洋交通运输业增加值增速分别为10.8%、5.2%、8.0%、6.9%、5.6%。沿海港口生产总体放缓,航运市场持续低迷。全年实现增加值5 541亿元,比上年增长5.6%,初步形成了以大型干散货、油轮、集装箱船和杂货船为主,客滚船、特种运输船及液化天然气(LNG)船等为辅的现代化船队。

海洋旅游和文化产业。受国内消费需求增长与国家鼓励政策的双轮驱动,"十二五"以来,我国海洋旅游业保持了较快增长态势。海洋旅游继续保持较快增长,邮轮游艇等新兴海洋旅游业态蓬勃发展。2015年实现增加值10 874亿元,比上年增长11.4%。海洋文化产业繁荣发展。海洋文化活动规模和影响力逐年扩大,海洋文化创意产业初具规模,海洋文化遗产调查和保护进一步加强,重要沉船遗址的水下考古发掘和保护区建设逐步实施。

环中国周边海洋国家冬暖夏凉、阳光明媚,清新的空气和充足的阳光配上葱绿的植被,蔚蓝的海水,成为现代文明都市人向往的净土。环海洋周边国家拥有得天独厚的海洋资源,珊瑚、鱼类、贝类及其他海洋生物不仅品种繁多,可观赏性强,而且具有极高的科学价值。如南海周边国家属热带、亚热带气候,最适合动植物种群的生存和繁衍,特别是海岛的热带雨林,不仅拥有丰富的动植物资源而且与其他区域的生物种群有巨大差异,是发展探险旅游和科普旅游的胜地。海岸由于地质结构的不同以及海浪千百年鬼斧神工般的冲刷,呈现出多姿多彩的形态。如三亚秀美的亚龙湾、雄浑的天涯海角、北海波轻浪柔的银滩、涠洲岛巧夺天工的海蚀地貌、下龙湾仙境般的海上桂林等;该区域的民俗文化资源也极其丰富,不论衣食住行、民间艺术还是传统节庆,均具有强烈的趣味性、独特性和可参与性,成为各地发展旅游和招揽游客的重要资源,比较有代表性的如海南的黎族风情、北海的疍家风情、防城的京族风情,东南亚的异国风情等。这些旅游资源的丰富度和匹配的完美度,不仅在国际性旅游资源中占有极高的地位,而且该区域聚集了阳光、海水、沙滩、气候、森林、动物、温泉、岩洞、风情、田园等风景资源,热带亚热带型旅游农业前景乐观,发展态势良好,适宜建成国际性的避寒冬泳旅游度假休闲胜地。南海把华南西南出海大通道与整个东南亚紧密地联成一体,所蕴藏的经济活力正越来越显示出该地区巨大的开发潜力和区域经济一体化的美好远景,显示出环海洋周边国家具有发展成为世界经济发展的黄金海岸带的潜力。应以旅游为重点,着眼大区域,营造大环境,发展大旅游,构筑环海洋周边国家旅游圈,营造环海洋周边国家经济新亮点,改善软硬件环境,建立联络旅游热点、互为依托、相互对接的旅游协作网络,发展国际旅游,塑造环海洋周边国家滨海旅游品牌已成为共识。

四、健全海洋资源开发与保护的综合管理体系

(一)正确衡量海洋开发与保护之间的关系

海岸线是一种特殊的资源,在沿海地区成为发展海洋经济和沿海经济的双重依托条件,由于其边缘效应成为滨海城市开发建设的生命线和极为宝贵的空间资源,南海海岸线开发条件较好,但存在岸段差异和限制因素,目前海洋开发资金不足,海洋灾害频繁,而防灾能力较弱,民众的海洋开发利用和资源环境保护的平衡协调意识较差。环海洋周边国家是特殊的地理位置和独立的地理单元,海洋生态系统有明显的脆弱性,一旦破坏难以恢复。探索一条既不为发展而牺牲生态环境,既能保护好优良的生态环境又能促进社会经济快速发展的可持续发展道路,重点发展不破坏环境、不污染环境的产业。

要处理好经济效益、社会效益和环境效益的有机关系,推动旅游资源环境的保护与改善,实现旅游资源的可持续发展。如果单纯从海洋自然保护的意义出发,最好是尽量多的将海洋区域划为自然保护区,然而这是不可能的,因为社会经济技术的发展,要求人们从更广的范围和更大的深度去开发利用海洋资源,如果大部分海域都划为海洋自然保护区,无疑将阻碍社会经济的发展。也就是说,不被开发、保持自然状态的海域不可能太多。

其次,海洋自然保护区的建设和管理要求大量资金,而每个国家用于海洋自然保护区建设的资金也是有限的。近期重点搞好海洋生态系统、海洋珍稀濒危物种自然保护区和海洋自然历史遗迹保护区建设。海洋生态系统自然保护区,主要保护不同气候带中典型的、具有代表性的海洋生态系统以及一些特有的生态系统。这是海洋自然保护区系列中最重要的也是最基本的一种类型。海洋珍稀濒危物种自然保护区,主要保护和发展海洋珍稀濒危物种,

是为合理持续利用寻找有效的方法。海洋自然历史遗迹保护区,主要保护具有历史意义的自然历史遗迹,由于地球形成以来历经了漫长而复杂的变化,到目前为止其内部仍在不断地运动中,形成了具有重要科学和教学意义的自然特征,如大瀑布、洞穴、火山、海岸悬崖、礁石、古代动植物、沙丘和其他具有景观、科学和教学意义并值得保护的对象。

海岸带是一个动态的生态环境系统,人类破坏生态环境所产生的严重后果并非朝夕即现。部门分割、条块分割是实施一体化管理的最大障碍。随着海洋旅游业的发展,沙滩与海水受到污染,海岸线被侵蚀在所难免。随着人们物质生活水平的不断提高,生态旅游成为一种开拓型的生态产业。

在一般意义上来说,生态旅游是把大自然当作舞台,用生态学的理论作为指导,以休闲、保健、求知、探索为载体,旅游者参与性强,品位典雅,形式多样,对旅游者能增进友谊身心健康、知识乐趣,又能增强热爱自然、保护环境的意识,促进环境优化的健康型旅游活动体系,还能促进旅游区自然保护和当地社会经济可持续发展的一种系统工程和生态产业。

要改变那种着眼于局部与短期利益,以牺牲生态环境为代价的开发方式,海洋开发必须以陆域为基地,以海岸带、海岛和滩涂开发为重点,以海岸带为依托,向海域和陆域伸展辐射,形成海陆一体化开发格局。为了有效地实施海陆一体化开发,必须合理分配岸线资源,协调好各种资源开发利用之间的关系以及与治理保护的关系。岸线开发与生态建设要统筹兼顾,必须全面系统地安排海洋开发利用项目,布设海洋产业,对海洋产业进行总体设计。

按地域把海岸带和邻近海域作为海洋开发的重点,特别注意海陆结合部的合理开发利用,处理好开发利用、合理保护和预留功能的合理安排,做到既合理利用海岸线,又使海洋资源得到有效控制。通过重点工程的辐射引导作用,带动海洋经济发展。保护海洋环境关系到各国经济发展、社会稳定、人民健康和对外交往,具有重大的经济、政治及国际意义。

(二)未来海洋资源开发合作的新走势

将海洋资源的可持续开发与保护作为联合行动的重要内容。1992年联合国环境与发展大会通过的《21世纪议程》把海洋作为重要的组成部分之一,指出海洋是全球生命支持系统的一个基本组成部分,是一种实现可持续发展的宝贵财富。环海洋周边国家和地区各方应根据联合国环境与发展大会的精神,尽快制定《南海21世纪议程》,确立21世纪环海洋周边国家可持续发展的具体指标、步骤及措施等。

环海洋周边国家及地区多为岛屿,社会经济与产业发展愈来愈依赖于海洋,必须制定海洋可持续发展的基本战略、战略目标及基本对策,采取切实可行的行动方案。坚持海洋产业开发与海洋、海岛、沿海地区的可持续发展,海洋生物利用与资源保护相结合,以科学技术促进海洋可持续利用。联合加强对沿海区域和海域的综合管理,保护海洋环境,开展国际海洋事务。在此基础上,建立南海海洋环境保护体系,防止海洋环境退化,恢复和提高海洋环境质量,建立良性循环的海洋生态体系,有效保护海洋生态系统、珍稀物种和海洋生物多样性,使海洋产业不断优化,海洋产业群不断扩大,从而促进海洋经济的可持续发展,实现对海洋的可持续开发利用。

搞好南海海洋特别保护区系列建设。保护的目的在于合理开发利用,促进各种产业的协调发展。根据资源特点和开发程度及开发方式,海洋特别保护区可再分为海洋综合利用特别保护区、海洋特殊使用保护区和海洋资源保护区三种类型,在管理上对这一系列保护区的所有资源积极采取综合保护措施,协调各开发利用单位之间及其与某一资源或多种资源的关系,以确保科学、合理、持续地利用各种海洋资源,发挥海洋资源、环境和空间的最佳综合效益。海洋综合利用特别保护区,主要是对那些能够保护自然资源和生态系统,对国民经济、社会和物质需要有重大贡献的海洋区域,需要进行管理。这些海域的多种功能可以持续地提供自然产品,保护遗传多样性,保护自然特征和自然体系。在这些海洋区域,生物多样性的保护固然重要,但维持鱼类和其他海产品的生产也是不可缺少的。

设立自然保护区域的目的在于支持经济活动。该海洋区域的多重利用,就是要对所有可更新资源进行管理。为了最大限度地满足发展需要,可将某些开发利用加以结合。对这些区域的主要管理原则,是维持该海域的综合生产力和资源的持续性。对拥有重要资源的海域,如多种鱼类的产卵场、繁殖场、索饵场等和油气开发区、海上人工设施、海上科研区等,应划为特殊用途的保护区,以防止与该区主要用途无关活动的破坏。

实现海陆开发一体化。海洋开发必须以陆域为基地,以海岸带、海岛和滩涂开发为重点,以海岸带为依托,向海域和陆域伸展辐射,形成海陆一体化开发格局。实施海陆一体化开发,必须合理分配岸线资源,协调好各种开发利用之间的关系以及与治理保护的关系。

五、加强海岸线和海岛开发与保护策略

(一)海岸线开发与保护

加快编制海岸线功能区划和保护利用总体规划。按照保护优先、统筹协调、循序开发、因地制宜的要求,抓紧编制沿海城市海岸线功能区划和保护利用总体规划,划定海岸生态红线,进行海岸线功能分区,明确不同岸段保护级别、主导功能和生态环境保护要求,提出岸线分级分类保护与管制政策,引导和控制海岸线开发利用方向,为今后一段时间内海岸线资源开发利用与管理提供重要依据和准则。

涉岸管理部门要依据海岸线功能区划和保护利用总体规划制定海岸线利用投资强度和环境影响的考核指标,加强对海岸附近建设项目的筛选和管理,实施海岸线有偿使用和许可证制度,强化岸线使用的动态监管和监督。现阶段,需要严格控制占用优良砂质岸线、滨海湿地和自然礁石基岩景观岸线建设大型永久性工程项目,重点监控集中集约用海区以及沿

岸港口建设、滨海旅游度假开发利用活动和海岸修复保护工程措施的落实。

完善海岸线保护与开发利用监管制度和措施。补充、完善现有的、有关海岸管理的政策措施,提高其可操作性。加强海岸线管理体制机制创新,推进海岸线管理立法,确保岸线开发、利用、保护等方面有章可循、有法可依。现阶段,需要抓紧制定海岸管理岸线修测制度,海岸线功能区划与岸线使用审批制度,海岸线有偿使用和生态补偿制度,海岸线信息化管理制度,海岸线开发利用的规划设计管理政策,以及海岸线保护目标责任管理制度,逐步建立完善的海岸管理体系。

加快建立海岸线管理综合协调机制,增强公众参与意识。海岸线不是传统意义上的"线",而是一个"区域",海岸演化过程是陆地与海洋、自然环境和人类活动共同作用的结果,对海岸线管理需要采用综合管理的思维,纳入海岸带综合管理体系,这就需要地方政府及涉海管理部门、研究机构、地方企业团体和社会民众共同合作,建立岸线保护利用与产业发展的综合协调管理机制,增强社会公众在海岸资源保护利用管理中的参与意识。现阶段,可建立海岸线管理协调领导小组,统一管理全市海岸线资源的开发利用,就海岸线管理和开发中的重大问题进行协商。领导小组下设办公室,负责实施岸线管理联合会审制度即依据岸线开发利用与保护的总体要求,对全市海岸线开发规划和涉海岸项目的岸线使用方案进行会审。

(二)海岛开发与保护

打造以保护海岛及其周边海域的海洋生态环境、海洋生物与非生物资源为主的海洋生态岛。坚持高规格生态保护和低强度开发利用的有机结合,进一步加大海洋生态保护投入,着力改善海洋生态环境,适度开展海洋旅游、科研考察等低强度利用活动,重点培育海洋生物多样性保护、海洋科普教育推广、海洋品质旅游发展等特色功能。

继续推进配套制度建设,全面提升海岛综合管理能力。将围绕海岛开发利用、生态保护、市场化配置等,制定无居民海岛开发利用审查批准的制度与政策,组织开展海岛名称标志保护情况检查,对受损标志进行维护修复。沿海海洋部门将依法对已公布的领海基点划定保护范围并实施有效监管,建立海岛保护规划实施情况评价制度。

全面提升海岛管理科学化水平。包括建立完善海岛调查统计制度,发布年度海岛统计调查公报;建立县级以上的海岛管理信息系统,建立海岛信息资源共享机制;建立县级以上常态化的海岛监视监测体系,定期向社会公布监视监测结果;建立海岛生态保护评价体系和科学的生态评价运行机制与专家咨询机制,加大对海岛生态保护与评价的研究力度。

推进生态整治修复,全面提升海岛资源保护水平。包括加强海岛整治修复项目管理,在有居民海岛及其周边海域划定禁止开发、限制开发区域,开展海岛物种登记和资源调查,加强区域用岛规划监督管理,以及对具有特殊保护价值的海岛及其周边海域依法建立保护区等。

第三节 基于海陆一体化和全球海洋观的市场产业体系发展

一、建立区域性重点产业和产业体系

根据该区域产业发展的现状和不断提高创新的要求,遵循产业结构升级的一般规律,把握经济成长新阶段和知识经济的客观需要,建立区域性产业协作体系。[1] 从总体上形成热带亚热带农林资源、海洋资源开发为主的产业化经营、综合生产能力及抗御自然灾害能力显著增强的现代产业体系。突出运用高新技术改造纺织、制糖、食品、建材、机械、汽车、远洋运输等传统产业,重点发展电子、石化、制药、林化、生物、环保、海洋等新兴支柱产业,大力发展海洋技术、电子信息、新材料、新能源、机电一体化为主的高新技术产业,形成后劲较大的出口主导产业群。力争用10年左右时间,基本建立优势互补、相互协调、富于竞争、不断创新的现代化工业体系,以及具有自主开发能力的技术创新体系。

在夯实工农业经济技术发展基础的同时,积极发展以发达的交通运输、商贸、信息、金融、房地产为主的第三产业服务体系,使海滨旅游业在新的产业结构格局和第三产业服务体系中,成为该区域经济结构的重要主体,从而奠定该区域海滨旅游业在中国与东南亚、亚太及全球范围等不同层次中的地位。在沿海地段,充分利用海洋资源发展名特优珍稀新品种养殖,大力发展远洋捕捞和远洋国际运输。

利用本地得天独厚的港泊资源和海岸线,发展国际经济技术合作贸易,在用足用活保税区政策的基础上,兴建自由贸易区、出口加工区和临海大工业,为发展滨海旅游和厂区观赏旅游创造条件。

在沿海中心城市,大力发展生物工程、海洋工程、环保技术、新材料、新能源、电子信息及现代办公设备项目,不断丰富滨海旅游的内容。在城乡结合部,重点发展热带亚热带农林资源及有地方特色的种养业,开发附加值较高的热带亚热带水果、花卉、蔬菜及经济作物,建设有热带亚热带特色的农林产品生产基地和外向型农业出口创汇基地,发展观光农林水产业。按产业发展规律,实行发达国家自由经济区相关产业导向原则,促进产业结构转换升级。依靠科技提高区域内部的综合运输和集散能力,改进运输装备和服务,处理好系统内外贸易运输关系。

---

[1] 朱坚真,高世昌.略论中国与东盟产业协作的主要途径[J]经济研究参考,2002(54):33-36.

二、联合构建区域性基础设施和区域性市场体系

通过联合与协作,各方应重点建设区域性交通、通讯、能源、港口码头、远洋运输等基础设施,完善基础设施结构。在区域性基础设施和区域性市场体系建设上,采取更加灵活多样的联合开发形式,运用国际通行的投资方式,吸引各国资金技术开发利用南海海洋资源。坚持以项目为中心建设区域性基础设施和区域性市场体系,鼓励各国投向南海综合开发和基础设施建设。

进一步健全海洋管理法律制度,加强海域管理,完善海洋环境和灾害性监测预报系统,使海洋灾害的危害减少到联合国减灾的要求。重视海洋环境保护,使近岸海域污染程度逐渐减轻,重点污染区的环境有显著改善,使海洋环境质量基本达到国际海洋环境标准的要求。中国大陆要借鉴先进国家和地区的经验,积极推进沿海经济特区、开放城市和开发区3个不同层次的开放模式,朝自由经济区、自由贸易区、出口工业区方向迈进,尽快与新加坡、台湾、香港等开放模式接轨,为区域性基础设施和区域性市场体系建设做出贡献。

三、坚持有序的产业开发

在海洋资源开发利用与海洋产业发展上,坚持"先易后难、分区解决"的原则。近期区域产业协作的重点是海洋旅游、海洋运输、海洋信息、海洋预警预报系统、海洋环境监测系统、海洋防灾救灾、海洋科技教育文化等产业,以及海底考古、海洋技术推广服务等产业。联合开发南海海滨旅游产业中的海底考古、海洋预警预报系统、海洋环境监测系统、海洋防灾救灾产业,联合发展海洋环保技术、资源节约型技术和海洋高新技术产业,联合开展高新技术攻关研究与推广应用,加强海洋科技创新能力,形成海洋产业技术群落,推进海洋资源产业化,充分发挥科技进步在海洋产业发展中的倍增作用,扩大资源利用范围和层次。

联合对海洋生物资源的开发利用进行全面规划,开展全面的资源调查与评价,摸清情况。如同对待陆地一样,运用现代高新科技规划海域、开发海域、保护海域。通过资源调查与评价,发现新的可开发的海洋资源如蛋白质资源,积极探索可利用的生物物种,实行多层次开发与综合开发相结合。

四、共同营造良好的海洋生产生活环境

随着环海洋周边国家及地区工业化、城市化的不断发展,海洋产业集聚程度提高,海洋污染问题日益严重。其次,无节制的海洋水产捕捞大大超出了海洋资源所能承受的限度。此外,海洋资源开发使用与管理权限模糊,技术落后,经营粗放,也使海洋产业和海洋经济发展面临困境。

环海洋周边国家必须适应全球经济社会可持续发展战略的要求,建立健全南海海洋环境保护的科学基础与技术体系,重点建设区域海洋环境立体监测系统、港湾海洋环境实时监测和信息服务系统、海洋渔业生态监测与服务系统,发展海洋环境预报技术、海洋环境保护及修复技术、海洋生物资源持续开发利用技术、海洋渔业资源可持续开发与高效利用技术、海水资源综合利用技术、海洋信息技术等,提供满足目前和未来解决南海海洋生态环境问题、促进海洋产业发展的科技条件。

区域内各方要加强协调,以1982年《联合国海洋法公约》为基准,制定和实施区域性海洋生态环境保护法规及细则,为环海洋周边国家资源的有序开发利用与保护提供法律依据。不断健全海洋环境执法监察体系,形成覆盖环海洋周边国家海域的执法监察监视网络,认真履行对海洋工程、海岸工程、海洋倾废、海洋生态保护等的监督管理职能。按照分区分级管理原则,及时发布海洋环境信息,搞好海洋环境保护。加大对海洋环境监测监视的投入,不断提高宏观管理能力。

健全渔船报告制度,加强渔业资源、渔业水域环境的管理。调整重要经济鱼类的捕捞量,把捕捞量压缩到小于其种群的增长量。强化禁渔区、禁渔期的有效管理,开展常规性资源调查评估,保证可持续利用。进一步查清海区生物资源的数量、分布、大洋性经济鱼种的洄游规律及渔业资源的数量变动规律。调查形式采取专业科研调查与群众生产渔情监测相结合,生产、管理与科研部门相结合,以大宗鱼类、优质品种的生物资源调查为主,先外后内,以外海区、争议区、重叠区为重点,以定期与不定期、定性与定量相结合的办法进行调查,健全区域性渔业资源动态监测站网,联合开展随船监测与岛礁建站相结合的机制,逐步在各渔场建立渔业监测与管理补给基地,实现渔业生产的可持续发展。

第四节　建立海陆一体化视角下的海洋经济政治新格局

一、构建海洋经济发展新格局

(一)世界范围内海洋经济蓬勃发展

世界经济发展到21世纪,工业化、城市化、全球化带来的资源瓶颈和环境压力逐渐显现,陆域资源的有限和发展空间的萎缩,使世界各国日益认识到蓝色海洋的价值。在全球范围内,海洋经济已高度渗透到国民经济体系内,成为拓展经济和社会发展空间的重要载体,是衡量国家综合竞争力的重要指标。

自20世纪80年代以来,美、日、英、法、德、新加坡、韩国等发达国家分别制定了海洋发展规划,优先发展海洋经济和海洋高新技术,希望在21世纪的国际海洋竞争中占得先机。

中国海洋经济也实现了长足发展，2015年我国海洋生产总值64 669亿元，比上年增长7.0%，海洋生产总值占国内生产总值的9.6%。其中，海洋产业增加值38 991亿元，海洋相关产业增加值25 678亿元。海洋第一产业增加值3 292亿元，第二产业增加值27 492亿元，第三产业增加值33 885亿元，海洋第一、第二、第三产业增加值占海洋生产总值的比重分别为5.1%、42.5%和52.4%。预计到2030年海洋生产总值将超过20万亿元，占国内生产总值比重超过15%。世界各国的海洋经济投入不断增加，海洋产业门类不断扩大，海洋科技进步迅速，海洋合作项目不断涌现，海洋经济呈现如火如荼的发展趋势。

世界主要海洋经济强国都在着力推进实现海洋经济结构从"资源开发型"向"海洋服务型"的转变。近年来，海洋油气业、海洋工程装备制造业、海洋药物和生物制品业、海洋可再生能源业、海水利用业、海洋文化产业、涉海金融服务业、海洋公共服务业等现代海洋产业逐渐兴起，并呈现蓬勃的发展态势。

在现代海洋经济的诸多特征中，首先是国际性。海洋是连接不同地域、种族的介质，在差异化的大背景下，国际社会为了推动海洋经济的发展，在海洋各领域形成了统一的标准和规范。其次是风险性。现代海洋经济技术密集、投资额度大、项目周期长、不可控因素多，蕴含高度的市场风险和政治风险，无法完全依靠市场机制推动。第三，海洋经济是国家竞争力的重要指标。现代海洋经济产业链长、产值大，是典型的战略新兴产业。在全球范围内，海洋经济已高度渗透到国民经济体系内，成为拓展经济和社会发展空间的重要载体，是衡量国家综合竞争力的重要指标。

在海洋实业层面，传统海洋产业已到了衰退和转型的阶段。海水综合利用、海洋可再生能源、海洋装备制造、海洋生物医药、深海资源勘探开发、现代海洋服务业等增长快、效益高、涵盖面广、产业关联度大的战略性新兴产业增长迅速，成为各国发展的战略重点。这些战略新兴产业的资金需求量大、融资期限长、风险与回报高，必须紧紧依靠强大的金融业支持。两者的结合程度决定着海洋经济的发展速度和质量。

发展现代海洋服务业可以促进海洋产业科技含量的提高和结构的优化，促进服务业市场的发育和完善，促进海洋实业与海洋金融的结合，全面推动海洋经济的健康快速发展。其发展水平是一国海洋经济发达程度和竞争力的重要体现，是海洋强国的显著特征之一。因此，世界海洋经济强国都在着力推进实现海洋经济结构从"资源开发型"向"海洋服务型"的转变。

1.新加坡经验

海洋工程业最具优势，形成了设计、建造、研发、法律服务、金融服务乃至教育、培训等全套产业链条。新加坡国土狭小，海洋经济则体量巨大、竞争力极强，在国际海洋经济中占有重要的一席。新加坡是国际航运中心、世界炼油中心之一、世界海工中心之一，在浮式储油卸油装置、半潜式平台、自升式钻井平台的建造领域是世界领导者;新加坡金融、法律、物流、信息、船舶注册、培训等产业成熟,其中,海事仲裁和船舶注册是最有代表性和竞争力的海洋服务业,新加坡是三大国际海事仲裁中心之一;在海洋金融方面,新加坡有成熟的资本市场和良好的市场环境,全球主要海洋金融机构均在此设立分支机构。

在海洋经济发展过程中,新加坡高度的产业集群带来了明显的集聚效应。在完整的海洋经济产业链中,各个链条上的企业不断聚集,上下游产业协同发展,实现了利益共享、风险共担,降低了成本,刺激了整体成长。这种集聚效应最明显的反应体现在新加坡最具优势的海洋工程业上,围绕该行业形成了设计、建造、研发、法律服务、金融服务,乃至教育、培训等全套的产业链条,每个链条上都集聚了大量国际领先机构,带来了高素质海工人才的聚集。这种集聚效应使海工产业获得了极大的商业便利性,包括融资便利及可得性;综合服务,如保险、法律、会计的便利可得性;接触客户的便利性;高素质员工的可得性等,这成为新加坡海工产业成功的最重要因素之一。

政府在制度层面的推动使新加坡优势尽显,发展成为亚太地区海洋经济中心。新加坡政府对海洋经济的政策支持包括,第一,制定产业规划和产业链集群发展模式。如为发展包括海事产业在内的工业,成立了裕廊工业区管理局,并出台相关政策鼓励造船业、海工和油气产业发展,形成了海事工业的集聚;为促进航运、造船和海工的发展,海事港务局陆续出台了船旗转换优惠政策、获准国际航运企业计划、海事金融激励计划等系列措施,并引导实施海事信托计划、新加坡海事组合基金政策,系统推动海洋产业的发展;第二,根据不同阶段的实际情况选择优势领域重点突破。例如,作为传统的港口,新加坡首先发展贸易和航运;其后,借助马来西亚、印尼、菲律宾、越南等国的油气资源和马六甲海峡的战略位置,发展炼油业,成为国际炼油中心;20世纪70年代后,应海洋开发的大趋势,积极发展海工产业,并融合新加坡国际金融中心功能,完善海洋经济的金融支持,形成国际海洋金融中心。第三,政府为海洋经济企业提供开发性资金支持,形成官、产、研互动机制。新加坡政府通过海事招标机构对海洋产业的研发提供资金支持,单项目支持从500万~5000万新元不等,专项支持可达上亿新元,这一政策的最大特点是投标企业可以是在新加坡经营的任何国际企业,不只限于本土企业。其运作的基本模式是,产业机构提出前沿的研究课题,政府提供研究开发资金,科研机构开展应用型研究,形成产学研一体化。第四,实施优惠的海洋产业税收政策。第五,形成了产业政策动态调整机制。新加坡海事及港务局、经济发展局和金融管理局等部门从不同角度共同支持或促进海事部门。

2. 挪威经验

全球海洋高端服务的重要提供商,拥有众多国际性海洋金融机构,规模虽小,但以专业性见长。挪威整个国家海洋经济产业紧凑、上下游联系紧密,与一个大型城市综合体并无二样。给人的印象是十分专业、严肃。

挪威海洋经济主要由造船业、海洋油气业、海洋工程装备制造业和现代海洋服务产业组成。海洋装备制造业和服务业是其优势所在。挪威是世界主要的海洋油气关键设备供应商和安装服务商,近年来海洋油气产业大繁荣提升了挪威在全球海洋经济中的地位。在海洋工程设备制造和服务产业上,挪威深入参与到海洋产业供应链所有环节的分工协作中。挪威是全球海洋高端服务的重要提供商,其优势领域包括船舶融资、保险、经纪和港口服务。海洋金融是其海洋经济支柱之一,奥斯陆是全球海洋金融中心之一,拥有众多国际性的海洋金融机构。相对于综合性的海洋金融中心伦敦,奥斯陆的规模较小,但专业性更高,服务更尖端。

挪威的海洋经济集聚度很高,是世界上少有的实现了海洋产业完全聚集的国家,其基本成因有以下五点:一是从维京时代开始,挪威便成为一个航海之国,历史久远;二是历史上挪威就是大量专业且富有风险精神的船东和船舶投资人的集聚地;三是拥有大量技术创新型的船坞和船舶设备制造商;四是在海洋金融和海事服务方面拥有商业竞争力;五是挪威在海洋经济研发方面全球领先。

挪威海洋经济的发展拥有宏观和微观的驱动力。宏观驱动力主要体现在政府的驱动上。在政策上,挪威政府一直致力于提升海洋经济的长期竞争力,向海洋企业提供信贷、保险、税收和研发等方面的支持,例如在出口信贷方面,1978年以来,挪威大量运用出口信贷方式支持国内企业出口海洋工程技术和设备。在研发方面,挪威政府于2006年设立了挪威技术中心,以加大对海洋经济研发的资金支持力度。挪威海洋领域的研发资金支出占国内生产总值的约5%,其中,私人部门海洋研发资金支出占国内生产总值的4%,政府部门研发资金支持占1%。在促进海洋金融发展的同时,挪威还照顾到其风险管理机制是否健全,通过主动监管来防范金融风险。

挪威的海洋行业协会扮演着政府与企业间的桥梁角色,行业协会收集企业的意见,传递给政府,政府根据企业的需求及时修正调整政策,提高服务能力;行业协会同时参与政府海洋政策的制定,并向企业传达。挪威管理模式扁平化,各海洋领域之间联系密切,各行业协会都能深度参与挪威海洋政策制定的过程。例如,一些挪威船东协会秘书处工作人员便来自于贸易与工业部,熟悉政府运作程序,提高了船东协会参政议政的能力。在战略导向上,挪威海洋企业之所以能长期占据全球制高点,与政府的海洋战略指引得当密不可分。政府通过制定发展战略和实施工作计划来引导海洋经济的发展方向。

3.英国经验

经历百年发展,高附加值的现代海洋服务业发达,海洋金融和海事仲裁最具特色和优势。在海洋经济领域,英国的实体经济已不再发达,但这并非意味着衰落,而是选择的结果。

经历百年发展,现在伦敦海洋经济将高附加值的现代海洋服务业作为发展重点,并且处于全球领先的位置。伦敦的航运综合服务处在世界的最前沿;海洋工程及其配套服务是其发展海洋经济的核心方向,未来被广为看好。伦敦最具特色和优势的海洋服务业是海洋金融和海事仲裁。

作为全球金融中心,资金在伦敦聚集、配置,金融服务已成为成熟的产业集聚,在海洋经济与海洋金融中,服务机会无所不包,无所不及,金融与服务的可得性及完备性具有极强的国际竞争力。伦敦是世界海事仲裁之都,这得益于英国丰富的海事遗产,尤其是海洋法律体系遗产。由于历史积淀,伦敦海事仲裁协会拥有世界最久远和丰富的海事仲裁经验、最高的权威。2012年,该协会裁决了全球海事纠纷中的80%以上。海事仲裁的附加值非常高,最高能够收取仲裁案件合同总额的10%,是名副其实的高附加值产业,例如,仲裁一起船舶纠纷收取的费用甚至要高于船厂的利润。

英国海洋经济发展有其独到的经验。最值得提及的就是政府和协会提供的良性支持和海洋经济圈的形成。伦敦政府非常注意与海洋经济企业保持动态、有效的沟通,根据其需要提供相应的支持;政府对伦敦海洋经济有明确的定位,始终将自己定位为全球海洋经济领导者,在产业政策制定上拥有全球化的视野,走在世界的前沿。与政府发挥作用相呼应的是,伦敦拥有一个强有力的海洋经济行业协会——伦敦海事促进署,在海洋经济发展中发挥着重大的作用。海事促进署是行业发展的交流合作平台;是行业与政府间进行政策沟通、讨论及反馈的桥梁;促进署以统一的行业利益、政策口径和政策诉求成为行业代言人,统一面向政府、国内外竞争者与合作者;海事促进署是适应变化的引导者,能提出适应变化的政策建议和行业发展建议。

在政府和协会之外,英国还形成了一个融合传统与专业的海洋经济圈。伦敦是现代海洋经济的发源地,以航运为代表的海洋经济的起源是家族式的,已有数百年的历史,伴随着航运逐渐演化而来的海洋经济各领域都依照这种传统关系形成了一个相对密闭的圈子,形成典型的"关系社会""伙伴经济"。但与我们传统认识上的关系圈不同,这个圈子中所有从业人员的专业性很强,而且绝对严格地遵守行业规则,任何纠纷都以私密的仲裁为主要协调手段。

(二)国际海洋经济呈现新的特点

1.海洋意识普遍增强

目前澳大利亚、韩国、印度等国都在强化海洋资源开发的战略部署,加大资金投入和高新技术的应用。以美、日为代表的发达国家已经建立了结构庞大的海洋产业群,人类社会已进入大规模开发利用海洋的新阶段,海洋成为经济全球化、区域经济一体化的联系纽带,在维护国家主权、安全、发展利益中的地位将更加突出,海洋经济已然是全球经济发展的重心。

2.海洋开发方式向高层次发展

随着一系列扶持政策的出台,尤其是在"一带一路"、国资整合、区域振兴等宏观战略背景下,港口、海工装备、海洋资源开发、海洋环境保护、远洋水产品、高端装备及相关技术等领域有望受到市场关注。针对内水和领海、专属经济区和大陆架及其他管辖海域等的不同特点,根据不同海域资源环境承载能力、现有开发强度和发展潜力,合理确定不同海域主体功能,科学谋划海洋开发,调整开发内容,规范开发秩序,提高开发能力和效率,着力推动海洋开发方式向循环利用型转变,实现可持续开发利用,构建陆海协调、人海和谐的海洋空间开发格局。

3."蓝色经济"战略更加海洋环保

蓝色经济是更高层次的海洋经济,其内涵更科学、更深刻、更丰富,更强调海陆统筹布局,更强调科技创新引领,更强调资源节约和环境友好,更强调人与海洋的和谐相处。2011年以来,山东半岛蓝色经济区、浙江海洋经济发展示范区、广东海洋经济综合试验区三大国家级海洋经济发展战略相继出台,在建设过程中都不约而同地重视海洋生态环境保护。着力构建生态建设安全保障体系,以生态海洋建设为目标,集约高效利用海洋资源,推进集中集约用海片区建设和未利用地集中连片开发,加快各类海洋与渔业保护区建设,积极开展海洋生态补偿机制试点,实施重点海湾生态整治与修复工程。

4.勘探开发向深海发展

2016年2月26日,第十二届全国人民代表大会常务委员会第十九次会议审议通过《中华人民共和国深海海底区域资源勘探开发法》。当今时代,在海洋科技方面,大科学的研究目标宏远、投资巨大、多学科交叉,并且要依赖昂贵复杂的设备与平台,如大范围、高精度、多参数海洋观测与大数据解析,洋底地形地貌精细作图,全球气候变化与海洋生物多样性响应等科学计划的开展。通过海洋卫星、高频地波雷达、海底观测设备等,海洋观测进入陆海空全方位、立体综合观测时代,并向实时化、系统化、信息化、数字化方向发展。当前发展的主要高技术包括海洋环境监测技术、海洋资源勘探开发技术和海洋生物技术等。航空母舰、极端工况条件下无人操控船舶、天然液化气运载船、深水半潜式钻井平台和载人深潜器等则是超大海洋工程的代表。在海洋科技发展过程中,科学与技术深度融合、工程和产业一体贯通已成为明显趋势。

二、海洋政治发展的新格局

经济全球化时代的海洋政治不同于传统的以马汉的《海权论》为代表的海洋政治,而是全球相互依存、相互合作的海洋政治,是共赢共存、共同发展的海洋政治。现代海洋政治研究的范围涵盖海洋战略、海洋经济、海洋军事、海洋文化、海洋历史等领域,是一门综合交叉学科。[①]

(一)中国海洋政治地位的嬗变

随着《联合国海洋法公约》的深入实践,世界海洋秩序迎来了新的发展篇章,目前正处于塑造成型的阶段,海洋新秩序的完全确立还任重而道远。同时,《联合国海洋法公约》自身也有着诸多的问题:首先,《联合国海洋法公约》是个折中妥协的产物,存在诸多模糊和自相矛盾的地方,这也激起了世界范围内众多的岛屿归属和海域划界纠纷;其次,国际海洋法法庭、海底管理局等海洋管理及仲裁机构的工作程序也需要作清晰定义。最后,《联合国海洋法公约》的规则正被世界不少国家滥用,它与其他的国际法和海洋机制的关系还有待进一步明确。

中国面临着错综复杂的海上安全形势,在海域划界、岛屿归属等问题上面临着亘古未有的纠纷和争端。中国在处理、解决所面临问题的同时,既要考虑到自己的利益和立场,也要考虑到现行海洋秩序的制约,还要考虑到中国行为对海洋秩序的"负反馈"和影响,中国解决问题的方式和中国海权发展的模式必然会对国际海洋秩序产生重要影响。中国海洋问题的解决将与世界海洋新秩序的发展是同步的,中国最终收益的多寡将取决于中国能多大程度影响世界海洋秩序发展的方向及其规则的塑造。因此,在国际海洋秩序演变的过程中,中国应坚持发出自己的声音,尽可能让新的海洋秩序体现中国的利益、价值观念和政治理念;中国还应有胸怀天下的情怀,积极为世界海洋的自由、安全及繁荣贡献自己的力量,丰富海洋公共物品,力争成为世界海洋政治强国。

16世纪以来,世界海洋秩序都是由西方强国主导的,在近500年的角逐中,16世纪的葡萄牙、17世纪的荷兰、18~19世纪的英国、20世纪的美国脱颖而出,先后成为海上霸主,并主导世界海洋秩序。这种以追求财富,争夺海上霸权为主要内容的国际海洋秩序带有鲜明的强权政治特征。这些海上强国一旦成为霸主,还会强制推行一套对其最为有利的海洋国际规范,和海上力量一样,国际海洋秩序也就成为霸权国家维护霸权的工具之一,根本不容其他国家所置喙。

大规模武装暴力已经不是当今时代追求海洋利益的最主要手段,中国无法效仿历史上的英美,主要依靠战争模式迅速在海上崛起。近代以来中国主要的诉求都集中在谋独立,求生存。在生存问题没有得到根本解决之前,海洋强国只能是一个梦想。而当中国终于有精力面向海洋的时候,时代已经发生了重大变化,当今的情形早已大不同于马汉所处的时代。跑马圈地、炮舰外交越来越受到国际机制、国际规范和国际舆论的束缚。和平与发展的时代

---

① 曹文振等著,经济全球化时代的海洋政治[M].中国海洋大学出版社,2006.

主题虽然有争议,但国际机制和国际规范影响的迅速扩大、世界经济的高度依存等现象却是当今时代的主要特征。由于经济全球化和相互依存的发展,武力手段的作用即使不是下降了,也是很难达到目的了。中国在这种时代条件下实施海上崛起和民族的伟大复兴,必然会受到较历史上所有崛起大国更多的国际法律、国际组织与国际条约的制约,受到比近代欧洲国际体系更紧密的全球相互依赖形势的牵制,受到世界上前所未有的全球性危机的影响。因此,中国无法像历史上欧洲的某些大国那样在外交上可以"独行其是",也不可能效仿美国式的孤立主义,不可能建立自己的殖民地、划分势力范围,更不可能依靠一定数量的扩张性战争,也不可能指望世界大战爆发,而坐收渔翁之利。

大国间的和平竞赛已为常态,和平崛起成为可能。核恐怖的出现、经济全球化及相互依存的发展、国际规范及世界和平力量的增强使得大国间的和平竞争成为现实。世界虽依旧战乱不止,但因为大国间的相互掣肘与制衡,总体和平得以维系。改革开放以来,中国顺应形势,以和平发展的道路创造了中国奇迹。在市场经济一体化的时代,中国可以通过海外合作获取自己想要的资源、原材料等生产要素;同时也可以通过海外经济合作为自己的商品打开海外市场。中国经济发展中的所有要素均可以通过非武力方式获得。因而,中国没有压力和动机重蹈20世纪前半期德国和日本武力崛起的覆辙。再者,其他大国,尤其是霸权国家美国,同样受到时代条件限制、相互依赖的影响和国际秩序的制约,它们对中国实施先发制人打击以保障其权势地位的可能性大幅度降低。总的来看,这样的时代背景与条件将使得中国有可能走出一条和平的海洋强国之路。

"二战"后,随着广大的第三世界国家在政治上的崛起,经过广大发展中国家的不懈努力,1982年签署的《联合国海洋法公约》使得发展中国家倡导的200海里专属经济区终于有了法理上的依据。总体而言,世界海洋秩序朝着更为公平、公正的方向发展,世界海洋秩序第一次通过谈判协商而非海上决战的方式进行了调整,和平竞赛的一面开始上升。在这种背景下,凭借中国日益增强的综合国力和强大的政治经济影响,中国也可能通过政治、经济、外交等非军事手段成为国际海洋秩序的执牛耳者,若干年后,中国的海上军力可能仍不如美国,但中国的海洋政治影响力则有可能超越美国[①]。

(二)中国海洋主权与安全发展

1.正确处理好南中国海周边国家关系

正确处理与东盟、印度之间的关系。东盟是南海地区与海洋争端没有直接关系的地区组织,但是由于东盟成员国大部分成员都与中国存在海洋权益的争端,所以东盟在中国海洋问题中的作用是不可忽视的。目前,东盟在南海问题上的立场是:"保持南海局势的稳定,通

---

① 胡波.2049的中国海上权力[M].北京:中国发展出版社,2015.

过渐进方式求得南海问题的最终解决"。积极构建与东盟的双边关系,力避南海问题国际化,可为中国海洋战略的实施创造良好的地区氛围。所以中国要与东盟各成员国之间加强相互交流,合作开发南海油气和生物资源,共同维护南海资源的可持续利用和环境保护。共同维护东南亚航道的安全,尊重彼此在该地区航道的主权权利。印度是中国的陆上邻国,跟中国存在领土争端,曾经产生过摩擦。但是,两国在社会管理、科技创新等方面存在共同的利益诉求,存在相互合作的基础。而且两国的发展是彼此依存的,两国发展的平衡可以抵消美国在该地区的存在,如果其中一国严重衰落的话,美国定会集中精力对付其中强盛的一方来维持美国所追求的亚太平衡战略。此外,中印在重大的全球和地区事务上拥有共识,保持有良好合作。两国都是金砖国家,可以在多哈会谈等场合就金融、气候变化、能源和粮食安全等问题上发出共同声音。中印的发展是相互依存的,明确这一点,两国在很多问题的解决上就能够以相互尊重、平等互利为指导,积极寻求两国的共赢[1]。

2.构建海洋安全战略思路

中国海洋安全战略的构建要在满足主权、发展、稳定需求的基础上统筹陆权与海权,抓住战略机遇期,在总体防御的态势中要有所作为,处理好与世界上主要大国的关系,处理好近海防御和远洋利益维护及拓展的关系[2]。

统筹海权与陆权,优先筹划海权。中国作为海陆兼备的大国,双重易受攻击和海陆邻国众多决定中国没有成为海洋霸权国家的资质,历史上法国和德国在海洋上的挣扎就是最好的例证。因此,中国要让世界知道,中国不会也不可能追求海洋霸权。当前中国缺乏能为海上利益护航的海上力量成为国家发展的一大短板,中国已经发展成为世界第二大经济体,在地区已具备相当的影响力,但中国在周边海洋争端中屡受小国"欺凌"的现象依然存在。为了更好的维护海洋权益,合理的处理周边海洋争端并最终实现中国走向大洋的战略突破,中国需要发展适度的海权。

放眼长远,抓住战略机遇期进入新世纪,在全球化、相互依存、和平发展以及科技知识经济等大潮的冲击下,以和平范式解决问题已经成为所有国家的首选,武力范式因而将越来越不合世界潮流。在中国与周边海洋国家的主权争端中也是这样,虽然当如日本、菲律宾、越南这样的国家在得到美国支持时会急于在主权争端中胜出,但出于本国发展经济对中国的依赖,这些国家在与中国的海洋权益斗争中也不会轻易选择采用武力。美国出于其全球战略利益的实现及在其他地方对中国的战略需求也不会真为日菲越这些国家火中取栗。当与中国存在海洋权益之争的国家与中国综合实力相差悬殊时,相比采用武力抢占海洋利益,"大国平衡战略"将更能让他们在大国关系中实现国家利益的最大化,于是为中国经济的继

---

[1] 曹云霞.南海问题及中国海洋战略研究[D].南京:南京大学学报,2013.
[2] 王荣.中国海洋安全及其战略研究[D].呼和浩特:内蒙古大学学报,2013.

续发展及和平解决周边海洋争端或者继续搁置某些争议创造了难得的和平环境。

维护区域力量平衡并重建区域力量平衡。在中国海洋安全战略构建的过程中,周边关系的处理仍应该是外交战略的重点之一。虽然部分周边国家对中国崛起有戒心,但他们对美国的霸权主义行径早有领教,尤其东盟目前对自身领导权的关注使其不会同意美国主导本地区事务,对东南亚国家来说在大国相互制衡的格局中寻求平衡,以便左右逢源,仍将是其主要选择。因此中国要经略周边,积极寻求和平化解半岛核危机,推进区域经济合作,促进东亚经济内生性和自主性的不断增长,并以此为基础为中国与周边国家海洋争端的解决创造条件,以促进亚太区域力量平衡的维护。

在总体防御中要有所作为。中国要积极通过使用包括经济手段在内的综合性的战略手段应对某些大国在相关海域的外交与武力干涉,同时针对部分麻烦制造者,需要采取相应的措施,在坚持强而不战的基础上,用实实在在的加强对相关海域的管控力度的军事行动阻止非法占有。他们有动作,我们就有反应,不轻易开战,但不畏战。我们不能依赖抗议,抗议是弱者对强者无奈的选择。我们要用警告行动证明:底线不能碰。

3.中国应尽早构建与国家大战略相适应的海洋发展战略

海洋发展是指人类通过开发、利用和保护海洋等社会实践活动促进社会全面进步的过程。海洋发展的历程,是人与海洋的关系从和谐到紧张,再到和谐的不断协调适应的过程;也是人类社会个体、群体、区域社会、国家之间围绕海洋的开发、利用和保护以及海洋权益的分割、分享,从竞争到合作、从冲突到共处、从无序到有序的反复协调适应的过程。海洋发展大战略的目标是解决人类围绕海洋进行社会活动过程中所出现的各种矛盾与冲突,以实现海洋开发、利用和保护事业的可持续发展。根据上述认识,中国海洋发展的大战略应该着眼于以下几个层次[①]:

中国海洋发展大战略的目标包括国际和国内两个战略层次。从大战略的角度来看,中国海洋战略的战略目标应该涉及国内和国际两个战略层面:从国际方面看,中国海洋大战略应以捍卫和维护国家主权完整和领土统一,解决与周边国家的海洋争端,维护和捍卫中国海洋权益,创造服务于中国和平发展的国际环境,全面参与国际海洋制度和海洋秩序的建设为根本目标;从国内方面看,中国海洋大战略应以全面提升全民族海洋战略意识,贯彻科学发展观,科学合理地开发、利用和保护海洋,实现海洋的可持续发展和协调发展,使海洋事业的发展服务于经济与社会的协调发展和全面进步,服务于和谐社会的构建为根本目标。

中国海洋发展大战略是一个系统的战略体系。构建海洋发展大战略最根本的意义在于它构成了指导中国海洋事业发展的全局性和系统性的原则。由此出发,中国海洋发展大战

---

① 刘中民.国际海洋形势变革背景下的中国海洋安全战略——一种框架性的研究[J].国际观察,2011(3):1-9.

略应该是包括海洋经济、海洋政治、海洋管理、海洋法律、海洋科技、海洋安全、海洋社会(文化)等子战略,并彼此形成相互联系的系统的战略体系。海洋经济战略的功能在于通过海洋开发与利用促进经济繁荣和社会的可持续发展。

海洋外交战略的目标在于处理国际关系领域中的海洋矛盾,服务于维护国家海洋权益的总体外交战略和军事战略;海洋管理战略的功能在于借助计划、组织、领导和控制等手段,实现对海洋开发利用活动中各种资源的合理配置。海洋法律战略的功能在于海洋法律制度的建设与完善,服务于国际和国内海洋秩序的建立与完善;海洋科技发展战略的功能在于寻求海洋发展的科学技术支撑,并协调科技与海洋发展之间的关系。

海洋安全战略的功能在于,应对海洋领域的传统军事安全威胁以及形形色色的非传统安全威胁。海洋社会(文化)战略的功能在于继承和借鉴人类历史上海洋社会活动的经验与教训,建构人类与海洋互动关系的良性模式,服务于和谐社会的构建。海洋发展大战略的各子战略之间应该是相互融通、渗透与互补的关系,并服务于海洋发展大战略目标的实现。

中国海洋发展大战略的构建要服务于国家大战略的多重战略需求。当前中国的国家大战略有三种基本需求,即发展需求、主权需求和责任需求。发展需求即中国经济与社会全面发展的战略需求,此需求的满足既需要经济与社会的全面发展保持强劲活力,同时更需要国际和国内较长时期相对稳定的发展环境;主权需求即保障领土、边界的不受侵犯,并最终全面实现国家统一以及与周边国家领土和权益争端的妥善解决;责任需求,即中国作为一个发展中的大国,应该成为在亚太地区乃至全球范围内有相当影响力、发挥建设性作用的国家,塑造负责任的地区和国际大国形象。

从长远讲,三种需求的满足是互利的,但在局部的时间和空间内又会产生重大矛盾,甚至在同一需求自身内部也存在一定的矛盾。中国国家大战略要满足多重战略需求这一基本现实,要求中国海洋大战略的构建要服务于国家大战略的多重战略需求,并实现彼此需求的平衡和互补,有效弥合或减缓不同战略需求之间的矛盾张力,进而服务于中国大战略多重战略需求的实现和满足。

中 篇

第七章 "一带一路"背景下的中华经济圈与全球产业协作关系

第一节 "一带一路"建设的历史价值与现实意义

2013年9月,习近平主席在哈萨克斯坦纳扎尔巴耶夫大学进行演讲时指出,为了使亚、欧各国经济联系更加紧密,相互合作更加深入,发展平台更加广阔,各国应该一同采取一种创新的合作模式,即共同建设"丝绸之路经济带";同年10月习近平主席在印尼国会演讲时提出中国愿同东盟等相关国家共建"21世纪海上丝绸之路"的宏伟倡议。"一带一路"的建设不仅影响深远而且意义重大。

在当前国际经济形势下,"一带一路"不仅是我国深化对外开放的必然逻辑,也是实现中华民族伟大复兴的中国梦的必然要求和参与国际经济竞争合作的必然趋势。当前,国际经济发展正面临着前所未有的机遇和挑战,全球经济一体化趋势日益明显,建设"一带一路"不但有利于带动以中国为主体的整个中华经济圈的经济发展和产业协作互动,而且对其沿线欧、亚国家的经济发展与产业协作也具有积极的带动作用;另外,在"一带一路"的推进过程中,中国与其沿线国家的设施联通、政策沟通、贸易畅通、资金融通、民心相通也必将会对世界经济的发展产生重要的推动作用[①]。

一、"一带一路"战略的洲际意义

(一)陆上丝绸之路经济带之间的合作(链接中亚-中东-欧洲)

改革开放以来,中国凭借着市场、劳动力以及资源等优势吸引着世界各国的投资,带动了中国经济的迅速崛起。2011年,中国正式超越日本,成为世界第二大经济实体,中国在发展自身经济的同时,也不断寻求与国际接轨。"一带一路"战略的提出是中国为适应当前国际的形势,抓住当前经济发展的机遇所作出的决定。"一带一路"建设涉及国家数量众多,各国之间的经济发展环境和基础条件差异较大,这就需要我们立足各国贸易的具体情况,互通

---
① 赵晋平等.对外开放关键领域的新突破[M].北京:中国发展出版社,2015.8

有无,推动沿线各国经济贸易的发展,实现双方或多方的共赢。

从陆上线路看,丝绸之路经济带连接着亚欧大陆,中国与这些该区域上的国家之间的合作大有可为。

1.中亚地区。中亚地区位于亚欧大陆中心地带,远离海洋,经济基础薄弱,经济总量小。经济发展面临资金不足,劳动力资源不足和劳动力水平低,交通不便等许多问题;但中亚各国矿产资源丰富,土库曼斯坦、乌兹别克斯坦、哈萨克斯坦等国家石油、天然气储量丰富,塔吉克斯坦和吉尔吉斯斯坦的水电资源,蕴含量极大。通过"一带一路"战略,中国加强了与中亚地区的合作,形成了以点带面,从线到片的合作形式,中国加大对中亚地区的投资和贷款力度,着力在能源、交通、电信等方面展开合作,加快推进互联互通建设。

2.中东和欧洲地区。中东地区是世界上石油和天气资源最丰富的地区之一,但单独依靠资源容易限制自身经济的发展,导致经济基础薄弱、经济结构单一、经济发展后劲不足、产业转型困难等问题。通过"一带一路"战略构想的实施,中国与中东地区可以从两个方面开展合作,第一,中国引进中东地区丰富的能源资源,吸引中东国家来华投资,增加其经济发展的多样性;另一方面,中东国家可以引进中国的技术,在基础设施的建设上加强本国同经济带周边的合作,加快中国与中东国家的区域合作谈判进程,学习引进中国服务业,产品加工业,改变传统的单一的经济结构。"一带一路"建设思路提出以来,中国已经有多个国家领导人访欧,拓宽了双方合作领域,加深了双方合作的深度,与欧洲许多国家建立了全面战略合作伙伴关系。面对新的经济形势,尤其是欧洲经济从低谷逐步进入恢复时期,欧洲更加需要借助中国的市场和投资来扩大欧盟就业,拉动经济的回暖。中国在许多方面需要积极向欧洲学习,尤其是在城市化进程,食品的安全与加工,环境的保护等领域,双方加强经济合作能够有力地带动"一带一路"两端经济的发展,从而推动亚洲和欧洲经济一体化的发展进程。

(二)海上丝绸之路北方航线(联通东亚)

"一带一路"向北航线涉及韩国、日本、朝鲜等国家。该地区是中国对外贸易的重要伙伴,中日韩三国在出口的中间产品上存在巨大的互补性。中国可以在高科技技术产业,电子产品加工业、制造业等领域谋求合作,积极吸纳外部投资;中国的劳动力、土地、市场同样也是日本和韩国所需要的。加强中国与东亚国家之间的经济合作,能够促进三国之间的产业协调,提高三国在产业间的竞争水平和效率。但是,该地区由于朝鲜半岛危机以及中日、韩日争端等问题,使得该地区形势复杂,进而影响到了该区域的产业合作。

(三)海上丝绸之路南方航线(连接东南亚-南亚-非洲-欧洲)

"一带一路"的重点发展地区将集中于南部航线,运用海上运输优势,方便快捷的加强同沿线周边国家的交流与合作。在东南亚地区,东盟自由贸易区是中国第二大贸易伙伴。"一带一路"引领了中国与东南亚区域合作稳步发展,通过互通互联,中国与越南联通了首个中越边境高速公路,推动了当地的基础设施建设,节省了巨大的人力和财力成本,给沿线地区的经济发展注入更多的活力。中国和缅甸就基础设施、电力、交通等领域展开合作,中国和马来西亚就工业园展开合作。

在"一带一路"的倡议下,中国和泰国双方在基础设施建设尤其是铁路,在资金投资,和经济贸易发展等多个领域展开纵深推进。南亚地区尤其是印度,一直在寻求南亚地区经济发展的主导权,"海上丝绸之路"的构想,对双方来说都是一个不可多得的历史机遇,从南亚地区以往的经济发展历史进程上看,南亚地区进出口贸易总额占世界贸易总额的比重较小,中国与南亚地区的合作主要集中在印度和巴基斯坦两国。中国和印度作为当今世界最大的两个发展中国家,经济的发展具有高度的相似性,中国经济的发展模式,对印度具有重大的历史借鉴意义,双方有望在多个领域展开合作。

在基础设施建设方面,尤其是交通方面,印度可引进中国的高铁技术,借鉴中国的城镇化,工业化发展模式,把握规律吸引中国在印投资。其余南亚国家需要积极与中国相互合作,提高本国经济发展水平,从而摆脱贫困的状态。另一方面,中国也同样需要拓展南亚国家的市场,进一步加强双方之间的经济联系,在服务、科技、投资等各个领域提高经济合作水平,破除发达国家对发展中国家的经济制裁和政治孤立。

二、"一带一路"建设的国际意义

(一)"一带一路"有利于中国与周边国家携手共建命运共同体,共创人类发展新时代

经济全球化的发展使得地球成为一个整体,"一带一路"战略构想的提出正是基于这个理念,中国始终秉持互助、合作、共同繁荣的理念,积极与周边沿线国家展开多方会谈或洽谈,致力于打造一个符合共同利益且彼此信任的区域经济合作平台,带动沿线诸多国家的经济发展,共享"一带一路"发展战略的成果与利益。"一带一路"战略涵盖世界近1/4的国家和地区,近1/3的总人口,这些地区自然资源丰富,经济发展潜力大。这一战略的实现,将改变世界经济的发展格局。

构建当今世界最大的经济走廊(包括:中国—东盟经济走廊,孟中缅印经济走廊,中巴经济走廊,中蒙俄经济走廊),这些地区的经济融合所带来的效应必将催化出一个政治互信,文化包容,经济发展的利益共同体,通过"政策沟通、设施联通、贸易畅通、资金融通、民心相通"等五个方面的合作,中国将在把握本国经济发展机遇的同时促进沿线国家的经济发展,与沿线国建立合作、互信、共赢的新型国家关系,共同发展,互利共赢。共同面对全球经济形势,共同维护世界和平与发展。

(二)"一带一路"有利于中国与周边国家打破地缘政治、经济危机,共同构建国际和谐新秩序

经济的发展离不开良好的国际秩序和安定的周边环境,2009年美国经济在次贷危机中遭受重创,而中国的经济发展却迎头赶上,逐步超越日本成为世界第二大经济实体。为遏制中国经济的发展势头,以美国为主的西方发达国家大力宣扬"修昔底德陷阱"散布谣言和大国威胁论来抵制中国。

特别是美国自2010年开始与日本、加拿大、墨西哥、澳大利亚、秘鲁等十二个成员国共同构建《泛太平洋战略经济伙伴关系协定》即TPP,继续同欧盟洽谈《跨大西洋贸易投资伙伴关系协定》即TTIP,想要通过这两个关系协定,在政治上和经济上孤立中国,制衡中国的发展。在此种形势下,中国在全球层面提出了"一带一路"的战略构想,积极带动沿线国家的经济发展,通过经济互相扶持带动政治互信。

中国奉行和平发展的经济理念,将继续坚持走和平崛起的道路,走可持续发展之路,谋求稳定的国际发展环境,加强同周边国家的交流与合作,实现多方的开放包容,合作共赢,通过"一带一路"相关协议的签订,将沿线的诸多国家(但不限于沿线国家)连接起来,突破地域限制,共享发展成果,以共同利益打破大国的封锁。

(三)"一带一路"战略的实施有利于为我国创造经济稳定发展的大环境

"一带一路"战略的提出,加强了中国同沿线国家之间的交流合作,为中国经济的快速发展创造了稳定的环境。改革开放近四十年以来,我国始终坚持独立自主的和平外交政策,不称霸、不结盟。在努力发展本国经济的同时,顺应世界经济发展全球化,区域经济集团化的历史潮流,积极参与世界经济的合作与交流,创立上海经贸合作区,加入包括世界贸易组织(WTO),G20峰会等一系列旨在加强世界经济发展的区域性组织,这些措施对我国经济的崛起功不可没。

伴随着经济危机而来的是世界经济的衰退,"一带一路"战略的提出,加强了中国同沿线国家之间的交流合作,为中国经济的快速发展创造了稳定的环境,次贷危机后世界经济逐步衰退,世界经济的发展出现很多难以解决的问题,恐怖主义的盛行、欧盟债务危机等一系列问题,尤其是今年英国公投退出欧盟,都导致世界经济的动荡不安,严峻的国际形势也影响着我国经济的发展。"一带一路"战略的实施,加强了国家与国家之间的交流与合作,通过利益绑定和战略制衡,增加中国与沿线国家之间的政治互信感,营造出一个稳定的周边环境和地区环境;另一方面,"一带一路"战略的实施,有利于保障我国资源和能源安全,这对我国经济的长期稳定发展是非常重要的。

(四)"一带一路"战略的实施有利于中国与沿线国家的资源人才相互流通,有利于打造国内、国际产业互补新格局

新的国际形势要求我们立足整体,放眼全局。从我国经济发展的历史进程上看,传统经济发展过度依赖于资源和劳动,这就导致了我国经济的发展重心主要集中在东部沿海地区,内陆及西部地区经济发展速度相对较慢,经济总量相对较小。尽管近些年国家相继出台了一些例如"西部大开发""中部崛起""西气东输"等一系列措施来平衡地区间经济发展的差距,但东部地区沿海经济发展速度仍远远超过西部和中部地区。产业布局不合理、区域经济发展不平衡已经成为制约我国经济健康发展的又一因素。

同样从国际上看,丝绸之路经济带沿线国家,沿海地区,东南亚南亚,东亚,北非以及欧洲交通便利,经济发展速度较快,而以中亚为代表的内陆国家经济发展较慢,交通基础设施落后,产业结构单一,着力推进"一带一路"战略的实施,不仅符合我国的国家利益,同样也符合沿线诸国的国家利益。随着土地劳动以及资源成本的上升,东南亚、南亚以及中亚地区可承接部分产业转移,与此同时部分国家可完成国内的产业升级,双方形成产业优势互补,另一方面,通过"一带一路"战略的实施,打破原有的地域和资源限制,实现生产要素在不同国家不同区域之间的合理配置,真正形成内外一体的跨区域、跨市场、跨国际的产业布局新格局。

(五)"一带一路"战略的实施有利于中国在国际合作中发挥更重要的作用

我国对外政策的宗旨和首要目标是维护世界和平,促进共同发展。中国经济的迅速崛起提升了中国在国际上的地位,扩大中国的国际影响力,但这并不意味着中国能独善其身。"一带一路"战略的确立要求中国将发挥大国精神,积极承担责任,在构建"一带一路"战略上始终秉持平等互利、合作共赢的原则,推进区域融合,对接区域内国家间的产业布局,带动沿线国家经济发展,加强相互之间的经济合作。从2013年至今,我国为实现"一带一路"的伟大战略构想做出了许多努力,"亚行投资"的确立和"丝路基金"的成立增添沿线国家共同推动实施"一带一路"战略的信心。

当前中国经济发展进入新常态,更加注重经济的健康可持续发展,以实现经济的稳定增长。其特点是经济的增长速度有所减缓,产业结构持续升级,逐步淘汰传统的资源密集型和劳动密集型产业,转向发展技术密集型产业和效益集约型产业;通过投资驱动,创新、创业、企业技术的提升来拉动经济增长。通过"一带一路"战略的实施,中国将与沿线诸国就资源、市场、资本和贸易等领域开展合作,促进沿线国家经济的发展。"一带一路"战略是公平合理的,不附带任何条件的,不以一己之私为目的,它以实现区域内部经济发展为第一目标,通过经济发展,建立政治互信,降低经济风险、交通风险和战争风险,进一步打破霸权主义和强权政治,为区内的国家争取在国际上更大的主导权和话语权,同时也为中国在国际乃至全球经

济发展中发挥更大的作用创造条件。

第二节 "一带一路"建设赋予中华经济圈新的内涵

"一带一路"战略是中国为应对快速变化的全球经济形势,在经济发展进入新常态的历史时期下,统筹国内国际两个大局所作出的重大战略构想。"一带一路"战略构想的实施,必将带动中国形成一个全方位的对外开放新格局,也将创造中国与沿线周边国家形成产业优势互补,经济互利共赢的大好局面。从2013年"一带一路"战略构想的提出,到2014年和2015年相关具体计划的洽谈与推进,再到2016年"一带一路"战略计划的进一步落实,在中国的努力下,"一带一路"战略逐步构建起完整的框架,中国将与沿线的中亚、南亚、中东、东南亚、欧洲和非洲等国家夯实双边或多边贸易关系,共同建立符合"一带一路"战略构想实施的资金平台(目前已经建成了"亚洲基础设施投资银行"和"丝路基金"等多元化的投资平台),在交通基础设施、贸易与投资、能源与矿产资源等多个领域展开合作,着力打造一个海、陆、空三位一体的世界性的新经济走廊,"一带一路"战略将带动区域内部生产要素相互流通和市场的相互扩展,促进区域内各国经济繁荣。

"一带一路"战略构想的实施,同样为港澳台地区的繁荣和经济发展注入新的活力。为海外华人华侨参与祖国经济建设创造机会,扩大了东部沿海地区对外开放的力度和广度,尤其是发挥了沿海对外贸易的优势,加快了西部地区的改革步伐,为中国中西部地区承接东部地区、国外企业的产业转移、东部地区产业升级奠定了基础,促进了中国南北经济的调整,区域经济的平衡发展。

一、"一带一路"战略拉动西部地区经济发展,缩小东西部地区差距

(一)"一带一路"战略促进东西部地区均衡发展

"一带一路"中的丝绸之路经济带,横贯我国东西部地区,特别是互联互通政策的实施,使得中国与中亚地区乃至欧洲地区的交通条件获得了改善。陆上丝绸之路的联通,将改变我国以往传统依赖海上贸易的格局,西部地区将成为我国连接中亚及欧洲的桥头堡,内陆沿线地区的交流与合作必将带动西部经济获得快速发展。

(二)"一带一路"战略缩小东西部地区差距

首先,从国际上看,"一带一路"战略包含我国绝大部分省份,东部沿海城市特别是港口城市,连接着东亚、东南亚、南亚等地区,对外贸易频繁,国内外市场拓展也更加便利。双方的合作交流将促进我国部分产能过剩产业的转移;区域之间的产业分工协作,也将为双方带来更多的就业机会。

其次,从国内的角度看,东部地区产业转型和升级,需要积极对接国外市场,联动中西部地区,进一步拉动西部地区经济发展,在"一带一路"战略的实施中,国家更加倾向于对西部的支持,明确积极建设成渝、关中—天水、北部湾等重点经济区,着力打造重庆、成都、西安等内陆开放型经济高地,批准设立了新疆喀什、霍尔果斯经济开发区,推进建设广西东兴、内蒙古满洲里等沿边重点开发开放试验区等等,目的就是要加快西部地区开发开放、构建全方位对外开放新格局。

二、"一带一路"战略促进我国区域产业链的融合

从我国现有的产业格局看,我国东部沿海地区产业类型主要集中在信息产业、高端产品加工业,生物化工业等一系列高科技产业,该地区经济发展产业基础雄厚,基础设施完善;而西部地区相对而言较为落后,该地区的产业主要以装备制造业,初级能源资源的加工,初级农产品的加工为主,产品的科技含量和利润附加值低,薄弱的产业基础和不完善的产业链同样限制了西部地区经济的发展。党中央对"一带一路"的战略实施非常重视,从政策上加大对西部产业经济发展的扶持力度和研究经费投入力度,从整体角度出发,帮助中部地区和西部地区与东部地区形成完整合理的产业分工链条。"一带一路"战略在促进我国去产业融合上需要从以下两方面着手:

(一)产业间的转移

随着土地,人力以及资源运输成本的增加,东部地区不再适合发展劳动密集型和资源密集型产业,中部地区需主动承接相对欠缺的这种产业类型,东部地区转而承接或吸收引进国外先进的高新技术产业,形成东、中、西三区合理的产业链分工。

(二)产业的转型和升级

东西部地区需要重新定位各自的产业优势,优化自身的产业结构,逐步淘汰落后的产业,升级主导产业;国家需从整体引导中西部地区完成产业转型,避免地方政府短视效应造成的产业结构雷同。

三、"一带一路"战略的实施将带动港澳台与周边地区经济的交流合作

"一带一路"战略的实施,需要重视发挥海外华人和港澳台地区的作用,二者在推动"一带一路"战略实施过程中具有独特的优势。通过南部航线充分挖掘港澳台地区经济发展的潜力,联通大陆与外部地区,带领港澳台地区共同走向繁荣富强之路,共建中华经济圈。

(一)香港——继续保持香港地区领跑者的地位

作为当今世界的国际化大都市,香港在世界上具有金融中心、贸易中心以及信息中心的地位。在"一带一路"战略实施的背景下,香港应抓住机遇,放大自身的优势地位,定位于物

流中心、人才教育中心、经济金融中心和信息合作交流中心,继续发挥港口优势,充分发挥自身国际金融中心的作用,弥补中国以及周边地区国家实施该战略的资金需求,同时积极推进香港成为连接东亚与东南亚及南亚等地区的国际合作交流窗口。

(二)澳门——打造澳门成为新的经济吸引点

澳门地区曾经作为葡萄牙的殖民地,在1999年正式回归中国,但其深受葡萄牙文化的影响,"一带一路"战略并不仅仅限制于沿线地区的国家,将澳门打造成为一个连接葡萄牙语国家的平台和纽带,吸引拉丁美洲和部分非洲国家来华投资贸易,破除澳门经济、地域和资源的限制,积极拓展澳门对外贸易海外市场。

(三)台湾——情系台湾,创造有利于台湾回归的良好环境

台湾地区与大陆地区血浓于水,二者有着共同的文化渊源,台湾地区与大陆的合作势在必行。台湾地处海上丝绸之路经济带的重要位置,它连接着长三角珠三角以及港澳地区,是两岸四地的重要交通枢纽和交流中心,"一带一路"战略的实施,为两岸经济合作带来了新的契机,台湾地区可依据当地给予的政策优惠,完成产业结构调整升级,谋求在区域经济调整的大潮中占据更加有利的地位,也可携手大陆地区共同拓展区域内外部的国际市场。

四、抓住机遇,促进区域经济互补,实现陆海统筹、南北互补

(一)通过互联互通的实施,推进南北交通的完善

经济的发展依赖于交通设施的完善,在"一带一路"战略实施的过程中,注意重点完善北部地区、尤其是内陆地区和西南、西北地区的交通运输体系。升级落后的南北连通大动脉,修缮公路,完善铁路,疏通河道,疏浚港口,提升沿江沿河的交通运输能力,构建出一套连通东西,纵贯南北的海陆空一体化道路交通运输网络,为南北经济的均衡发展和"一带一路"战略的实施保驾护航。

(二)深化南北经济合作领域,提升南北经济合作水平

从当前的国内经济发展水平上看,我国主要的经济重地仍集中在长三角、珠三角和京津冀三个地区。南方地区尤其是长三角地区和珠三角地区,在加工制造业,高新技术产业、通信产业,电子商务产业等领域发展速度快;而北方地区受资源和区位等因素影响,在装备制造业、能源产业、矿产品加工业、机械制造业等领域具有优势地位,南北产业发展差距大,这也是造就南北经济发展不均衡的重要原因之一。近些年,某些地方政府缺乏长远眼光,追求眼前利益,执政期间片面追求国内生产总值的发展速度,造成了市际、省际之间产业发展的混乱和结构的雷同现象。推进"一带一路"战略的实施,有利于南方和北方充分发挥各自地域特色和资源特色,重视发展自身优势主导产业,实现双方产业的优势互补,从国家的层面

上完成南北经济结构的调整和优化升级,促进国内南北地区经济的融合,提升南北经济合作交流水平。

(三)统筹海陆经济发展,打造新的经济增长点

依托于改革开放时期的政策扶持,京津冀地区、长江三角洲、珠江三角洲地区逐步成为我国经济增长中心,持续到今日仍引领着全国经济的发展。随着中国经济发展进入新常态和"一带一路"的伟大战略的实施,原有的三大经济增长极远不能满足内陆南北地区的经济发展速度,也无法满足连接中亚南亚地区的需要,西北西南地区都需要构建新的经济增长极,缩小彼此间的收入差距,拉动实现东部与西部地区、南部与北部地区均衡增长。从区域协调发展,产业转型升级的角度来看,打造国内新的经济增长极势在必行,尤其是具有明显区位优势和资源优势的成渝城市群,中原城市群和东北城市群,将有望伴随战略的实施,形成新的战略性增长极。

第三节 "一带一路"建设拓展中国和全球产业协作新领域

"一带一路"的提出具有深刻的历史背景和现实背景。一方面,"一带一路"是对我国古代陆地丝绸之路和海上丝绸之路的继承和发展;另一方面,"一带一路"的提出也符合其沿线各国的现实发展需求。"丝绸之路经济带"和"21世纪海上丝绸之路"简称"一带一路","一带一路"具有十分丰富的内涵和外延,它的提出和发展不但极大促进了亚、欧、非相关国家和地区的繁荣稳定,同时也对这些地区的文化交流与产业协作互动产生了重要的促进作用。在未来形势下,"一带一路"沿线产业协作系统建设将在政策、设施、贸易、资金、民心等方面朝着合作更加紧密,交流更加深入的有力方向积极发展。

一、"一带一路"建设的历史价值与现实意义

建设"一带一路"是历史和现实相互融合的产物,是当今时代中国深化改革开放,实现由"引进来"到"走出去"的必然选择;也是中华文明进一步融入世界文明,进一步升华亚、欧大陆国家经济、政治、文化交流合作,维护世界及亚、欧大陆繁荣稳定的重要途径。就其发展背景而言,"一带一路"宏伟战略构想有着深刻的历史背景和现实背景。一方面,我国古代陆上丝绸之路和古代海上丝绸之路自古就是中国对外开放,与亚、欧、非等国家进行经济贸易的标志途径,建设"一带一路"是对我国古代陆上丝绸之路和海上丝绸之路的继承和发展;另一方面,"一带一路"有利于改变目前我国东西地区发展不均和产能相对过剩的现状,同时对于沿线中亚、中东、东欧等相关国家和地区的经济贸易和设施建设具有积极的带动作用,建设

"一带一路"不但符合当前我国发展的现实需求,也符合沿线亚、欧、非国家的发展需要①。

(一)"一带一路"建设的历史价值

建设"一带一路"有着深厚的历史基础。"无数铃声遥过碛,应驮白练到安西",透过古人留下的秀美诗篇,我们似乎依旧能看到我国古代丝绸之路空前繁荣的盛况。我国古代陆上丝绸之路兴于汉代,盛于唐朝,至唐朝中后期以后逐步走向没落。其主要路线大致从长安出发沿泾河、渭河,经河西走廊、塔里木盆地南北缘和天山北部通向亚欧大陆深处,并呈现出"莲藕状"分布。除此以外,自汉代两千多年以来,由于战乱、自然因素等原因致使古代陆上丝绸之路路线变更较为频繁,基于此,历史上的丝绸之路的基本干线又大致可以分为出阳关沿罗布泊经塔克拉玛干沙漠而行的南线;出玉门关沿塔里木盆地北缘而行的北线;以及出河西走廊向北穿越莫贺盐渍而行的新北线等三条基本干线。正是在古代陆上丝绸之路的基础上,中国的茶叶、瓷器、丝绸得以开始源源不断地运往西方,同时西方国家的科技、香料等物品也开始为中国人所熟悉;古代陆上丝绸之路不但使亚、欧大陆的人们认识到了彼此的存在,也认识到了彼此的价值。

张骞出使西域不但架起了沟通东西方的桥梁,同时也为我国古代陆上丝绸之路的发展奠定了最初的基础,在此之后,至隋唐时期陆上丝绸之路达到了繁荣的顶峰状态②。然而,随着"安史之乱"的爆发,陆上丝绸之路开始走向衰落,两宋时期经济中心开始南移,古代海上丝绸之路开始兴起,并大致形成了三条主要路线:从中国沿海到朝鲜、日本等国的东线,到东南亚诸国的南线,到阿拉伯、东非沿海国家的西线。到明初,海上丝绸之路达到顶峰,中国沿海广州、泉州等城市已经发展成为较为重要的对外贸易港口。古代海上丝绸之路的兴起并非一个偶然因素,一方面中国唐朝末期朝代更替频繁,政局不稳,在此基础上的中国王朝已经无力巩固陆上丝绸之路的进一步发展,使陆上丝绸之路失去原有的动力和保障。另一方面,以茶叶、丝绸、瓷器为代表的商品大多产于江苏、浙江、福建东南沿海地区,优越的地理条件加之以航海技术的发展,使得海运优势日益显现,由此海上丝绸之路开始兴起。古代海上丝绸之路的发展,改变了中国以往单纯通过陆地与其他国家进行贸易的途径,进一步促进了中国与相关国家的贸易发展和文化交流。

从历史的角度来看,中国古代丝绸之路的发展,尽管由于朝代更替、国家政策、自然条件等因素一度致使其兴衰多变,但是其依旧对中、西方政治、经济、文化的交流做出了重大的贡献,为当前我国"一带一路"的建设打下了最初的基础③。首先,在经济贸易方面,无论是古代陆上丝绸之路还是古代海上丝绸之路,以贸易的方式带动国家经济的发展都是其重要作

---

① 袁新涛."一带一路"建设的国家战略分析[J].理论月刊,2014,11:5-9.
② 王义桅.论"一带一路"的历史超越与传承[J].人民论坛·学术前沿,2015,09:19-27.
③ 王义桅."一带一路"机遇与挑战[M].北京:人民出版社,2015.4

用之一,中国的丝绸、瓷器、茶叶深受西方国家的喜爱,浙江、安徽、福建等中国主要的茶叶产地闻名中外,一度使得这些地区成为中国最富庶的地区之一,西方香料、科技的传入也在一定程度上促进了西方经济的发展。其次,有利可图的贸易方式改变了以往不同国家、种族之间的单纯的暴力相处的方式,通过丝绸之路,不同国家之间沟通了解得以加强,在极大程度上避免了不同国家之间冲突的发生,促进了不同种族之间的和平相处和地区之间的和平稳定。最后,无论是海上丝绸之路还是陆上丝绸之路,都在极大程度上促进了不同国家和地区之间的文化交流。通过丝绸之路,不仅使得自以为是天下中心的中国人对西方国家的历史文化有了最初的了解,同时也使得古老的中华文明得以与西方文明相互融合,并对西方社会与思想的发展产生了重要影响[①]。

（二）"一带一路"建设的现实意义

"一带一路"的提出看似偶然,实际上是世界经济"一体化"趋势下亚、欧、非国家经济发展,乃至世界经济发展的必然产物。古代丝绸之路,无论是陆上丝绸之路还是海上丝绸之路的发展对于满足东、西方文化、贸易交流都起到了至关重要的作用,它不仅促进了中国与东南亚、中亚、西亚、北非、欧洲等国家和地区之间的交流合作,而且也在一定程度上将原本处于隔阂状态的亚、欧、非相关国家和地区以贸易的形式紧密联系在了一起。进入现代以来,由于几次经济危机的影响,以美国等国家为首的发达国家的经济发展开始处于低迷状态,与此同时以中国为首的众多发展中国家也在世界经济一体化的趋势下面临着艰难的选择。在此背景下,丝绸之路沿线区域深厚的历史积淀、丰富的自然资源以及广阔的发展前景,开始普遍引起相关国家的关注。欧盟、美国、俄罗斯、印度、日本等具有一定世界影响力的大国纷纷针对这一地区提出了自己的战略构想,其中美国的"新丝绸之路战略",欧盟的"新丝绸之路计划"都在一定程度上产生了广泛的影响。与此同时,进入21世纪以来,古代海、陆丝绸之路沿线国家和地区之间交通设施合作建设成果明显,对话机制不断增强,合作组织日益增多,也为区域经济交流合作打下了基础。正是在此种形势下,古老的丝绸之路在世界经济一体化发展大浪潮下又呈现出勃勃的生机,"一带一路"的宏伟战略轮廓开始逐渐明朗起来。

就我国而言,作为古代陆上丝绸之路和海上丝绸之路的主导国家和当前世界上最大的发展中国家,我国早在20世纪90年代就启动了具有区域性影响的"西部大开发战略"。进入21世纪,我国率先提出了"丝绸之路复兴计划"。随着我国改革开放的不断推进和世界经济一体化影响的不断加深,进一步加强与古代丝绸之路沿线国家和地区的区域经济合作,应成为一种应对世界经济挑战的必然举措。在原有古代丝绸之路的基础上,将亚洲东部包括中华经济圈在内的亚太经济圈,与欧洲经济圈紧密结合起来,形成世界上最具有发展前景的

---

① 翟崑."一带一路"建设的战略思考[J].国际观察,2015,04:49-60

经济大走廊,不但能够扩大我国对外开放力度,缩小区域发展差距,带动我国中西部落后地区的经济发展,而且有利于转变对外开放方式,使我国对外开放由原来的"引进来"转为"走出去",将我国产能、资源、资金、人力向外转移,促进我国经济结构的调整和转型。因此,强化区域均衡发展,促进我国经济的快速升级必须着眼全局。通过政治、经济、文化等多重手段,扩大我国改革开放的范围和力度,积极参与到新的海、陆丝绸之路的建设过程之中,打造全方位的开放格局。与此同时,随着国际政治、经济形势日益严峻,我国经济、资源、国土日益受到越来越多的挑战,中国比以往任何时候都更需要打通海、陆战略通道,将新的海、陆丝绸之路纳入到国家安全战略中。基于此种形势,在习近平主席的倡导下"一带一路"宏伟战略应运而生。

"一带一路"的提出满足了沿线亚、欧、非国家谋求经济发展和社会稳定的需要,同时也符合当今世界经济发展一体化的时代潮流,其无论对于区域经济的发展还是对于世界经济的稳定都具有重要意义。进入 21 世纪,尽管不同国家和地区普遍面临着来自传统安全与非传统安全的干扰,但是不可否认"和平与发展"依旧是当今世界现在乃至将来较长时期内的时代主题。而"一带一路"的提出和发展就是对这一主题的基本阐述和保障。尽管,当前"一带一路"内容还处于不断的完善和发展之中,但是其所强调的"政策沟通、道路连通、贸易畅通、货币流通、民心相通"的基本内容必将会对其沿线国家和地区的发展与崛起以及区域的和平与稳定产生重要的推动作用。

二、"一带一路"建设的基本内容

"一带一路"不仅是对中国古代海、陆丝绸之路的继承和发展,同时符合其沿线国家寻求经济发展的迫切要求。在当前世界区域经济"一体化"趋势不断加深的情况下,世界各国普遍面临着前所未有的机遇和挑战,习近平总书记所提倡的"一带一路"战略自提出之始就受到了国内外的高度重视。具体而言,"一带一路"是"丝绸之路经济带"和"21 世纪海上丝绸之路"的简称。是以古丝绸之路精神为文化支撑,以欧亚经济共同体、上海合作组织等组织团体为主要合作平台,以沿线国家和地区之间联合建设的立体交通运输网络为纽带,以沿线国家城市和城市群为支点,以跨国贸易投资自由化和生产要素优化配置为驱动,以区域发展规划和发展战略为基础,以货币自由兑换和人民友好往来为保障,以实现各国互利共赢和亚欧大陆经济一体化为目标的带状经济合作区①。"一带一路"不仅涉及沿线各国的经济发展,同时也涉及不同国家和地区之间的政治、文化交流;它既是历史和现实相互结合的产物,也是区域经济一体化的必然结果,"一带一路"有着丰富的内涵和外延。

---

① 杨言洪."一带一路"黄皮书 2014[M].银川:宁夏人民出版社,2015.5

(一)"一带一路"建设的领域

"一带一路"不仅涵盖了不同国家和地区,同时涵盖了政治、经济、文化等多个层面的交流合作内容。"一带一路"是党中央综合政治、经济、文化、外交等多层面的因素,结合我国社会经济发展中所面临的现状和问题,为实现中华民族伟大复兴的"中国梦"所作出的又一具有全局性影响的宏伟战略。这一宏伟战略翻开了我国对外开放的新篇章,彰显了我国加强与周边国家"和平共处、互利共赢"的外交理念,同时也向外界展现了我国在当前形势下进一步深化改革开放的决心和积极转变对外开放形式,转变开放理念的勇气。

这一战略不仅涵盖了我国沿海地区和中西部地区,同时也涵盖了东南亚、中亚、西亚、非洲、欧洲等广大区域;通过这一战略将不同国家和地区以交通网络串联起来,将不同国家和地区丰富的资源、广阔的市场和富余的劳动力以及重大的发展空间充分利用起来,从而实现沿线国家和地区生产要素自由的流动、资源有效的配置、市场深度拓展、合作发展的全新发展格局。

经贸合作和文化交流是推动"一带一路"建设发展的两大支柱性导向。"一带一路"以跨国贸易投资自由化和生产要素优化配置为驱动,以区域发展规划和发展战略为基础,这就在一定程度上突出了经贸合作和文化交流的重要性。经贸合作是"一带一路"的首要内容,加强经贸合作首先要求"一带一路"沿线国家和地区之间要保持良好的贸易畅通,通过频繁、畅通的贸易往来,发挥沿线国家和地区的资源和市场优势从而实现共同发展。其次,要不断扩大沿线国家和地区间的投资规模,不断充实合作内容,提升合作水平。最后,还要在逐步消除贸易壁垒,降低贸易成本的基础上,最大限度的保持沿线国家和地区之间贸易投资的便利化。只有如此,才能在"一带一路"的建设过程中充分实现"人尽其才、物尽其用",才能充分发挥区域间贸易合作的集中优势,从而实现合作共赢。文化交流同样在"一带一路"的建设过程中有重要意义,在传承古代丝路精神的基础上,通过政府和民间两种途径,扩大不同国家和地区间的政策协商沟通,加强民心相通,不但可以从根本上为经贸合作提供保障,也为"一带一路"的推进奠定了良好的社会基础。

(二)"一带一路"建设的外延

就中国而言,"一带一路"是实现中华民族伟大复兴的中国梦的重要推动力量。回顾历史,我国对外改革开放已经经历了近40年的时间,在这近40年的时间里,我国经济发展迅速,对外开放取得了举世瞩目的发展成就。然而,尽管随着我国对外投资持续保持较高增长水平,并且已经成为名副其实的资本净输出国,但是由于区位因素、资源条件、发展层次等诸多因素的影响,我国对外开放格局依旧存在诸多的问题。对外开放过程中东、中、西地区发展不均衡,海陆发展不协调的问题不但始终困扰着我国对外开放质量和经济的总体发展水平,也对实现中华民族伟大复兴的中国梦具有极大的阻碍作用。而"丝绸之路经济带"和

"21世纪海上丝绸之路"战略的提出,同时从我国内陆和沿海两个方向打开了对外开放的阀门,不但对我国提升对外开放层次,转变对外开放模式,构建开放型经济新体制具有重要的推动作用,同时也为我国构建东、中、西互动,海陆统筹,内外联通的一体化开放模式打下了坚实的基础。有力推动了中华民族伟大复兴的中国梦的实现,为我国经济的持续繁荣与稳定提供了动力。

就世界而言,"一带一路"是世界区域经济一体化的具体表现。通过"一带一路"战略的实施,不但将包括亚、欧、非在内的众多国家和地区有机结合起来,同时也使得包括中华经济圈、欧盟经济圈、东盟经济圈在内的众多区域组织在更高层次上走向了互联互通的道路[1]。这不仅有力带动了沿线国家和地区的经济发展和文化交流,同时也促进了亚欧大陆经济一体化的发展。习近平主席曾多次强调"对外要加快实施自由贸易区战略,努力构建区域经济一体化新格局",这在一定程度上也表明了中国希望通过"一带一路"与周边国家和地区进行深层次区域合作的愿景[2]。在"一带一路"的引导下,中国与中亚、东南亚、南亚、欧洲等国家和地区都发展了紧密的经济合作关系,形成了一条从中国出发向亚、欧、非大陆延伸的充满生机与活力的带状经济区。在这一经济区内,在政策、设施、贸易、货币、民心方面的紧密合作成为了各国之间交流沟通的主要内容。显然,在"一带一路"的推动下,一个规模庞大,跨地域、跨种族的趋于一体化的区域性市场将在不久的未来出现在世界的面前。

第四节 "一带一路"建设的方向与重点

一、"一带一路"建设与"马歇尔计划"有别

"一带一路"与美国的"马歇尔计划"有着本质的区别[3]。"一带一路"以坦诚开放的态度倡导互利共赢的理念,以和平发展为基础,以各国自愿参与为前提,不但将沿线各国的政策、贸易、设施、资金、民心紧密联系到一起,而且有效推动了沿线区域经济一体化的发展。从"一带一路"的首次提出到现在已经历了3年时间,在这3年的时间里"一带一路"建设已经取得了可喜成就,为沿线包括中国在内的众多国家和地区带来了丰厚的福利。目前,已经有100多个国家和组织参与到了丝绸之路的建设过程之中,其中我国已经与30多个沿线国家签署了共建"一带一路"的合作协议,同20多个国家开展了国际产能合作,包括亚洲基础设施投资银行、丝路基金在内的金融合作组织已经开始在"一带一路"建设过程中发挥巨大

---

[1] 邹嘉龄,刘春腊,尹国庆,唐志鹏. 中国与"一带一路"沿线国家贸易格局及其经济贡献[J]. 地理科学进展,2015,05:598-605.
[2] 黄河. 一带一路与国际合作[M]. 上海:上海人民出版社,2015.11
[3] 卢山冰,刘晓蕾,余淑秀. 中国"一带一路"投资战略与"马歇尔计划"的比较研究[J]. 人文杂志,2015,10:36-43.

作用。"一带一路"建设从无到有、从点到面,不但对其沿线国家和地区间的贸易合作和文化交流共同产生了重要的推动作用,而且也对其沿线产业协作系统的巩固与壮大产生重要的推动作用。

紧紧依托"一带一路",在彼此的交流中,各国将始终秉持"共商、共建、共享"的合作原则①。各国在技术方面各有所长,在资源方面各有优劣,无论是人才培养还是基础设施建设等方面都存在极强的互补性。通过不断加强交流合作关系,强化产业协作能力,从而构建连接亚欧非大陆众多国家和地区的产业协作系统,已经成为当前"一带一路"建设过程中的重要议题。就未来而言,随着"一带一路"战略影响的不断加深,沿线各国之间交流合作层次的进一步提升,未来"一带一路"沿线产业协作系统必然会在政策、民心、基础设施、贸易合作、资金融合等方面产生更加深刻的影响。

二、"一带一路"建设的重点

具体而言,"一带一路"建设是一项复杂的系统工程,涉及许多方面。我们认为,其重点应该体现在以下五个方面:

(一)规划协调更加默契,政策沟通更加顺畅

"一带一路"沿线国家众多,不同国家之间由于自然环境、资源状况、经济发展水平、人口分布、文化传统等不同因素的影响,往往发展倾向会有所差异。诸如俄罗斯国土面积辽阔,矿产资源丰富,人口密度较小且分布不均;中亚等相关国家地广人稀、制造业基础较为薄弱,公路、铁路等运输行业发展也不发达;地中海及波斯湾地区等相关国家多沙漠,但却具有丰富的石油资源;东南亚、南亚等相关国家大多分布在气候闷热潮湿的地区,农作物资源和矿产资源较为丰富;欧洲等相关国家科学技术发达,经济发展水平较高,但自然资源分布有限,人口老龄化问题较为严重;基于不同国家的不同国情,要想单纯实现对各国进行协调规划和政策沟通,其难度不言而喻②。

"一带一路"建设则从根本上突破了这一困境,在"一带一路"的引领下,贸易合作和文化交流必然需要各国间的规划协调和政策沟通作为保障,在产业协作模式下沿线各国要想实现资源、技术、人才优势的互补,也必然会建立规划和政策紧密联系。未来,随着"一带一路"沿线各国家和地区间交流合作不断加深,彼此了解不断深入,在"和平发展,互利共赢"的基本原则下,不同国家之间的规划协调将更加默契,政策沟通将更加顺畅。沿线国家政府之间将凝聚共识,增强互信,通过多种途径共建多层次的交流对话机制。做好有关各国经济发展的各项规划之间的衔接,增强经济发展规划制定的默契程度,提高彼此间公共政策制定

---

① 裴长洪,于燕."一带一路"建设与我国扩大开放[J].国际经贸探索,2015,10:4—17.
② 黄河.一带一路与国际合作[M].上海:上海人民出版社,2015.11

的协调性和一致性,使得政策沟通更加顺畅。从而,实现共同营造贸易往来和文化交流的良好环境,实现自身经济跨越式发展。

(二)工程衔接更加紧密,设施联通不断强化

基础设施联通是"一带一路"战略推进的基本保障,也是建设"一带一路"的主要着手点[①]。通过铁路、公路、港口码头等交通网络和站点将基础设施建设薄弱的国家和地区带动起来,从而为相关国家的发展提供机遇,使基础设施相对落后的国家和地区能够积极融入到"一带一路"建设过程中去,从而实现沿线各国家和地区的均衡发展;通过油气管道将地中海、波斯湾沿岸以及俄罗斯等油气资源丰富的国家与中国、欧洲等油气资源相对匮乏的国家紧密联系起来,从而真正实现资源的合理配置,提高资源的有效利用,在"一带一路"沿线形成良好的资源配置格局。与此同时,通过设施联通中国过剩的产能和资本得以向国外转移,来自东南亚和南亚的橡胶、水果等农副产品,以及来自欧洲的先进的工业制品和技术产品都得以流动起来。可以说,基础设施建设在"一带一路"建设过程中的作用首当其冲。

经历了近3年时间的发展,当前"一带一路"沿线国家已经在设施联通方面取得了一定的成效。在中国国内,一套将丝绸之路经济带与中国各节点城市紧密连接的高铁网已经基本形成;在沿线其他国家,依附"一带一路"以公路和铁路为主要建设项目的工程也在紧锣密鼓的建设之中。在21世纪海上丝绸之路方面,中国与巴基斯坦、印度、孟加拉、希腊、埃及等国家都在港口共建方面进行了紧密的合作,以保障海上通道为主的港口设施日益完善。未来,随着"一带一路"产业协作模式的发展,沿线国家间的基础设施工程衔接将更加紧密,设施联通将不断强化。各国将在不断加强彼此间基础设施规划协调的基础上,加强与其他国家和地区之间基础设施建设的衔接,从而携手推进"一带一路"沿线产业协作通道建设,维护基础设施安全,形成有力支撑区域产业互动的交通、能源、电力等基础设施网络。

(三)贸易成本大幅降低,贸易往来更加畅通

"一带一路"的战略任务之一就是要实现沿线国家和地区的"和平发展"和"互利共赢",而自由贸易则是实现这一战略任务的重要途径之一。通过自由贸易"一带一路"将东西方紧密联系在了一起,使位于亚欧大陆板块两端的中华经济圈和欧盟经济圈产生了紧密的合作关系,为沿线国家和地区的发展和崛起提供了巨大的机遇。伴随着诸如中日韩自由贸易区、中国—东盟自由贸易区、中蒙俄经济走廊、孟中印缅经济走廊等一系列自由贸易区和经济走廊的发展升级,对于消除贸易壁垒,降低贸易障碍起到了很大的作用,不仅为参与国家创造了大量的物质财富,而且也为周边国家的发展带来了"红利"。这在一定程度上,极大的促进了"一带一路"沿线国家的贸易发展,为实现"一带一路"沿线产业协作系统更好更快发展打

---

① 王义桅."一带一路"机遇与挑战[M].北京:人民出版社,2015.4

下了基础。

未来,随着"一带一路"不断推进,以及其沿线国家和地区产业协作的不断加深,各国间将通过降低贸易成本,进一步加强彼此间贸易往来,促进区域贸易更加畅通。在新的发展形势下,沿线协作系统内的相关国家将有可能进一步通过签订自由贸易区协定或者双边投资协定,降低贸易壁垒,消除投资障碍,提升贸易便利化和投资保护水平[1]。并通过加强海关、检疫检查、认证认可、标准计量、统计信息等多方面的双边交流合作,搭建信息共享平台,在完善各国边境口岸基础设施的基础上,提高信息化水平,从而降低贸易成本;通过加强产业园合作,深化各自沿线分工,提高各国加工制造业专业化水平,从而消除贸易壁垒,全面提升区域经济竞争力。

(四)金融合作平台日益壮大,资金融通机制更加便利

"一带一路"事业的推进和发展离不开资金的保障,充足的发展资金,完善的金融合作体系是"一带一路"建设的有力支撑。自2014年以来,为推动"一带一路"战略的有效实施,中国和其他相关国家分别合作建立了亚洲基础设施投资银行、并有针对性的设立了支持"一带一路"发展的丝路基金。亚洲基础设施投资银行总部设在北京,法定资本达1 000亿美元,按照多边开发银行的原则和模式运营,重点支持亚洲国家和地区的基础设施建设,至今已经有包括孟加拉国、新加坡、蒙古国、巴基斯坦等20多个国家参与其中。丝路基金由中国出资400亿美元设立,秉承开放的原则,其重点将为"一带一路"沿线国家的基础设施建设、产业合作和资源开发利用提供资金帮助。亚洲基础设施投资银行和丝路基金的设立不但为"一带一路"沿线各国发展产业经济提供了资金保障,也使得亚、欧、非众多沿线国家和地区紧密结合在一起,为"一带一路"的持续发展的推进提供了物质和精神双层面的动力来源。

尽管亚洲基础设施投资银行和丝路基金的设立在一定程度上为"一带一路"沿线国家的发展提供了资金保障和动力来源,但是,当前"一带一路"沿线基础设施建设的资金缺口依旧较大,依靠少数金融平台依旧难以满足发展的需要。因此,随着"一带一路"沿线产业协作系统的发展,沿线各国将进一步加强亚洲货币合作,扩大货币互现规模,提升货币结算便利化,共同完善投融资体系。同时进一步发挥区域开发银行和多边合作机制的作用,鼓励更多银行机构和离岸金融中心的发展,为"一带一路"建设增添新的活力。简言之,"一带一路"产业协作模式下的金融合作必将朝着金融合作平台日益壮大,资金融通机制更加便利的方向发展。

(五)人文交流不断深入,人民了解进一步加深

纵观历史,贸易的交流与合作往往会导致文化的交流与融合,进而导致不同种族、不同

---

[1] 黄益平. 中国经济外交新战略下的"一带一路"[J]. 国际经济评论,2015,01:48-53.

国家、不同信仰的人们之间进一步深层次的彼此了解。"一带一路"战略,不仅涵盖了从中国经蒙古、俄罗斯、中亚、西亚到非洲和欧洲的广阔陆上区域,而且也涵盖了从东南亚、南亚经印度洋至非洲、欧洲的广袤的海上区域,主要覆盖国家65个,人口达44亿,经济总量约占全球三分之一。如此广阔的面积,如此众多的人口,如此重要的经济地位,使得"一带一路"不仅成了一条经商贸易之路,而且也成为了一条文化交流之路和一条凝聚民心之路。

毋庸置疑,伴随着"一带一路"的不断推进,其沿线国家和地区间的文化交流将进一步深入,各国人民之间的彼此了解将进一步加深。包括深化教育合作、加强文化团体交流互访、共同开发文化资源和旅游资源、共同举办共享技术进步和文明成果展览等在内的一系列文化交流活动,将促使"一带一路"沿线各国的传统文化和民族信仰为其他国家所了解和认识。与此同时,人民往来日益密切,文化交流合作加深,在一定程度上又会反作用于"一带一路"的建设,从而在"一带一路"建设过程中凝聚民心,顺应民意,为"一带一路"奠定坚实的民意基础。

第八章 "一带一路"背景下的全球基础设施建设

21世纪,世界各国经济发展水平参差不齐,各国产业的发展水平也有很大的差距。如果一味只遵循市场经济"优胜劣汰"的原则,部分国家的弱势产业势必会受到冲击。当这些弱势产业的利益受到严重损害,难以从全球化中受益时,无疑其会对全球化产生抗拒心理。这也是当前反全球化运动出现很重要的一个原因。出于这部分群体的压力,部分国家会采取一些贸易保护政策。如任由其继续发展,势必会导致国际间贸易保护主义盛行。这不仅不利于经济全球化的进一步推进,同时也会影响全球经济的发展。中华经济圈的发展也受到这一问题的困扰。要解决这一问题,中华经济圈与全球产业协作系统的建设是很好的一个途径。产业间的协作可以有助于弱势产业转型或是走出困境。中华经济圈与全球产业协作系统的建设重点在于通过经济、文化、社会等各方面的建设,加强中华经济圈各产业与全球产业的沟通联系与合作,并根据各国资源禀赋的情况进行合理的产业分工,促进资源的高效配置,从而实现两者的共同发展和共同繁荣。中华经济圈与全球产业协作系统的顺利建设,对于中华经济圈的经济和全球经济而言,都将会是个重大的利好。本章将从交通基础设施建设、能源、通讯及经济走廊基础设施建设、金融服务体系建设及软环境设施建设来介绍"一带一路"背景下中华经济圈与全球产业协作系统的建设。

第一节 交通基础设施建设

基础设施是指为社会生产和居民生活提供公共服务的物质工程设施,是用于保证国家或地区社会经济活动正常进行的公共服务系统,其包括铁路、公路、港口、机场、通讯、能源管道等。中华经济圈与全球产业的协作离不开人员、设备、原材料等的流通,而人员、设备、原材料等的顺畅流动则离不开基础设施的建设。

丝绸之路经济带重点畅通中国经中亚、俄罗斯至欧洲(波罗的海),中国经中亚、西亚至波斯湾、地中海,中国至东南亚、南亚、印度洋。21世纪海上丝绸之路重点方向是从中国沿海港口过南海到印度洋,延伸至欧洲;从中国沿海港口过南海到南太平洋。无论是从中国到欧洲,还是从中国到印度洋、南太平洋,这都是一段极长的距离。由此可见,"一带一路"沿线有许多国家。中华经济圈要与这些国家进行产业协作,依托于良好基础设施的交通通道必不可少。交通基础设施的互联互通化将更有利于产业间的协作。而在这些交通基础设施中,最为重要的便是铁路和港口。

一、铁路建设

铁路是中华经济圈与"一带一路"沿线国家进行联通的一个重要渠道,是中华经济圈与其他国家产业协作所需要的一个重要的基础设施。那么,为什么铁路会这么重要呢?这主要是因为铁路在国际运输中的优势。铁路在国际运输中的优势主要由五点共同构成。第一,安全程度高,受天气条件影响相对较小。铁路列车沿着轨道行驶,除非遇到泥石流等自然灾害,一般不容易出现较大的安全事故。与飞机和海运相比,其受天气条件的影响相对较小,也相对安全。第二,运输能力大。铁路一列货运列车一般能运输三千至五千吨的货物,这远远高于飞机和货运汽车的运输能力。第三,运输成本较低。铁路运输耗油一般仅为汽车运输耗油的二十分之一左右。油耗较小,而运载量较多,这使得铁路运输费用约为汽车运输费用的几分之一到十几分之一。而与耗油多,运载量小的飞机相对,铁路的运输成本无疑是低很多的。第四,持续运输性强。海运和飞机运输受天气条件的影响较大,一遇到恶劣天气往往就无法运输,而铁路运输几乎不受天气条件的影响。因此,在进行一定合理规划的情况下,铁路运输可以一年四季不分昼夜地进行有规律的运转。第五,运输速度快。铁路货运列车的速度每昼夜可以达到几百千米,而一般的货运列车也可达到100千米每小时左右,比海运快。虽然不及飞机的运输速度,但铁路运输比飞机运输的费用低且载量高。

中华经济圈与"一带一路"沿线国家加强铁路产业的协作,无论是对铁路产业的发展,还是对其他产业协作的前景,都有着积极的意义。特别是各国间铁路的互联互通,将给各国产业的发展提供一条畅通无阻的道路。目前,中华经济圈已建或规划中的重要跨国铁路主要有三个,一个是亚欧大陆桥,一个是"渝新欧"国际铁路联运大通道,一个是泛亚铁路。

(一)亚欧大陆桥

已建成的亚欧大陆桥有两条,一条是西伯利亚大陆桥,另一条是新亚欧大陆桥。西伯利亚大陆桥全长约13 000千米,以俄罗斯东部的符拉迪沃斯托克为起点,横穿西伯利亚大铁路通向欧洲各国,最后到达荷兰的鹿特丹港。新亚欧大陆桥全长约10 800千米,其经中国陇海铁路、兰新铁路与哈萨克斯坦铁路接轨,穿越中亚、西亚,然后通往欧洲。这是一条从中国的江苏连云港市,到荷兰鹿特丹港的国际化铁路交通干线,于1992年开始正式运营。

亚欧大陆桥横穿亚洲大陆,连接太平洋和大西洋,它的运营缩短了从东北亚地区到欧洲地区的运输距离,为亚欧沿线各国的产业协作和经济贸易交流等提供了一条便利的通道。同时,亚欧大陆桥对于促进亚欧大陆间经济走廊的形成,扩大亚欧各国的经贸合作与交流,推动亚欧经济的发展与共同繁荣,都具有重要意义,特别是横跨中国的新亚欧大陆桥。

新亚欧大陆桥与西伯利亚大陆桥相比，其更具优势。新亚欧大陆桥的优势主要有四点。地理位置和气候条件相对优越。西伯利亚大陆桥部分路段处于高寒地区，在冬天会受到封冻期的影响，从而影响铁路的整体运行。而新亚欧大陆桥避开了高寒地区，基本上不会受到封冻期的影响，可以常年进行作业。

第二，运输距离相对较短。从西伯利亚大陆桥与新亚欧大陆桥的长度便可知道，同样是运输货物从东北亚到荷兰的鹿特丹，新亚欧大陆桥与西伯利亚大陆桥相比减少了约2 200千米的运距。如到中亚、西亚各国，新亚欧大陆桥运输距离的优势将更为明显。

第三，辐射的国家和地区较多。在辐射面相同的情况下，新亚欧大陆桥所辐射的国家和地区更多。更不用提，与俄罗斯相对，中国辐射的效应会更强。

第四，对亚太地区各经济体的吸引力较大。以往中华经济圈各经济体、韩国、日本、东南亚国家等需要运输货物到欧洲一般仅能使用海运。而这海运通常有三条路线。一是通过南海，经马六甲海峡，穿越印度洋，通过苏伊士运河到达地中海沿岸。二是穿过印度洋，绕道非洲好望角，进入大西洋，到达欧洲。三是穿过太平洋，经巴拿马运河到达大西洋，然后行至欧洲。无论是这三条海运路线中的哪条，其距离都非常长，且海上运输风险也相对较大。如果是通过新亚欧大陆桥，从日本、韩国等东北亚国家到欧洲，水陆全程约为一万两千千米，比经苏伊士运河到欧洲少八千多千米，比经巴拿马运河少一万一千多千米，比绕道好望角少一万五千多千米。路程的缩短，意味着运输费用和运输时间的减少。而运输到中亚、西亚或欧洲的部分国家，新亚欧大陆桥的路程会比西伯利亚大陆桥的更短。由此可见，新亚欧大陆桥对亚太地区各经济体的吸引力自然也就更大。

(二)"渝新欧"国际铁路联运大通道

"渝新欧"国际铁路联运大通道是重庆至欧洲的国际铁路大通道，是指利用南线亚欧大陆桥这条国际铁路通道，从重庆出发，经西安、兰州、乌鲁木齐，向西过北疆铁路，到达边境口岸阿拉山口，进入哈萨克斯坦，再经俄罗斯、白俄罗斯、波兰，最后到达德国的杜伊斯堡，全长11 179千米。这是一条由沿途六个国家铁路、海关部门共同协调建立的铁路运输通道，于2010年开始运营。

"渝新欧"国际铁路联运大通道的开通对于中华经济圈与其他国家的产业协作有着积极意义。

报关检疫检验便利。国际间商品贸易，最害怕的麻烦事情便是报关检疫检验时间长、手续多。为便利通关检验检疫，促进沿线各国的商贸往来，在国家层面的协调努力之下，中国与"渝新欧"国际铁路沿线国家签订了通关检疫检验等有关合作协议。运输的货物经该线出口欧洲可以只一次申报、一次查验、一次放行，减少了各国重复通关等问题的困扰。

第二，为中国内陆省份的出口提供了更多样的渠道。中国的内陆省份多是矿产资源大省或是农业大省,其产品出口的运输方式适合使用海运或铁路运输。以往,中国内陆省份需要出口产品到欧洲,一般仅能通过海运或是新亚欧大陆桥。"渝新欧"国际铁路联运大通道的开通,使得重庆至新疆沿线的内陆省份多了一个出口铁路渠道的选择。这对于中国西部大开放以及促进中国内陆省份与国外的产业协作都有着积极的作用。

第三,降低产业协作的成本。由于货物经"渝新欧"国际铁路联运大通道只需要申报一次、查验一次、一次放行,避免了各国重复通关,这也使得班列的在途时间缩短,运输效率有所提高,从而减少了直接成本。

(三)泛亚铁路建设

泛亚铁路(Trans-AsianRailway,TAR)是一个统一的、贯通欧亚大陆的货运铁路网络。早在20世纪60年代,泛亚铁路的构想就已经被提出。经过近50年的筹划与协商,亚洲18个国家的代表于2006年11月10日在韩国釜山正式签署《亚洲铁路网政府间协定》。这标志着亚洲各国筹划了近50年的泛亚铁路网计划最终得以落实。按照协定的规划,在不久的将来,4条"钢铁丝绸之路"共同构成的黄金走廊就可以把欧亚两大洲连接为一体,纵横交错的干线和支线将编织起一个巨大的经济合作网络。这对于中华经济圈与全球产业协作系统的建设无疑是一个重大的利好。泛亚铁路的建成,将有利于亚洲各国产业间的相互协作,进一步推动亚洲各国的共同发展和共同繁荣。

按照研究方案,泛亚铁路预计将建造4条路线,分别是北路、南路、南北走廊和东盟通道。北路路线将连接太平洋和欧洲,从朝鲜半岛出发,沿途经中国、蒙古、哈萨克斯坦、俄罗斯、白俄罗斯、波兰,最终到达德国。南路路线将连接土耳其、伊朗、巴基斯坦、印度、孟加拉、缅甸、泰国,然后分别进入中国云南以及经马来西亚进入新加坡。南北走廊路线将连接北欧与波斯湾。南北走廊路线的主线始于芬兰的赫尔辛基,而后穿越俄罗斯抵达里海,抵达里海后将分成三条支线。西线经阿塞拜疆、亚美尼亚入伊朗西部地区;中线以火车轮渡的形式经里海进入伊朗;东线经哈萨克斯坦、乌兹别克斯坦和土库曼斯坦进入伊朗东部地区。三条线路将最终在伊朗首都德黑兰会合,最后抵达伊朗南部的阿巴斯港。

到目前为止,泛亚铁路的具体线路尚未全部最终敲定,仅部分线路已建成通车。出现这种情况主要的原因在于泛亚铁路建设中所存在的困难,很多细节尚需各方共同协商解决。泛亚铁路建设中存在的困难主要有四点。

第一,铁路建设投资上的困难。2006年18国代表签署《亚洲铁路网政府间协定》的时候正是世界经济发展势头较好的时期。2008年金融危机出现后,世界经济每况日下,经过多年的发展,世界经济仍复苏缓慢。受世界经济大环境的拖累及各方面因素的影响,当初签署协定的国家很多都经济发展减缓,甚至出现了经济危机。例如俄罗斯,受到国际石油价格大幅下降和西方经济制裁的影响,于2014年开始便陷入经济危机。中国的情况尚且还好,但其他国家在这种经济情况下要斥巨资修建国内路段的铁路,无疑是相当困难的。

第二,技术标准上存在的差异。在技术标准上存在的差异所造成的最大障碍便是签署协定的各国的铁路轨道标准不一致。中国、伊朗和土耳其所使用的铁路轨道是轨距1 435毫米的标准轨,而东南亚国家绝大多数使用的铁路轨道是轨距1 000毫米的窄轨,印度、巴基斯坦的铁路轨道和孟加拉国的部分铁路轨道的轨距为1 676毫米的宽轨,俄罗斯和中亚的独联体国家铁路轨道则是轨距为1 520毫米的宽轨。这就存在了四种不同标准的轨道。这对于不同国家铁路轨道的相互连接造成极大的困难。由于铁路轨道轨距不同,行驶在某一轨道上的列车无法驶入另一种不同轨距的铁路轨道,这时便需要更换列车。如果是客运列车,更换起来尚且比较简单。但如果是货运列车,需要重新装卸货物才可更换,这就非常麻烦。

第三,相互协调的困难。无论是泛亚铁路的哪条路线,都涉及多个国家。各个国家的经济情况、政治情况、文化情况、安全情况等都各不相同。基于各国自身的利益,各国都有自己不同的观点。这些国家之间要相互协商、谈判,得出一个一致的方案,这并不是一件能在短时间内完成的简单事情。而且还有部分域外国家,出于各种不同的目的对此进行干扰,更进一步加剧了协商的困难。

第四,通关检验检疫手续有待进一步简化。目前,泛亚铁路沿线国家的通关检验检疫手续基本上都是每经过一个国家就需要办一次,非常麻烦。如是这样,无疑会降低泛亚铁路的吸引力。泛亚铁路沿线国家的海关、检验检疫部门如果能够经过协商,简化通关检验检疫手续,使得货物运输能够全程只需一次报关、一次查验,无疑这会大大增强泛亚铁路的吸引力。但这个协商并非能一蹴而就,是一件需要时间的事情。

二、港口建设

如果说"丝绸之路经济带"的主要交通运输是通过铁路进行,那么"21世纪海上丝绸之路"的主要交通运输必是通过海运进行。海运除了离不开货轮之外,港口也是很重要的一环。"一带一路"背景下,中华经济圈与全球产业协作系统中很重要的另一个基础设施建设便是港口。1999年,联合国贸易与发展会议在第3代港口的基础上,提出第4代港口的概念,并对第4代港口作出如下解释:"1994年,联合国贸易与发展会议提出的'第3代港口'概念,主要是指那些在传统装卸功能基础上同时提供其他有附加值服务的港口,比如仓储、包装及配送等,这些服务可以通过投入相应的劳动力来为港区带来利润。然而'第4代港口'的时代已经来临,其形式上的特征主要表现在不同港口之间虽然空间上分离,但却由共同的运营商经营或者由统一的港口管理机构来管理。"2004年实施的《中华人民共和国港口法》将港口定义为"具有船舶进出、停泊、靠泊,旅客上下,货物装卸、驳运、储存等功能,具有相应的码头设施,由一定范围的水域和陆域组成的区域"。由此可见,港口是可供船舶安全进出、停泊、靠泊的运输枢纽,是各种货物和旅客运输的集散地,同时也是能提供仓储、包装、配送等服务的场所。

港口作为水陆交通和物流的枢纽,其对于中华经济圈与其他国家的产业协作,特别是海岛国家或地区、与亚欧大陆无陆地相连的国家或地区的产业协作,至关重要。目前,中国港口的建设主要通过两方面进行,一方面是国内港口的建设,另一方面是国外港口的建设。

(一)国内港口建设

根据2015年3月28日国家发展改革委员会、外交部、商务部联合发布的《推动共建丝绸之路经济带和21世纪海上丝绸之路的愿景与行动》,21世纪海上丝绸之路重点方向是从中国沿海港口过南海到印度洋,延伸至欧洲;从中国沿海港口过南海到南太平洋。文中还指出要加强上海、天津、宁波—舟山、广州、深圳、湛江、汕头、青岛、烟台、大连、福州、厦门、泉州、海口、三亚等沿海城市港口建设。这15个沿海城市的港口无疑将是中国国内港口建设的重点。

那么为什么会选择这15个沿海城市的港口作为重点建设的港口呢?这主要是因为这15个沿海城市的港口都是中国较早开发、开放的港口。这些港口经过多年的发展,在国际上知名度相对较高,各项配套设施相对完善,运营管理的方式也相对比较成熟,且港口吞吐量都较大。特别是上海港和广州港的吞吐量更是位居世界前列。这些港口的地理位置也契合21世纪海上丝绸之路的重点方向,无疑是很适合作为21世纪海上丝绸之路的起点。而且这些沿海城市的港口都处于东部沿海经济较发达地区,其经济的辐射效应也相对较强,有助于带动周边地区的经济发展。

这15个沿海城市港口的建设除了根据自身的情况来制定相应的计划外,还可以朝以下三个方面发展。

第一,提高信息化、智能化的程度。随着中华经济圈与全球产业协作的进一步发展,港口的货物运输需求、仓储需求、物流配送需求、国际中转需求等都会进一步加大。这就会产生巨大的数据量,要求及时处理和调配。港口如果能提高港口设施、管理平台、贸易平台等的信息化、智能化程度,这将有助于提升港口的运营管理能力以及货物运输效率。同时信息化、智能化的平台也会大大便利各企业的工作,有利于增强港口的竞争力。这方面可借鉴香港港口的经验。

第二,开拓多元化的业务。港口如果仅经营传统的业务或某几种业务,将很容易受到新兴港口的冲击。但港口如果能开拓多元化的业务,这不仅能够降低所受到的冲击,同时也能增加新的经济增长点。例如,航运金融、保险、咨询等服务都可以成为港口新的多元化业务。这方面可借鉴英国伦敦和新加坡港口的经验。

第三，提供个性化的服务。不同的企业情况不同，自然也就会有不同的要求。在没有个性化服务的情况下，企业只能接受大众方案。但在有个性化服务的情况下，个人定制的方案无疑是更能满足企业的要求。如果港口能提供个性化的服务，这将给企业提供更多的选择，这也将提升港口的吸引力。这方面可借鉴荷兰鹿特丹港的经验。

随着沿海城市港口的进一步发展，无疑也会使相关城市与其他国家或地区的贸易交流进一步密切，这也会进一步地推动中华经济圈与全球产业的协作。

(二)国外港口建设

当前"第4代港口"的时代已经来临。根据联合国贸易与发展会议对"第4代港口"所作出的解释，"第4代港口"形式上的特征主要表现在不同港口之间虽然空间上分离，但却由共同的运营商经营或者由统一的港口管理机构来管理。由同一个运营商经营的港口之间可以形成有效的航运产业链，如此将有助于增强港口之间的协调与互动，同时也便于信息流和资金流的交换，可以避免重复建设，更有效地为客户提供服务。要进一步推动中华经济圈港口产业的发展，加强与全球产业的协作，这便要求中国的港口建设走出去。

中国参与国外港口建设的方式主要有四种。

第一种是援建。部分国家由于国力和技术等问题，无法自行建造大型的港口和码头。中国提供资金和技术的支持，帮助相关国家建设港口和码头。例如，斯里兰卡的科伦坡南港集装箱码头、斯里兰卡的汉班托塔港以及孟加拉国的吉大港。

第二种是合作建设港口。中国与相关国家进行协商，由中国承建港口或是就港口的建设运营管理进行合作。如巴西和马来西亚目前就有邀请中国与其进行港口建设的合作。

第三种是获取港口的经营权。企业获取港口的经营权主要有两种形式。一种是在双方领导人的见证下推动的，一种是企业通过竞标获得。巴基斯坦瓜达尔港经营权的获取则属于前者。巴基斯坦的瓜达尔港在2007年建设完工后，是由新加坡港务局竞标获得了经营权。但由于新加坡港务局经营不善，在中巴双方领导人的推动下，巴基斯坦于2012年将瓜达尔港的经营权转移给了中国。希腊比雷埃夫斯港2、3号码头的特许经营权的获得则属于后者。在西方金融危机爆发后，由于经营问题，希腊出售比雷埃夫斯港2、3号码头的特许经营权。这35年特许经营权最终由中国企业竞标获得。

第四种是收购港口股份。吉布提共和国的吉布提港位于亚丁湾西南侧，是吉布提共和国的最大海港，也是东非最大的现代化港口之一。打击索马里海盗的各国护航舰队一般都经过这一地区，因此吉布提港也逐渐成为一个各国军舰补给的港口。2013年1月，中国招商局国际有限公司与吉布提港口和自由贸易区管理局签订协议，以1.85亿美元的价格收购了吉布提港口23.5%的股份，并以这种方式参与吉布提港口的运营管理。

中国企业参与国外港口的建设，既可以给国内产业的发展提供一个相对稳定的交通渠道,同时也是一个与国外港口产业进行交流的机会。这有利于双方港口相关产业的协作与共同发展。

第二节 能源、通讯及经济走廊基础设施建设

在中华经济圈与全球产业协作系统建设中,除了交通基础设施建设外,尚有其他基础设施建设也是非常重要的。例如,能源基础设施、通讯基础设施。

一、能源基础设施

能源是指能够直接取得或者通过加工、转换而取得有用能的各种资源,其包括煤炭、石油、天然气、水能、核能、风能、太阳能、地热能、生物质能等一次能源,以及电力、热力、成品油等二次能源,以及其他新能源和可再生能源。而能源基础设施则是这些能源生产、运输、储存等各种设施设备的总和。能源作为一国经济发展中重要的命脉,对于中华经济圈与全球产业协作也起着非常重要的作用。因此,能源基础设施的建设也就变得非常重要了。

一说到能源基础设施,人们往往就会想到输油管道、输气管道,进而想到油田、天然气田。众所周知,"一带一路"沿线的中亚、中东、俄罗斯都是石油、天然气的储量大国。从表8-1和表8-2中,我们也能看出这点。特别是中东地区和俄罗斯,都是石油、天然气资源非常丰富的地方。要确保中华经济圈与全球产业协作的顺利,能源安全至关重要。随着中国经济的发展,目前中国与相关地区的能源合作日益密切。

表8-1 "一带一路"区域内石油资源量表

地区	已发现石油可采储量		待发现石油可采集资源量(均值)	
	亿吨	占比/%	亿吨	占比/%
中东	1 407.1	69.1	150.7	42.7
俄罗斯	376.2	18.5	94.5	26.8
中亚	113.4	5.6	43.1	12.2
东南亚	78.3	3.8	41.2	11.7
南亚	18.8	0.9	8.6	2.4
欧洲	21.4	1.0	3.4	1.0
其他	21.2	1.0	11.5	3.2
"一带一路"合计	2 036.4	100	353.0	100
占全球份额	66%		32%	

表 8-2 "一带一路"区域内天然气资源量表

地区	已发现天然气可采储量		待发现天然气可采集资源量（均值）	
	亿吨	占比/%	亿吨	占比/%
中东	91.7	44.9	16.1	19.9
俄罗斯	64.9	31.8	36.1	44.5
中亚	23.5	11.5	8.6	10.6
东南亚	13.1	6.4	9.1	11.2
南亚	4.8	2.3	4.3	5.3
欧洲	3.6	1.8	0.5	0.7
其他	2.7	1.3	6.3	7.8
"一带一路"合计	204.3	100	81.0	100
占全球份额	65.5%		32%	

数据来源于《中国能源报》

"权益油气"是指企业积极参与海外国家的油田、气田开发，通过投资、购买等方式参与海外油田、气田建设，从而获取当地稳定的油源、气源。根据公开资料显示，"一带一路"沿线地区，中国企业的权益油主要集中在伊拉克和哈萨克斯坦，中国企业的权益气则主要集中在土库曼斯坦、哈萨克斯坦和印尼。从中国企业权益油、权益气集中的国家可以看出，这些国家往往都是经济较不发达国家或是不发达国家，这些国家拥有资源，但缺乏资金和技术。而中国拥有资金、技术，但需要资源。两者正好取长补短。但俗话说"鸡蛋不能够放在同一个篮子里"，中国企业的权益油和权益气主要集中在某几个国家，无疑会增加能源安全的风险。近年来，中国逐渐增加与其他油气大国的合作，例如，俄罗斯、沙特、伊朗和缅甸。中国油气产业与外国油气产业的协作日益密切。

在这产业协作的众多项目中，跨境油气管道的建设则是其中的重点。即使中国取得了众多的"权益油气"，但如果无法顺利安全地把油气运抵中国，那么中国油气产业与外国油气产业协作的效果将大打折扣。中国进口的油气从海上运输的话，大部分都得经过马六甲海峡。一旦有国家封锁马六甲海峡，将会严重影响到中国油气的进口。而且海上运输受天气影响较大，其运输风险往往会比陆上运输的大。因此，跨境油气管道是一个更好的选择。油气的运输在陆地上还可以通过公路和铁路进行。为什么跨境油气管道会更好呢？这主要是因为，与公路运输和铁路运输相比，跨境油气管道输送油气具有运量大、速度较快、成本较低、安全性较高等特点。这使得跨境油气管道更适合陆上油气的运输。

目前，中国主要的跨境油气管道有五条，分别是中哈输油管道、中国-中亚天然气管道、中俄输油管道、中缅输油管道和中缅天然气管道。

中哈输油管道是中国第一条战略级别的跨境原油管道。中哈输油管道连接哈萨克斯坦西部原油产区和中国新疆,于2009年建成投产。中国企业在哈萨克斯坦拥有较大份额的权益油。中哈输油管道的建成有利于中哈间原油持续稳定地运输。

中国—中亚天然气管道是目前世界上最长的天然气管道。其始于土库曼斯坦和乌兹别克斯坦的边境,穿过乌兹别克斯坦和哈萨克斯坦,然后进入中国新疆,再由中国新疆连接到中国东部、南部的沿海地区。中国—中亚天然气管道目前尚未完全建成,预计建成后,每年可从中亚地区输送约300亿立方米的天然气到中国。这将有助于中国持续稳定地获得天然气资源,以满足社会经济发展的需要。同时也使得中亚地区的相关产气国可以得到持续稳定的收入。

中俄输油管道是中国与俄罗斯的第一条原油管道。根据中俄双方签署的输油合同,俄罗斯将通过中俄输油管道每年向中国提供1 500万吨的原油,合同期为20年。这标志着中俄石油产业的合作进入一个新的阶段。

中缅输油管道和中缅天然气管道分别于2015年和2013年建成。中缅输油管道和中缅天然气管道都是从缅甸的某一港口到中国云南。进入中国境内后,中缅输油管道最终到达重庆,而中缅天然气管道最终到达广西。中缅油气管道的建成使得中国从中东地区的原油和天然气进口可不经马六甲,而是通过中缅油气管道运输到中国国内。这增加了中国进口原油和天然气的运输渠道,有助于增强中国能源的安全。

除了石油、天然气外,电力也是产业协作中很重要的一种能源。众所周知,当前无论是人们的日常生活,还是企业的生产活动,都离不开电。一旦电力供应不足,企业的生产将无法正常进行。中国及周边国家由于资源禀赋和经济发展水平的不同,各自对于电力的需求也大不相同。蒙古、俄罗斯、吉尔吉斯斯坦、乌兹别克斯坦等国的煤炭、水力、风力、太阳能等资源丰富,电力供过于求,可大量出口电力。而中国对于电力有着巨大的需求。这给中国与蒙古、俄罗斯等国的电力产业提供了巨大的合作空间,有助于推动电力产业的共同发展。另外,根据国际能源署和中国国家商务部的相关统计,目前印度、巴基斯坦、泰国等国的电力无法自给自足,需要进口电力。蒙古、俄罗斯等电力充足的国家可通过中国的电力运输网络把电力出口到印度、巴基斯坦等国。这使得中国与周边各国的电力产业协作可以进一步加强与深化。目前,中国国家电网公司已积极推动中国与周边国家电网的互联互通。中国与周边国家的电力产业协作正在稳步推进。

二、通讯基础设施

21世纪是信息化的时代。中华经济圈与全球产业协作中信息的传输离不开光纤宽带、移动通信基站、卫星通讯等通讯基础设施。目前中国与"一带一路"沿线国家的跨境光缆建设以及洲际海底光缆建设方面仍相对落后。在这方面中国与其他国家的通讯产业有很大的协作空间。特别是经过多年的发展，中国国内的通讯企业通过自主研发创新、实践建设，在通讯相关技术上获得了不少国际领先的技术专利。华为、中兴通讯都是其中很典型的例子。国内通讯产业的发展同时也推动了国内通讯设备产能的快速增加。目前，通讯设备、光纤光缆等已出现供过于求的状况。这迫使相关通讯企业"走出去"。"一带一路"沿线的部分国家光纤宽带建设比较落后，对于通讯基站、光纤等的建设和升级都有着较大的需求。这就给中国与"一带一路"沿线国家通讯产业的协作提供了很大的空间。中国为了提高与国际通信互联互通的水平，正与相关国家通讯产业协作推动跨境光缆等通信干线网络的建设。随着这些建设的发展，中国与相关国家通讯产业的协作将进一步深化和加强。

除光纤光缆、移动通信基站等通讯基础设施外，卫星通讯也是很重要的一个通讯基础设施。卫星通讯是通过通讯卫星来实现的。通讯卫星顾名思义就是为通讯提供服务的卫星。其相当于一个无线电的中转站，接收从地面某个地方发来的无线电数据，然后再转发到另外一个地方。一个地区通讯卫星的覆盖范围和覆盖密度将会影响到这个地区的电话和电视信号的接收程度。世界上第一颗静止轨道通信卫星是美国在20世纪60年代发射的，而中国的第一颗静止轨道通讯卫星则是20世纪80年代才发射。中国的卫星通讯产业虽然起步较晚，但经过多年的发展，已取得不俗的成绩，特别是通讯卫星技术已居世界前列。部分国家对于通讯卫星的制造和发射有着不小的需求，中国的卫星通讯产业正好可以与之合作。另外，由于起步较晚，中国在通讯卫星的设计制造、覆盖范围和覆盖密度上与发达国家仍有一段距离。中国的卫星通讯企业需要积极地与国外先进的卫星通信企业进行交流合作，不断提高品牌知名度和技术水平。

随着中国与"一带一路"沿线国家通讯基础设施相互协作的加强，国际通信互联互通水平将会日益提高，中国与其他国家的信息交流与合作也会不断加强。在不久的将来，将会出现一条从中国到其他国家的信息丝绸之路。

三、经济走廊建设

根据《推动共建丝绸之路经济带和21世纪海上丝绸之路的愿景与行动》，中国目前正在积极规划建设新亚欧大陆桥、中蒙俄、中国—中亚—西亚、中国—中南半岛、中巴和孟中印缅等6个国际经济合作走廊。经济走廊是希望通过基础设施的互联互通来推动相关国家和地区经济的进一步合作与发展。这是中国"一带一路"建设中的一个重点。新亚欧大陆桥的情况在前面已有介绍，下面将介绍另5个经济走廊的情况。

中巴经济走廊是"一带一路"最重要的经济走廊之一。根据2015年中国和巴基斯坦政府制定的中巴经济走廊远景规划，中巴经济走廊将建立一条公路、铁路、油气管道及光缆四位一体的通道。这条通道将连接中国新疆的喀什和巴基斯坦的瓜达尔港,全长约3 000千米。中巴经济走廊的建成将把"丝绸之路经济带"和"21世纪海上丝绸之路"连接起来,有助于实现区域间的互联互通,同时增强中国和巴基斯坦经贸的合作和共同发展。

孟中印缅经济走廊建设的倡议是2013年5月中国国务院总理李克强访问印度期间提出的,得到了印度、孟加拉国、缅甸三国的积极响应。目前,孟中印缅四国已建立经济走廊建设合作机制,并签署了孟中印缅经济走廊联合研究计划。孟中印缅经济走廊的建设有助于加强中国西南地区和印度、孟加拉国、缅甸三国间的互联互通。这也将有利于该地区的发展和共同繁荣。

中蒙俄经济走廊是2014年中国国家主席习近平在出席中蒙俄三国元首会晤时所提出的倡议。根据国家发展改革委员会2016年公布的《建设中蒙俄经济走廊规划纲要》,"建设经济走廊旨在通过在增加三方贸易量、提升产品竞争力、加强过境运输便利化、发展基础设施等领域实施合作项目,进一步加强中华人民共和国、蒙古国和俄罗斯联邦三边合作。"规划纲要同时指出,经济走廊的建设重点关注以下7个合作领域。一是促进交通基础设施发展及互联互通。二是加强口岸建设和海关、检验检疫监管。三是加强产能与投资合作。四是深化经贸合作。五是拓展人文交流合作。六是加强生态环保合作。七是推动地方及边境地区合作。

中国—中亚—西亚经济走廊计划从中国新疆出发,经过中亚的哈萨克斯坦、吉尔吉斯斯坦、塔吉克斯坦、乌兹别克斯坦、土库曼斯坦以及西亚的伊朗、土耳其等国,最终抵达波斯湾、地中海沿岸和阿拉伯半岛。众所周知,上述中亚和西亚的国家都是油气资源和矿产资源极其丰富的国家,这些国家的基础设施还不够完善,中国和这些国家有很大的合作空间。但同时这些国家的军事、文化、宗教等问题也特别复杂,冲突时有发生,投资风险较大。中国—中亚—西亚经济走廊目前处于设计规划阶段,离建成尚有一段距离。

中南半岛经济走廊以中国广西壮族自治区、云南省为主要门户,向北延伸至中国广大内陆腹地和东部沿海发达地区,向南经越南、老挝、柬埔寨、缅甸、泰国等国,延伸至马来西亚和新加坡。中南半岛经济走廊的区域处于中国—东盟自由贸易区内,区内有泛亚铁路网络等基础设施。根据《中国—中南半岛经济走廊倡议书》,中国将与中南半岛相关国家在原有的基础上积极合作,共同推进区域内国家间的联系和对接,以实现互利互惠、合作共赢。

第三节 金融服务体系建设

中华经济圈无论是与哪个国家的产业相互协作,除了离不开人力、物力外,还有一样东西也是必不可少的,那便是资本。一说起资本,便不得不谈金融。金融是确保一个国家经济得以顺利运行很重要的一个方面。金融包括了货币发行流通、存贷款、票据汇兑等很多方面的内容。本小节将从人民币国际化、政府间金融开发机构以及金融监管合作来谈"一带一路"背景下中华经济圈与全球产业协作系统的建设。

一、人民币国际化

人民币国际化就是要使人民币成为国际上普遍认可的计价、结算和储蓄货币,从而最终成为世界货币。其具体表现为三个方面。一是人民币现金在境外普遍流通;二是以人民币为计价单位的金融市场达到一定规模;三是国际贸易中以人民币结算的交易达到一定的比例。那么,人民币国际化与产业协作系统的建设之间有何联系?中华经济圈与全球产业的协作一定会存在着贸易的往来,而人民币国际化可以降低中华经济圈与全球产业协作中的汇率风险。举个例子,中国企业准备从日本企业进口一套价值1亿日元的机械设备,在这个交易进行结算的时候,中国企业需要先按照人民币兑美元的汇率把人民币换成美元,再按照日元兑美元的汇率把美元换成日元,然后才能进行结算。如果中国企业可以直接把人民币兑换成日元,那就在很大程度上可避免受到美元汇率波动的影响,从而降低交易中的汇率风险。汇率风险的降低有助于国际贸易市场的稳定,并扩大国际贸易的往来。这一切都将有利于中华经济圈与全球产业协作的稳定和发展。

人民币国际化不可能一蹴而就,这将会是一个长期的过程。在中国推动人民币国际化进程以来,中国已取得不小的成绩。首先,中国与三十多个国家和地区签署了双边货币互换协议。双边货币互换协议是双方的中央银行共同签署的。双边货币互换协议的内容是双方国家或地区可在协议有效期内按照协议规定的汇率互换一定数量的本国或本地区的货币。在国际金融危机爆发后,作为国际贸易主要结算货币的美元和欧元都经历了剧烈的波动,对国际外汇市场造成了较大的冲击。双边货币互换协议的签订,可使两国双边贸易中的汇率风险有所下降,同时给双方贸易的稳定进行注入一支强心针。贸易往来的稳定也会使得双方的产业协作成为可能,进而才能推动双方产业协作的进一步发展。

表8-3 人民币双边货币互换协议签署国

序号	国家或地区	签署时间	类型	序号	国家或地区	签署时间	类型
1	阿根廷	2009年	初签	8	新西兰	2011年	初签
2	白俄罗斯	2009年	初签	9	中国香港	2011年	续签
3	巴基斯坦	2011年	初签	10	阿联酋	2012年	初签
4	哈萨克斯坦	2011年	初签	11	澳大利亚	2012年	初签
5	韩国	2011年	续签	12	马来西亚	2012年	续签
6	泰国	2011年	初签	13	蒙古	2012年	补充协议
7	乌兹别克斯坦	2011年	初签	14	乌克兰	2012年	初签

续表

序号	国家或地区	签署时间	类型	序号	国家或地区	签署时间	类型
15	阿尔巴尼亚	2013年	初签	25	苏里南共和国	2015年	初签
16	巴西	2013年	初签	26	塔吉克斯坦	2015年	初签
17	冰岛	2013年	续签	27	土耳其	2015年	续签
18	欧盟	2013年	初签	28	亚美尼亚	2015年	初签
19	印度尼西亚	2013年	续签	29	英国	2015年	续签
20	俄罗斯	2014年	初签	30	摩洛哥	2016年	初签
21	加拿大	2014年	初签	31	塞尔维亚	2016年	初签
22	瑞士	2014年	初签	32	新加坡	2016年	续签
23	斯里兰卡	2014年	初签	33	匈牙利	2016年	续签
24	南非	2015年	初签				

数据来源：中国人民银行网站

其次，中国开展了跨境贸易人民币结算。中国开展跨境贸易人民币结算，主要是因为2008年国际金融危机出现后，美元、欧元等主要的国际贸易结算货币的汇率出现较大的波动。中国企业与港澳地区和东盟国家的企业进行贸易结算时需要使用美元、欧元等货币，而美元、欧元等货币的汇率波动给双方企业都带来了不小的汇率风险。随着贸易、投资、人员往来的日益密切和发展，对于人民币作为结算货币的呼声越来越高。2009年4月中国国务院决定在上海市和广东省广州市、深圳市、珠海市、东莞市等5个城市开展跨境贸易人民币结算试点，境外地域范围为中国港澳地区和东盟国家。为规范管理，2009年7月中国人民银行会同财政部、商务部、海关总署等5个有关部门制定出台了《跨境贸易人民币结算试点管理办法》，其后还印发了《跨境贸易人民币结算试点管理办法实施细则》。2010年6月，为进一步满足企业对跨境贸易人民币结算的需求，经国务院批准，跨境贸易人民币结算试点范围扩大至四川、云南、西藏等20个省（自治区、直辖市），同时境外地域扩大至所有境外国家和地区。2011年8月，根据中国人民银行等六部委下发的《关于扩大跨境贸易人民币结算地区的通知》，跨境贸易人民币结算境内地域扩大至全国。根据《跨境贸易人民币结算试点管理办法》，国家允许指定的、有条件的企业可在自愿的基础上以人民币进行跨境贸易的结算，国家支持有条件的商业银行为企业提供跨境贸易人民币结算服务。也就是说，有条件的企业可申请在跨境贸易结算中直接以人民币来进行结算，而不需要像以前那样兑换为美元、欧元等主要的国际结算货币。这无疑促进了贸易和投资的便利化，同时也更便于中国企业与境外产业进行相互协作。

再次，中国积极发展人民币离岸市场。人民币离岸市场是指非居民从事人民币交易的市场,其包括存取款、基金、保险、债券等离岸金融业务。人民币离岸市场对于支持跨境贸易人民币结算的发展以及人民币境外的流动都有着重要的作用。跨境贸易人民币结算势必会使人民币通过贸易流到境外。由于目前人民币尚无法完全自由兑换,通过贸易流到境外的人民币难以进入中国国内的资本市场。如果境外人士手中持有的人民币无法在境外存取款或是进行金融交易获取收益,这将会影响到人民币境外的流动,同时也会降低境外人士对人民币的持有意愿。人民币离岸市场的出现则可解决这个问题。目前,中国香港、台湾、新加坡、英国伦敦等国家或地区都有开展人民币离岸金融业务。特别是香港,现已成为最主要的人民币离岸中心。新加坡、英国伦敦也都在积极争取成为具有优势的人民币离岸中心。但是人民币离岸市场发展的时间不长,离岸金融业务的种类有待增加,质量有待加强,离发展成熟尚有一段不小的距离。

第四,人民币被纳入国际货币基金组织特别提款权(SDR)货币篮子。SDR 是 1969 年国际货币基金组织创设的一种补充性国际储备资产,其价值由美元、欧元、日元和英镑组成的一篮子储备货币决定。从 2016 年 10 月 1 日开始,人民币将加入到这一篮子储备货币中。人民币被纳入 SDR 货币篮子,标志着人民币的国际地位得到提升,同时也有助于提升中国在国际贸易规则制定中的话语权。这对于中华经济圈与全球产业协作系统的建设也将有着积极的意义。

二、政府间金融开发机构

政府间金融开发机构是由多个国家的政府共同投资兴建的,一般是为扶贫、基础设施建设、灾后重建、战后重建等提供资金援助。扶贫、基础设施建设、灾后重建、战后重建等都需要许多资金,这对于欠发达国家往往难以承受。为解决这些问题,政府间金融开发机构应运而生。世界银行、亚洲开发银行、亚投行、金砖国家开发银行都属于政府间金融开发机构。而在"一带一路"背景下,中华经济圈与全球产业协作系统建设中,亚投行和金砖国家开发银行将发挥重要的积极作用。

亚投行全名是亚洲基础设施投资银行,总部设在北京,是 2013 年由中国国家主席习近平倡议筹建,于 2015 年 12 月 25 日正式成立。目前,亚投行有中国、印度、韩国、英国、德国等 57 个意向创始成员国,其中亚洲域内国家有 37 个,亚洲域外国家有 20 个。亚洲是目前世界上最具经济活力和增长潜力的地区之一。但亚洲的部分国家由于建设资金有限,对铁路、港口、公路、通讯等基础设施建设不足,这在某种程度上制约了该国经济的发展。特别是在 2008 年国际金融危机后,这情况愈加明显。文中前面所提到过的泛亚铁路建设的困难正是其中的一个例子。《亚洲基础设施投资银行协定》第一章指出,"银行宗旨在于:通过在基础设施及其他生产性领域的投资,促进亚洲经济可持续发展、创造财富并改善基础设施互联互通;与其他多边和双边开发机构紧密合作,推进区域合作和伙伴关系,应对发展挑战。"由此可见,亚投行的成立有助于推动亚洲各国的基础设施建设,促进亚洲各国建设的互联互通化和经济一体化,并加强亚洲域内各国的经济合作。对于"一带一路"的建设、亚洲各国经济的发展以及各国间的产业协作而言,亚投行提供了资金上的支持,有利于推动两者更快更好地发展。这主要体现在以下三个方面。

亚投行为基础设施建设提供金融支持。基础设施可以说是一国经济发展的重要基础。特别是各国交通、通讯、能源等基础设施如果能实现互联互通,将大大有利于各国间产业的合作与发展,同时也有利于推动区域经济一体化的进程。随着"一带一路"建设的逐步推进,各国产业协作的进一步深化,对于基础设施建设的需求也将不断增加。亚投行的成立可给这些基础设施建设提供金融支持,同时也能减轻亚洲开发银行和世界银行对亚洲基础设施领域投资的压力。

第二,亚投行有助于加强"一带一路"沿线国家的市场联系。亚投行通过对基础设施建设的金融支持,将会推进亚洲各国基础设施的建设和发展。而随着基础设施建设互联互通的进一步推进,各国间的经济、贸易、市场、产业等的合作、交流和联系也会进一步加强。市场联系的日益密切,国际贸易的日渐繁荣,这都将推动亚洲地区经济的发展和区域经济一体化。

第三,亚投行有助于相关国家的产业梯度转移。随着"一带一路"沿线国家基础设施的完善和市场联系的密切,各国的经济交流与合作也将日益增强。这也给各国间的产业转移提供了便利。部分中低端的产业可转移到"一带一路"沿线经济欠发达的低梯度国家或地区,帮助其实现产业结构的优化,促进其经济的发展。而高梯度国家或地区也可通过产业转移来实现产业结构的调整和更新换代,推动经济的转型升级。而亚投行能给这一产业转移提供金融方面的帮助。

在"一带一路"建设中,另一个很重要的政府间金融开发机构是金砖国家开发银行。金砖国家指的是巴西、俄罗斯、印度、中国和南非这5个新兴市场国家。2008年以来,相关国家通过建立峰会机制和开展一系列会谈,逐渐拓展为一个国际政治实体。国际金融危机爆发,世界金融市场受到巨大的冲击,波动剧烈。中国的人民币币值尚且相对稳定,但巴西的雷亚尔、俄罗斯的卢布、印度的卢比等都受到了不小的冲击,进而影响到国家经济的发展。而世界银行的救助存在着条件多、不及时、力度不足等问题。为避免在下一次金融危机中因货币不稳定进而影响经济的发展,金砖国家计划共同构筑一个金融安全网。一旦国家出现货币不稳定的状况,可以借助这个资金池兑换一部分外汇来应急。而这个金融安全网就是金砖国家开发银行。金砖国家开发银行于2015年7月21日正式开业,总部设在中国上海。金砖国家开发银行主要资助金砖国家以及其他发展中国家的基础设施建设。这对于金砖国家之间以及与其他发展中国家的经济合作、贸易往来、产业协作等都将提供金融支持。

三、金融监管合作

金融是一个对国家经济平稳发展有着巨大影响的行业。如果不对金融企业进行有力的监管,任其根据资本逐利的特性自由发展,最终势必影响到国家经济的健康发展。美国次贷危机的出现便是典型的一个例子。因此,金融监管非常重要。金融监管包括金融监督和金融管理,其主要是指中央银行或其他金融监管机构依据国家的法律规定对整个金融业实施监督管理。经过金融行业这么多年的发展,金融业早已国际化。因而,各国家和地区之间、区域之间的金融监管合作变得非常必要。合理有效的金融监管合作将会给各国或地区金融业间的合作发展提供明确的指导,同时在金融监管合作下所出现的良好投资环境会推动金融业协作的进一步发展。根据《推动共建丝绸之路经济带和21世纪海上丝绸之路的愿景与行动》的规划,中国与国外的金融监管合作将朝以下三方面发展。

推动与"一带一路"沿线国家签署双边监管合作谅解备忘录。根据中国银监会的公开资料,目前中国银监会已与德国联邦金融监理署、法兰西共和国银行委员会、韩国金融监督委员会、新加坡金融管理局、越南国家银行等签署了双边监管合作谅解备忘录。双边监管合作谅解备忘录的签署将有助于中国银监会不断完善与相关国家的双边监管合作机制,提高对跨境金融企业的监管水平。另外,通过逐步双边监管合作谅解备忘录的签署和相关条款的不断完善,还将有助于在区域内建立和完善高效监管协调机制。

第二,积极推进区域性金融风险预警系统的构建。区域间金融监管合作除了要对金融业进行规范管理外,更重要的是避免金融风险的产生。相关国家和地区在签署了双边监管合作谅解备忘录后,双边金融监管机构相互间可以进行金融相关信息的沟通和交叉核实,能够及时了解互设金融机构的经营情况。这一切都将有助于区域性金融风险应对和危机处置制度的建立,并逐渐形成应对跨境风险和危机处置的交流合作机制。区域性金融风险预警系统的构建将使得金融监管机构能够及时发现金融业发展中的问题和不良的发展趋势。及时预警、及时管理、及时惩戒,将使双边互设金融机构的经营朝合法、规范、稳健的方向发展,同时也使双方金融业的合作发展得以健康地进行。

第三,加强征信管理部门的跨境交流与合作。按照《征信业管理条例》中的定义,"征信业务是指依法收集、整理、保存、加工个人、法人及其他组织的信用信息,并对外提供信用报告、信用评分、信用评级等的业务活动。征信机构是指依法设立,从事前款规定的征信业务的法人。中国人民银行是国务院征信业监督管理部门,负责对征信机构及其业务活动实施监督管理。"在金融交易中,信用是非常重要的。信用等级低就意味着该组织、企业或个人违约的可能性较高。信用等级的高低则是由征信机构或评级机构评定。中国的商业征信机构和评级机构发展起步较晚,尚不够成熟,需要征信管理部门多加规范和指导。但中国征信管理部门缺乏成熟的管理经验,相关制度也有待完善。这就需要中国征信管理部门加强与境外征信管理部门的交流与合作,学习国际先进的管理经验,稳步推进中国商业征信机构和评级机构合理健康的发展。

第四节 软环境设施建设

本章前面已从交通基础设施建设、其他基础设施、金融等方面介绍了"一带一路"背景下中华经济圈与全球产业协作系统的建设。除了这三方面外,"一带一路"背景下中华经济圈与全球产业协作系统的建设还包括了其他方面的内容。

一、政府间政策沟通与支持

中华经济圈与全球产业协作系统建设中,合理政策的支持是必不可少的。中华经济圈与全球产业的协作会涉及许多不同的国家和地区。不同的国家和地区由于国情不同,所采取的政策自然也会有所不同。如果中华经济圈的企业在与其他国家产业的合作中,双方的政策大不相同,甚至相互冲突,这无疑将会使得双方的合作事倍功半。由此可见,在跨境产业协作中,影响产业的政策并不只是本国或本地区的政策,同时也包括了对方国家或地区的政策。这也就要求政府在制定部分跨境产业政策的时候,不能仅考虑本国的利益和情况。加强政府间政策的沟通交流与协调非常重要。政府间政策的沟通并不是零和博弈,双方应当本着互利双赢的目的来进行。要加强政府间的合作以及政策的沟通,双方都应当积极构建不同部门多层次的宏观政策沟通交流机制,并充分利用多边合作平台,如上海合作组织、"中国—东盟10+1"、亚太经合组织等。在经过有诚意、充分、深入地了解后,双方会了解到对方利益之所在,并从中找到共同点,从而达到新的合作共识。双方产业得到有利政策的支持,将有助于双方产业的协调发展,共同实现产业结构的调整和优化。

从区域经济一体化而言,也要求各国需要进行政策的沟通,以更好地实现区域间的合作。在区域经济一体化的不同阶段,各个国家和地区的定位和发展任务都会有所不同。明确自身的定位和发展任务对于国家和地区的长期发展至关重要。各个国家和地区可通过区域、次区域相关国际论坛、博鳌亚洲论坛、中国—东盟博览会、欧亚经济论坛等平台来进行交流沟通,了解国际经济、区域经济发展形势,使各国经济发展战略和政策可以进行充分交流,相互协调,进而实现对接。在进行充分的协商沟通后,最终共同制定区域合作发展的相关规划和实施措施。在这种情况下制定的政策既会符合各国自身发展的需要,也适合区域合作发展的目标。同时,相关的政策也会给各国家、地区产业的发展与协作提供一盏指路的明灯。

二、国际投资贸易便利化

中华经济圈与全球产业的协作离不开投资贸易。各产业间投资贸易越便利，自然也就越有利于产业的合作，同时也会推动各国产业协作的发展。在"一带一路"战略中也有提到要解决投资贸易便利化的问题。投资贸易便利化涉及多方面的内容，并不是一件简单的事情。在推进投资贸易便利化的过程中，可主要从以下两方面着手。

第一，推动信息的互换、检验标准和监管的合作互认。一国的商品在出口时需要经过本国检验检疫部门的检查，而在运抵别国时同样也需要受到别国检验检疫部门的检查。而实际上，这些商品的部分检查是可以避免或减少的。检查的减少无疑会使得贸易更加便利。要实现这点，首先需要双方检验检疫部门的检查信息可以联通互查。检查信息可以查询并不代表对方就认可了这个检查结果。毕竟各国家和地区产品的检验标准和检验项目都有所不同。这还需要双方对检验方法、检验标准、监管渠道、执行手段等的认可。在这方面，各方可推进跨境监管程序的交流与协调，推动检验检疫证书国际互联网核查，开展"经认证的经营者"（AEO）互认。这些都需要各方进行耐心有序的沟通、交流与合作。

第二，推进边境口岸通关便利化的建设。在跨境贸易中，商品的运输都需要经过边境口岸。如果边境口岸的通关手续能够简化，速度能够加快，这将会缩短商品的运输时间，降低运输成本，使贸易更便利。要简化通关手续、加快通关速度，一是要求改善通关口岸的基础设施条件，二是加快"单一窗口"建设。改善通关口岸基础设施条件相对比较简单，但"单一窗口"建设则相对较复杂。根据联合国贸易便利化和电子商务中心33号建议书的解释，"单一窗口是指参与国际贸易和运输的各方，通过单一的平台提交标准化的信息和单证以满足相关法律法规及管理的要求。""单一窗口"模式是目前被世界各国普遍接受和推广的通关模式。但这一模式涉及平台的建设、标准化规范的制定以及贸易体制、物流习惯等各方面的协调改革。这都不是一朝一夕能够完成的。中国边境口岸便利化建设的完成尚有一段不小的距离。

三、文化交流不断加强

每个国家都有其独特的文化，而这个文化都烙上了这个国家、民族的烙印。国与国之间在进行商贸往来的同时，也是在进行文化的交流。各国间的产业协作实际上是不同国家的人在进行合作。不同的人有着不同的文化，加强各自间的文化交流很有必要。加强文化交流对产业协作而言有着其独特的作用。

避免在产业协作中因文化冲突产生不必要的矛盾。在各国产业合作时，总有不同国家、民族的人在共事。而不同国家、民族的人又有着其各自的文化。文化间的冲突有时候是无法避免的。但如果双方能够加强文化交流,增进了解,本着相互尊重、理解、包容的心态去处理,很多不必要的矛盾是可以避免的。只有共事的人可以和谐友好地相处,合作才有可能会顺利地进行。

第二,有助于企业的本土化。俗话说,强龙不压地头蛇。当企业在国外投资经营时,所面对的消费者都是外国人。如果企业一味地只坚持本国的文化,不去适应外国文化,进行本土化,无疑是将会失败的。就像肯德基作为一个著名的跨国企业,在中国经营,也要适应中国的传统文化,卖豆浆油条。要适应外国文化,实现本土化,首先必须要了解外国文化。了解外国文化很好的一个途径,无疑就是加强文化交流。

第三,有利于推动文化产业的创新和发展。文化产业的发展需要灵感。不同的文化在交流、碰撞的过程中,很容易就会给文化工作者带来新的启发。只有加强双方文化的交流,双方的文化才能够相互取长补短、交融结合,最终创造出新的文化、新的作品。这将会推动文化产业的进一步发展。目前,中国经济圈文化产业与全球其他文化产业的交流协作在不断加强。一系列中外合作的影视作品、中西结合的服装设计、建筑设计都可以体现出这点。

四、信息咨询机构的国际合作

信息咨询机构,是提供相应的信息以协助政府、企业、个人解决复杂问题的机构。中华经济圈在与全球产业协作的过程中,由于社会环境、经济环境、法律法规等的不同,企业无疑会遇到很多问题,包括管理、法律、市场情况等。如果企业要自己收集信息去分析、解决这些问题,无疑是需要花费很多的人力、物力。在这方面,专业的信息咨询机构可以给企业提供很好的协助。由于能通过信息咨询机构得到很多市场相关的信息,在了解情况的前提下,将会有更多的企业参与到全球产业协作中去。知己知彼,百战不殆。企业在了解更多的信息后,将更容易避免走弯路、走错路,从而能够更好地参与到全球产业协作中。但是要使信息咨询机构更好地发挥协助作用,还有以下三个方面的问题需要解决。

政府加强对信息咨询业的支持,鼓励信息咨询机构朝专业化、国际化方向发展。中国信息咨询业的发展虽然很快,但是起步较晚,起点较低。而且中国咨询业还存在着人才结构不合理、人员素质参差不齐、专业化水平有待加强等问题。企业参与到全球产业协作中所需要的信息绝对是要专业化、国际化的。目前中国很多的信息咨询机构都无法达到这个要求。这除了需要信息咨询业自身进行调整改革外,还需要政府加强对信息咨询业的政策扶持,鼓励信息咨询机构朝专业化、国际化方向发展。同时,政府还需要制定和完善相关的法律法规,避免信息咨询业恶性竞争情况的出现,促使信息咨询业健康有序地发展。

第二,增强企业的主动咨询意识。受到传统经营文化的影响,中国很多企业在进行经营决策时，往往都是依靠过去的管理经营经验来做出判断。很多企业对市场信息和专业咨询的重视不够，缺少主动咨询的意愿。这一方面是因为部分信息咨询机构的专业水平不够，无法满足企业的咨询需要，从而使企业对咨询缺乏兴趣。另一方面是部分企业一直对信息咨询机构持有怀疑的态度，不信任信息咨询机构，而是更信任企业自身的能力。要增强企业的主动咨询意识，信息咨询机构一是要优化人才结构，吸引更多优秀的人才；二是要提升专业水平，提高咨询服务的质量；三是要加大宣传和沟通，增加企业对咨询服务的了解。

第三，增加面向中小企业的信息咨询合作。中华经济圈与全球产业协作系统不只是大企业参与，各中小企业也有参与其中。但与大企业相比，中小企业的资金不够雄厚、风险承受能力较差，对市场信息的获取也相对较难。这使得中小企业的危机应变能力较差，一遇到危机，很容易会面临倒闭的困难。如果中小企业能够获得更多的市场情报和信息，中小企业将能更好地应对危机，进而也能更好地参与到全球产业协作中去。但商业信息咨询机构的费用不低，中小企业难以长期负担。这就需要政府进行统筹规划，建设具有公共性质的信息咨询机构，给中小企业提供廉价甚至是免费的信息咨询服务，增加面向中小企业的信息咨询协助。

下 篇

第九章 中华经济圈与全球产业协作主要模式

第一节 交通协作模式

一、"一带一路"背景下进行基础设施协作的重要性

"一带一路"战略的出台,为周边沿线国家谋求长远发展提供了契机。目前,"一带一路"战略已经进入实施阶段。从沿线国家的整体部署情况来看,各国都把基础设施建设作为重中之重。要实现周边沿线各国的互联互通,基础设施建设是根基,尤其是铁路、航空、港口等交通运输设施建设将成为沿线国家进行交流合作的基础与关键节点。

(一)提高交通技术水平

"一带一路"战略,涉及沿线国家众多。要把沿线国家全部合理有序地安排到一张交通网络中,难度不言而喻。在整个基础设施建设过程中,自然环境、生态保护、旅游资源等都是要考虑到的因素。因此,在交通运输网络布局中,应当跳出以往交通布局的思维模式,寻求一种尽可能让各国满意的线路。特别指出的是,铁路轨距是其中最大的难点,各国铁路轨距的不同也就意味着修建难度之大,各国应当充分发挥技术上面的优势,共同解决。同样道理,难度大也就意味着需要引进更为先进的技术。通过高水平的技术方法应对铁路修建过程中的难题,最终一方面可以提高自身的交通技术水平,另一方面也为未来基础设施的建设提供实践经验。

(二)实现资源优势互补

便利的交通运输网络可以尽可能高效、快速地实现资源互补。周边沿线各国由于所处环境差异,使得各国拥有的优势资源及稀缺资源大不相同,而完整的基础设施建设可以为各国资源的输入与输出提供通道,一方面实现各国对于多样资源的需求,另一方面可以实现"外溢"效应,保证各国资源的有效利用。资源互补不仅包括能源、资金、技术资源,还应当包含人才资源。

比如,部分国家的优秀人才在本国发展空间较小,平台不健全,那么完全可以流动到可以发挥自己优势的国家就业,不仅可以增加就业岗位,而且有助于人才资源的充分利用。另

外,充分发挥资源优势的互补还有望可以推动经济一体化的发展,同时,资源不断地进行整合亦可以催生新的产业发展。资源优势互补应当是互联互通发展模式想要达成的重要目标,只有资源不断进行流动、共享、整合,整个沿线国家的经济才能有序、健康地向前发展。

(三)保障次区域合作的交通体系

在"一带一路"战略中,次区域合作主要是针对区域经济的提高而言的。目前,次区域合作主要包括以湄公河、中亚、图们江为核心的国际次区域合作。基础设施的修建可以在一定程度上对于次区域有辐射带动作用,共享"一带一路"带来的优势。同时,我们应当注意到,次区域涉及的地区大部分是少数民族,他们有着较为强烈的宗教信仰,那么,"一带一路"战略可以加强与少数民族地区之间的交流,尊重他们的信仰,保障民族团结和社会稳定。从发展情况来看,湄公河次区域国家务实合作迎来了发展机遇,对于湄公河区域今后的经济、贸易、电力发展有促进作用,保障次区域合作的有序进行,最终有利于实现共赢、共享。

"一带一路"是新时期各国达成的一致共识,进一步推动了各国经济、文化的融合与发展,为全球经济一体化提供了支持与动力,同时,为发展中国家尤其是发展中国家中的贫困国家提供了一条未来发展可能之路。基础设施建设作为"一带一路"的重要组成部分,必须严格按照技术标准实施,在实施过程中注意加强与别国的交流,寻找共赢的一种方式,从而真正发挥基础设施建设带来的好处。

二、基础设施产业协作模式

"一带一路"战略的出台为沿线各国基础设施建设提供依据,要求各国合作共建,但是基于各国实际情况的不同,在基础设施方面进行产业协作也应当分门别类采用不同的产业协作模式。

(一)"一带一路"沿线各国基础设施建设竞争力概况

在进行基础设施产业协作之前,必须要对沿线国家基础设施能力水平进行了解,因为"一带一路"沿线国家既有发达的欧盟经济圈,也有许多的贫穷国家,建设水平的差异会对后续工作产生一定的影响,只有了解大致情况,才能明确未来的工作重心以及资金投入问题。到目前为止,能够总体上客观反映各国基础设施建设能力的是竞争力水平指数。

表9-1 2015~2016年"一带一路"部分沿线国家基础设施竞争力指数

地区	国家	指数	地区	国家	指数
东南亚	新加坡	6.49	中亚	卡塔尔	5.62
	马来西亚	5.51		巴林	5.10
	泰国	4.62		科威特	4.32
	印度尼西亚	4.19		哈萨克斯坦	4.25
	越南	3.84		约旦	4.05
	菲律宾	3.44		埃及	3.42
	老挝	3.23		塔吉克斯坦	2.84
	柬埔寨	3.19		吉尔吉斯斯坦	2.93
东北亚	俄罗斯	4.81	独联体	格鲁吉亚	4.20
	中国	4.73		阿塞拜疆	4.15
	蒙古	2.86		乌克兰	4.07
南亚	斯里兰卡	4.16	西亚北非	阿联酋	6.30
	印度	3.72		沙特阿拉伯	5.09
	不丹	3.41		以色列	4.89
	巴基斯坦	2.71		阿曼	4.81
	孟加拉国	2.56		土耳其	4.43
	尼泊尔	2.15		伊朗	4.16
中东欧（前三）	爱沙尼亚	4.87	中东欧（后三）	马其顿	3.77
	斯洛文尼亚	4.79		阿尔巴尼亚	3.55
	捷克	4.70		波黑	3.08

数据来源：根据世界经济论坛《2015~2016全球竞争力报告》整理所得

竞争力指数是采用7分制，全球竞争力报告记录了全球140多个国家的基础设施竞争力指数，本表选取了涉及"一带一路"地区中的某些国家进行分析。首先，应当明确一点，这140多个国家的平均竞争力指数为4.02。纵观整个表格，我们可以发现，东南亚、东北亚、独联体地区、西亚北非的整体竞争力水平达到了平均指数，甚至有的超过了平均指数，这表明这些地区的基础设施建设能力比较高。相比较而言，中东欧水平比较落后，基本维持在3.45左右。但是，细分来看，以具体国家为例，尤其是"一带一路"的沿线国家，我们可以发现，仅有哈萨克斯坦的竞争力水平超过平均水平，为4.25；另外，南亚地区的形势也让人担忧，只有斯里兰卡达到了平均水平，其他国家竞争力指数都比较低，比如尼泊尔，其竞争力水平为2.15，在上述表格所列地区之中排名最后。

这些数据清晰地反映出"一带一路"沿线各国基础设施建设水平比较低，因此，在未来资金、技术及人才投入上,应向基础薄弱的国家进行倾斜。

(二)基础设施建设具体产业协作模式分析

社会的发展与变革不断催生着新的产业模式的诞生,多样性的产业模式为各个国家的发展提供一条捷径。"一带一路"沿线国家在基础设施方面的协作模式也同样是不同的,并且随着时代的发展不断做出调整。

1.公私合营模式。所谓公私合营模式①就是指政府和社会资本合作。在政府公共部门与私营部门合作过程中,让非公共部门所掌握的资源参与提供公共产品和服务。在"一带一路"基础设施建设过程中,这种模式应用于铁路、通讯、港口等方面。

2.泛亚铁路。泛亚铁路是一个贯穿欧亚大陆的货运运输网络,总体上分为东线、中线和西线三种方案。泛亚铁路将会为云南与其他国家的贸易往来打开大门,同时会对东亚经济的发展产生重大影响。三大路线方案建成后将形成四通八达的运输网络。目前来看,东线发展较快,已经通车。中线和西线也在建设之中,但后续进程放缓。其中,大湄公河次区域国家的进程最为缓慢。缓慢的原因除去政治上的因素之外,资金是一大难题。铁路的修建需要投入大量资金,传统上来说主要依靠铁道部和政府,但是后期资金的短缺也表明了传统资金投入方式存在的弊端。基于此,国家开始尝试公私合营的模式进行协作。公私合营模式曾在泛欧铁路中取得良好的效果,但是泛亚铁路与之不同,在实际运行过程中不可单纯复制模式。我们要以铁道部和政府为主体,鼓励多渠道、多形式的私人投资,同时积极争取国内外贷款,打造一条全新的公私合营模式②。

3.中巴信息走廊。公私合营模式在通讯信息方面也得到了应用。中巴信息走廊是中巴经济走廊的一部分,可以为中巴经济发展提供一个方便快捷的平台,实现信息资源的共享。在2015年,政府已经明确提出,在中巴信息发展过程中采用公私合营模式。即融合政府和社会资本的力量,以信息技术为基础平台,充分整合各种云计算及大数据技术,逐步开展中巴信息走廊的建设。同时,注重"数字丝路"的发展,争取在"一带一路"建设中应用到5G技术③。公私合营模式不仅可以缓解资金问题,也可以让私人投资得到回报,更重要的是提高信息建设的水平,让中巴信息建设成为沿线经济发展的一大支柱。

4.连云港港口建设。港口建设成为公私合营模式应用的一大领域。尤其是连云港作为"一带一路"的交汇点,在未来区域经济发展中担当重任。但是,港口城市激烈的竞争、政府资金后期短板以及联动产业发展的滞后导致连云港港口在建设过程中面临很多困难。针对这种

---

① http://baike.baidu.com/link?url=Ixksak8jW4vVPr95rBuMEVlbYoP-LhvhKTQ0I-Vhtmw7iLE7Yu26RfJi48vpZfRQ1EYpd9zimh1rLFuCmjNPDG5c-6CDhQHSPq-U3WHEjaW

② 郑会,胡列曲.泛亚铁路融资模式研究[J].亚太经济,2013,02:109-113+108.

③ 特派记者童曙泉.百亿美元基金支持"一带一路"信息基础设施建设[N].北京日报,2015-12-17002.

情况,国家提出了应当在连云港发展的过程中创新公私合营的模式,寻找解决问题的出路。

目前来看,政府主要把公私合营模式应用到连云港污水、供热、轨道交通等方面,明确每项基础设施建设的责任主体,确定各项资金投入的渠道,在发展的前提下保证社会各方的盈利,从而为未来资金来源打下良好的基础。另外,新型的公私合营模式需要对港口基础设施进行细分,根据细分的结果决定应用公私合营模式。总之,公私合营模式将会对连云港所辐射的区域发展带来生机。

5.新亚欧大陆桥。从图中可以看出,新亚欧大陆桥是从连云港贯穿到荷兰鹿特丹的一条国际化综合运输网络。在早期的开发建设过程中,由于穿过中、西部发展比较滞后的地区,所以导致北疆附近的铁路干线发展动力不足,阻碍了铁路的联动式发展[1]。

针对欠发达地区,政府也作出了相应调整,认为公私合营模式是欠发达地区发展的明路。因为我国中西部基础设施相对落后并且工程量比较大,加上资金比较匮乏,仅仅依靠单一的地方政府是无法解决未来资金问题的,在这种情况下,只能选择公私合营模式,尤其是要注重吸引沿线外资企业及民营企业的投资,尽可能选取盈利可观的项目去做。

(三)产业协作模式选择

1.一国一策模式。所谓一国一策模式是指通过与"一带一路"沿线国家签署备忘录和路线图来进行合作。由于沿线各国发展现状、未来目标、资源基础等方面都存在差异,那么在"一带一路"建设过程中各国的重心就会有所不同。中国积极寻求与沿线国家在基础设施领域方面的合作,同时也得到了许多国家的响应。例如:中国和塔吉克斯坦解决交通运输难题;中国与斯里兰卡就港口发展问题签署文件;中国与巴基斯坦的经济走廊和信息走廊的建设;中国和马来西亚的产业园区的发展。以上所述例子都是遵循"一国一策"模式开展进行的。"一国一策"模式既能集中优势资源,也是各国之间建立相互信任的有效途径。

2.合作互补模式。合作互补模式,简单来说,就是"取长补短,合作共赢"的一种模式。重点在于把握好别国是否拥有自己所需要的资源,对于别国来说,亦是如此。这种产业协作模式实际上是一种动态相互合作的过程。在这种模式中,做的比较好的是中国与德国在制造业上面的合作,中德在国际上的友好关系为制造业的产业协作提供了政治优势。随着中国科技的进步,尤其是在高端技术水平上不断创新,使得中国在制造业水平上有了一定提高,但相对于德国来说仍然存有差距,正是这种差距推进了中德两国在研发工作上的合作。另外,二者在产业链上也有一定的合作空间。首先,德国产品专注于高品质,中国产品倾向于大众经济市场,二者可以发挥各自优势,围绕产品内部进行协作,最终实现互利共赢[2]。

3.生态绿色模式。生态是21世纪乃至未来必须要重视的议题。无论是在生态环境,还

---

[1] 张以湘,汪晓文.PPP模式在新亚欧大陆桥沿线地区建设中的运用[J].宏观经济管理,2007,07:53-54.
[2] 张建平."一带一路"与中德产业合作新亮点[J].当代世界,2016,01:48-51.

是产品制造,各国都在寻求一种尽可能绿色的方式,实现低碳发展。同样的,在"一带一路"基础设施建设中,也必须充分考虑到环境问题。首先,中泰铁路(玉磨铁路段)为了保证生态环境不被破坏,在铁路周围种植起了大量绿色植被群,成为生态铁路的代表;其次,德国作为环保产业的领路人,积极与中国开展环保产业合作,打造出了中德新型产业生态城;最后,中国与马来西亚共建的产业园区将重新唤醒生态产业,它们致力于以产业园作为起点,然后辐射带动周边地区经济的发展。目前,两国已经打造出新型的产业园生态模式,即两国双园。总之,生态绿色已经成为产业协作的新亮点,未来更会朝着环保先行的方向发展。

4.渐进合作模式。"一带一路"沿线国家众多,产业协作必须采用渐进式合作,逐渐适应与各个国家的产业协作模式。比如:中国与东盟之间的产业协作。东盟包含的国家众多,其中,新加坡、缅甸、老挝等都是中国进行产业协作的重要国家。由于国家实力、文化差异以及经济发展水平的不同,在中国与东盟的交通运输合作过程中始终是沿着成员国、次区域最后到整个区域的渐进的发展模式展开的[1]。这一合作模式可以逐步扩大双方的合作领域,也更容易发现产业协作中存在的问题。

三、运用多样性模式进行产业协作合成

在上一小节中,笔者通过实例对现有的中华经济圈与全球产业之间的协作模式进行了分析,多样化的产业协作模式让"一带一路"战略的实施有了更可靠的保证,也为沿线各国解决在基础设施建设方面的问题提供了新思路,帮助各国砥砺前行。具体来说,多样化的产业协作模式可以为沿线各国带来五大优势。

(一)降低投资风险

"一带一路"战略强调合作共赢,而公私合营模式以及合作互补模式就与主题相吻合。一个是通过社会各方力量的援助和投资来平摊基建中承担的风险,一个是通过互补性的合作来达到共赢的目的。二者都可以在一定程度上减少整个基础设施建设的成本,降低投资风险。尤其是公私合营模式,平摊风险之后就可以降低整个融资的难度,不仅可以吸引民间资本,而且对于沿线各国在金融方面的产业协作起到帮助作用。每个投资商都想要从利润这块大蛋糕上分得一部分,但是,利润与风险同在,每个投资商也应当去分担利润背后带来的风险,只有这样才能让风险分配得更加合理。

(二)资源整合迅速

首先,应当明确一点,"一带一路"沿线国家对于基础设施建设方面的产业协作是持有积极态度的。沿线各国希望通过世界各国的共同努力来改善本国发展困境乃至未来世界经济

---

[1] 余元玲.中国—东盟交通运输合作机制研究[J].甘肃社会科学,2012,04:170-173.

的发展。正是这样的决心和希望可以在各国进行产业协作时比较顺利地得到别国的帮助,那么资源整合就会比较迅速。渐进式合作模式和合作互补模式都体现了这一点。各国在发展过程中都有自己的优势和软肋,软肋的解决往往比较困难,但是互补性的合作可以让我们借助别国资源来弥补自身不足,并且在建设同一个项目时可以把共同的资源进行整合,整合后的资源往往可以形成"1+1>2"的效果,从而可以提高基础设施建设的水平,加快工作进度。

(三)推动技术创新

基础设施的建设必须要遵循一定的技术标准,但是沿线各国实际情况的差异会让有些技术标准执行起来困难重重。尤其是在地理环境复杂的地区,大量的基建工程可能会引起一系列的生态、社会问题。那么,此时,就需要各国以本国情况为基础,采用更为先进的技术来应对难题。高科技的应用可以帮助我们更深入地了解沿线情况,不断的技术创新可以帮助我们应对不断出现的难题。这一点在生态绿色模式上得到很好的体现。所以说,难题并不可怕,重要的是我们要有打破常规思维模式的勇气,充分发挥我们的创新精神。

(四)形成专业市场

在生态绿色模式中曾提到产业园区的建设,事实上,产业园区的建设就是为了一个产业群的集合。众多产业群的集合就会在这个区域形成关于某种产业的专业市场。产业园区模式是沿线各国产业协作的重要模式,各国都希望能够在本国打造一个专业市场,不仅能够方便未来产业的集聚,更容易形成品牌效应,还可以获得低廉的原料和辅料,为以后资源的源源流入打下良好的基础。同时,专业市场也是信息集聚的关键场所,彼此之间的交流可以明确以后的产品发展动向,同时了解国内外的相关信息,帮助产业园区尽快调整产品结构,增强产业群的竞争实力[1]。

多样性的产业协作模式让我们看到了各国对于共同合作的渴望。在"一带一路"实施过程中,每个国家都不是一个单独的个体,宗教差异、地缘政治、发展水平都不应当成为沿线各国合作的阻碍,在基建过程中,每个国家都是平等的,大家都是为了寻求一个互联互通的世界聚集到一起。不断地进行产业协作不只是贫困国家的发展出路,也是富裕国家的发展方向,各国应当充分利用上述各种产业协作的模式,打造"一带一路"的新形势。

第二节 能源、通讯产业协作模式

一、能源协作是"一带一路"战略实施的重要方向

能源产业协作是"一带一路"战略实施中的一项重要内容,它既可以发挥基础设施协作

---

[1] 耿增涛."一带一路"沿线国家基础设施建设及投资研究[D].外交学院,2016.

产生的效应,也可以对于沿线各国的外交关系产生重要影响。后者是能源产业协作的重点方向。能源,往往牵涉一个国家的政治、经济大动脉,能源单方面的输出对经济的推动作用不够显著,双向的产业协作才是能源未来发展的新方向。

（一）保障国家战略安全

"一带一路"沿线各国在能源方面都拥有着自己独特的优势,但是对于一些能源消耗大国来说,以本国的能源储量来应对国家发展的步伐确实是杯水车薪,于是就出现了抢占能源的现象。能源可以为一国国防发展提供稳定的供给,那么,从这个意义上说,能源安全不仅仅事关经济发展问题,同时关联着政治局势发展,它是国家战略安全中的重要一环。因此,沿线各国通过合理、合法的手段（比如签署协议）来实现能源供给的互补。能源产业协作可以在各国之间形成命运共同体,各国对于共享的能源都有责任和义务来进行保护,进一步打破各国之间的封锁限制,对于进一步维护国家战略安全起到重大推动作用①。

（二）推动区域经济合作

无论是能源协作,还是基础设施协作,都要落实到"协作"这个基点。协作就意味着沿线各国对于共享、共建产业的赞同和支持。一个良好的产业协作系统不仅可以让合作双方实现运输的便利化、供给的高效化、资源的共享化,还可以在一定程度上保障国家安全,从而更好地推动区域经济的合作发展。一次良好的区域合作会为未来更大的合作打下基础,也会对周围的资源国、过境国产生吸引,推动更多的国家主动加入到产业协作的大集体中,会推动区域经济合作。另外,长远来看,区域经济合作会为本国的技术增殖提供空间,也能带动周边国家的经济增长。

（三）形成国际能源新格局

在实施"一带一路"战略之前,各个国家都有自己固定的能源运输模式和格局,而当沿线各国加入到互联互通的大环境之中后,从大局考虑,有些传统的能源运输模式就需要重新作出调整。那么,各国也开始寻找最适合自己、最能实现共享目标的资源国,这也是对传统能源协作的一次大洗牌。新产生的能源协作中的各国可以尽可能摆脱以往在能源协作过程中出现的歧视、封锁限制、不公平的问题,从而打造一个公平、自由、高效的产业协作系统②。这尤其是对于资源丰富但是整体经济实力不足的贫困国家来说是一个新机遇。在此基础上,也可以形成国际能源产业协作的新机制,最终形成国际能源新格局。

（四）维护良好的外交关系

能源协作是维护良好外交关系的重要手段。能源协作意味着各国都是围绕一个目标而

---

① 寇忠.中亚输气管道建设的背景及意义[J].国际石油经济,2008,02:43-49+84.
② 石泽.能源资源合作:共建"一带一路"的着力点[J].新疆师范大学学报（哲学社会科学版）,2015,01:68-74.

展开深入的探讨和交流,在一些关键性问题或者有矛盾的地方,可能会需要双方都作出让步。共同的发展目标、通力的合作都会在一定程度加深两国之间的感情,对于打开两国外交大门,维护外交关系起到重要作用。和平与发展是不变的主题,两国之间的能源协作也会为双方在其他领域上的合作做铺垫,合作的不断深入会对外交关系的稳定性提供保障,从全球视角来看,能够为全球安全提供一定保障。

"一带一路"战略中所涉及的能源协作问题事关各国政治、经济、社会等多个方面,以往各国对于能源的控制也从侧面反映了能源的重要性,那么,能源协作将会成为打破封锁,共享互补的最优途径。

二、在能源方面进行产业协作的具体模式

能源协作与其他领域的产业协作有相似之处,但总体上是按照互补、互动、绿色的原则产生出多元化的协作模式。本小节主要通过对现有能源发展情况以及具体协作模式展开阐述,从而形成对能源协作模式的完整认识。

(一)目前世界主要国家和地区的能源构成概况

石油、天然气、煤炭是世界主要国家和地区发展的能源对象。从各类能源在"一带一路"涉及区域的分布情况来看,东北亚主要集中发展天然气、煤炭资源;东南亚以油气资源开发为主;中亚、西亚地区石油能源丰富,但经济基础实力不足。正是各个区域不同的优势能源分布催生了当前的能源产业跨区域的协作模式。下面,对于能源协作中的重点能源——石油、天然气的分布现状做具体分析。

表9-2　2015年世界石油产量地区构成情况

地区	产量(万吨)	同比增长(%)	占世界的比例(%)
美洲	112 535	3.6	28.9
西欧	14 580	4.4	3.7
东欧及苏联	65 410	-1.9	16.8
非洲	36 400	-1.9	9.3
中东	122 705	5.5	31.5
亚太	38 090	1.5	9.8
世界	389 715	2.5	100.0
欧佩克国家	156 750	3.6	40.2
北海地区	13 400	5.2	3.4

数据来源:根据《当代石油文化》2016年第5期统计信息部分所得。

从上述表格中,不难发现,中东地区的石油储备量是最大的,为122 705万吨,是非洲以及亚太地区石油储量的4倍,也正是因为石油储量的不足,中国选择与中东地区进行了一系列的能源合作,在石油方面尤为显著。另外,美洲地区的石油分布量以112 535万吨排在第二位,占世界比例为28.9%,与中东地区的31.5%相差不是很大,但即使拥有丰富的石油资源,美国仍然想要获得更多的石油资源,美国攻打伊拉克就验证了这一点,这也说明了石油对于大国而言更是一种战略需求。当前来看,中东地区局势复杂,美国与中东地区的矛盾不断,中国与中东的石油合作有望可以进一步发展。

表9-3　2015年世界天然气产量地区构成情况

地区	产量(亿立方米)	同比增长(%)	占世界的比例(%)
美洲	12 098	5.3	33.8
西欧	2 315	0.2	6.5
东欧及独联体	8 843	-1.7	24.7
非洲	1 687	8.7	4.7
中东	5 807	0.2	16.2
亚太	5 078	0.2	14.2
世界	35 828	1.7	100.0
欧佩克国家	6 688	1.3	18.7
北海地区	1 740	4.4	4.9

数据来源:根据《当代石油文化》2016年第5期统计信息部分所得。

在天然气产量方面,美洲地区位居榜首,为12 098立方米,东欧及独联体位居第二位。亚太地区在天然气方面优势不足,在"一带一路"战略中,中国积极与俄罗斯开展合作,打通了中俄天然气管道,为别国的能源合作提供了很好的借鉴。

(二)沿线各国能源协作模式

在能源协作方面,沿线各国主要通过以下几种模式进行产业协作。

1.互动平台建设模式。互动平台建设模式目前主要是应用于东北亚地区之间的能源合作。它的互动平台主要是分为三大模块协同工作。首先,有一个沟通协调平台,在进行能源协作之前,东北亚中的各地区要对能源协作的方方面面进行一个深入的交流,明确合作中的责任与义务,并且就能源协作中可能存在的问题提出相应的应对方案,并且答疑各地区对于能源协作过程中的困惑,在交流的过程中可以增加各地区之间的信任度。其次,进入能源协作的核心平台——能源互动平台,在互动平台中,各个地区根据能源类型选择合适的互动渠道,目前有清洁能源渠道、能源出口量大的渠道等,通过各种互动渠道完成能源在各个地区之间的流动。最后,是融资渠道,任何能源协作都想要大量的资金,专门的融资平台可以尽可能地吸引投资商,并且在未来可以形成专门的机制进行管理①。东北亚地区的能源协作模式可以为沿线国家的区域内及跨区域协作产生启发。

2.技术合作模式。中俄能源协作主要是遵循技术合作模式进行的。从表9-2和表9-3中,我们看到了中国所在的亚太地区与俄罗斯地区在天然气和石油产量上的差距。差距的背后反映出了中国在能源协作上的迫切需求。中俄双方,各有优劣,中国的能源储量不足,俄罗斯在技术和资金方面存在劣势,但是二者一旦围绕技术创新展开合作,在技术、资金和能源上面互帮互助,那么最后就会是互惠共赢的局面。比如:中俄天然气管道的建设。由于中国对俄罗斯展开了技术扶持,从而克服了在运输过程中的难题,以此保证了天然气能够顺利地进行流动,这对于提高两国的能源开发技术有很大帮助②。

3.复合开发模式。复合开发模式是借用了横向和纵向两种模式而整合形成的。即把能源消费国之间的协作与能源生产国和能源消费国之间进行协作的两种模式融合到一起。因为沿线国家众多,仅仅单纯依靠一种模式,或者说,仅凭消费国的能力是无法推动区域经济发展的。这种复合模式更多地考虑到了多个地区进行能源协作的意愿,也可以为能源协作上双重保险。比如说:中亚天然气管道运输。中亚天然气管道是多方参与建设的一个项目,从土库曼斯坦贯穿到南疆进入中国,沿线的众多国家都是受益的群体,加上政治环境的动乱,复合模式可以保证国家能源合作安全。

4.绿色开发模式。在今年"一带一路"新能源高峰合作论坛上,各国代表对于新能源的开发和使用提出了自己的意见和想法。在中国上海,氢能源项目是目前开发的重点,氢能源可以最大限度地保证低碳效应。南非代表认同中国在清洁能源中的作为,并且提出,清洁能源的广泛使用应当得益于各个区域的良好合作,新能源在"一带一路"这块蛋糕中所占比重很大,必须集思广益认真对待。各国对新能源的热烈追捧折射出各国对于绿色开发、生态环保理念的重视。

三、沿线各国能源协作的风险及多元化模式的创新

能源协作模式整体上呈现出多元化的特点,但是多元化的能源协作模式仍然无法避免能源协作存在的风险。因此,本章节对能源协作过程中面临的各种风险进行归纳,并据此提出具有创新性的能源协作模式。

(一)沿线各国面临能源协作的风险

1.政治风险。在这之前,我们曾提到过,能源与国家战略安全紧密相关,这也就是说石

---

① 陈海英,郭晓立.东北亚区域能源安全合作模式的选择[J].工业技术经济,2008,04:17-21.
② 李力荣,高宁.中俄能源合作模式研究[J].中国市场,2016,03:189+194.

油、天然气等能源都属于国家战略性资源。那么，各国之间的能源协作无疑会让许多国家心生疑问。比如：当中国提出"一带一路"战略不久后，许多西方国家就提出质疑的声音，认为中国想要一步步实现控制世界各国的目的，并且坚信中国与沿线各国之间的合作势必会搅乱能源市场的统一。西方国家的一味防范无疑会对能源协作的发展产生阻碍作用，这就迫使中国与别国之间不断进行协同统一，无形中增加了政治风险。

2.安全风险。安全风险比较容易理解，通过"一带一路"规划路线图，我们可以知道整个战略的实施与中东地区密不可分，而中东地区形势复杂，中东与美国的矛盾不断升级，也就给中国与中东地区的能源协作带来困扰。由于沿线局势相对稳定的国家已经与西方国家进行了能源协作，那么，中东也就成为中国发展能源的必选项。针对中东局势动荡的情况，中国和中东地区应当创新投资开发模式，尽可能最大限度地保证能源供应安全。

3.运输风险。运输风险主要体现在石油运输上。而运输风险往往与地缘政治有着密切的联系。比如：马六甲海峡。不仅仅是中国，许多国家或者地区的石油运输要经过马六甲海峡，但是地缘政治的存在会让石油运输受到阻碍甚至是中断。

以上三大风险是在能源运输与协作过程中经常碰到的，在"一带一路"沿线合作中我们要尽量避免这些风险的发生，加强各国之间的交流，评判运输线路的可行性，保证能源协作的顺利推进。

(二)沿线各国能源协作多元化模式的创新

能源是事关国家繁荣、民族振兴的重要力量，或者说，在一定程度上决定着国家战略走向。在上面的论述中，我们提到了能源协作过程中存在的各种风险，也重点介绍了沿线各国能源协作的具体模式，这些都可以为创新性的协作模式做好铺垫。但是，无论是何种模式，都应该秉承"公开、透明、自由"的原则进行，在选择具体的协作模式时要充分考虑到合作双方的实际情况以及世界政治发展形势，并且不断创新已有的协作模式。目前，主要是沿着以下四个方面进行创新。

1.注重双边发展。在之前的协作模式中，我们提到过复合发展模式，而双边发展模式就是在此基础上进行的创新。双边发展模式把能源协作分为国际和国内两个层面来进行分析。首先，在国内层面上，中国要想谋得能源上的大发展必须要积极寻求与能源龙头企业、重点企业的发展，因为龙头企业掌握着国内大部分的能源，并且有稳定的运输渠道，稳定性更强一些[①]。其次，在国际层面上，我们要正确对待西方大国在国际上的地位，积极与能源消费大国和生产大国进行沟通交流，与西方大国的能源协作也可以在一定程度上消解国际社会对中国的认识。同时，有了西方大国的支持，整个能源运输过程也会更加安全。

---

① 谷满意.浅议中外能源合作的基本模式及其选择[J].浙江工贸职业技术学院学报,2013,03:65-68.

2.能源贸易科学化。以往的能源协作模式对于中国与西方大国在能源合作上的矛盾无法一一解决,而能源贸易科学化就是基于此进行的创新。能源贸易科学化意味着中国必须要在策略上进行调整。在未来能源协作中,中国应当尽快进入国际能源贸易体系之中,通过这种更为合理的渠道一方面获得低廉、质优的能源,另一方面中国在能源协作中也拥有了合法的保护伞。既然合乎情理,那么,质疑中国的声音也将会有所收敛,西方各国也会逐渐松动对中国海外获取能源的限制,并且会赢得越来越多的信任,有利于区域合作的扩大。

3.掌握能源话语权。这里的能源话语权与中国积极寻求国际上的话语权是一个道理。中国虽然近几年国际地位不断提高,掌握话语权的能力不断加强,但是,在能源协作方面,由于我国能源战略储备比较薄弱,这就导致我们无法主动掌握在能源上的话语权。而且我们总是倾向于去寻求与别国协作的方式来壮大自身实力,可是协作是需要长时间进行考量才能进行决策的事情。那么,此时,我们不应该忽略国内先进的能源体系,我们应当与国内能源机构建立良好关系,深入合作,扩大能源战略储备,真正赢得国际社会的理解、尊重和支持。

4.能源供应多渠道。固定的能源供给主体及能源渠道往往会让我们忽视一些潜在的风险。能源协作不是一成不变的模式,它也需要根据国家发展大势作出相应的调整,目前,国家倡导可持续发展模式,那么,我们就应当注重对于清洁能源的运输和使用。另外,我们应当针对实际情况发展多条能源供给渠道,防止个别渠道因特殊情况无法运输,从而保证能源协作的连续性和安全性。

"一带一路"战略的实施让我们更加清醒地认识到中国能源安全与世界能源安全的密切联系,能源协作模式的多样性也为中国与西方国家的产业协作提供了新思路,最为重要的是保证世界能源安全是所有能源协作模式的价值所在。

第三节 金融协作模式

一、协作的基础与意义

(一)中华经济圈与全球产业之间开展金融协作的基础

区域性金融机构和贸易组织不断发展。2008年爆发的全球性金融危机,直到2015年世界经济增速缓慢,金融不稳定因素增加,经济复苏任重道远。世界各国纷纷努力破解危机,建立起区域性利益共同体和金融投资银行,以此提高金融风险防御能力。2014年7月,金砖国家新开发银行设立,其宗旨是支持金砖国家及其他发展中国家的基础设施建设和可持续发展;2015年7月,由中国倡议设立的多边金融机构——亚洲基础设施投资银行(AIIB)正式成立;2016年2月,以美国为核心的12个成员国正式签署跨太平洋伙伴关系协定(TPP)。东亚货币合作具有非制度化、非正式特点,区域内各经济体之间在经济结构、发展水平、政治文化等方面都存在着差异,虽然开放的金融市场和严格管制、封闭的金融市场并存,但是仍然具备在区内实行统一货币政策的可能性。20世纪70年代布雷顿森林体系瓦解以来,金融全球化的迅速发展加剧了资本在全球范围的流动。国际资本尤其是投机性强的短期资本在各国金融市场之间大规模、高频率流动已成为当今世界的一个显著特征。在金融全球化的背景下,东亚地区大多数国家相继放宽了资本流动的管制。[1]

中华经济圈内部金融来往密切。内地与香港、澳门的《更紧密经贸关系安排》(CEPA)以及大陆与台湾的《海峡两岸经济合作框架协议》(ECFA),降低了中华经济圈金融服务的管制成本和政策不确定性风险,为中华经济圈与国际产业开展金融协作提供了多元化、多层次、多领域的合作契机。同时,"一带一路"战略的实施,不仅将中华经济圈内部金融活力激发出来,还加强了与东南亚国家之间的联系。2014年底,丝路基金成立,秉承"开放包容、互利共赢"的理念,为"一带一路"框架内的经贸合作和互联互通提供金融支持。目前,在上海、天津、福建、广东建立了自由贸易试验区,通过提升对外开放水平,培育面向世界的新优势、新平台。内地与香港、澳门、台湾金融机构间的配合密切,为双方经贸合作提供便利。

具备面向世界的金融协作能力。目前世界经济区域集团化特征显著,欧元区、北美自由贸易区、东盟等都已融入其中,中华经济圈应整合金融资源,占有一席之地。香港作为世界三大金融中心之一,是外资进入中国的门户,在世界范围具有举足轻重的作用。改革开放近40年来,内地经济取得举世瞩目的成就,大陆市场空间广阔,金融需求巨大;台湾在中小企业金融服务和农村金融服务方面具有十分丰富的经验;香港的保险业、股票、外汇、黄金及金融衍生工具都很发达,中华金融市场已初现雏形。中华经济圈内部各方金融体制和资本市场的优势集聚的趋势显现,未来有望在世界金融市场上大展身手。2015年11月底,国际货币基金组织(IMF)作出将人民币纳入特别提款权(SDR)货币篮子的决定,人民币国际化进程加快。

(二)推进金融协作的意义

有助于发挥中国在区域经济中的引领作用。中华经济圈与世界产业之间进行金融协作有利于国家"一带一路"战略实施,优化中国全方位对外开放的国家政策,显著增强金融业的国际竞争力。通过与"一带一路"沿线国家加强金融协作,尤其是东南亚国家,推进中华经济圈金融与世界接轨,提高全球资源市场配置能力。以国际性视野着手金融业全球布局,分散来自各种不确定因素的市场风险,有助于增强区域金融领袖地位。

---

[1] 汪小亚等. 东亚区域金融合作:必要性、现状及展望[M]. 中国金融服务理论前沿,2011.

有助于实现人民币国际化。中华经济圈与世界各国产业之间密切的金融协作,必然推动中华经济圈金融市场国际化。中华经济圈的实体经济在世界范围占有一席之位,为国际货币和金融体系注入新鲜血液,其资本运营、货币结算、外汇储备能力有目共睹。中国出台的一系列金融改革和监管措施,理顺了金融资本市场机制,提升了风险化解能力,进一步增强了其在国际金融领域的话语权。人民币获得国际金融市场的接受,与美元、英镑、欧元、日元并列成为国际支付货币,金融协作将进一步扩大人民币支付范围,加快人民币的国际化进程。

有助于世界和平稳定。金融领域的合作是建立在信任互惠的基础上的,在协作的过程中需要双方的配合与理解,深化中华经济圈与世界各国的金融合作,从而取得一系列的发展共识,为世界经济发展提供良好的环境。同时,有利于实现全球经济复苏,稳定国际金融市场和推动全球经济治理。加强区域金融协作,可有效应对全球金融危机。

二、关于金融协作模式的初步设想

国家层面高瞻远瞩地部署"十三五"金融发展方向,要求"扩大金融业双向开放,有序实现人民币资本项目可兑换,稳步推进人民币国际化,推进人民币资本走出去"。[①] 中华经济圈应加强产业链互补和优势产业集群发展,形成产业发展合力,扩大金融资本开放领域,全面对接国际产业金融协作。落实和完善财税金融支持政策,设立人民币海外合作基金,用好双边产能合作基金。在建设"一带一路"进程中,中华经济圈的金融行业必须加快金融创新,构建与经济全球化和开放型经济体制相配套的金融体系,推动政策性金融与商业性金融相结合,使金融资本与产业资本快速融入"一带一路"战略和区域经济一体化之中,充分发挥引导资源配置和优化投资效果的重要作用。具体的金融协作模式,可从以下方面着手:

(一)组织架构的设置和运营方式

建立中华经济圈金融协作联盟,由内地、港澳台各方选派人员组成,实行主席轮流制,定期召开会议确定对外政策方针。成立理事会,负责日常事务管理,联盟总部选址可由各方商议决定。通过开展货币、金融领域的协商和谈判,将区域性金融合作推广到全球性金融合作。以中华经济圈为整体,与亚、非、拉、美、欧等区域国家开展金融协作,争取签署正式的开发性金融合作备忘录,最大程度寻求合作共识。鼓励和引进民间组织、国际金融组织积极参与进来,创新金融协作方式,破除行政壁垒,营建更加规范的国际金融秩序。

(二)构筑资本运营平台

2015年中国国内生产总值达到67.67万亿元,经济总量逐年攀升,"大众创业,万众创

---

① 新华社.中国国民经济和社会发展"十三五"规划纲要[EB/OL]. http://www.guancha.cn/society/2016_03_17_354244.shtml

新"事业持续推进,各类项目对资金的需求增大;随着全球性的跨国公司进入中国市场,国内企业面临着前所未有的压力和挑战,民族企业的崛起亟需资金注入;国有企业市场化改革稳步推进,私人企业能否接过大旗还是得看是否有强大储备资金支持。基于以上分析,有必要构建一个大的资本运营平台,培植中国本土企业参与到国际市场中去,扩大华人资本的附加值。以中华经济圈为主体,以全球华人为纽带,利用自贸区、亚投行、丝绸之路基金等,共同构建以"中华"为核心的资本运营平台,其主要功能在于为企业和项目提供投融资、并购重组和上市等资本运营服务。

(三)健全和完善金融服务体系,改善金融信贷环境

充分挖掘华人华侨资源,利用华商华裔的金融桥梁与管道作用,建设华人银行,开展跨境贸易人民币结算业务,推动人民币区域化和国际化。促进中国—东盟经贸良性发展与金融稳定,依靠非政治性的金融合作,增强经济发展的牵引动力。建立人民币离岸交易中心,以更加积极的心态参与国际金融治理,加快人民币国际化进程。构建以政策性银行、大中小商业银行、村镇银行、农村金融机构等正规金融机构为主导,以保险、证券、政府投融资平台、小额贷款公司、融资性担保公司、民间融资服务公司为补充的融资体系。建立国际化的信任评级制度,强化对金融机构的监管,加大对外资的引进力度,鼓励社会资本到海外投资。

(四)优化人民币金融政策,完善金融基础设施

发展自由港、自由贸易区、出口工业区和自由经济区,尽快与发达国家和地区开放模式接轨。采取更加灵活多样的联合开发形式,运用 BOT、BLT、TOT 等国际通行的外商投资方式,吸引各国资金技术开发利用南海海洋资源。[①] 构建对外经济通道,发展外向型经济,促进中西部地区与东部地区的产业耦合和资金融通。逐渐崛起的中国,推动了第二次世界经济大转移。港澳和珠三角的产业协作应跃上新的台阶,增强香港作为国际金融中心的地位,为适应世界经济、科技和市场的变化,为新业态的发展提供机会。[②] 妥善处理好中华经济圈与外国金融法制体系存在的冲突,通过友好协商,逐步消除金融体系内部壁垒。优化社会征信体系,建立与国际接轨的信用考评体系,营造可持续发展的信用环境。打造稳健的金融结算支付平台,使中华经济圈与世界贸易往来畅通无阻。

(五)加强反洗钱国际合作

伴随经济全球化和金融服务国际化浪潮,洗钱犯罪越来越多地表现出具有跨境的特征。[③] 因为跨境洗钱活动对世界经济、国际金融秩序破坏性特别大,中华经济圈应该与世界

[①] 朱坚真,高世昌. 构建中国—东盟自由贸易区产业协作系统的思考[J]. 桂海论丛,2002,04:34-37.
[②] 薛凤旋,戴荔珠. 后金融海啸时代香港在国家发展中的地位和作用研究[J]. 当代港澳研究,2011,02:1-15.
[③] 吴晓琪. 基于生存分析法的失业持续期影响因素研究[J]. 江淮论坛,2008,06:113-118.

各国建立积极的合作机制,协同打击跨国洗钱活动,形成反洗钱和反恐融资协作机制。进一步加强反洗钱信息交流与共享,完善国际间引渡条约,大力推动反洗钱司法协助。

(六)建立和完善区域性金融监督机制

按照循序渐进、由易到难、分层次的原则,逐步确立起地区金融监督机制。但由于经济全球化和金融自由化程度加快,国际资本流动的频率与速度大幅递增,地区间经济往来更加密切。与此同时,金融风险的扩散性和传染性稳步增加。加之,地区金融体系脆弱、功能不健全,抵御经济、金融风险的能力薄弱,特别是国际金融危机以来,大量国际投机资本涌入,在国际范围内潜伏着巨大的金融风险。从产业和贸易政策来看,中华经济圈与世界各国应该协调各自的发展战略和产业政策,建立合理的国际分工体系,这样可以防止过度竞争而造成资源浪费,确保各国或地区出口的可持续性和经常账户的平衡。[①] 从汇率政策协调来看,为避免各国汇率的竞争性贬值,实现区域范围各国汇率的基本稳定,可尝试共同盯住同一货币篮子,实行联合浮动制。

三、面临的主要问题与挑战

经济与金融发展的不平衡。内地与港澳台体制不同,经济发展也存在差异。中华经济圈总体金融机构数量大而全,但是其金融业国际竞争力并不是很强。经济发展和固定投资的不平衡,导致金融机构区域布局失衡,金融机构存贷款差异显著,货币化水平不均等。[②] 金融发展的不平衡,导致对经济发展的支持有限。台湾因政党更替,主张不一,与大陆关系忽冷忽热。政治上的不统一,使得在金融上的协作步履维艰。中华经济圈流通的货币有人民币、港币、澳元和新台币,实施的货币政策也不同,单一货币结算体系建立仍需努力。

虽然中华经济圈已有金融机构开始实施全球布局战略,但在金融精英储备,产品审计、定价风险控制以及研究支持等核心能力培育上,和世界顶尖金融机构的差距明显,金融基础设施建设相对落后,金融市场开放程度低,金融产品单一,投资便利化和风险管控能力较差。

自贸区建设的覆盖面比较窄。虽然中国已签署自由贸易协定14个,涉及东盟、新加坡、新西兰、巴基斯坦、智利、秘鲁、瑞士、冰岛、哥斯达黎加、韩国和澳大利亚以及港澳台地区。但值得注意的是,基本上都是集中在沿海地区,都比较分散。除东盟以外的其他经济体,还没能建立起自由贸易机制。

双边投资协定内容各异,与经济发展需要严重脱节。截至2016年3月,中国已与130多个国家和地区签订了投资协定,但尚未与欧美缔结。目前签署的大多数协定重视对利用

---

① 祝小兵.东亚金融合作和中国的战略研究[D].上海社会科学院,2006.
② 张旭,徐英吉.中国区域经济、金融发展不平衡与货币政策有效性研究[J].山东行政学院山东省经济管理干部学院学报,2003,06:11-13.

外资的保护,对民族企业"走出去"保护不够,与中华经济圈对外投资快速增长的需要脱节。

伙伴关系与经济合作需求之间存在差距。2014年底,中国同70多个国家和地区组织建立了不同形式的伙伴关系,基本形成了覆盖全球的伙伴关系网络。伙伴关系为中华经济圈与世界各国或经济体之间沟通提供了对话平台,是增强合作、共谋发展、达成共识的有效途径,为进一步合作指明了方向。主要存在的问题是:建设伙伴关系的渠道特别单一,主要依赖于政府间外交谈判,非营利组织和社会团体缺乏跟进,对伙伴关系的利用程度不高,尤其是在跨国经济合作中的作用有限。

区域经济合作与国际金融机构间协同性差。"一带一路"给中华经济圈金融机构提供了广阔的发展前景,也带来了严峻的挑战。中国发起设立了亚洲基础设施投资银行、金砖国家新开发银行、上合组织开发银行等多边开发型金融机构,也设立了丝路基金以及中非、中哈、中欧、中拉等一大批双边合作基金,这一系列的金融组织和基金运作统筹协调困难。

区域债券市场基础设施落后,整体规模较小。金融危机之后,在地区各国的努力与合作下,东亚地区债券市场获得了较快发展。与发达国家相比,目前中国—东盟债券市场发展尚处于初级阶段,债券市场尤其是公司债券市场仍然延续以银行融资为主的金融体系。

第四节 "互联网+"协作模式

一、协作的背景与条件

随着移动互联网、社交化技术的广泛应用,为培育和发展新业态带来了新的契机。未来5—10年,中华经济圈可能产生爆炸式增长的新业态。移动互联网、科技博客、手机应用APP、手机游戏等,将会快速产生新技术、新产品、新服务。在科技服务领域,将会出现一些新的服务需求和模式。其中,社交化生产是社交网络的应用,是一种新的产业协作模式取代旧式中心化的产业结构,主要包括3D打印、众包和开源硬件;云制造是利用信息化手段,推动制造业模式的变革,主要包括可穿戴设备和互联网汽车;大数据的发展为公共服务、医疗服务等领域提供应用支撑;线上线下融合的O2O服务与传统产业融合发展,伴随着4G、移动终端普及、城镇化的重大机遇,显示了巨大的市场空间潜力;数字服务具有知识经济和数字经济的双重属性,是娱乐、文化产业发展载体,主要包括数字出版、在线教育、科技博客等。[①]

2015年国务院出台《关于积极推进"互联网+"行动的指导意见》和《中国制造2025》,这一顶层设计将有利于推动中华经济圈与全球产业之间的协作,形成世界经济发展新动力,催

---

① 王德禄,邵翔.业态创新是产业变革的新动力[N].科技日报,2014-03.

生新的经济格局。中华经济圈内的腾讯、百度、阿里巴巴等互联网巨头,其实力和规模已跻身世界前列,具有丰富的运营经验和专业的开发团队,且早已着手海外市场的挖掘以及市场份额的领占。总的来说,从"互联网+"的角度开展中华经济圈与全球产业间的产业协作,在技术、实力和环境方面来看已具备充分的协作条件,具体表现为以下方面:

(一)互联网技术的应用和推广比较成熟

世界上第一台计算机连操作系统都不存在,而现在已经更新到Windows10了,硬件的配置更新换代速度提高。随着云计算、大数据、物联网、移动互联网等技术日益成熟,互联网产品也逐渐丰富起来。各种APP应用软件,能够满足人们的生活需求,提供更多的选择空间。海外代购、在线教育、全球订单等,都能够通过互联网实现,其普及程度正大幅度提升。

(二)产业协作方式的转变

互联网不仅悄然改变人们的生活方式,而且也改变了传统的产业协作方式。互联网平台可在线上整合供应链资源,推动产业链上各类企业集聚化、生态化、协同化,显著降低企业资源配置与协同成本,避免了信息在二次传递过程中的失真现象。技术创新和技术融合是产业融合的催化剂,可以有效地推动产业融合的进程。[①] 信息化与工业化融合催生出产业互联网[**],全球正迈入工业4.0时代。"互联网+"推动传统优势产业的转型升级,促使网络和产业深度融合形成新的价值链、产业链和服务模式。

(三)经济全球化仍高速发展

经济全球化的大趋势不可逆转,中华经济圈只有与世界融合才能促进自身的发展。企业纷纷走出国门,在世界各国建立分公司,世界各国间的产业协作关系逐渐形成。随着"互联网+"的出现,经济全球化进一步提速,跨境电子商务(包括B2B和B2C模式)兴起。全球资源得到有效整合,产业互补优势得到充分发挥,实施"互联网+"行动,将增强中华经济圈与全球产业协作性,利用各方的相对优势,实现产业互补、贸易互惠、经济互助的良性发展格局。

二、协作的基本原则和主要目标

(一)基本原则

1.利益共享。协作的各方以合理的方式表达利益诉求,建立完善的信息沟通渠道,形成

[①] 康俊."互联网+"背景下商业模式创新与产业融合的互动机制分析[J].信阳师范学院学报(哲学社会科学版),2016,03:65-68.

[**] 产业互联网是区别于消费互联网的企业级互联网应用大市场,涵盖企业生产经营活动的全生命周期,通过网络提供全面的感知、移动的应用、云端的资源和大数据分析,重构企业内部的组织架构、生产、经营、融资模式以及企业与外部的协同交互,实现产业间的融合与产业生态的协同发展。

良好的回应机制。充分利用先进的信息网络基础设施,创新"互联网+产业"合作方式,寻求更多的协作契机,通过双方、多边努力形成可持续的利益分享机制和责任共担机制。

2.求同存异。有效化解利益博弈过程中存在的分歧,把握合作的大趋势,通过对话协商程序妥善解决利益分歧。重视信息交易、信息平台安全,根据产业协作需要,进一步开放互联网合作领域。围绕共赢发展的目标,处理好双方的利益分配关系。理顺双方合作关系,增加政府高层互动,建立"互联网+"产业协作共识。

3.优势互补。充分发挥各方的特色和优势,降低交易合作成本,提升相互协作空间。建立适当的约束机制,避免出现势大气人的现象,秉承平等公平的理念,整合各方优势,扩大整体利益"蛋糕"。大力发展自贸区,减少贸易壁垒和优化市场进入门槛,达到资源和要素投入互补。

4.循序渐进。通过线下贸易合作,逐渐推广到互联网与产业合作,以政府间高层推动为主线,引入民间团体或组织加入,培育合作的信任机制,签署互联网产业联盟协议,逐渐扩大合作领域。由浅入深、由易到难、由松散到紧密,按步骤分阶段完成"互联网+"产业协作目标。

(二)主要目标

全面提升中华经济圈与全球产业之间在"互联网+"方面的合作水平,拓展产业合作领域。发挥互联网的新业态对世界经济增长的支撑作用,推动"大众创业,万众创新"进入新高潮,小微互联网企业走出国门。致力于打造互联网经济与实体经济协同互动发展的经济格局,建立规范有序的协商沟通机制,推进区域经济繁荣发展。

在"互联网+"制造业方面:推动传统产业数字化、智慧化改造,鼓励中华经济圈企业推行智能制造生产方式。与美国、日本、德国、英国、俄罗斯等工业强国开展"互联网+工业"协作,推进工业互联网建设,壮大人工智能、虚拟现实可视化、虚拟工厂、数字工厂、智能工厂等新业态。

在"互联网+"服务业方面:探索在传统金融、旅游、医疗、健康、教育、养老、智能交通等产业的基础上,拓展线上合作渠道,推动实现优势资源全球共享协作。坚持"引进来"与"走出去"相结合,培育辐射中华经济圈的电商企业,大力发展新经济。

在"互联网+"农业方面:推动互联网信息技术与农业生产、加工、销售等全产业链结合,打通农产品产供销一体化链条,密切与世界其他国家农产品进出口联系,构建新的农产品流通模式,促进农业科技化、智能化、信息化发展。

三、工业4.0背景下"互联网+"协作模式选择

进入21世纪,互联网、新能源、新材料和生物技术正在以极快的速度形成巨大产业能力

和市场,将使整个工业生产体系提升到一个新的水平,推动一场新的工业革命,德国技术科学院(ACDTECH)等机构联合提出"第四代工业-Industry 4.0"战略规划,旨在确保德国制造业的未来竞争力和引领世界工业发展潮流。[①] 简而言之,通过物联网技术的植入,提高制造业的生产、销售智能化水平,最大程度地提高供给能力。

亚洲以及新兴经济体正处于周期性结构调整阶段,拥有巨大的增长潜力。推动亚洲经济一体化,形成资源互补的区域共同市场,促进新兴经济体之间合作与共赢。随着信息通讯技术的快速发展,出现线下与线上经济并行发展的新局面。依托互联网平台,生产者、市场和消费者被打通,资源配置得到最大优化,不断激发市场创新活力。互联网的普及和推广,其与三次产业融合发展出现新的模式和业态,扩大企业生产规模,引领生产经营方式变革,重构消费者和生产者之间的关系,加快产业转型升级,实现"井喷式"发展。以创新支撑和引领产业结构优化与升级,使中华经济圈产业向全球价值链高端跃升。

(一)做大做强跨境电商,拓展"互联网+"产业合作领域

中华经济圈与世界各国之间的互补性,孕育出重大的外贸商机,发展跨境电商前景广阔。在全球经济一体化的大环境下,世界各国需要紧密合作、互联互通,跨境电商是一个联系各国产业的重要载体。跨境电商使海外仓前移、金融结算前移,将境外消费带回境内。同时还带动相关产业发展,实现"互联网+"的作用。

随着语言服务的完善,互联网和云计算逐渐被应用于健康服务领域,包括跨境医疗、诊断、数据共享、电子处方以及医学录写等,健康服务也成为国际贸易发展势头迅猛的行业。利用互联网了解市场需求,提供个性化的定制服务;开展无纸化办公,OA系统办公使用频率增加。加快中华经济圈与德国等国在云计算、物联网、智能工业机器人等技术层面的合作,提高生产过程的智能化水平,促进生产装备更新换代、工艺流程改造和基础数据共享。开展技术联合攻关,力求在工控系统、智能感知元器件、工业云平台、操作系统和工业软件等核心环节取得突破。加快工业大数据的开发与利用,有力支撑制造业智能化转型,构建开放、共享、协作的智能化产业协作生态。

鼓励中华经济圈制造业龙头企业通过互联网与产业链各环节紧密协同,紧跟国际发展潮流,推进生产、质量控制和运营管理系统与世界标准接轨,实行众包设计研发和网络化制造等新模式。支持有实力的互联网企业构建网络化协同制造公共服务平台,面向细分行业提供云制造服务,促进创新资源、生产能力、市场需求的集聚与对接,提升服务中小微企业能力。加快全社会多元化制造资源的有效协同,提高产业链资源整合能力。

引导制造企业利用物联网、云计算、大数据等技术,整合产品全生命周期数据,形成面向

---

① 张曙. 工业4.0和智能制造[J]. 机械设计与制造工程,2014,08:1-5.

生产组织全过程的决策服务信息，为产品优化升级提供数据支撑。鼓励企业基于互联网开展故障预警、远程维护、质量诊断、远程过程优化等在线增值服务，拓展产品价值空间，实现从制造向"制造+服务"的转型升级。

(二)搭建开放共享的"互联网+"环境平台

处于"互联网+"环境中，任何行业都难以避免受到信息化的冲击，但互联网进入各行业方式各有不同。中华经济圈企业积极拥抱互联网时，需要做到以下三点：一是搭建开放的平台，以便与各国或组织能够在此平台上深度协作、利益共享，营建产业生产系统，为传统企业突破"瓶颈"提供各种资源。二是对行业需求进行定位分析，从而不断优化平台功能。三是遵照共享经济模式，在核心价值和制度层面建立起诚信体系，为"互联网+"创建共赢的局面，稳定经济的增长。

推进"互联网+"，促进创业创新、协同制造、现代农业、智慧能源、普惠金融、公共服务、数字物流、电子商务、便捷交通、绿色生态、人工智能等形成新业态新经济。一是清理阻碍"互联网+"发展的不合理制度政策，放宽融合性产品和服务市场准入，促进创业创新，让产业融合发展拥有广阔空间。二是实施支撑保障"互联网+"的新硬件工程，加强新一代信息基础设施建设，加快核心芯片、高端服务器等研发和云计算、大数据等应用。三是搭建"互联网+"开放共享平台，加强公共服务，开展政务等公共数据开放利用试点。四是适应"互联网+"特点，加大政府部门采购云计算服务力度，创新信贷产品和服务，开展股权众筹等试点，支持互联网企业上市。五是注重安全规范，加强风险监测，完善市场监管和社会管理，保障网络和信息安全，保护公平竞争。用"互联网+"助推经济保持中高速增长、迈向中高端水平。

(三)实施"互联网+"走出去战略

1.中华经济圈企业抱团出海。通过"一带一路"等重大战略的带动，将具有较强竞争力的互联网公司推向世界，鼓励其与制造、金融、信息通信等领域企业联合，通过海外并购、联合经营、设立分支机构等途径，努力拓展海外市场空间。推进中华经济圈与国际产业合作，构建跨境产业链体系，提升整体全球竞争实力。

2.大力开发全球性的市场应用。支持"互联网+"企业整合中华经济圈内外资源，面向全球提供工业云、供应链管理、大数据分析等网络服务，培育具有全球影响力的"互联网+"应用平台。互联网企业要在吸收海外用户上下功夫，拓宽用户受众面，推出符合不同国家文化需求的产品和服务。

3.增强"走出去"服务能力。利用政府、产业联盟、行业协会及相关中介机构，加快凝聚支持"互联网+"企业走出去的合力。鼓励中介机构为企业拓展海外市场提供信息咨询、法律援助、税务中介等服务。支持行业协会、产业联盟与企业共同推广中华经济圈技术与标准，以技术标准走出去带动产品和服务在海外推广应用。

第十章　中华经济圈与次区域合作开发

第一节　陇海兰新与中亚合作开发

一、合作开发的基础和条件

2013年9月,在全球化进程加速的时代背景下,国家主席习近平在对哈萨克斯坦进行访问期间,前瞻性地提出由古丝绸之路途经国共同建设新丝绸之路经济带这一宏伟设想。众所周知,新丝绸之路经济带,东方是作为东亚经济引擎的现代大国,西边是作为欧洲经济引擎的老牌强国,而中部的经济凹陷带则恰是中国和中亚五国,相比两端的发达国家,中亚五国的社会经济发展水平仍差距巨大。基于这种落差,中亚五国要求改变现状的诉求与呼声,与我国政府"向西开放"战略、顺势提出新丝绸之路的构想不谋而合。

中亚五国地处我国西北地区,拥有丰富的能源矿产等资源,且市场潜力巨大。作为我国陆上近邻和长久的邦交国,无论从地缘的相互依存性还是经济资源的互补性,抑或是民族宗教的相关性,中亚五国的发展状况,将直接影响我国西北地区陇海兰新等省区的稳定、繁荣和发展。

(一)历史条件和政治基础

我国与中亚地区的交流,最早是在公元前2—3世纪。西汉张骞两次出使西域,经历大宛、康居、大月氏、大夏、乌孙等地,使"丝绸之路"的雏形开始形成,而新疆、甘肃等地则成为"丝绸之路"的重要门户和交通枢纽地带。在后来的历代王朝和政府,都给予陇海兰新地区与中亚地区的经济文化交流以高度重视和政策扶持。

20世纪90年代初期,阿富汗地区的战争和冲突,导致中亚地区与这些地区的交往一度中断,经济合作也遇瓶颈,他们继续构建新的经济联系邦交国。然而,中国的西北地区陇海兰新省市,自然而然成为中亚国较为理想的交流对象。多年以来,哈萨克斯坦总统、总理分别到新疆紧邻的县区视察并发表演说,并表示要尽快与新疆及西北地区开展边民互市,促进双边关系正常化、固态化。改革开放以来,我国政府高度重视西部大开发战略,以及逐步推进的"向西开放"的伟大构想,为陇海兰新地区的发展提供了政策上的体制对接。同时,近年以来,由于西方霸权主义国家对我国人权等问题指手画脚,无端指责不断,使我国经济发展受到重重阻碍,我国政府急需调整外交政策,尤其是和发展中近邻国家的邦交关系正常化,因此,政府鼓励陇海兰新地区与中亚五国的正常交流,尤其是经济文化方面的往来。

(二)地缘基础

除了政治和历史基础外,休戚相关的地缘优势也是陇海兰新地区与中亚五国进行经济合作的最主要的条件之一。我国西北地区与中亚五国中的哈萨克、吉尔吉斯、塔吉克三国直接接壤,有3 350千米的边境线,其中与哈萨克1 700千米,与吉尔吉斯1 100千米,与塔吉克550千米,与乌兹别克、土库曼虽不相邻,也为近邻;新疆10个沿边地州中有7个与之接壤,在新疆已开放或拟开放的16个陆路口岸中,有9个是对中亚国家的。

新疆各沿边口岸与周边国家对应的城市,都在两三百千米,交通便利且成本低,这些开放的口岸附近都连有公路,通商条件在不断改进。相比于20世纪80年代的陇海兰新地区的"借船出海"走向东边的政策,陇海兰新地区在发展与中亚五国的经济文化交流过程中,始终充当着动力引擎角色。

被称为新亚欧大陆桥,即第二大陆桥,早在1990年就已经贯通东西,这条大桥东起我国连云港,西至荷兰鹿特丹港,途经七个国家,即中国、哈萨克斯坦、俄罗斯、白俄罗斯、波兰、德国、荷兰,其中穿过中国境内的六个省区,有江苏、安徽、河南、陕西、甘肃、新疆维吾尔自治区。亚欧第二大陆桥的贯通,极大地便利了陇海兰新地区与中亚五国的紧密联系和频繁往来。同时,中亚五国也给予同我国陇海兰新地区进行经济文化交流以高度的重视,这也是中亚五国试图扩大与亚太国家的交流与合作,不断走出去,争取更多的在太平洋地区话语权的务实之选,所以,借道陇海兰新地区的地理优势是中亚五国的精明选择。

(三)文化基础

中亚地区和我国西北地区都是穆斯林的聚居国家或地区,大多都信奉伊斯兰教。而陇海兰新地区的穆斯林本身就是在元代以后,从中亚、西亚地区迁徙过来的,并且当今中亚、西亚的诸多国家里,很多人的祖籍都是来自我国西北地区。新疆的13个民族中就有10个民族跨国而居[1]。中亚五国同陇海兰新地区不论是在语言、文化习俗,还是宗教信仰、生活习惯上,都具有很大的交融性和同质性,这些深厚的基础为两地进行长久稳定的经济文化往来提供了极大的便利,比如在进行商品贸易的过程中,更能具有针对性地有的放矢,互通有无。

尤其是在20世纪80年代以来,浓厚的文化基础和情感因素,促使我国陇海兰新地区在"向西开放"战略中效率更高,双边的认同度达到新的水平。新疆从1992年就开始举办一年一度的"乌交会",扩大同中亚国家的更进一步联系,不断改善和加强双边多边关系正常化[2]。中亚五国和陇海兰新地区要不断利用这一强大的人文和感情基础,不断开辟邦交关系发展的新路径和新渠道。

(四)经济和市场的互补性

首先,从经济制度和经济体制上来看,中亚国家和我国都处在从计划经济向市场经济转型的转过渡期。中亚国家独立前实行的是指令性计划经济体制,独立后,经济结构严重畸形,导致了各国经济都陷入危机,各国均放弃指令性计划经济体制,建立以非国有企业为主体的多种经济成分并存的所有制经济结构。我国改革开放30多年来,在经济体制改革和对外开放政策方面,都取得了巨大的成就,也积累了丰富的经验,值得中亚五国借鉴[3]。

纵观中亚五国,介于政治历史、自然资源等原因,在经济结构上,中亚国家与我国陇海兰新地区存在很强的互补性。我国陇海兰新地区与中亚五国都是世界上资源富集的地区,特别是中亚五国有极为丰富的有色金属和稀有金属,我国陇海兰新可以通过从中亚大量进口来发展自己的电子、仪表等轻工业,取其所长,补己所短。因此双方在资源的开采、加工、贸易等方面具有广阔的合作空间。

其次,基于我国西部大开发的伟大战略,发展同中亚五国的经济交流是开辟新市场、挖掘新的市场空间的应有之举。中亚五国的经济现状和政治走向表明,中亚是陇海兰新地区发展对外贸易的重要市场,潜力巨大。中亚各国独立后,原有的政治格局和经济联系均被打乱,各种力量处于失衡状态和重组之中。经济形势状况不断改善,居民生活水平也不断提高,因而也促进了居民的消费水平的提高,他们需要更具性价比的消费品,这恰好满足我国陇海兰新地区的企业出口商品的诉求,双边真正做到了互通有无,优势互补。

从当前的政治形势看,除塔吉克斯坦外,各国局势都走向稳定态势。这一政治形势也必将有利于中亚五国的市场环境,为经济发展和开展对外贸易提供了健康有利和平的政治和社会环境。

二、合作开发存在的问题

(一)陇海兰新地区方面

1.陇海兰新地区经济发展水平相对不高,缺乏技术人才

陇海兰新地区位于中国的西北边陲,远离东部发达地区,陇海兰新地区经济基础薄弱,基础设施不完善,经济发展欠发达,人民生活水平总体不高。陇海兰新地区的经济增长方式粗放型特征比较明显,很大程度上依靠高投入、高耗能支撑,出现经济效益不高、环境污染严重的现象。

2.陇海兰新地区通往中亚五国的铁路设施不完善。交通是我国和中亚进行贸易往来的大动脉,截止到2010年新疆地区通往中亚的铁路只有乌(乌鲁木齐)阿(阿拉山口)铁路,该铁路全长四百六十千米,东与兰新线相连,西经新疆阿拉山口口岸与哈萨克斯坦铁路接轨,贯通联系了欧亚大陆桥。而中国通往中亚的铁路只有一条主要的乌阿铁路,给阿拉山口口

岸带来沉重的吞吐压力。

3.西北地区的社会环境存在一定的隐患。陇海兰新地区属于我国西部的边境地区,由于宗教问题,以及霸权国家的恶意怂恿,使这些渗入如新疆的不法分子,跃跃欲试,危害当地的社会稳定和人民生活。而是否具有安全稳定的社会环境,直接关系着陇海兰新地区与中亚五国能否更好地进行经济贸易合作。

(二)中亚地区方面

1.中亚国家投资环境差。中亚国家处于转型期,市场经济秩序和法制建设不健全,基础设施不完善,政局稳定的不确定因素诸多。由于中亚各国现有的投资能力远远不能满足经济增长对投资的需要,资金短缺已成为制约中亚各国经济进一步稳定发展和实现实质性持续增长的关键因素。因此,吸引外资和改善投资环境日益成为中亚各国重视的方面。

2.中亚国家总体产业结构合理化程度低。中亚五个国家中,只有哈萨克斯坦的经济发展水平相对较高,总体上五国都存在着产业结构不合理、经济结构单一、实行粗放式增长的问题。虽然各国都有丰富的资源但是均没有形成各自的产业优势。

三、解决问题的对策建议

(一)优化双边贸易结构

经济发展水平和结构直接决定了对外贸易规模和结构,因此要借力陇海兰新地区的关中—天水,兰州—白银,宁夏沿黄地带,新疆天山北坡、喀什、霍尔果斯、兰西格、陕甘宁等经济区的辐射影响力[4],拉动陇海兰新整个区域经济的协同发展。同时,兰州新区和西咸新区等两大新区的设立,进一步促进这一区域经济发展和对外交流的活力和生机,势必迎来协同发展、相互促进的新局面。当前,应该积极调整经济产业结构,通过自主创新和技术研发来增加外贸产品的附加值和溢出效应。在石油、天然气、钢材、有色金属以及农牧产品方面,中亚国家处于优势地位,这种优势恰好满足了陇海兰新地区的日常生活需要,而陇海兰新地区除了向中亚出口服装和日用品外,应该不断转型,扩大和开发双边交易的新领域。

(二)推动区域贸易自由发展

基于陇海兰新地区与中亚五国经济往来的市场机制并不完善,双边多边贸易仅仅处于较为松散的初级阶段。中国政府可以考虑在陇海兰新地区设立自贸区,签订自由贸易协定或关税同盟协定,建立系统健全、严肃正规的区域经济合作组织,并渐进式地实现双边商品贸易零关税,逐步打破双边对外开放和商品交易的贸易壁垒,使该区域的生产要素能够实现自由流动和高效配置,实现陇海兰新地区与中亚五国的优势互补,互通有无,相互带动,最终促进共谋福利、共同发展。同时,中国政府也应该适度给予陇海兰新地区以更多的政策扶持和地区发展的优惠措施,允许个人或民间组织参加政府层次的贸易与经济技术合作,促进大西北地区的稳定有序健康发展,实现该地区新的发展新风貌和新动力,使陇海兰新地区真正成为中国加强与中亚合作的先锋。

(三)加快基础设施建设,激活经济发展新动力

交通和基础设施不完善,给陇海兰新地区发展与中亚五国的经济贸易交流造成了极大障碍。交通基础设施的规模及其运输能力欠缺,以及空间布局不合理等,都不利于双边贸易的发展。而我国陇海兰新地区也处在我国西部内陆地区,相比于东部发达地带,交通基础设施还很薄弱,这些地区的发展口岸和基础设施硬性条件,都严重制约了对外贸易中生产要素流动和市场的扩大。因此,改善交通运输条件,节约运输和劳动力成本,提高产品的市场效率和竞争力等,将极大地便利于双边多边贸易往来。比如,政府可尝试修建兰州—新疆高铁、银川—西安高铁,加快形成贯通陇海兰新整个区域的现代型高铁网络,首先使这些区域的内部交通畅通发达,激活经济发展的新动力。

第二节 藏川贵渝与南亚产业协作

南亚地区主要由印度、巴基斯坦、孟加拉国、斯里兰卡、尼泊尔、马尔代夫、不丹和阿富汗等8国组成,共约12亿人口。而位于我国西南地区的西藏、四川、贵州及重庆省份,大多与南亚一些国家接壤毗邻,藏川贵渝与南亚大多数国家在很早以前就开始进行间断性的经贸文化往来,双方之间也建立了较为稳定的互利共赢国际关系。在当前全球经济一体化进程不断加快的背景下,藏川贵渝和南亚等国加快双边多边产业协作和经贸文化往来是大势所趋,顺应时代潮流的必要选择,双边产业协作也有诸多稳定有利的基础和条件。

一、藏川贵渝与南亚产业协作的基础和条件

(一)政治基础较为稳固

近年来,通过中国与南亚各国政府间的共同努力,双边多边关系不断走向正轨,这为藏川贵渝地区与南亚等国之间经贸文化往来,以及建立产业协作的长效机制奠定了坚实稳固的政治基础。在新的历史时期,随着中印战略伙伴关系,中巴、中孟、中斯和中尼全面合作伙伴关系的确立,以及中缅传统睦邻友好关系在新世纪的良性发展,为藏川贵渝地区与南亚等国之间的产业协作奠定了坚实的政治基础。2009年11月,四川省委书记刘奇葆率中共代表团成功访问斯里兰卡和印度。2010年1月下旬,由四川省贸促会主办的"中国四川—南亚区域经贸研讨会"在成都召开,会前省委书记刘奇葆在成都会见了南亚八国国家工商会负责人,会上南亚国家强调了与四川合作的良好愿望,省贸促会与南亚八国工商会签订了合作备忘录,将在贸易往来、投资合作、技术交流、物流运输等领域推进区域合作,通过举办展览、配

对洽谈会、代表团互访等活动,帮助对方企业开拓市场,建立日常沟通机制。各方一致同意把该研讨会作为中国四川与南亚各国加强交流的重要桥梁,每年在成都举办一次,以此建立长效合作机制。

(二)历史基础悠久

藏川贵渝与南亚之间的经贸往来最早可追溯到公元前4世纪,四川商人沿着我国西南地区最古老的"南方丝绸之路"与南亚进行着贸易往来。四川商人以成都为起点先后到达云南、缅甸与印度商人进行贸易往来,印度商人带着四川特产(邛竹杖、蜀布等)进入印度境内,再转手于当地市场,四川商人再带回南亚等地的山货药材、珠宝玉石等转手本地市场。双方开始着最古老最原始的物物交换贸易往来,互通有无,相互带动当地经济的发展,并促进新的经济产业的形成,对后来双边关系的和谐稳定奠定了深厚稳固的历史文化基础。

(三)区位优势明显

藏川贵渝均位于我国西南地区,与南亚国家毗邻或相近。较之从前,藏川贵渝地区若要出口商品到南亚国家,主要选择从上海港口出发,经过海上船舶运输到南亚等国,进行贸易往来。现在,随着国家对西南地区各方面的政策扶持,道路交通运输条件得到极大改观。随着青藏铁路的顺利开通,藏川地区开展同南亚国家的经贸文化交流,则变得更为经济便利畅通[5]。依托青藏铁路,藏川地区的出口贸易商品可直接从西藏的樟木关口直接出港,藏川商人直接到西藏的乃堆拉山口与南亚商人进行商品贸易交流与合作,南亚商人也可直接来藏川地区进行经济产业的市场调研和采购订单等,极大地便利了我国西南地区同南亚等国的经济合作及产业互促。

(四)国家政策的扶持

近年来,随着我国政府实行的西部大开发战略和国家振兴老工业基地政策的不断推进和深化,位于我国大西南的藏川贵渝的经济正以较快的速度发展着,经济形势持续走好,人民生活水平也不断改善。2007年6月份,成都和直辖市重庆获准设立城乡综合配套改革试验区(又称"新特区"),这一政策必将进一步促进藏川地区经济的极大发展,并带动藏川贵渝整个大西南地区的协同连片发展。随着新特区的设立,藏川贵渝将会从国家得到更多的体制和政策方面的优惠,在资金投入,东部发达省份针对性帮助西南地区经济发展政策、与经济发展相对应的经济组织机构(如外贸出口保税区、保税仓库等)的成立及下放或授予的特权等,都将为藏川贵渝发展同西南等国进行经济合作和产业协作提供政策优惠和特殊照顾,为其发展打通一系列的体制、组织机构壁垒[6]。

二、藏川贵渝与南亚产业协作存在的主要问题

（一）思想落后保守

藏川贵渝位于我国西南一隅，交通基础设施建设落后，信息不对称严重，在30多年的改革开放进程中，起步晚，增长速度慢，并没有利用好已有的较为有利的经济环境和发达地区的带动作用。相比于发展较快的东部地区，地处西部大开发前沿阵地的藏川贵渝省份在"对外开放与开发"环节中，依然停留在以"引进来"为主导政策的被动阶段；同时，由于受到历史和地理环境以及经济发展条件的约束与限制，四川"对外开放与开发"的"走出去"意识仍然十分落后和被动。还值得一提的是，我国长久以来形成积蓄已久的思维定式，认为南亚国家的时间观念差、办事效率低、基础设施落后、宗教矛盾激烈、缺乏安全感、民族主义与贸易保护主义等情结十分严重，让我国民众很难接受南亚国家复杂的民族心理，以及分殊较大的文化背景等，以至于当面对南亚地区的市场开发及产业合作时，大多望而却步。

（二）商品贸易结构单一

藏川贵渝地区与南亚地区的经济发展水平都不是很高，商品贸易结构也比较单一，产业协作的基础都很薄弱，这都极大地制约了藏川贵渝同南亚国家的经贸合作和产业协作往来。从总体上看，南亚等国还处于农业社会或者是农业社会向工业社会过渡的经济发展阶段，自然经济成分还占有较大比重，商品经济欠发达。当前，南亚等国的出口商品还是以初级产品为主，产业链发展仍然处在初级起步阶段[7]。但从整体实力上看，四川重庆地区的工业化水平略高一等。但四川重庆地区主要出口南亚等国的产品如家电、服装和纺织品在总的出口交易额上，所占比重仍然很小，有些产品甚至还未走进南亚市场，双边商品贸易结构都相对单一，产业协作和相互的带动影响作用都极其有限。

（三）交通、通信基础设施建设落后

四川、西藏通往南亚的交通条件目前还不尽如人意，不能适应大宗贸易的往来，这是需要加大力度予以解决的问题。西藏作为我国西南境地交通基础设施建设落后地区，其对外开放长期受到道路条件的制约。在对外贸易方面，中国西藏和四川与印度的边境贸易往来大多是通过边境口岸进行的，这些口岸是西藏通往印度最为便捷的通道，贸易运输主要是通过公路进行的，但是总体上看基础设施建设比较落后，恶劣的自然条件和特殊的地势结构使交通困难一直成为制约藏川贵渝同南亚等国发展边境贸易和产业协作的关键因素之一，双方的仓储、交通、交易设施等都是急待改善的方面。

（四）政策和贸易壁垒

在藏川贵渝与南亚等国进行经贸合作和产业协作的进程中，双方在宏观政策和贸易条

件方面仍然有需要改善和改进的方面。如印度对华产品的"反倾销"问题,对印度进出口政策的研究了解还极其有限,对印度海关、银行相关制度、做法的熟悉和适应等方面,仍然有大量工作去做,只有这样才能以更主动、更自信的姿态和基础去适应与南亚之间的产业协作和经济往来,从而促进双边经济的共同长效发展。

三、加强藏川贵渝与南亚产业协作对策

(一)大力发展交通、通信等基础设施建设

从产业协作的可行性上看,交通、通信等基础设施建设是实现藏川贵渝地区与南亚进行产业协作和经济往来的先行基础产业。基于现有的交通设施建设情况来看,可以从两方面着手开展建设工作,首先要更进一步修复和重建"南方丝绸之路",逐步打通藏川贵渝通往印度、孟加拉国等国的陆上通道。同时注意利用南疆铁路进入巴基斯坦和在青藏铁路完工后利用青藏铁路进入印度、尼泊尔。其次是需要开辟藏川贵渝通往南亚等国的空中新航线,建筑一个通往南亚及东南亚地区的国际航空网[8]。一方面可争取开通成都—加德满都—新德里航线,作为过渡性措施,可在加德满都机场换机。另一方面可争取东方航空公司北京直航新德里航班经停这些地区的载客载货,使藏川贵渝与南亚之间形成空中走廊。通过这些建设措施,使藏川贵渝和南亚之间的经贸往来和产业协作拥有陆空一体化的交通设施条件,这将极大地减少交通成本,节约时间,提高效率,促进双边经济的飞速发展。

(二)政府要加大宏观政策调控力度和范围

介于南亚等国分殊较大的产业结构和参差不齐的经济发展水平,藏川贵渝各地区政府应该立足长远、着力发展经济,把同南亚国家之间的互补性及相互带动性充分利用起来。在目前西部大开发战略持续进行、国家振兴老工业基地战略逐步深化、成渝新特区顺利设立的大好形势下,藏川贵渝各地区政府应该着眼当前并以发展的眼光和战略思维,实事求是,不断促进自身产业结构的优化升级和更新换代,不断开发和振兴自身的优势主导产业,同时也要注重基础产业的稳健增长。更进一步说,藏川贵渝地区政府要对当地企业接受南亚国家企业的投资进行合理调控,给予当地企业的对外投资和接收外来投资以优惠的鼓励政策和机制,加快制度、体制及组织层面的优化改革。藏川贵渝政府和企业要实时抓住东部沿海地区新兴产业向西部地区转移的大好时机,提升当地经济增长速度和水平,同时要努力使已经转化过来的产业或企业扎根下来。最后,藏川贵渝政府还要不断加强当地的环保意识和生态理念,对那些污染环境、破坏生态平衡的粗放型产业输出的产品和原材料,要鼓励它们进行经济结构的调整和产业结构的升级换代,多从南亚等国进口。应该清楚地认识到,只有自身拥有足够强大的经济实力的情况下,同时又与南亚等国建立较为稳固的产业协作关系之后,双边互通有无、互利共赢的交易与往来才可能持续高效健康稳定地发展。

(三)进一步优化产业结构,不断扩大西藏自产产品出口比重

近些年来,藏川贵渝地区对南亚国家的经贸往来中,当地产品所占的比例很小,其中大部分产品是活畜及有关原料性质的商品(如羊绒等),绝大多数工业制成品都是来自祖国内地。这种状况除了使一部分中间商获得了较好的利润以外,对藏川贵渝地区的优势资源和特色资源的开发、优势产业培育没有起到应有的带动作用。因此,在国家积极推动"一带一路"战略这个大背景下,藏川贵渝地区应根据自己的资源禀赋状况,积极借助兄弟省市和中央有关企业对口支援的力量,针对南亚国家的产业结构和民众的消费特点等,采取有效措施加大招商引资力度,不断增加自产产品在出口中的比重,走特色产品的出口之路,不断增强市场竞争力和市场占有率,只有这样,才能不断优化本地区的产业结构,刺激形成新的经济增长点,以更经济、更优化的经济形势和产业模式,加强与南亚国家的经济产业协作,共谋双边合作的稳健态势。

(四)改善藏川贵渝与南亚国家产业协作的国际大环境

稳定的双边和多边经贸关系,为藏川贵渝同南亚国家发展产业协作关系提供外围的持久动力。主要可以从以下四方面采取相应措施,一是理顺双边经济秩序,治理边境地区的经济环境,在既有的合作框架下完善各自边境经济发展的政策措施,健全边贸制度,规范边贸运作方式,建立起开放型的服务体系,为扩大边贸减少或化解市场风险。同时,对各自的边贸企业进行技术更新改造,增强其开拓国际市场的能力。二是发展睦邻友好关系,展开边境区域经济合作,建立起各种形式的联系机制和合作机制,借助区域合作力量接通世界经济潮流,让边境地区发展与世界经济最广阔的那片土地去相结合,使内陆边境地区由对外开放的末端变成前沿。三是坚持以市场为导向的原则,利用资源优势,加快发展特色产业,并使产品标准化、标识化和品牌化,增强其在国际市场上的竞争能力。四是大力发展边境旅游业和为开放服务的第三产业,扩大就业容量,吸引更多的人到边境地区兴业发展。

第三节 粤桂琼滇与东盟产业协作

亚当斯密在其《国富论》一书中提出了分工协作的必要性,时至今日,以分工协作为特点的产业发展方式遍布世界角落。跨国公司的全球化与贸易全球化使得国家间、区域间的产业协作分工持续深化,各种经济要素在全球范围内进行流通、配置,并转化为现实生产力。当然,产业协作一定建立在产业互补的基础上,产业互补又推动着产业协作,在此,必须意识到,产业互补的形成总体可分为两种形式,一是自发形成,二是人为促成,前者可以认为是自然选择的结果,后者可以认为是经济选择的结果,譬如由于自然地理环境的差异,A国盛产热带水果,但不适宜温带水果的培育,而B国正好与之相反,基于此,两国形成了以水果为主

要农产品而进行生产、加工、销售等为一体的产业协作模式,又如某跨国汽车集团,为了加快海外扩张的步伐,继而在多个地区增资设厂,考虑到A、B、C三国在生产要素方面的差异,基于成本—收益考虑,决定在A国设立汽车研发中心,在B国建立汽车零配件生产厂区,而在C国建立汽车组装厂区,显然,三国形成了基于汽车生产的产业协作方式。

将视角转入次区域间的产业协作,也就是本节的研究主题——粤桂琼滇与东盟产业协作,将粤桂琼滇作为一个分析主体,会发现双方间的产业协作仍然是建立在产业互补的基础上的,这使得双方的产业具有协作的空间,当然,双方的产业协作,既是顺应全球化产业协作分工的趋势,也是一种互利共赢的安排,它能从整体上提升双方乃至整个区域的产业竞争及盈利能力。产业协作并不排斥产业竞争,事实上,二者是相互促进的关系,一方面,产业间的竞争加剧,会使得多个经济主体寻求产业协作的空间,从而获取规模效益,增强竞争的实力,另一方面,产业协作使得整个产业链条不存在剩余的部分,即各个产业条块的功能得到发挥,协作的各主体都能受益于相互间带来的正外部性,进而整个产业的规模与竞争能力得到提升。显然,粤桂琼滇与东盟进行产业协作是现实、理性的选择,尤其是我国"一带一路"战略全面推进的背景下,双方产业协作的空间将被进一步拓展,而且,我国与东盟的合作从"黄金十年"迈入新的"钻石十年",粤桂琼滇作为邻近省份,又同为东盟的传统友好邻居,在新形势下,四省应充分利用各自优势,发挥区域整体协同效应,以共同体的姿态寻求与东盟的产业协作。

一、产业协作的基础与条件

(一)产业协作的基础

总体来看,可以从两个视角来分析粤桂琼滇与东盟进行产业协作的基础:一是历史的视角,即历史基础;二是现实的视角,即现实基础。

首先是历史基础。郑和下西洋,造就了古代海上丝绸之路的诞生,古代海上丝绸之路的出现,使得粤桂琼等沿海省份与东盟国家更紧密地联系在一起,无论是人文环境还是传统的贸易往来。单从人文环境来看,双方基于地理的邻近以及郑和下西洋所带来的浪潮,无论是陆路还是海路,双方间的民众往来频繁,掀起民间结交的热潮,近代时期,出现了一股"下南洋热",很多华南沿海的百姓,下至南洋谋生,包括投资兴业,在部分东盟国家涌现出了一大批华人企业家,时至今日,华人势力在东盟地区彰显出十分重要的影响力,并为中国与东盟更紧密地联系与合作发光发热,可见四省与东盟进行产业协作的人文基础较为深厚。从传统贸易层面来看,双方间民间交往的频繁,实际上也带来了民间贸易往来的兴盛,双方官方关系呈现积极向好的局面,也促进了官方贸易的发展,尽管清朝时期实行闭关锁国政策,但仍然将广州作为对外通商的港口,允许进行局部范围的对外贸易往来,从而保持了双方贸易往来的连续性,农产品与水产品、瓷器丝绸、茶叶以及手工业产品构成了双方主要的贸易内容,并形成较为初级的产业协作形态。

其次是现实基础。总体来看,四省与东盟进行产业协作的现实基础源自于三个方面:一是双边贸易额达到历史最高值,尽管在年份上有所波动,但总体呈现不断上升的趋势,这说明双方的消费市场在不断扩大,同时也说明双方的产品具有较强的互补性,从中或可看出双方产业协作的空间是存在的。二是双方已存在产业协作的基础,事实上,四省份与东盟都产生了不同程度、不同层次的产业协作,如云南与东盟邻近国家的物流产业合作,广西正在进行的北部湾经济区与东盟国家的部分产业对接,又如海南与东盟国家在热带农业方面展开合作,等等。三是双方合作机制多元且日趋成熟,最为代表性的是中国与东盟自贸区的合作升级,这给四省与东盟的经贸合作与产业投资带来极大便利,同时还包括一些国家层面的多边与双边的对话交流平台,如"东盟10+1"、"东盟10+3"、东亚峰会,这些成果的产出最终也会惠及包括粤桂琼滇四省在内的地方经济发展,次区域的合作与交流机制发生作用,包括西南部分省份参与的湄公河次区域合作机制,在广西举行的中国—东盟博览会等。

(二)产业协作的条件

1. 地理位置邻近。粤桂琼滇四省与东盟国家要么陆上交界,要么隔海相望。如云南与缅甸、老挝、越南等东盟国家陆上交界,广西与越南陆上交接。广东与海南,则与东盟国家隔南海相望。总体来看,四省与东盟地区地理位置十分邻近,这对于建立次区域的合作,包括产业协作十分有利。一方面,次区域内各主体间的相互交流合作较为便利,另一方面可以降低双方间的商品运输成本及运输风险。如云南和广西,可直接通过跨境公路与铁路与东盟互联互通。由于距离较近,双方间货物运输的时间也大大缩短,广东、海南与东盟往往通过海上运输的方式进行贸易往来。双方仅隔南海,相对距离邻近使海上运输时间缩短,南海航行较为安全,海盗活动较少,使得海上运输风险较低。

2. 港口及边境口岸众多。单从粤桂琼滇来看,其港口与边境口岸的分布便较为密集,其中包括比较大型的港口与边境口岸,如广东广州港、深圳港,广西的防城港、钦州港,云南的瑞丽、河口等边贸口岸。从东盟来看,东盟除了老挝为内陆国以外,几乎其他东盟国家都有本国的领海,部分国家既有与他国陆地接壤部分,又濒临海洋,所以同时具有边境贸易口岸和港口,部分国家被海洋包围,对外贸易主要依赖本国的港口,所以东盟地区港口众多。总体来看,双方这一有利条件为产业协作提供诸多好处:一是可以为双方间的贸易运输提供更多便利,而且有助于扩大双方的贸易规模;二是可以加快双方间的资源要素流通,产业协作实际上是对各类相关的要素进行最优配置,以使物尽所用,进而使效益最大化,但前提是要素能够得到便利的流通,能够很快地到达某个区域,并进行交换,而双方间的港口与边境贸易口岸的互联互通恰好可以增加这种优势;三是可以发展依托大型港口的产业集群,如某些临港产业,这为双方的产业协作提供了一种选择方式。东盟国家人口众多,劳动力资源较为丰富,由于受经济发展水平的影响,部分国家劳动力供给的成本较低。其次是土地,四省中,广东的土地成本供给已较为高昂,不具备明显吸引力,其他三省经济发展水平相对要低,招商引资仍然需要较低廉的出租成本,而东盟大部分国家存在类似情况,土地资源较为丰富,而且供给成本低廉。再次是资本要素,整体而言,相对于上述两大要素,资本在双方看来并不具有明显优势,有些国家和省份甚至缺乏资本积累。尽管如此,但仍然可以看到双方资本存在的局部优势,如广东省是我国经济最强省,新加坡是国际金融中心,部分华人构成的实业家群体,具有相当规模的资本积累。

3.具有较广阔的市场。这一点主要从双方的人口规模和消费规模来考虑的,东盟国家的总人口已突破6亿,粤桂琼滇四省的人口也接近2亿,所以在双方构成的范围内生活着接近8亿的人口规模,形成较为广阔的市场,无论是生产、投资还是消费,都极具开发潜力,当然,消费在其中扮演更重要的角色,接近8亿人口的消费规模,使得各行各业的发展都存在空间。双方内部区域社会经济发展水平有高有低,由此带来的就业与收入存在明显的结构差异,进而导致此区域内的消费结构与需求存在异质性,所以不同层次的需求将带动不同层次的供给,从而形成多层次的生产市场、零售市场、消费市场。显然,这也为双方的产业发展与协作带来市场原动力,进行产业协作的目的,其实就是更好地满足双方以及第三方市场的需求,进而获取经济效益。

4.产业互补效应明显。这一点主要从双方内部的产业结构差异来考虑的,经济发展程度越高的地区产业结构越加合理,表现为第三产业占比最大,第一产业占比最小,反之,则第一产业和第二产业占比较大,第三产业占比最小。无论是东盟还是粤桂滇琼四省,其经济发展水平参差不齐,由此带来的产业结构异质性明显。从单个分次产业来看,也存在明显的差异,如农业,双方构成的区域南北横跨了接近30个纬度,这使得次区域内部的气候环境与自然资源差异明显。在农业方面的发展存在明显的异质性,尤其是双方可以在热带农业方面展开合作,又如金融产业,广东和新加坡发展得较好,而其他国家和省份则相对落后,这间接说明金融产业在该区域的发展潜力较大,双方具有协作的空间。

二、产业协作面临的困难与挑战

众所周知,任何层面的合作,尤其是涉及经济层面的合作,其过程总是跌宕起伏的,而不是一帆风顺的。尤其像粤桂琼滇与东盟这样一种次区域间的合作,参与其中的经济主体众多,其嵌入的经济利益结构十分复杂。如果基于理性假设去考虑,每个经济主体势必为了获取利益最大化,而展开不同程度的博弈,进而使自己获取最有利的地位。当然,一种零和的博弈形式也不符合各方的利益选择,所以博弈的过程也是各方进行妥协的过程,从而形成各方最终都能接受认可的合作方案及利益分配方式。当然,过程的实现面临各种合作中的困难与挑战,这需要考验参与各方协作解决问题的能力与智慧。事实上,产业协作并不与各参与主体间的利益博弈相冲突,反而,可以认为产业协作本身就是一种合作博弈或良性博弈产生的惠及各方的有益成果,不过不能忽视一个事实,就是各参与方进行产业协作所面临的客观困境与主观困境,及内外部挑战,这些都构成四省与东盟进行产业协作的核心干扰源。如果处理不当,势必会改变各方的利益博弈选择策略,进而破坏合作的大局,致使负外部性外溢,各方利益受损。

(一)困难

1.顶层设计与政策协调的困境。由于双方进行产业协作是一个系统性的工程,涉及多个方面,所以无论是本国或本省关于此的顶层设计还是次区域内合作各方共同的顶层设计,都缺一不可,缺乏顶层设计的产业协作就像在汪洋大海中迷失方向的一叶扁舟,毫无计划与目的性可言。当然,顶层设计需要具有战略性与前瞻性,这意味着它并没有想象中的那么容易,对未来产业发展形势的预判以及对其他合作各方的产业政策动态评估,都构成双方顶层设计的基础,而且各方自身的顶层设计与共同构建的顶层设计,目标是否具有一致性,还有待商榷。多元主体下的产业协作尽管勾画出了一幅很富有生命力的共赢蓝图,但多重利益的交织也使得政策协调尤其是产业政策的协调显得并不流畅,这使得各方的产业协作政策无法达成一致的步伐,进而出现"政策失灵"或"政策冲突",一方面,合作各方能否做到彼此的产业政策公开透明,而无所保留,仍存怀疑态度,政策信息的不完全性以及政策制定与执行的多变性使得合作各方无法形成对他方较明晰的政策预期,另一方面,各方之间存在的经济发展差异使得在制定产业政策时,由于要考虑自身的发展情境,这对于各方产业政策的整合也造成困难。

2.技术的准备与执行困境。不可否认,粤桂琼滇与东盟间的产业协作是系统性的工程,既涉及多个经济主体,又受到政治、经济、社会、文化等因素的制约,如何更好更顺利地展开产业协作,是考验各方智慧的大问题,正如上文所分析的,从宏观的政策协调层面,面临诸多阻力,但如果从中微观的层次来看,这明显是一个十分偏技术层面的合作。之所以如此认为,是因为需要解决怎样进行协作背后的诸多技术性难题,包括协作机制的构建,协作平台的搭建,协作模式的选择等等,还要考虑协作的成本与效益,以及如何寻求最大公约数,从而使合作各方互惠互利,同时还要评估协作的可持续性,需要对协作过程中的不确定性以及风险做准备。最后还需考虑到,即使各方达成一致的协议以及协作安排,但如何确保各方能得到遵守,仍是一个复杂性命题,这涉及如何采取更有效的监督与制约机制,包括激励与惩戒,但这往往建立在强约束性的制度或规则基础之上。

3.产业的同质化竞争困境。这种状况可能出现在合作各方在谋求产业协作的同时,又在进行着产业同质化的竞争,事实上,这两者又并无明显的冲突,产业协作建立在产业互补的基础上,而产业同质化建立在产业属性类似的基础上,所以这两者可以同时进行,毕竟没有任何一个国家或地区之间有着完全相似的产业属性或结构。但是,如果从成本—收益的视角去考虑,当选择产业协作的成本要大于产业同质化竞争的成本,或者当产业协作的收益要小于产业同质化竞争的收益,很可能该经济主体会发展产业同质化竞争,而淡化产业协作方面的意愿,进而会形成一种恶性竞争与零和博弈的局面。东盟国家大多是发展中国家,而粤桂琼滇也大多是经济发展较落后的省份,这些国家或省份中有着类似的产业结构或产业属性,很容易产生产业的同质化竞争结构,进而对市场份额的争夺成为其着力点,同时招商引资或者发展劳动密集型产业仍是部分发展落后区域的重要任务,这些都会形成竞争。总而言之,粤桂琼滇与东盟的产业协作,必须平衡好这二者的关系,无论是粤桂琼滇内部之间,东盟国家内部之间还是双方的合作之间,都需要在产业协作与产业同质化间寻求一个平衡点,以避免出现利益互损的局面。

(二) 挑战

1.产业保护主义带来的挑战。一方面,经济全球化带来的产业协作分工愈发深入,另一方面,产业保护主义在不同国家也蔓延开来,以抗衡经济全球化对其部分产业的冲击。即使是经济高度开放的发达经济体仍然存在着产业保护主义倾向,如美国对华为进入美国市场的万般非难。事实上,粤桂琼滇与东盟国家总体处在发展中区域,除新加坡的经济开放度与营商环境比较理想以外,其余经济体并没有达到较好的状态,部分甚至表现比较糟糕,这意味着产业进入壁垒与产业保护主义成为现实的梗阻。当然,基于本国部分特殊行业的保护,如涉及国家安全与经济命脉的,或者政府大力扶持的朝阳产业等,这种做法再正常不过,但是,如果市场化程度不高的经济体,可能存在更为普遍的产业进入壁垒,这使得即使部分产业存在协作的空间,那也只是非常小的一块。同时可能会存在部分经济体就重舍轻的情况,即将非重要的、盈利性不强的、发展前途不明的产业包装出去,包括选择产业协作的方式,以期分一杯羹。这种挑战可能会使得双方产业协作无法深入,仅仅作为一个对外经济合作的政绩包装,而徒于形式。

2.世界经济不确定风险带来的挑战。目前来看,全球经济仍处于2008年金融危机以来的缓慢复苏进程之中,需求疲软,而导致大宗货品价格低迷,全球贸易活跃度降低,依靠货币宽松政策来拉动经济增长的边际效应逐步降低,结构性改革与财政政策显得更为重要,世界主要经济体经济呈现严重分化,日本、欧盟等发达经济体经济复苏疲软,有效需求不足,巴西、俄罗斯等新兴经济体表现尤为糟糕,美国经济处于稳步复苏的阶段,由此带来的货币收紧,即加息政策,又给世界经济及金融市场带来较大负面影响,英国已正式脱离欧盟,其对区域及世界经济的后续影响还有待观察,中国也已步入改革开放以来的经济增速最缓阶段,直至目前还无法确定中国经济是否已经触底,同时会否跨入"中等收入陷阱",改革是否能够成功,还有待时间检验,金融市场的系统性风险,房地产泡沫以及政府负债等,都成为中国改革进程中的不安分因素。事实上,粤桂琼滇和东盟也无法独善其身,经济增速的放缓与有效需求的下降,加之外围市场的低迷,可能会影响双方在产业投资与扩张方面的决心,包括产业协作的政策面临不确定性,产业协作的空间缩小。

3.南海问题带来的挑战。南海问题由来已久,近两年,由于一些域外势力的插手与炒作,南海问题升温明显,一度出现擦枪走火的可能,在这过程中,我国始终保持着战略定力,牢牢抓住南海问题的主导权,从而使南海问题没有进一步炽热化。但如果南海问题迟迟得不到解决,或者南海问题当事国间无法形成一个有效的解决机制,最终受害的还是我国以及南海周边国家。南海问题的存在,无法使我国与东盟建立高度的战略互信,以及强化团结与合作,而且东盟国家对于我国在南海问题的态度与做法事实上已产生内部分歧,这对于东盟自身的共同体构建也较为不利。粤桂琼滇作为我国的四大省份,与东盟进行产业协作,无法脱离南海问题这个命题,南海问题的不确定性,给各方合作带来潜在风险,东盟部分南海主权声索国内部已产生由南海争端激发的民粹情绪,这种情绪的激化,易产生民众的非理性行为与暴力冲动,双方合作的环境会遭受破坏,决策层的意志可能会被绑架,而改变政策倾向。

三、产业协作的路径与具体对策

(一)路径

粤桂琼滇与东盟产业协作的复杂性决定了双方需要多点发力,形成全方位、多层次的产业协作格局,进一步降低产业协作过程中的不确定性与模糊性,进而形成清晰的目标定位、协作路径,以及期望形成的合作效益。总体来看,双方可以从三个层面构建产业协作的路径:

1.建构产业协作的制度性框架。双方显然要签订产业协作的官方备忘文件,制定双方产业协作的方案、计划及安排,重在强化双方政策沟通,明晰双方政策预期,协调政策安排。同时要构建双方的产业协作机制,如产业协作交流机制,产业协作平台,产业协作风险应对机制等。

2.形成具体产业协作的多元格局。这需要根据双方的产业互补结构、市场需求、产业结构升级以及产业发展趋势等特征,进行多个产业的协作,当然必须强调,不是多点开发,而是重点突破,通过形成若干个重点的产业协作项目,以点带面的形式实现双方全方位、多层次的产业协作格局。

3.完善产业协作的配套机制。换言之,即为双方产业协作提供条件支撑,这里,主要讨论几个互联互通问题:一是基础设施的联通,尤其是陆上和海上基础设施的联通。二是资金的融通,双方应该共同出资或利用其他资金融通渠道支持双方产业协作项目的运转及风险的应对。三是贸易畅通,双方应在产业准入与贸易壁垒方面,做出更大的改革,从而形成更加自由的区域市场。

(二)具体对策

1.完善双方产业协作政策设计,强化政策沟通。双方产业协作的复杂性需要制度层面的设计,以规范双方行为,明晰双方合作预期,而这一切最终要在双方的政策设计中得到体现,双方为此应采取怎样的产业政策,应在哪些方面展开协调,并取得一致的政策执行步伐,这些都需要包括在内,并通过签订官方文件的形式将其制度化规范化,并落实到具体行动当中。当然,双方决策层面的沟通是极为必要的,应开展定期磋商机制,针对双方产业协作过程中显现出来的问题与成果,进行总结与讨论,以及时修正不合时宜的政策约束,同时,双方高层的沟通也较为关键,这有助于双方了解与此相关的政策意图,避免猜测与怀疑,有助于解决合作过程中的信息不对称问题。

2.构建双方产业协作机制,激发双方合作活力。事实上,通过构建综合立体性的产业协作机制,可以更有效地对双方进行激励,从而增强双方产业协作的热情与活力,至于具体怎么构建,可以从三个方面来考虑:一是构建双方产业协作的交流机制,鼓励双方进行全方位交流,无论是官方主体、企业还是社会个体,增进彼此了解,可考虑成立"粤桂琼滇—东盟产业协作论坛",为双方交流提供一个平台,并广聚民智,为双方产业协作提供智力支撑;二是构建双方产业协作平台,包括产业协作信息共享平台,数据共享平台,技术合作平台等,为双方调整政策提供依据;三是建立风险应对机制,双方产业协作必须要具有风险意识,这种风险既来自于内部,也无法脱离外部的干扰,应建立风险防范机制,做好应对预案,未雨绸缪。

3.开展双方海洋产业协作,推动海洋经济发展。由于各种自然的和现实的因素,双方在海洋方面的协作有很大空间,尤其在21世纪海上丝绸之路战略推进之下,双方间的海洋经济合作迎来了前所未有的机遇。双方应把握机遇,充分利用海洋发展互补优势,在如下方面做出努力:一是在远洋渔业发展方面展开协作,包括资源开发与共享,大型捕捞船只的建造以及渔民保护合作等;二是在滨海旅游产业方面展开协作,包括发展经验的相互借鉴,旅游资源,尤其是海岛资源的合作开发,区域旅游文化品牌的共建,旅游项目的开发以及双方市场及第三方市场的开拓等;三是在发展临港产业集群方面展开协作,港口众多是双方优势,双方应依托大型良港,实现港口间的互联互通,基于此,打造相互对接的临港产业链,形成产业链条上中下游的合理分工布局,最终形成区域临港产业协作网络。

4.开展双方科技产业协作,推动协同创新发展。在当前经济持续低迷的世界背景下,各国都在寻求新的经济增长源,在这一过程中,依托创新驱动经济结构转型以及可持续发展仍是诸多国家共识,包括中国、美国、日本、德国等在内的经济体都将创新上升为国家战略,并制定创新行动计划。粤桂琼滇与东盟的产业协作同样需要注入更多创新元素,提升双方产业协作的层次与产业附加值,显然,依托科技协同创新,发展现代科技产业是必由之路,双方应把握现代科技产业发展的趋势,在人工智能、虚拟现实、网络安全、互联网科技等领域展开协作,在人才、资金、基础设施等软硬件方面提供相应保障,以最大的决心,推动双方协同创新发展,增强双方产业协作的生命力与可持续发展能力。

5.开展双方绿色产业协作,推动低碳可持续发展。气候变化与环境破坏所带来的生态问题已成为全球的最大现实威胁,《巴黎协定》的达成一致,以及在中美两个世界最大碳排放国的批准生效,意味着全球协同环保正式进入行动阶段。这意味着绿色产业的发展将迎来巨大空间,包括新能源、环保工程、环保设备以及园林工程等,这些都蕴含着巨大的商机与产业机会,双方应顺应形势,提前谋篇布局,在绿色产业及低碳经济发展方面展开协作,双方可制定绿色产业协作目录,确定优先的产业协作内容,通过政策引导,鼓励双方企业展开协作,实施一批重大生态科技研发项目,同时支持双方绿色金融合作,引导资金流向绿色产业领域,支持相关实体企业的发展。

6.促进双方设施联通协作,夯实产业协作硬环境。促进基础设施的互联互通应作为双方合作的重要内容,这不仅仅是顺应中国与东盟间产能合作的趋势,更是在为双方进行产业协作提供交通运输便利的同时,也促进其他各类生产要素的集聚与流通,从而为双方产业协作提供更加舒适的环境。简言之,双方应在如下方面做出努力:一是促进海上基础设施互联互通,包括双方间港口尤其是大型港口的联通,同时在港口开发建设方面进行合作,并为双方海洋贸易运输提供海上公共服务,如海上驿站、海上搜救服务等。二是促进陆上互联互通,加快跨境公路与跨境铁路的建设,早日形成陆上运输网络,同时在通信与能源互联互通方面取得积极进展。三是加快双方各类贸易口岸互联互通,创新通关方式,提升通关效率,鼓励跨境电子商务。四是在产业园区建设方面展开合作,通过合资共建原则,打造高标准产业协作园区。

7.促进双方贸易畅通协作,提升产业协作软环境。促进沿线国家贸易畅通是实施"一带一路"战略的重要内容,之所以重视贸易畅通的发展,源于现实情境下仍然存在不同层次的贸易壁垒、保护主义等,世界上大部分国家都在实行市场经济,但市场经济发展的程度却存在明显的不平衡,即便是市场经济成熟度较高的发达经济体,仍然也会采取保护主义与歧视性原则。粤桂琼滇与东盟间的产业协作需要一个良好的制度环境,能够为双方的政府与企业主体提供更好的激励,进而提升产业协作绩效,显然,这需要双方在某些方面做出改善,包括产业准入门槛的降低,税收优惠,产权及知识产权的保护,非歧视性原则等,能够形成协调一致的步伐,在中国与东盟自由贸易区框架内做出更大胆的制度性尝试。

8.促进双方资金融通协作,降低产业协作风险。产业协作尽管是由双方政府政策推动,但企业才是双方进行产业协作的核心角色,所谓产业其实就是由各链条上的企业构成,产业协作其实就是企业间的协作,更进一步来讲,产业协作可以理解为政府与企业的投资活动。政府需要为基础设施进行投资,为其提供良好的硬件环境,企业则需要为生产设备、技术、人力等进行投资,以便获取经济效益,这些都需要资金进行运作。双方产业协作的风险很大一部分源自于资金的不足带来的违约风险,这容易产生连锁反应,会波及政府、企业、金融机构、社会个人等多个主体,具有较强的破坏性,不利于双方可持续性合作。所以资金的融通,对于双方进行产业协作具有重要支撑意义,一方面,双方要利用现有的资金融通渠道,包括亚洲基础设施投资银行、亚洲开发银行、丝路基金等,为双方的高端产业协作项目提供资金融通服务,另一方面,双方应共同成立产业协作基金,用于应对突发的风险,同时通过政府发债,企业上市融资,以及引导金融机构资金流入等形式,最终形成多层次的资金融通格局。

第四节 黑吉辽内蒙与中俄西伯利亚的联合开发

在当前经济不景气的背景下,越来越多的经济体寻求新的经济增长点,包括鼓励各种创新,加码制度激励,寻求产业结构转型,培育战略新兴产业等,对于俄罗斯来讲,乌克兰事件所引起的西方国家集体制裁,使其雪上加霜,卢布汇率跌至历史低值,俄罗斯的经济处于寒冬,但由于其幅员辽阔,而且遍布自然资源,尤其是西伯利亚地区,巨大的开发潜力尚未得到展现,埋藏在地下的和生长在地表的各类宝藏还远远没有转化为现实的经济利益,基于种种现实考虑,俄罗斯将眼光转向东方,提出西伯利亚大开发战略,并希望中国在其中扮演重要的角色。中俄西伯利亚的联合开发,如果从经济层面来讲,俄罗斯显然希望能够借助我国的力量把这片沉睡的土地激活,并创造源源不断的财富,我国在其中赚得部分报酬。

当然,我国无论是从战略层面,还是经济层面,都乐意去分这杯羹,而且凸显东北三省及内蒙在中俄西伯利亚联合开发中的关键角色,以期形成黑吉辽内蒙与西伯利亚地区构成的中俄西伯利亚经济圈。从内部来看,总结近几年的各省份经济发展形势,东北三省最为糟糕,经济增长率经常垫底,这引起了中央决策层的担忧,振兴东北经济已成为一项非常迫切的任务,近两年,关于东北经济发展的中央政策加码也不难看出这一点,东北三省面临新的增长困境。从外部来看,中俄西伯利亚的联合开发期望能够为东北经济振兴注入一股外部动能,但到底能够发挥多大功效,只能且行且看。概而言之,中俄西伯利亚的联合开发,实际上可以看成是东三省与内蒙参与的西伯利亚尤其是远东地区的联合开发,在双方经济低迷的现实背景下,或许也是各取所需的选择,但行路致远,仍然需要看到这是一个复杂的系统性工程,存在各种不确定性与风险,所以,双方的开发合作,既要有战略性与前瞻性,更要有风险应对与共担意识。

一、联合开发的基础与条件

（一）基础

从早期来看，东三省内蒙与西伯利亚的毗邻地区已有着较为频繁的经贸往来与商业合作，尤其是以远东地区与黑龙江间的往来最为密切，双方边境区域的居民甚至相互通婚，部分远东地区的俄罗斯女性愿意与边境另一边的中国男士通婚，显然双方间的人文氛围十分友好，而这一切都构成四省份参与西伯利亚开发最初的历史与人文基础。当然，从现实的情境来看，双方都把对方当作自己发展的机遇，并在制度上予以极大支持，从而形成双方契合的制度基础。从东三省来看，2007年，国务院发布《东北地区振兴规划》，明确东北地区的发展定位与重点发展任务，2009年，国务院发布《关于进一步实施东北地区等老工业基地振兴战略的若干意见》，2012年，国家发改委印发《东北振兴"十二五"规划》，2014年，国务院发布《关于近期支持东北振兴若干重大政策举措的意见》，2015年，国务院酝酿出台《东北振兴十年规划》，明确东北"再振兴"基本战略。

从俄罗斯来看，2009年俄罗斯政府批准了《2025年前远东和贝加尔地区经济社会发展战略》，2010年批准修订版的《西伯利亚社会经济发展战略》，2012年专门设立俄联邦远东发展部，2013年，俄罗斯总统普京正式提出要在远东和西伯利亚建立超前发展区，实施一系列经济优惠措施[1]，2014年，俄罗斯政府批准了《关于远东和贝加尔地区社会经济发展（2014—2025年）》国家纲要。毫无疑问，这些制度的演进为双方各自的发展提供了强大激励，而且从这些制度内容中，或多或少，都将对方纳入进推动自身发展的重要伙伴库，在2009年、2013年中俄两国元首分别签署《中国东北地区与俄罗斯远东及东西伯利亚地区合作规划纲要（2009—2018年）》《中俄联合声明》，将其制度化规定下来，形成双方合作的制度基础。中俄间的战略互信关系进一步深化，其嵌入的信任结构，使双方能够形成更稳定且富成效的合作，为四省参与西伯利亚的开发提供较深厚的信任基础。

（二）条件

1.地理位置邻近。所谓"近水楼台先得月"，显然，离西伯利亚地区越近，那么越容易在其发展过程中获得先发优势，不可否认，黑吉辽内蒙与西伯利亚地理位置十分邻近，尤其是黑龙江省与远东地区有着较长的边境线，内蒙和吉林也有部分交界地带，辽宁尽管没有交界，但相对于其他往南省份，已是离西伯利亚地区最近的省份，当然，如果单纯从地形上去看，西伯利亚幅员辽阔，已超过一千万平方千米的领土范围，事实上，在如此广阔的范围内，黑吉辽内蒙与东西伯利亚地区及远东地区相对而言，更为邻近，反而隔中东西伯利亚地区有

---

[1] 李新. 中俄蒙经济走廊推进东北亚区域经济合作[J]. 西伯利亚研究, 2016, 43(1):12-22.

较远距离,之所以说明此点,是想强调,四省份参与西伯利亚地区的开发,显然是需要有重点开发的区域,而这个区域应隔自己最近,而且还已具有合作的基础,进而以最合理的成本,获得最大规模的效益。

2.自然资源丰富。事实上,这一点是西伯利亚开发的价值所在,也是四省参与开发的重点所在,既要获得当地的自然资源,又要将其转化为财富价值。西伯利亚的幅员辽阔及其独特的地形特征,决定了该地区具有十分丰富的自然资源,集中表现为土地资源、矿产资源以及林业资源。从土地资源来看,西伯利亚从西至东跨度达 7 000 千米,从北至南跨度达 3 500 千米,领土总面积达 1 000 余万平方千米,而且有湖泊,有河流,还有肥沃的土壤,如大片未开发的黑钙土、褐钙土土地,由于西伯利亚具有很多淡水湖泊,使得其成为俄罗斯最大的淡水鱼产区;从矿产资源来看,仅仅不到全俄人口 5% 的俄远东联邦区,其地下便蕴藏着全俄 30% 的煤炭、20% 的碳氢化合物、25% 的木材,还储备有大量的稀土和有色金属[①],更不用说整个西伯利亚地区矿产资源蕴藏量了;从林业资源来看,西伯利亚地区分布多条山脉,山地众多,其气候特征,使得西伯利亚地区森林覆盖率极高,其木材蓄积量占到俄罗斯的 80% 以上。

3.合作互补性强。由于自然因素和历史因素的综合作用,俄罗斯的人口与经济中心都集聚在东欧地区,西伯利亚尽管幅员辽阔,但人烟稀少,总人口不达 4 000 万,远东地区人口连 600 万都不到,而且西伯利亚由于开发缓慢,所以无法形成较大的经济规模,人均收入要远远低于俄罗斯西部地区,显然西伯利亚地区如同沉睡的宝藏,待人挖掘与唤醒,所以西伯利亚地区需要寻求外界的力量,来弥补其劳动力、资本以及技术的稀缺,从而将西伯利亚经济激活。而四省份恰恰在这几个方面具有明显的优势,从人口层面,四省人口加起来已超过一亿,更不用说我国的总人口,其劳动力规模与市场规模十分庞大;从资本层面,银行储蓄率较高,资金十分富裕,而且还可以得到中央部门与国企的资金支持;从技术层面,东三省是我国建国以来最先发展重工业的地方,重工业基础十分雄厚,尤其是装备制造、基建工程以及林业采掘与加工等方面,优势明显。

4.较强的政策支撑。俄罗斯将西伯利亚开发作为 21 世纪俄罗斯发展的优先方向,予以重要的政策支持,而我国也希望能借助该机遇,使东北能够获得更大外部发展空间,并带活内部发展,从而摆脱经济发展颓势,实现全面振兴。双方的政策支撑为四省参与西伯利亚的开发提供明显的激励,其积极性与热情高涨。当然,从地方的角度来讲,无论是西伯利亚的开发,还是四省份的参与,都符合各地多重利益,西伯利亚如能得到开发,那么显然由此带来的巨大经济利益使西伯利亚地区获得较高的经济增长,人民收入水平提升,基础设施更为

[①] A. B. 奥斯特洛夫斯基. "丝绸之路经济带"框架下中国东北与俄远东经贸规划对接研究[J]. 西伯利亚研究, 2016,43(3):12-16.

完善,而四省份也会从中获得新的经济增长点,通过联合开发,势必会带动其他生产要素的涌入,进而激活整个产业链条,放活整个区域经济。概而言之,政绩创造与经济利益将会驱使着地方更为积极主动去进行合作,而双方间一系列的政策支撑将形成合力,为其联合开发减少阻力,提供强大制度激励。

二、联合开发面临的困难与挑战

正如上文所提到的,次区域间的合作,由于涉及多个经济主体,所嵌入的利益关系复杂,使得其合作总会面临各种困难,其合作的过程也是不断解决困难,不断达成利益妥协的过程。黑吉辽内蒙四省参与西伯利亚的开发,实际上是一种次区域合作形式,其内部来看,已包含多重利益结构,如西伯利亚地区各地方政府间的利益结构,黑吉辽内蒙四省间的利益结构,又如四省与西伯利亚地区各政府间的利益结构,同时还涉及更为重要的一种结构,即中俄国家层面的利益结构。从其外部来看,四省参与到西伯利亚的开发,还会牵涉部分外部主体,包括蒙古、韩国、日本等邻近国家,这些外部主体的参与会不会对其构成较强的利益竞争与挤兑效应,显然,肯定存在或轻或重的影响,在某种程度上,可能会增加四省参与西伯利亚开发过程中的不确定性,甚至造成困境。概而言之,四省与西伯利亚地区间的次区域合作需要认识到各种内外部困难与挑战,尤其注重利益方面的协调,防止出现利益互损情形,同时在风险应对与共担方面,应展开强有力的合作,以减少合作过程中的阻碍。

(一)困难

1.政策风险仍然存在。尽管中俄双方对基于西伯利亚的联合开发出台一系列支持政策,但仍然无法高枕无忧,政策风险仍然在四省参与西伯利亚的联合开发中存在,所以不能掉以轻心。政策风险之所以会存在,主要考虑到两个因素:一是政策会受到政治的影响,有时候就是政治博弈后的产物,国家领导人的更迭可能就会引起政策的断层,或者另起炉灶,使得政策延续性出现问题,或者利益集团势力对决策层的施压,可能会引起政策的变更,以满足利益集团的要求。二是政策在执行过程中的扭曲,以及不协调性,经济主体如果追求自身利益最大化,可能会选择性地去执行政策,由于次区域合作机制并不是一种强有力的约束机制,很难形成强有力的相互监督环,所以各方无法很好地掌握政策执行过程中的信息,不完全性与不对称性的存在,很难形成比较协调一致的政策执行步伐。

2.软硬件设施不够完善。双方的开发合作无法避免西伯利亚软硬件设施较为落后的局面,从硬件设施层面来看,一直以来俄罗斯将发展的中心置于东欧地区,西伯利亚本身人口稀少,且居住较为集中在几个点,加之地形复杂,俄罗斯未曾重视西伯利亚基础设施的建设与完善,导致其十分薄弱,依靠仅有的一两条老式铁路,而且主要为矿产开发服务的,所以对于西伯利亚无人区的开发势必要遭遇交通运输的不便利,即便是有人区同样要面对不便的窘境,这毫无疑问会增加双方合作的成本,延缓开发的进程,阻碍产业资本的有效进入。从软件设施层面来看,西伯利亚地区由于商业与市场经济的欠发达,使得政府无法在公共服务与制度建设方面形成有效激励,进而形成效率较为低下的公共行政特征,易产生官僚主义与官员寻租等不正之风,同时在商业环境与投资环境培育方面,由于路径依赖效应的存在,使得进展缓慢,而且商业文化无法得到很好的滋生蔓延。

3.劳动力分布不均衡。西伯利亚地区的人口劣势显而易见,尽管俄罗斯有一亿多人口的数量规模,但大部分分布在以莫斯科、圣彼得堡等大型城市为中心的东欧地带,而西伯利亚地区总人口不足4 000万,而且大多集中在西伯利亚地区的几个能源城市点上,可见,在幅员辽阔的西伯利亚地区,很大一部分土地上无人居住。而且由于西伯利亚地区经济发展条件、人民生活水平的相对落后,加之气候地形的复杂、交通设施薄弱等因素,西伯利亚地区的人口呈现外流趋势,更不用说人口的流入了,事实上,东欧地区的生产生活资料,足以满足那边聚居的人民生存与发展,而且无论是教育、医疗、就业与发展机会、生活质量等,都要远远好于西伯利亚地区,所以东欧部分的俄罗斯居民缺乏涌入西伯利亚大开发浪潮中的激励。而且,从劳动力素质来看,西伯利亚地区劳动力素质明显偏低,教育与科技水平的落后,加之外部人才缺乏流入的激励,显然无法提升该地区劳动力整体素质,所以至少在人才要求上,西伯利亚很难发展高新技术类产业,而只能偏向于以体力劳动与资源消耗为主的产业。

(二)挑战

1.经济下行风险凸显,带来诸多不确定性。从世界范围来看,经济下行风险仍然存在,全球经济复苏疲软且艰难,各主要经济体经济状况分化加剧,从中俄两国来看,俄罗斯经济受全球大宗商品价格低迷的影响,依赖能源出口的经济产业遭受打击,拖累俄罗斯经济,同时乌克兰事件引发的西方国家对俄罗斯的制裁,使得俄罗斯经济雪上加霜,一蹶不振,而中国则进入经济换挡期,经济增速减缓,改革进入攻坚阶段,面临的内外部环境日趋复杂,经济发展过程中的不确定因素增加,从黑吉辽内蒙与西伯利亚地区来看,东三省经济形势持续恶化,中央政策再度加码,以加快东三省产业结构转型,培育经济增长新动能,西伯利亚地区随着近几年的开发,经济增速加快,但仍然呈不稳定波动状态,其经济发展的内生根基仍不牢固,受外部因素的影响较大。概而言之,上述各个层次的经济发展困境对四省参与西伯利亚的联合开发构成不利影响,市场需求的疲软,大宗商品价格的低迷,投资热情的减退,经济风险的增加,产业结构的调整等等,都会增加双方合作开发的不确定性,在一定程度上,可能会压缩双方合作开发的空间。

2.其他邻近外部主体的参与,构成竞争性挑战。尽管俄罗斯视中国为西伯利亚开发的重要合作伙伴,但并不是唯一合作伙伴,俄罗斯也向日本、韩国等周边国家抛出了橄榄枝,尽管俄日之间有着岛屿的领土争端,但仍处在俄日掌控的范围之内。所以,俄日关系还未处于恶化的边缘,这并未对双方的经济合作造成多大影响,甚至安倍政府意在深化与俄的经济合作,以期改善俄日关系。其中双方领导层所谈到的经济合作中一部分,便是西伯利亚的开发,在这一点上,作为世界第三大经济体,又是发达国家的日本同样具有资金、技术、人才方面的优势。此外,韩国的实力也不容小觑,其经济发展程度显然在整个东北亚地区处于较高位置,要优于黑吉辽内蒙四省。当然,也需注意俄罗斯的政治意图,如果从这个视角去考虑,俄罗斯显然不希望我国成为西伯利亚开发中的唯一外部力量。由于我国的强大资金、技术、人才优势,容易成为西伯利亚开发中的主导力量,进而可能对西伯利亚地区形成经济上的控制。如果从历史因素来看,西伯利亚大部分地区原本属于我国的领土,而且离当代最近的清朝还割让了远东地区的大片土地给俄罗斯,而这也仅仅只有百余年的历史,所以俄罗斯担心我国会通过经济上的控制进而来谋取领土野心,政治上的疑虑使得俄罗斯需要借助其他的力量来分化我国对西伯利亚开发的影响以寻求一种平衡。显然,俄罗斯乐意看到这种竞争格局,但对于四省份来说是一种竞争性挑战。

3.东北亚局势趋于不稳定,热点问题此起彼伏。东北四省参与西伯利亚的联合开发需要一个稳定安全的外部环境,这是一个重要的影响变量。东北亚地区至少从目前来看,总体处于稳定状态,但仍有几个不安分点。具体表现在下述方面:一是朝鲜核问题,日前朝鲜进行了第五次核试验,震惊各方,尽管朝鲜身受多国制裁,但仍然无法阻挡其拥核的步伐。二是韩国部署萨德反导系统,从近期的报道来看,韩国政府部署美国萨德反导系统的决心十分坚定,一旦部署成功,将对整个东北亚安全格局产生极大影响。三是俄日关于北方四岛的领土争端问题,目前双方较为冷静,一旦形势恶化,后果也不堪设想。四是美国对东北亚地区的战略干预,无论是朝鲜核问题,还是萨德部署问题,其主要责任方应在于美国,东北亚的不稳定符合美国的战略利益。这些不安分种子中的任何一个一旦加剧或爆发,都会给东北亚局势带来动荡,使处于东北亚区域内的四省份难以获得稳定的外部环境。

三、联合开发的路径与具体对策

(一)路径

黑吉辽内蒙参与西伯利亚的联合开发是一项系统性工程,带有较强的复杂性,所以其开发的过程不是一蹴而就的,而是循序渐进的,这要求双方应明确合作开发的路径,有计划、有步骤、有目的地予以推进。总体来看,四省份参与西伯利亚开发的路径主要从三个维度展开:

1.制度设计与政策执行维度。这一点是双方展开开发合作的前提,显然,西伯利亚大开发是庞大的工程,涉及多个方面的开发内容,有效的制度设计,使得多主体参与的开发合作更加有序,而且能够形成较为清晰的预期,进而降低合作过程中的不确定风险,同时各方政策的执行步调也十分关键,这需要各方加强政策沟通,及时处理好政策分歧,避免陷入政策洼地,所以,合作开发机制的构建也极为必要,这有利于各方形成稳定的合作关系。

2.具体开发合作维度。西伯利亚地区最大的价值就是自然资源丰富,开发西伯利亚,其实质就是将这些自然资源转化为财富价值,进行资本积累,而用于扩大再生产。概而言之,依据西伯利亚的资源划分,可以明确具体的合作重点,包括对土地资源的开发,对林业资源的开发,对能源、矿产资源的开发,以及对旅游资源的开发。

3.配套机制合作维度。换言之就是为双方的开发合作提供更好的软硬件设施,进而降低开发合作的成本,加快开发合作的进程,提升开发合作的绩效。所以,当务之急,应加快如下方面的配套建设:一是加快双方边境口岸设施建设,这有助于提升通关效率,扩大贸易规模;二是加快双方在交通、能源、通信等基础设施的合作,这有利于双方更为便利的往来与全方位合作;三是加快双方民心相通与资金融通,这有助于减少双方开发合作过程中的文化阻碍与资金违约风险。

(二)具体对策

1.做好顶层设计,强化政策沟通。事实上,正如上文所提到的,无论是我们国家,还是俄罗斯,都十分看重双方在西伯利亚的联合开发,为此也制订了一系列制度性文件,对双方在行动方面提供指向。但黑吉辽内蒙四省份作为参与西伯利亚联合开发的先行主体也需要制定依托本省实际的制度性文件,最好能够与西伯利亚地区的地方政府进行对接,一方面,要在中俄两国元首签署的制度框架内合作,另一方面,各省份要基于这个框架来细化行动方案,并发挥各自比较优势。政策沟通也在双方的开发合作中扮演重要角色,这有助于构建互信,能够接受较完整的政策信息反馈,进而促进双方在政策制定与执行方面的协调一致,双方的政策沟通是多层次的,既包含中俄两国国家层面的政策沟通,又包含黑吉辽内蒙与西伯利亚地区地方政府间的政策沟通,同时四省份间的政策沟通,以及西伯利亚开发地区各政府间的政策沟通,也十分必要。

2.构建双方合作开发机制。黑吉辽内蒙参与西伯利亚的联合开发在遵循中俄两国双边合作机制框架的同时,需要构建多元主体参与的次区域合作机制,即由黑吉辽内蒙和西伯利亚所主导的合作开发机制。显然,双方构建开发合作机制,有利于双方合作的稳定性与连续性,为此,双方可考虑在如下方面进行努力:一是构建双方合作开发的交流机制,通过定期举行双边会晤来探讨合作开发过程中的问题与解决方案,可建立"黑吉辽内蒙——西伯利亚合作开发论坛",形成官方、企业、社会团体等多层次的交流格局;二是构建双方合作开发平台,尤其注重项目平台的开发,同时在信息共享与大数据平台方面展开合作;三是构建双方风险应对与承担机制,不可否认,内外部环境的变化,使得双方或多或少会面对不同层次的风险突发状况,这需要双方共同合作,以有效应对和化解风险。

3.促进双方土地资源开发合作。西伯利亚不仅幅员辽阔,而且在辽阔的土地上,分布着诸多肥沃的土壤,如黑钙土、褐钙土土地,尤其在西西伯利亚平原地区,更是如此。由于当地人烟稀少,以及市场需求有限,使得大部分肥沃的土壤未能得到开发,商业化或规模化种植还不太多见,肥沃的土壤没有转化为经济效益。而东北是我国最大的商品粮基地,商业化与规模化种植较为发达,大型农业机械化的普遍推广,使得土地开发效率处于高位,所以四省份完全可以发挥自身优势,参与到西伯利亚土地开发当中,可合作开展大型农业化项目,尤其在经济作物和农作物种植方面,建立规模化、集约化、产业化的开发、生产、加工、销售等一体化格局,尤其在开发双方市场及合作拓展第三方市场方面,做出更多努力。

4.促进双方林业资源开发合作。西伯利亚地区覆盖着大面积的森林,植被繁茂,这也使得森林采伐和木材加工工业成为西伯利亚地区的一个重要工业,但事实上,西伯利亚林业资源的开发潜力还远远没被利用,尤其在木材的深加工方面或者在产业链条的完善方面还有诸多不足。黑吉辽内蒙参与西伯利亚林业资源开发,主要受制于其林业资源的有限以及在生态保护上的压力所产生的激励,当然西伯利亚林业资源的开发需要借助外部的力量,而这恰恰给四省份带来合作的机遇。双方在林业资源方面的开发合作,应注重保护与开发并举,不能竭泽而渔,不能以牺牲环境为代价,走出一条绿色、环保、高效、共赢的合作开发之路。同时应重视木材采伐、运输、加工、销售等为一体的产业化格局构建,尤其注重深加工方面的合作,包括造纸、装饰、木制家具的生产销售等。

5.促进双方能源、矿产资源开发合作。西伯利亚既有丰富的石油、天然气、煤炭等能源资源,又有丰富的多种类矿产资源,如铁、铜、铝、锡、镍、铅、锌、镁、钛等有色金属矿,金、银等贵金属矿,等等。当然,由于全球大宗商品价格的低迷,使得包括石油在内多种资源出口价格降低,价值下降,而我国也处于去产能周期,尤其对于煤炭、粗钢的需求大大减少,同时新能源产业的快速发展,也在某种程度上会减少对传统石化能源的需求,所以,双方在能源与矿产资源合作方面必须精准把握市场与政策导向,避免造成新一轮的产能过剩。就目前需求来看,双方在天然气与石油合作方面可进一步深入,包括在开采、运输、加工方面,从目前来看,毕竟我国已是世界第一大石油消费国,也是非常大的天然气消费国,从矿产资源合作方面,应把握市场稀缺的矿产资源开发合作,尤其注重后期的深加工,尤其在金价和银价形势向好的情况下,可考虑加强在金银开采与加工方面的合作。

6.促进双方旅游资源开发合作。西伯利亚幅员辽阔,地形复杂,有美丽的河流、湖泊、冰川,各种自然景观十分丰富,黑吉辽内蒙四省份中,既有美丽的海滨风光,广阔的大草原,以及森林、湖泊等自然景观,也有着不同的历史景观,包括革命根据地、抗战纪念地等,换言之,双方都拥有着丰富的旅游资源,在这方面存在着广泛的合作利益。双方对于旅游资源的开发,实际上是要开发出旅游产品,打造较完整的旅游产业链条,并在市场开拓方面取得积极进展。双方应以自然景观优势,打造生态旅游品牌,并制定生态旅游路线,完善相应的服务设施,同时双方应利用气候地形特点,打造集观光、休闲、运动、娱乐等一体化的冰川旅游线路,如滑雪运动、冰雕艺术节、登山攀岩等,双方应注重旅游资源的整合,避免同质化竞争,鼓励双方企业加强合作,共同推出旅游产品。此外,在双方人员往来方面,应给予更多便利,通过构建品牌影响力及打造优质服务等来吸引双方游客,并在拓展第三方市场方面应加强合作宣传。

7.加快双方边境口岸设施建设合作。黑吉辽内蒙,尤其是黑龙江、内蒙古,与西西伯利亚地区有着较长的交界地带,这对于双方发展边境贸易十分有利,当然,如果从另一个角度来讲,四省份参与西伯利亚的开发,边境口岸在其中扮演重要角色,显然,开发的成果最终会涉及各类实体产品,这些产品大部分要通过边境口岸才能输送到双方所要求的地点,所以,边境口岸设施的好坏,会影响双方间的产品进出口,增加通关成本。概而言之,双方应在边境口岸设施建设方面加强合作,可以从以下几方面做出努力:一是进一步强化双方大型边境口岸的建设,往往一个边境口岸规模越大,意味着贸易及人员往来的次数和规模越高,所以加强大型边境口岸的服务质量建设应成为重中之重,尤其在创新通关方式,提升通关效率方面,应加强协调合作;二是增设和完善中小边境口岸设施,对于部分未设边境口岸的区域,由于随着双方合作的深入,可能会增设或新开辟运输线路,并经过此边境区域,显然,需要设立边境口岸,为新产生的贸易与人员往来提供服务。

8.加快双方交通、能源、通信等基础设施合作。如果从更长远的角度去考虑,事实上,这三个方面的基础设施建设,可能对双方的合作开发的效果起决定性影响,尤其在双方开发的规模、深度及成本方面。而恰恰这三个方面是双方合作开发的软肋,尤其是西伯利亚地区相对于四省份来讲偏向于落后,当然,这些基础设施建设存在的空间也为双方合作提供了一个契合点,或者换言之,西伯利亚大开发与基础设施的建设是相互促进的关系,正因为俄罗斯提出了要加快西伯利亚地区的开发力度,才使得对于该地区基础设施完善的要求愈加迫切。交通、能源以及通信等基础设施建设方面是我国的优势,在这方面积累了深厚经验,而且许多技术已处于世界前列。黑吉辽内蒙四省份是我国重工业崛起与振兴的地方,在基建方面能力突出。概而言之,双方应通力协作,做好基建这篇文章,尤其在跨境公路、铁路,跨境天然气、石油运输通道以及跨境通信设施等方面深化合作,以基建促开发,增能量。同时,在相关的资金融通方面加强合作,确保这三个方面的基建项目有充裕的资金保证,可以通过PPP、BOT等合作模式,积极吸纳各方资金投入,拓宽资金来源渠道,创新合作模式,并设立项目风险基金,以应对突发的风险状况。

第十一章　中华经济圈与全球产业协作的风险分析

30多年来,中国正在加强与周边地区的各项产业协作,将中华经济圈的影响力和贸易范围向全球推广,中国正呈现一个经济高速发展的态势。中华经济圈内部,虽然政治形态各异,管理方式不同,但是经济方面的合作却已经大大加强,彼此之间的经济关系也已经得到了很大的改善。现阶段已经取得最明显成效的就是建设了中国-东盟自由贸易区,"一带一路"沿线经济带,俄罗斯西伯利亚地区阿穆尔河投资区。中国在这三大领域上的成功更加体现出现在中华经济圈的不断扩大。

在2000年11月举办的第4次中国-东盟领导人会议上,朱镕基总理提出了构建中国—东盟自由贸易区的构想,直到2002年11月,第6次中国—东盟领导人会议上,《中国与东盟全面经济合作框架协议》正式签订,在多次谈判之后,2010年1月1日,中国—东盟自由贸易区正式全面启动。此自贸区建成后,东盟和中国的贸易占到了世界贸易量的13%,成为一个涵盖11个国家、19亿人口、国内生产总值达6万亿美元的巨大经济体,是目前世界人口最多的自贸区,也是发展中国家间最大的自贸区。

"一带一路"战略,是2013年9月习近平总书记在出访东南亚和中亚国家期间,先后提出的共建"丝绸之路经济带"和"21世纪海上丝绸之路"的重大倡议。这是一个在当今全球经济一体化的前提下,与沿线国家建立战略合作伙伴关系,共同发展,积极进行产业协作的重大举措。"一带一路"辐射了亚太地区的多数国家,贯通的中亚、东南亚、南亚、西亚乃至欧洲部分,东牵亚太经济圈,西系欧洲经济圈,最终将形成一个联通亚欧非三个大陆的海上、陆地经济战略闭环。

2014年5月22日,上海闭幕的亚信峰会上,吉林省与俄罗斯苏玛集团签署了合作框架协议,双方共同投资30亿美元,将合作建设俄罗斯扎鲁比诺万能海港,目标将扎鲁比诺建设成为东北亚最大港口之一。10月13日,在俄罗斯,中国发改委与俄罗斯运输部、中国铁路总公司与俄国家铁路公司,四方签署了"高铁合作备忘录"。在这样的大环境下,中方的资本顺利进入西伯利亚地区,开始了中俄共同发展西伯利亚及远东地区的高速推进期,中国也成为俄罗斯必不可少的核心战略合作伙伴。

在以上领域里的成功,标志着中国在全球经济体中地位的提升。作为世界最大的第三世界国家,中国被越来越多的政治主体和经济机构所认可,在经济全球化的大环境中,越来越多的国家也认识到战略合作的重要性。但是,快速的经济扩张以及政治主体的多样化,必然带来政治、经济、文化等方面的冲突,中华经济圈全球协作还将面临威胁和风险。首先,从我国内部来看,在改革开放后经济经历飞速发展的36年,但从近几年的国内生产总值增长速度和产业结构分布上来看,经济增速放缓、部分产业产能过剩、投资效率低下、产业结构不合理等问题已到了不可忽视的地步。其次,发达国家经济体经济增长速度放缓,传统产业受到全球资源紧张的限制,高新技术产业在商业化方面困难重重,服务业的爆炸式膨胀又加强了虚拟经济的不稳定性,全球产业结构分工不合理制约了经济全球化的深层推进。第三,从中华经济圈的合作区域可以看出,其协作范围已经扩大到全球,覆盖了亚欧非三个大洲。根据最新报道,国家发改委和"一带一路"建设工作领导小组办公室今日在纽约与联合国开发计划署署长海伦·克拉克签署了《中华人民共和国政府与联合国开发计划署关于共同推进丝绸之路经济带和21世纪海上丝绸之路建设的谅解备忘录》。由此可以看出,中华经济圈的发展已经越来越多地吸引欧美发达国家和地区共同参与进来。但是国家和地区复杂化,也会由于利益的冲突而带来直接的风险。同时,中国在多边贸易方面的快速前进,直接投资上的高速发展,使得"中国威胁论"在很多西方大国里再次抬头,发达经济体们认为中国占据了世界市场上的大量就业岗位和稀缺资源,很多国家的民众也支持政府实施抵制中国的政策。

第一节 中华经济圈自身发展的风险

中国经济经过了高速发展的三十年,国民生产总值每年都呈高速增长态势,成为世界经济体增速最快的奇迹,中国制造业遍布全球,在2009年,中国以出口额12 016亿美元,取代德国成为世界第一出口大国。但是在巨大的成就下面,也隐藏着诸多的隐患和风险。

一、传统支柱性产业产能过剩

2005年至2014年期间,我国国民总收入从18.6万亿元增加到了64.8万亿元,国民生产总值则从18.7万亿元增加到了64.4万亿元,年均国内生产总值涨幅达到了13%。高速的经济发展背后,是政府大量投资带来了明显的乘数效应,从2003年起,我国的资本形成率连续九年维持在40%以上,立竿见影地刺激了经济增长。但是过度的投资,已经给现在的中国带来了沉重的打击,传统支柱性产业产能过剩、投资效率低下,严重阻碍了我国产业结构的良性调整,也致使经济发展出现了低迷的走势。

当今世界经济大环境处于低谷期,全球贸易量不断缩减,根据今年4月7日世界贸易组织(WTO)的报告显示,预计今年全球贸易增速将连续五年放缓,为20世纪80年代以来最糟糕的时期。全球需求的疲软状态,使得我国出口贸易量很难回复到过去的高速增长状态。从数据上可以看出,我国从2010年进出口贸易总额达到了2 974千万美元,直到2014年,上升到4 302千万美元,其中出口总额从1 578千万美元上升到2 342千万美元,进口总额从1 396千万美元上升到1 959千万美元,从总量上看增加了44.6%,但是逐年的增速却不断下降,2010年相对于2009年来说,进出口贸易量增加了35%,而2014年的进出口贸易增速却只有3%。外需对我国过剩产能的吸纳空间越来越小,同时由于另一个支柱性产业房地产业的投资也慢慢趋于稳定,国内对剩余产能的消化能力也不断下降。

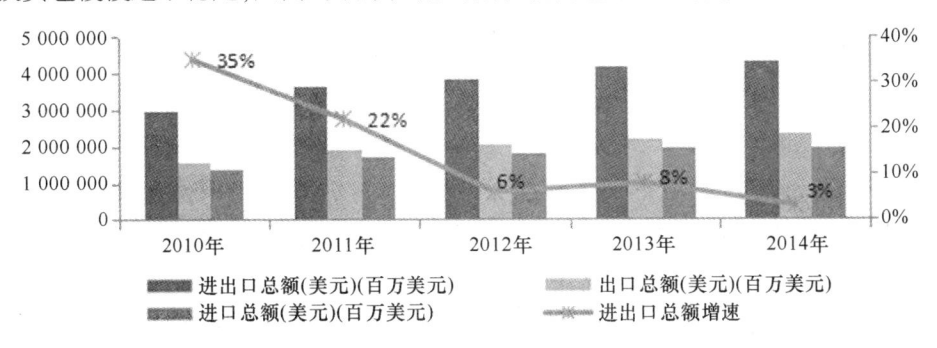

图 11-1 2010—2014年进出口贸易额及增长速度(数据来源:国家统计局)

现阶段产能过剩主要集中在钢铁、水泥、建材、造船等传统重工业上,如今还加入了火电企业。近年来,我国钢铁产能利用率持续下降,目前已经降低至70%左右,过量的生产带来了生产消费双下降的市场状况,钢材价格持续走低,2015年综合下降幅度达到了31.1%,经济效益大幅下降,2015年各个钢铁企业出现了全行业亏损的现象。同样的情况也出现在建材工业上,产能过剩导致水泥、平板玻璃等大量堆积,2015年水泥产量出现了负增长,这是25年来的首次,相比于2014年,大规模的建材企业主营业务收入增长放缓,经济效益明显下滑,根据工信部的数据来看,水泥行业利润330亿元,同比下降58%,平板玻璃行业利润12亿元,同比下降12.4%。而火电企业作为一种消耗大量煤炭来制造能源的企业,在当今也由于其燃烧造成的废弃、煤渣难以处理,污染环境而受到了新的挑战,从2015年电力工业统计快报中可以看出,全国6 000千瓦及以上电厂发电设备平均利用小时继续下降,2015年全国发电设备平均利用小时为3 969小时,同比降低349小时,是1978年以来的最低水平。

传统工业的产能过剩,直接带来的就是投资效率低下,投资增速下降,想要继续利用投资来拉动经济快速发展的模式已经无法持续,从2012年以来,我国国内生产总值增速大大放缓,很大部分程度上是受到了产能过剩的影响。同时,工业产能过剩如果继续加剧,那么工业生产者出厂价格指数(PPI)也会呈现通缩的态势,从国家统计局数据可得,近五年来我国PPI指数分别是2011年106.0,2012年98.3,2013年98.1,2014年98.1,2015年94.8,连续四年处在通缩状态。而 PPI 常常对居民消费指数（CPI）有一定的先导作用,我国现在通缩风险比通胀风险更加严峻。

二、银行系统性风险突出

在高投资、低需求下产生的产能过剩,使得企业投资回报率低下,据估算,全球金融危机爆发前的中国企业平均投资回报率在 10% 以上,而目前回报率已降至 5% 以下,可以看出,中国企业的整体投资回报率发生腰斩,导致该问题的主要原因正是产能过剩。持续的产能过剩会导致企业收益不断下滑,企业将被动地遭遇"去杠杆"问题,无力承担银行贷款本息。

同时,在二三线城市,房地产库存巨大,虽然部分城市一度出现所谓的"抢房热",但是和大量的空置房屋量相比,背后更多是房地产开放商和中介机构创造出来的短期需求热。消费者普遍喜欢追求新修建的地产项目,很多已经开售的房地产项目,如果在初期没有销售完毕,剩余的房屋再销售就面临着无法涨价,又不能降价的尴尬局面,只能继续空置。在大量的房屋库存下,始终会出现资金链断裂的开放商,无法向银行偿还债务。

无论是去杠杆还是去库存导致的债务无力偿还,直接受到冲击和影响的一定是银行业。根据国际货币基金组织 2016 年 4 月发布的《全球金融稳定报告》中估计,中国可能处于风险之中的银行贷款接近 1.3 万亿美元,按照 60% 的较高损失率计算,可能导致银行贷款潜在损失达到 7 560 亿美元,相当于中国国内生产总值的 7%。不良的资产比率的继续上升,成为银行系统内一个必须关注的风险点。

三、全球经济疲软影响我国对外贸易可持续发展

从进入世界贸易组织（WTO）之后,借助"世界工厂"的地位,我国贸易量一直处于世界前列,在 2009 年超越德国成为世界对外贸易量最大的国家,而这种出口导向型的经济发展战略,在过去十年给我国带来了大量的资金和物资。但是过于依赖出口的发展模式,带来的负面影响也非常明显,我国经济增速受到外部经济环境影响非常大。例如,从图 11-1 可以看出,2012 年我国对外出口额增速下降到 6%,同年我国国民生产总值（GDP）增速也从 2011 年的 16% 下降到了 9%。

作为出口贸易大国,我国出口的产品大多为加工制造业,服装、纺织品、家具、鞋类等小商品占据主导地位,高科技高附加产品所占比例较低。2014 年,我国商品进出口总额为 43 030 亿美元,其中出口额为 23 427 亿美元,工业制成品占到了绝对的高比例 95.2%,而其中高科技产品出口额仅为 6 605 亿美元,占商品出口总额的 28.2%。目前加工贸易是我国对外贸易进出口的重要组成形式,国际市场的需求变化会直接对其造成影响。全球经济疲软,需求下滑,使得我国加工贸易进出口额已经连续 19 个月下降,平均降幅达到了 10%。

现阶段全球贸易增速下降,全球经济复苏乏力,整个国际市场的需求都处在低迷的市场状态下,国际金融危机还在继续。世界经济不振是全球贸易放缓的根本原因,国际金融市场动荡增加了全球贸易复苏的不确定性,反贸易思潮蔓延推动各国贸易政策内顾,贸易保护主义抬头。《跨大西洋贸易与投资伙伴关系协定(TTIP)》《跨太平洋伙伴关系协定(TPP)》的出现,都是以美国为首的主要发达经济体,为了制定符合其发展的规则,重新在全球范围内实施另一种贸易保护的行为。这一系列的活动都使得原本就不稳定的世界经济雪上加霜,对全球经济是一个重大的打击。而中国要继续保持经济的稳定高速发展,必然要摆脱出口贸易导向型经济发展模式,加强深度的改革开放,调整国内产业结构,与世界各国进行战略型合作,继续参与全球化、推动全球化、加强全球化。

面对着种种巨大的经济、金融风险,要想走可持续发展的道路,中国经济需要不断明确自身的工作目标,坚持实事求是的原则,不断摸索和探究合适的经济政策。一要不断扩大国内市场开放,刺激消费,将消费驱动力转变成我国经济发展的主动力。二要推动结构性改革,进一步开放服务业,加快收入改革。三要重视去库存和去杠杆可能导致的风险,做好部门监管工作,要能够做到事前预防,高度重视金融风险,但是政府对银行业的支持也要保持尽量市场化,不能完全将银行坏账交由政府买单,这样对银行自身的发展和活力没有刺激作用。

第二节 全球产业分工正在发生重大变革

全球化经济发展促成了全球分工,国际化的分工给世界经济带来了巨大的好处,不仅提高了生产效率,还促成了国际间的商品交换,大大增加了国际贸易量,进而促进了科技的交流,使全球科技水平都得到了质的飞跃。当前,新一轮的产业结构调整正在发生,产业革命与我国的经济发展重叠,中国需要抓住机会,但也要看到风险,主动出击,逐步进入国际产业分工的重要环节中去。

一、影响产业分工的重要因素

(一)经济全球化是产业分工的前提条件

经济全球化带来了物流、信息流、资金流、技术流的全面流动,使得研发、采购、制造、营销、服务全供应链能够在全球范围内开展,而这样正是促成全球产业分工的重要前提条件。合理的产业分工使得资源利用更加有效,给参与的跨国企业与经济主体带来了一定的经济收益。尽管这种收益水平在发达国家和发展中国家之间存在着重大差异,但不可否认的是,无论收益多少,参与经济全球化的国家都能够从中获益,更重要的是获取促进本国经济发展的重要资金、科技、资源等生产要素。

（二）比较优势是全球产业分工的基础

全球产业分工实际就是一种全球性的资源优化选择和配置，而这种选择的标准就是对全球各种生产要素进行全方位的比较。而当全球性的产业分工，已经不仅仅是选择某一区域的单一资源，而是对一个国家或者区域全方位的综合比较，从自然资源、地理位置到国家制度、相关法律，再到基础设施、产业配套，未来的经济发展前景等等重要的生产要素都在比较的范围之内。当一个地区的比较优势越强，获得产业分工的机会就会越多。

（三）市场容量和产业成熟度影响产业分工的水平

当一个市场容量足够大的时候，市场需求量肯定处在较高水平，消费者对于产品的要求绝对不再局限于使用功能上，此时对于产业分工的要求将会更加细致，产业分工水平也将更加精细。而高水平的产业分工，会带来专业的产业集群效应，使得产业链更加完整，进一步促进产业分工精细化。

产业的成熟度也直接影响产业分工水平，当一个产业还处在生命周期的前段时，市场小，产品新，涉及的企业量也较少，产业发展还没有达到规模经济，产业分工也处于粗放状态。而当进入生命周期的成熟阶段后，市场经过了一定时间的积累后，需求变得更加有规模，产业供应链也在不断选择后趋于完善，产品本身的技术水平慢慢稳定下来，产业将向专业化、规模化、标准化不断发展，此时产业分工的水平也将更加的优化和细化。

（四）各国贸易政策影响了产业分工的发展

一个国家对外贸易的政策直接影响了其参与国际产业分工的程度。现阶段，全球性产业分工越来越深化，参与其中的国家经济发展也越来越依赖产业分工，但是如果还是采用相对封闭和苛刻的政策条件，限制了外资的进入，降低贸易依存度、外资依存度的话，该国的国际产业分工程度一定相对较低。而开放性的政策和法律法规，不断提高自身的国际贸易量，商品、资本的国际流量都将上升，而国家的产业分工也将更加精细，更加深化。

二、全球产业分工的新趋势

21世纪以来，全球性的经济和金融危机频发，新一轮的产业科技革命在全球展开，由跨国公司作为主导的各个经济主体自身的战略发展方向也正在经历着大的变革，国际产业分工的深度和广度都得到了巨大的发展。

（一）工业4.0

工业4.0，是由德国政府提出的《德国2020高技术战略》中所提出的未来发展十大项目之一。是指利用物联信息系统(Cyber—PhysicalSystem 简称 CPS)将生产中的供应、制造、销售信息数据化、智慧化,最后达到快速、有效、个人化的产品供应。

工业4.0是一个复杂的概念,美国称其为工业互联网,简单来说,也就是将所有与工业制造相关的数据快速准备在供应链中流通,将实体的生产和虚体的信息管理互通起来,利用物联信息系统,将智能生产工厂里的人、机、物无缝连接,实时感知,动态控制,在一个空间内能够产出多种定制化的产品。利用智能制造,创造出数据化的管理模式、自动化的信息处理、智能化的生产,最终形成全球网络化的生产,创造出智能化的产品,再利用产品收集周边的数据,将数据演变成一种厂家能够提供的服务,进而进入新一轮的产品生产和设计智能化,最终,如果全球真正能够无国界生产,云工厂就会产生,最优化的资源选择和配置将会出现。

虽说工业4.0的最终阶段现在还只是一种未来的展望,但是从中我们可以看出当今全球产业分工愈加注重科技化和信息化,德国作为全球机械制造业上的技术代表,正在不断加强自动化向信息自动化的升级,美国作为全球互联网技术的佼佼者,也在充分利用信息的力量而加强工业自动化建设。这样新一代的信息技术与制造业不断融合,一定会使得产业科技发生新一轮技术革命,影响到全球制造业的生产方式、发展模式和产业生态各个方面。

(二)生产服务化

发达国家的跨国公司,利用其在世界范围内所搜集的数据,构成大量的数据库,再根据销售出去的产品再次收集数据,并且回传到企业,利用科学的数据分析工具,得出大数据背后的消费和使用规律。那这样的数据分析作用在哪里呢?就是更好的服务,甚至制造型企业也会从生产型转向服务型。例如一家汽车公司,通过大量的数据收集和分析后,针对每销售出去的任何一台汽车,都能够实时监控,知道其运行状况,并针对有可能发生的问题来提醒消费者应该进行检修,而不是按照过去制定的周期去检修。在未来,这种数据化的服务还会变成商品,因为每个消费者都希望知道自己定制的那个智能产品是否正常,应该何时进行升级和检修,要定制化的服务。当然,你需要付费。

"卖产品不如卖服务"的概念也成为了许多企业家的共识。例如,IBM已成功转型为全球最大的硬件、网络和软件服务整体解决方案供应商;GE(通用电气)的"技术+管理+服务"所创造的产值已经占到公司总产值的2/3以上。未来的智能化产品,将更加促进这种生产性服务业的蓬勃发展。

(三)绿色发展

环保是世界永恒的主题,资源的过度开发和利用,已经成为世界各个国家头顶的警钟。现在企业的发展必然持续坚持绿色发展路线,新能源的开发,新模式的应用,都将是全球制造业重点的战略发展方向。

新能源产业致力于新能源的开发和应用,现在常见的新能源有太阳能、风能、页岩气、生物能、核能等等。绿色发展要求全球能源消耗逐步向清洁能源转移,这样大量的需求自然会创造出相关的供应产业,太阳能光伏、页岩气开发等技术也在不断创新和提高,清洁能源的供应量正在迅速上升,促使制造业向节能、环保、低耗、低污染的方向发展。

而新模式则是全球产业供应链的绿色发展,创造一种从供应商、制造商、分销商、客户,以及中间物流、服务各个环节共同努力,使用最低耗能、最小污染、资源效率最高的生产模式。这就要求整个产业链上的各个环节都必须遵循"浪费可耻"的观念,使用绿色清洁能源,降低整个供应链上的损耗,节能环保,物资再利用。虽然在初期,企业可能会因为要改变原有的生产模式和材料而造成经济上的损失,但是从长远来看,绿色供应链的构建才能给企业带来深度的发展。首先,许多发达国家都已经建立了与环保相关的法律,没有达到相应要求的企业,轻则罚款,重则停业;其次绿色供应链更加可以避免资源的浪费,增加企业的社会效益,给企业带来良好的信誉和名声;第三,真正建立绿色供应链后,资源的节约会降低产品的生命周期成本,最终让消费者购买到更加环保、更加经济的商品。

如今发达国家在全球产业分工中占据了明显的优势,展现出其雄厚的经济实力和科技水平,不断通过产业结构调整推动自身经济的发展,构建出一个高科技为主的产业结构,占领了产业结构价值链的顶端。而发展中国家在全球化经济浪潮中,主要作为发达国家高科技产业转移的承接者,由于自身工业化水平不高,大多还属于生产性工业模式,创新能力较弱。未来,全球产业结构将必然走向高科技化,无论是信息技术、网络技术、生物技术都会走向产业主导地位,创造出更新更尖端的科技型产业。大量的技术、产品、资本、人才等生产要素会在全球更加自由地流动,市场对高科技的绿色商品需求量将会不断增加,传统产业间的国际分工将逐渐向产业内的国际分工转化,发达国家的跨国公司将核心技术和资源留在国内,而非核心的所有活动都在全球范围内寻找协作伙伴,国际产业分工将会越来越精细,一个产品的供应链也许就遍布全球多个国家,这样全球网络协作式的产业分工模式就形成了。

三、中国要坚持"走出去"战略

在与世界经济融合日益紧密的过程中,中国在国际产业分工中的地位也在发生着明显的变化。从20世纪90年代中期开始,我国就进入了重工业主导的阶段,大力发展基础设施建设,电子、钢铁、化工、汽车、造船等重工业是促进经济增长的直接动力。在参与国际产业分工的进程中,也主要以劳动密集型代工工厂为主营形式。但到了20年后的今天,我们可以看到中国的产业结构已经在发生着转变,我国对外投资量逐年上升,中国已经成为一个名副其实的对外投资大国。

(一)当今中国的产业分工中的问题

现阶段我国国内产业分工与参与国际产业分工的进程中,还是存在很多需要改进的重点。

1.高科技自主创新能力还需要不断加强。由于我国自身科技水平的限制,民族工业参与国际产业分工常常处于产业链的低端,走的是靠量取胜,低价渗透市场的模式。这种低附加价值的生产模式会展示出一种粗放型的生产,资源损耗明显,产业收益也不高,而且进入国际市场时容易受到外界因素的影响,一旦发生贸易摩擦,就会遭受较重的打击。

2.国内产业分工效率还有待提高。我国现在已经在很多城市和区域形成了一定程度的产业集群,但是总体来说规模较小,辐射能力也比较弱,大多只能在固定的区域内发挥其作用。而且国内的产业分工往往利用的都是劳动力要素,很多产业集群利用并不是地区比较优势,而是足够的劳动力,无法形成全国范围内的资源优化配置,容易造成重复建设,从宏观层面来看,这种产业集群模式无法提高产业分工的效率,也无法促进产业技术的进步。

3.我国产业分工优势还需要向高级生产要素靠拢。现阶段我国主要的产业分工优势靠的是初级要素的价格优势,例如劳动力、资源、土地等等,这种模式会大大加大我国自身资源的损耗,而且没有反映出生产要素的真实价格。一个农民工所创造的价值,远远高于其所获得的收益,而这种差距造成的农民工价格优势,却是以社会保障、劳动保护等等方面的缺失为代价的,根本不能反映其真实的劳动力价格。目前国际产业分工的优势明显向发达国家倾斜,想要在国际分工中占据更多的产业优势,进而获得更大的产业收益,必须不断提高我国高级生产要素的供给,逐步进入产业链的更高层次。

4.现阶段国际间要素的流动还没有达成真正的自由。一个方面是发展中国家自身发展水平较低导致的市场发育程度不高,还存在着地区、部门之间的垄断和封闭。其次是发达国家出于自身利益考虑,从环保、标准等各个方面限制发展中国家商品进口,同时又要求发展中国家开放本国市场。随着世界各国竞争加剧,各种壁垒层出不穷,大大限制了高级生产要素在国家之间、产业之间、企业之间的流动。这种要素的非自由分配和流动,使得国家之间、城市之间、区域之间的合作变得困难,产业同构化严重,资源浪费明显。

(二)加强全球产业协作是中国的发展方向

我国经济经过了高速发展的30年后,必然要向着价值链中高端迈进,由大变强是一个过程,也是我国经济发展的必经之路。新一轮的全球产业革命带动了世界科技的高速发展,国际产业分工也正在走向一个新的格局,中国必须牢牢抓住这个机遇,不断提升我国综合国力,发挥我国大国的优势,坚持国内产业结构改革的方针政策,积极创造有中国特色的制造业发展道路,坚持"走出去"的战略方向,构建属于中国企业的国际产业分工体系,释放中国的产能,实现国内外产业的互动,推动国内产业不断优化升级。

1.不断加强高科技产业的创新能力,鼓励和支持高新技术公司的发展,通过政策给予实质性的优惠和支持。国家创造一个适宜高科技产业发展的大环境,提供各种技术交流的契机和平台,例如2016年9月20日在昌吉市举办的第五届中国—亚欧博览会科技合作论坛,就让"一带一路"沿线国家进行又一次的深入交流,内容涉及国际能源合作、基础设施建设、民生领域等多个方面。

2.让已经有实力的跨国公司建设中国企业主导的跨境产业链,整合利用全球资源,提高国内外资源的配置效率。现阶段"一带一路"建设中就拥有大量的跨境产业园、国际合作、国际工程等内容,而更多的企业建立跨境产业链后,将大大提升中国企业在产业链中的地位。现阶段我国已经拥有了部分先进的跨国企业,在高铁、核电、通信设备等方面有一定的比较优势,要发挥先导作用,利用中华经济圈的力量,搭上中国对外高速发展的列车,积极打造自己的全球价值链。

3.进一步加强现代化服务业的发展。我国传统的服务业比重较大,例如餐饮、物流、旅游等,但带有科技性质的现代服务业却还没有达到能够满足市场需求的水平,例如金融、电信、商业服务等,和发达国家还有较大的距离。产业结构调整,制造业的地位不可撼动,但是现代化服务业也要作为一个发展的重点方向,没有完善的金融体系,无缝的信息化传递,多层次的人才培养模式,就无法给制造业的发展提供必需的支持和要素。与此同时,要主动参与全球产业分工,加强全球产业协作,必不可少的需要有高水平的现代化服务体系。

第三节 "一带一路"沿线国家内部风险

"一带一路"沿线国家分布于亚、欧、非三大洲,涉及中东欧、独联体、中亚、西亚、东南亚、南亚等地区和国家,合计65个国家,其中中东欧国家16个,亚洲国家41个,独联体国家7个,非洲国家1个,是"一带一路"战略的基础国家。伴随着"一带一路"战略自2013年习近平主席提出并实施后,中国企业"走出去"的步伐不断加快加大,对该64个国家的直接投资与日俱增,但同时,我们也深切地感受到了这些国家所存在的风险和遭受了不同程度的风险损失。

2015年11月,欧美等国近年来所倡导的新干涉主义,使得中东地区,甚至北非和西亚在内的国家内部战乱进一步加剧,导致大量难民出逃到欧洲。据联合国的数据显示,今年涌入欧洲的难民已超过百万,尤以叙利亚和阿富汗难民居多,其中绝大多数跨越地中海进入希腊、黎巴嫩等国,并已有近4 000人因渡船沉没葬身海底。这场自第二次世界大战以来亚欧经历的最大难民潮,已开始冲击亚欧原有的人文和经济秩序及一体化进程。2016年7月12日,对于中国南海海域问题,海牙国际仲裁法庭对"南海仲裁案"作出最终"裁决",荷兰海牙法庭判菲律宾"胜诉"并声称中国对南海海域没有"历史性所有权",并否定了中国主张的"九段线"。中方再次声明,菲律宾阿基诺三世政府单方面提起仲裁违背国际法,仲裁庭没有管辖权,中国不接受,不承认。这将不仅直接导致中国高铁走进菲律宾的项目搁置,还破坏东南亚地区的和平稳定。2016年7月15日,土耳其武装部队总参谋部部分军官企图发动军事政变。但政变者很快就遭遇有力反击,土政府方面宣布已"基本控制局势",并逮捕了1 500多名涉嫌参与政变人员,这次未遂政变是土耳其国内世俗势力与宗教势力之间斗争的结果。本次的政变,使得该地区中资企业的命运充满了不确定性。

因此,面对近几年"一带一路"国家的各种国家内外风险,我们不得不做好适当的风险预警,对这些国家的风险进行系统的识别和建立有效的应对机制,是中国企业坚持"走出去"的稳定性和延续性、降低海外投资风险的必要保障。因此,对于"一带一路"沿线众多的国家,既包含发达国家,也包含发展中国家,鉴于不同国家的经济发展水平、国家政治制度、文化宗教、习俗均有不同,这些因素都会对我国的"一带一路"战略的实施产生一定的风险。

一、"一带一路"沿线国家的制度风险

"一带一路"国家大部分是发展中国家或欠发达国家,如何评估这些国家的优劣,是否存在制度风险,这时候我们就要引入全球腐败指数(Corruption Perception Index,CPI)来做一定的定量分析。CPI指数是目前全球公认的最具公信力的腐败数据,每年柏林的国际组织"透明国际"都会公布这一检测各个国家公共领域腐败猖獗程度的指标,是对一国腐败状况的主观感受和评判。该指数得分越低表示腐败程度越高,图11-2可以比较直观地看出颜色越深所代表的是腐败程度越高。2015年CPI所统计的168个国家之中,均覆盖了"一带一路"沿线65个国家中的61个。其中,新加坡依旧得分85最高,匈牙利74次之,阿富汗的得分11最低,全球倒数第三。61个国家的CPI均值为40.3,低于全球均值42.57。

CPI按得分的高低划分为廉洁、腐败、严重腐败和极端腐败四种类型,从表11-1里面可以看出,55%以上的沿线国家都处于严重腐败的状态,极端腐败的比例也高于13%,而只有1个国家处于全球比较廉洁的12个国家行列,处于严重腐败的国家数量占比37.8%,极端腐败达到了33.3%。

表11-1 "一带一路"沿线国家腐败程度所占CPI报告比重

腐败类型	全球国家分布	"一带一路"沿线国家分布 国家数量	占比	"一带一路"沿线国家在报告中所占比例
比较廉洁[80,100)	12	1	1.6%	8.3%
比较腐败[50,80)	42	18	29.5%	42.9%
严重腐败[25,50)	90	34	55.7%	37.8%
极端腐败(0,25)	24	8	13.1%	33.3%

数据来源:"透明国际"发布的2015年CPI指数

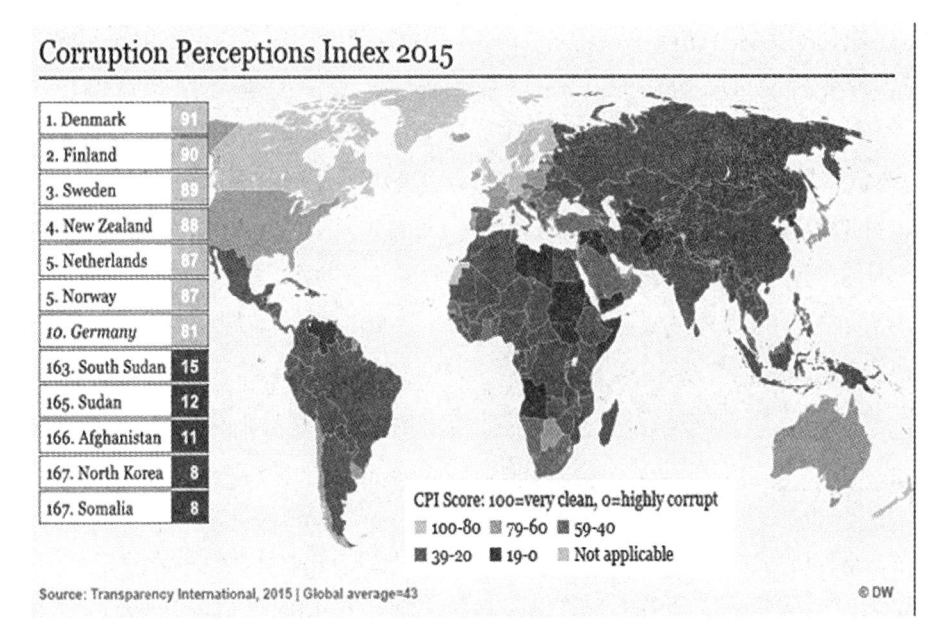

图 11-2 Corruption Perception Index, CPI 全球分布图
数据来源:"透明国际"发布的 2015 年 CPI 指数(168 个国家)

具体来看,中东、西亚、中亚、东南亚,这些"一带一路"上重要的合作地区,腐败问题都非常严重。近年来中企投资最大,贸易往来最频繁的巴基斯坦 CPI 得分只有 30 分,这分数与全球 CPI 均值之间存在巨大的差距。俄罗斯这个工业大国,每年与中国企业贸易往来日益频繁,但俄罗斯的得分只有 29,全球排名 119,属于严重腐败国家。

从这些数据分析来看,除了中东欧国家,"一带一路"沿线国家的腐败问题都不容乐观,存在着很大的制度风险。而这些制度风险,将会对中国政府或企业在该类国家的项目开发、交付、回款等环节造成很多的不确定因素,而这些因素又很难通过正常的司法或国家机关途径去解决,将会造成国与国之间的利益纠纷,无法实现"一带一路"战略的初衷。

二、"一带一路"沿线国家的政治风险

我国在"一带一路"投资上所面临的政治风险是指由于各国的政治元素引起的非连续性出现于商业投资环境中的,导致一个国家或企业在投资活动中的利益或资产损失的政治事件,如恐怖袭击、军事政变、国家战争、大国干预等。

2015 年全年中国对外直接投资额(不含金融行业的银行、证券、保险)7 351 亿元,按美元计价为 1 180 亿美元,比 2014 年增长 14.7%。其中,我国对"一带一路"沿线国家对外直接投资额达 148 亿美元,较 2014 年增长 18.2%,投资主要流向新加坡、哈萨克斯坦、老挝、印

尼、俄罗斯和泰国等政治风险较低的国家和区域。吸引外资方面,"一带一路"沿线国家吸收外商直接投资新设立企业2 164家,增长18.3%;实际使用外商直接投资金额526亿元(折85亿美元),增长25.3%。由此可见,"一带一路"走出去战略的实施,将会有更多的中国企业"走出去",同样也会吸引更多的外资企业"走进来",但随着越来越多企业在海外市场中的投资或者经营,就会不可避免地面临着政治风险这个因素的影响。

国家的政治风险,按照其来源来区分,主要可以分为政治的不稳定性和政策的不稳定性。

(一)政治不稳定

政治的不稳定性,主要是来自于被投资国的国内战争,政变、难民、人民暴乱、罢工抗议和其他的影响执政的政治动荡事件。此类事件,具有极大的社会破坏力,很难短时间内恢复正常,可控性无法实现,会直接导致当地项目的停止,甚至直接遭到破坏,无法继续。

从20世纪的波斯湾战争以来,英美欧洲等国对中东地区的控制力量在不断减弱,地区局势持续动荡,国际恐怖主义势头越发严重,尤其是叙利亚、利比亚、也门等国的动乱,造成了大量的难民,难民们为了躲避战乱,被迫前往别国寻求避难,这样持续的大量的难民潮,会对叙利亚、利比亚乃至整个中东地区造成严重的政治和社会威胁,由于中东地区的穆斯林信仰和欧洲的民主信仰差异,使得难民很难被当地民众所接受,甚至会激起各种社会矛盾和治安威胁。如此庞大的难民潮,非常容易滋生恐怖主义思想,IS恐怖组织也因此从难民中不断招募成员,严重影响了中东地区国家的社会安定和政治稳定,给十分复杂的中东地区增加了更多的不稳定性。2016年初发生的土耳其一系列恐怖袭击和法国尼斯的恐怖袭击,均是由极端恐怖分子IS组织所为,给当地的社会安全、商业活动、居民生活造成了极为严重的影响。

(二)政策不稳定

政策的不稳定性,是指被投资国因为以上的政治不稳定,执政党的变更,国家元首替换而导致的经济政策的变动,如拒绝履行合同,不承认前一任总统或议会期间签订的合同等。例如中国和菲律宾的高铁建设项目,在菲前总统阿罗约执政期间,中菲曾经合作发展菲北部铁路项目,但后来该项目陷入贪污争议,项目被迫搁浅。2015年中菲重新启动高铁项目,但又在现总统杜特尔特上台之际,菲律宾单方面挑起了南海争议,使得该项目是否能继续进行存在很大的不确定性因素。再例如肯尼亚加里萨50兆瓦光伏发电站项目,该项目原定于2013年底建成并网发电,由于2013年肯尼亚总统选举,新任乌胡鲁总统将前任总统签署的基建工程类项目全部搁置,需进入新一轮的项目审核和评估,导致该项目停滞了两年,在2015年的7月才重新签署合同,2016年6月才开始动工建设,而该项目能否在新任总统任期内完成还存在一定的不可控因素。

除了以上两点,很多国家在西方强国的宣传和金元手段的干扰下,一直以来对中国存在或多或少的负面认知。今年来中国的经济高速发展和对外投资增加,被西方列强宣传为是另一种"马歇尔计划"的新版本,认为"一带一路"战略是为了掠夺东道国的资源、转移中国国内落后和剩余的产能、新兴霸权主义等五花八门的"中国威胁论",是中国推进"一带一路"建设战略所面临的政治风险的重要源头。2015年中国领导人多次对外访问,积极推动"一带一路"战略实施,积极邀请各国加入亚投行,共同实现"一带一路"的美好前景,但沿线国家仍对我国推广该战略的初衷抱有怀疑,再加上西方强国的煽风点火和阻挠,使得沿线国家的民众和政府官员都持怀疑态度,出台各种政策来防止过度依赖中国的投资和项目中标,分散被中国资本绑定的风险,这种想法将不利于"一带一路"的战略进程,从另外一方面来看就是"一带一路"建设无法规避的政治风险因素。例如中泰铁路,自2014年签订项目备忘录后,由于受到美国、日本等国的阻挠,以及泰国政府和民众担心铁路沿线的区域会被中国所控制,项目几度暂停和更改线路,一直到2016年3月才终于定下来由中国提供设备和融资,泰国承担铁路沿线的工程事宜,才正式确认了该项目的实施,但中泰双方还存在着贷款利率等方面的不确定变数。

如上述所概述的,东道国的内部战争、周边国家的动荡影响,国内最高权力的变更以及对中国"一带一路"的负面认知等因素所引发的各种政治事件和矛盾都会直接或间接地给中国政府和企业造成利益损失。因此,中国企业在"一带一路"沿线地区和国家遭遇的政治风险问题依旧存在。

三、"一带一路"沿线国家的金融风险

"一带一路"战略的宗旨是实现世界经济新增长,无论是沿线的亚太国家还是不在65个国家内的欧洲各发达国家,均能从"一带一路"实施过程中分一杯羹,进一步推动本国经济的发展,促进区域内经济活动和复苏世界经济,走出经济危机以来的低迷。

"一带一路"的项目开展过程中,无论是国家间的基础设施建设还是区域内的贸易往来等,都大量地需求资金,都离不开融资的支持,金融机构和相关业务作为一切经济活动的核心,一定会起着越来越重要的作用。亚投行的成立,不仅从政府机构获得资金,也已经吸引了中国国内社会大量的资金,以此填补"一带一路"沿线国家在基础设施建设项目所需的巨大资金缺口。从亚投行成立至今的3年以来,"一带一路"整体战略的不断深化和"一带一路"沿线国家金融机构和体系的快速发展,金融风险问题会出现得更为频繁。

但"一带一路"的沿线国家政府组织大多较为松散或属于较为粗犷的管理模式。因此,在往后的"一带一路"扩展道路上将会面临更多的压力。基础建设投资需求、大型项目融资需求是"一带一路"扩展道路上沿线国家对金融部门的基本要求。由于此类大型的基础建设

周期一般都会在几年,回款周期长达 10 年或更久,因此金融部门就将面临诸多的金融风险问题。金融部门在受理融资需求的时候不仅要考虑沿线国家对资金的迫切需求,还需要考虑该项目背后所隐含的金融风险,尤其是以下几种风险。

(一)信用风险

"一带一路"战略涉及了 65 个国家,且根据 2014 年和 2015 年标准普尔信用评级(S&P)所公布的信用等级数据显示,沿线国家主权信用存在着较大的差异,从数据分析可以看出这些国家的信用等级具有以下特征:

1.国家信用等级差距大。除了极少数的欧洲国家和新加坡评级为 AAA 级别,其余国家大多是在 BBB 级,也就意味着这些 BBB 国家的内部存在着诸多的不确定和不利于国家发展的因素,隐含着各种政治和金融违约风险。

2.国家信用级别下调的风险。"一带一路"沿线国家的产业结构较为单一,例如中东国家主要是石油工业,近年的油价一直处于低位,使得该类主要依赖石油出口来促进经济发展的国家经济面临重大的考验,而这些国家也面临内部产业结构转型和国外资金外逃的风险和压力。

此外,近年来极端恐怖组织在该区域的恐怖活动,导致宗教冲突不断,大量难民流离失所,进而影响该类国家的信用评级。因此,国家信用等级可以社会治安综合治理和安全系统来作为考量"一带一路"沿线国家的金融风险的重要依据。

(二)汇率风险

国际贸易、国际投资过程中都会广泛地存在着汇率风险,主要是因为外币计价的商品或资产,由于汇率的波动,货币的贬值或升值带来的价值上升或下跌所带来的损益。目前国际贸易大多采用美元、欧元等较为稳定的货币进行结算,这样对于汇率风险的规避是起了一定的作用。但是对于"一带一路"沿线国家,由于这些国家的外汇储备缺乏,一些大型的基建类项目,就会采用当地货币结算或工程部分按照当地货币结算,而这些国家的货币在国际市场上流通性非常有限,币值不稳定,汇率波动非常大。例如印尼高铁项目,项目周期约 2 年,如果合同按照本地货币结算收款,一旦当地货币兑美元出现大幅贬值,也就会导致项目资产的缩水,使得高铁承建公司利益受损。此外,虽然经过了几十年经济发展,但人民币结算在国外进展缓慢。在沿线国家投资遭遇汇率风险时,尚缺乏与当地货币互换的机制,无法使用有效对冲工具进行合理规避,还会面临越来越多的汇率波动问题,金融风险需要更有效的方法来降低损失。

(三)企业海外扩张风险

近年来,越来越多的中资企业希望能走出国门,获得更多的市场份额和知名度,进一步扩大企业的影响力,通过技术合作、收购当地企业等方式开展项目拓展,以求在当地站稳脚跟,而不顾回报率。据相关数据分析,该类企业大部分项目投资都是亏损状态,更谈不上有较好的投资收益率。因为这些公司在海外扩张投资的时候,由于没有很好地经过市场调研和风险分析,盲目地看到项目机会就进行操作,通过各种非常规手段获得资金和项目中标,不顾后续的项目交付时的高风险和能否完成回款,最终导致项目"烂尾"或进展缓慢。其次,对沿线国家的法律法规、风土人情、文化差异了解不足,没有进行系统化的尽职调查和现场工勘等事宜,仓促签订了各种无法得到国际法律保护的合同条款,在出现项目纠纷的时候投诉无门,从而造成投资的巨额亏损。

四、"一带一路"沿线国家的安全风险

随着"一带一路"战略的不断推进,受该战略影响的沿线国家也将越来越多,我们就不能不重视沿线国家所存在的安全问题。从最新发布的2015年全球最安全国家排名来看(见图11-3),颜色越深代表该国安全形势越动荡。下图可以较为清晰地看出全球的安全弧形震荡地带"北非—中东—西亚—中亚—南亚—东南亚","一带一路"沿线国家中40个处于较安全状态,14个处于危险状态,11个处于震荡状态,叙利亚、伊拉克、阿富汗、巴基斯坦4个国家处于不安全状态。

图11-3 2015年全球最安全国家排名

数据来源:"经济与和平研究所"公布的"世界和平指标"(GPI)

细分来看,在东南亚区域,越南、菲律宾与中国在南海岛礁主权问题上刚经历了南海公投,严重破坏了当地海域的安全和国家间的合作。在东盟区域,这些国家一直以来都十分依赖美国和日本给予的经济援助和政治安全保障,以制衡中国在该区域的影响力,因此这些国家一方面非常想获得中国的优惠援助和出口订单,另一方面又担心美、日因而对它们的制裁。

在西亚区域,2013年至今"伊斯兰国"复兴运动IS组织已经发起了上百次的恐怖袭击,以及叙利亚内战、利比亚内战所导致的大量难民涌入欧洲的危机,令当地安全状况越发不可收拾。

在中亚区域,由于苏联解体后遗留的历史问题,导致吉尔吉斯斯坦、塔吉克斯坦与乌兹别克斯坦的三块飞地存在争议,乌兹别克斯坦和塔吉克斯坦两国在边境领土、水资源、天然气等问题上存在严重的分歧,其中"水资源"之争也是苏联遗留下来的两国最核心的矛盾,目前这一问题已经导致了2014年两国在边境地区发生武装冲突。此外,饱受战争伤害的阿富汗,连美国的军事力量都深陷在阿富汗国内,久久不能撤军,美国希望把中国力量也加入到阿富汗国内战争中,以此缓解在当地的困境,其背后的含义其实是想困住中国在中亚的步伐。

在南亚区域,印度作为最大的经济体国家,拥有非常广阔的市场空间和贸易往来机会,但由于印度和中国建国以来存在的边境纠纷和隔阂,导致印度这些年来一直以中国为假想敌,处处防范着中国,对于中国倡导的"一带一路"和中巴经济走廊战略是极力反对,认为这是在削弱印度在南亚的大国地位,进而阻碍印度的对外经济发展和合作。因此印度政府提出了"季风计划"来制衡"一带一路"的战略推广,和周边国家达成南亚小区域内的合作关系,尽量降低周边国家对中国资金的依赖。

以上极为复杂的地区安全问题相互交织,恐怖主义、中东难民潮、领土争议和民族矛盾等都会给"一带一路"战略的顺利实施,增加更多的不确定安全风险。

第四节　其他大国的干扰阻挠

第二次世界大战结束以来,中国经过60多年经济发展,积极参与国际贸易往来业务,国家综合实力不断增强,2001年成功加入世界贸易组织(WTO),在全球范围内更多产业领域和更高层次上参与到全球经济贸易的合作中。中国一跃成为了全世界的制造中心,各大国的制造业转移目的国家。到2013年,中国已超过美国成为世界最大的货物贸易国家。在此艰难的过程中,中国深受西方大国的各种阻挠。

一、大国贸易规则和标准制定的博弈

在国际贸易规则中,每一个国家都想方设法地使自己处于利益最大化的一方,因此会制定出最大限度维护本国利益的国际贸易往来的规则。尽可能地让本国处于国际贸易竞争的优势地位,获得尽可能多的主导权、话语权。因此,贸易大国们都想方设法地去制定各种贸易往来规则和标准,国际经济领域的规则博弈在各大国间就愈演愈烈。例如美国一直以来都是全球最大的经济体,制定和应用各种国际贸易规则和标准,使得自身一直处于优势地位和主导位置。美国的企业能在国际贸易中处于有利竞争地位都是有赖于这些能充分发挥自身优势的贸易往来规则和标准,强迫其他国家都接受这些贸易条款才能参与到贸易往来中。而且在经过了一段时间的适应和磨合后,其他国家适应了这些贸易规则而得以发展壮大并威胁到美国的企业利益时,美国就会重新对这些贸易规则进行审核和设计,并再次根据自身的优势和不利的方面进行调整,使得自己永远都是全球贸易规则和标准的主导者或裁判,其他国家只能是永远跟随美国的脚步前行。

这么多年来,西方大国一直在利用贸易往来规则和标准压迫中国的经济发展,各种国际经济秩序和贸易壁垒层出不穷,中国每一次都披荆斩棘,积极应对各种不利的标准和规则,但尽管如此,中国至今还没有制定过任何的国际贸易的游戏规则与标准,更谈不上自己来制定国际规则。

中国积极推动的"一带一路"战略其实是一个以"丝绸之路"为模型的区域发展战略规划,目的是为了该区域内沿线国家实现共建共享共赢的贸易合作往来,以便于在其沿线各国之间最大限度地实现自愿合作,促进共同发展。因此中国如果要将"一带一路"战略推广到区域沿线国家,那就必须要制定一套符合该战略实际需求的贸易往来规则与标准。中国看穿了西方贸易标准的两面性,认识到必须要掌握自己命运,应积极参与全球化规则重构。

2013 年以来,中国在国际上推进"一带一路"战略的新形势下,2015 年 4 月 26 日奥巴马在接受《华尔街日报》采访时说道:"如果美国不在亚洲制定贸易规则,中国就会制定贸易规则。"他提出与中国争夺新的全球贸易投资规则和标准制定主导权,并且获得美国国会 TPP 谈判快速法案授权。奥巴马总统的这一言辞,正是表明了美国担心中国在"一带一路"战略中制定的贸易规则会伤害到美国企业的利益,因此决定放弃 WTO 这一经过了 20 多年的磨合和完善的贸易规则体系,重新布局全球贸易体系,促使跨太平洋伙伴关系协定(TPP)的谈判进行,继续维持美国在全球贸易体系中的霸主和主导地位不动摇。

为了针对中国"一带一路"战略,美国所推行的跨太平洋伙伴关系协定(TPP)谈判目的是想通过该 TPP 协定,让中国的企业在该协议下的国家间进行贸易往来的时候,需要接受美国所制定的更高标准,如果不接受这些标准将被排斥在外,但是如果接受了这些标准,则要

付出非常大的代价,这样对美国来说就减少了与中国企业间的劳动力、原材料成本差距,这也是美国为什么力推该 TPP 协议的目的。在 2015 年 6 月 8 日的《今日美国报》里面报导:"TPP 有助于美国推动反映美国利益与价值观的全球秩序,它是第一份解决国有企业相关问题并确保互联网自由开放的贸易协议,通过引领贸易美国可以展开全球最高标准的竞赛,发展开放、公平和以规则为基础的全球经济,否则由中国提供的低标准贸易协议将会使那些最快放弃价值观、不计代价的竞争者获益。[5]" 美国为了减少 TPP 谈判的时间和效率的提高,暂停了所有新成员的申请加入。这一举动,使得"一带一路"沿线的大部分国家都会被排斥在该协定的贸易范围外。从 TPP 协定的标准就可以看出,所推出的高标准的贸易就是为了缩小与发展中国家在廉价劳动力和资源所具有的出口商品价格上的优势,旨在缓解美国国内失业率高,就业岗位缺乏,劳动力成本高的内部压力,改善美国本土就业环境,也是 2016 年大选候选人的政治筹码之一。但是损害的却是全球发展中国家的利益,让发展中国家来给美国的国内矛盾埋单,使得各国间的贸易关系受损。TPP 协定已经打击了被排除在外的非成员与 TPP 成员之间的全球合作关系和贸易往来,甚至直接伤害了成员国间的利益。

二、大国介入他国的边境问题

除了在贸易规则上层出不穷的经济新措施外,西方强国还从边境争端问题对中国推进的"一带一路"战略进行阻扰。南海水域,一直是中国和周边国家,例如越南、菲律宾、马来西亚、印尼等国的边境争端的地方。而南海却恰好是"一带一路"战略在海上丝绸之路战略需要优先发展的区域,这就无法规避南海水域主权的争端,西方大国更是在这个问题上大做文章,各种搅局来削弱中国在该水域的影响力,这将对"一带一路"的实施设置各种障碍。

南海水域争端,美国一直在做幕后黑手,不断地通过军事干预、国际舆论等各种方式对中国在该水域的岛礁基础建设进行捣乱,并呼吁周边各国按照国际法和联合国海洋公约,甚至提出仲裁等手段来解决南海争端。在 2016 年的 6 月,菲律宾在美国的怂恿下提出了所谓的南海国际仲裁案,否定了中国多年来主张的"九段线",将多个无可争议归属中国的岛屿判给了菲律宾,制造出该地区紧张的局势,旨在破坏"一带一路"的建设。

在东海方面,美国又再次联合日、韩两国对中国的崛起进行围堵。积极推动"萨德"军事防御系统的布局和实施,继续维持美国在环太平洋地区的军事存在,进一步扩张其军事基地的建设,巩固其在东亚区域的军事管控能力,制约中国的对外经济战略的实施。而日本,最近也一直在叫嚣着复苏海上军事实力,修改战后一直维持的宪法,旨在增加其在周边国家中的影响力,扩大其军事管制板块,再次树立起军事强国的政治地位。

南亚方面,中国和印度,作为世界上人口最多和经济增长速度最快的两个发展中国家,在边境问题上同样存在着争端,因而印度一直对中国改革开放后的经济快速发展和国际地位的提升耿耿于怀,今年来更是积极模仿中国的经济发展模式,作为南亚的地区性大国,一直在努力获得更大的全球事务话语权。印度一直将"一带一路"沿线区域作为自己的权力覆盖范围,不希望看到中国在这些区域的强势进入以及和这些国家的各方面的合作,因此印度加强了与东南亚国家的双边关系,并与东盟各国在更多领域开展合作。印度同样将中亚地区国家的合作当做是以能源换贸易的方式进行,解决其能源的供应问题,所以在能源贸易上不断扩大与哈萨克斯坦等中亚国家的合作,不断给中国与这些国家的能源合作项目增加障碍。例如印度政府和媒体就一直在宣传是中国抢夺了印度在哈萨克斯坦卡沙甘油田项目的开发合同。此外,中国2016年大力支持巴基斯坦,印度更是觉得中国在分裂印度的国土,阻碍了印度周边扩张,增加了边境军事风险。

尽管中国经济发展战略实施遇到了各种贸易规则和大国强国的阻碍,但我们也清晰地看到,该战略的实施是为了将亚欧大陆各国通过利益共享和市场对接的方式形成利益共同体和责任共同体市场,亚欧大陆各国通过该战略实现互通互联,利益会越来越紧密,越来越一体化。届时各国经济秩序和政治秩序都有一定改善,构建出更有利的新型大国关系蓝图。

参考文献

[1] 任永菊.跨国公司经营与管理[M].大连:东北财经大学出版社.2015.
[2] 黄枝连.美国203年:对"美国体系"的历史学与未来学的分析[M].香港:香港中流出版社有限公司,1980.
[3] 蔡鹏鸿.面向未来的亚太经济合作[M].上海:学林出版社,2002.
[4] 刘融主编:《中华经济圈论》(第一届"中华经济圈国际学术研讨会"论文集).香港三联书店(香港)有限公司出版,1993.
[5] 李国纲等.管理系统工程[M].北京:中国人民大学出版社,1993.
[6] 黄枝连.中国走向二十一世纪——中国跨越世纪发展策略的探索.香港三联书店(香港)有限公司,1992.
[7] 刘再兴.区域经济理论与方法[M].北京:中国物价出版社,1996.
[8] 张敦富.区域经济学原理[M].北京:中国轻工业出版社1999.
[9] 曹文振等著.经济全球化时代的海洋政治[M].中国海洋大学出版社,2006.
[10] 胡波.2049的中国海上权力[M].北京:中国发展出版社,2015.
[11] 赵常庆.中亚五国概论.北京:经济日报出版社,1999.
[12] 董藩等著.构建沿西边境经济合作带[M].大连:东北财经大学出版社,2004.
[13] 肖怀远、卓扎多基主编:西藏边贸市场建设与个体私营经济发展.拉萨:西藏人民出版社,1994.
[14] 北京大学社会学人类学研究所、中国藏学研究中心合编:西藏社会发展研究.拉萨:中国藏学出版社,1997.
[15] 周伟洲主编:英国、俄国与中国西藏.拉萨:中国藏学出版社,2007.
[16] 赵晋平等.对外开放关键领域的新突破[M].北京:中国发展出版社,2015.8
[17] 王义桅."一带一路"机遇与挑战[M].北京:人民出版社,2015.4
[18] 杨言洪."一带一路"黄皮书2014[M].银川:宁夏人民出版社,2015.5
[19] 黄河.一带一路与国际合作[M].上海:上海人民出版社,2015.11
[20] 黄枝连.中华经济协作系统发展中的理论与实践问题[J].世界经济.1992(10):6-13.
[21] 陶洁.中华经济圈构想之综述[J].世界经济与政治.1994(10):26-29.
[22] 李伯溪."中华经济协作系统"发展大趋势[J].经济管理,1996(10):4-7
[23] 郑竹园."中华经济圈"势不可挡[J].台声,2004(9):58-59.
[24] 李建民,王颖.对构建"中华经济圈"的几点思考[J].延边大学学报(社会科学版),2010(4).
[25] 钟昌元,陶欣.海峡两岸ECFA对大陆经济的影响研究[J].商业时代,2013(2).

[26] 张华."中华经济圈"经贸交流发展问题研究[D].长春:吉林大学经济学院,2005:2.
[27] 朱坚真.南中国海周边国家和地区产业协作系统问题研究[J].海洋开发与管理,2001(1).
[28] 黄枝连."三跨越发展协作系统"的理论与实践——亚太地区产业协作新模式的探索[J].亚非纵横,1994(3).
[29] 张开城.中国蓝色产业带战略构想[J].时代经贸(下旬刊),2008(9).
[30] 卢秀容.粤琼两省海洋科技合作模式及对策研究[J].生态经济(学术版),2013(2).
[31] 冯利发."独"促统是海外华侨华人的历史使命[J].统一论坛,2005.(03).
[32] 宋伟.东北亚区域合作的现状、趋势及对策研究[J].黑河学刊.2004(03).
[33] 陆建人,王旭辉.东亚经济合作的进展及其对地区经济增长的影响[J].当代亚太.2005(2).
[34] 薛山,王淼.基于可持续发展的海洋资源保护与开发[J].中国渔业经济,2013(6).
[35] 朱坚真,高世昌.略论中国与东盟产业协作的主要途径[J].经济研究参考,2002(54).
[36] 刘中民.国际海洋形势变革背景下的中国海洋安全战略——一种框架性的研究[J].国际观察,2011(3):1-9.
[37] 曾志球,刘海云.香港直接投资对广东经济增长的影响[J].特区经济,2003(1).
[38] 胡增祥,徐文君等.我国无居民海岛保护与利用对策[J].海洋开发与管理,2004,06.
[39] 王琪,于忠海.我国海洋综合管理中公众参与的现状分析及其对策[J].海洋信息,2005,04.
[40] 王琪,高中文等.关于构建海洋经济学理论体系的设想[J].海洋开发与管理,2004,01.
[41] 本刊编辑部."一带一路"开启区域基础设施建设新里程[J].建筑机械化,2016,05
[42] 董代,真虹.第4代港口的概念与内涵[J].水运管理,2008,01:15-17.
[43] 梁海明."一带一路"下如何建设港口[J].人民周刊,2015,11:49-50.
[44] 刘强、董惠梅、刘金朋、胡安俊、杨惜春."一带一路"战略:互联互通 共同发展——能源基础设施建设与亚太区域能源市场一体化[J].国际石油经济,2015,08.
[45] 高海红,余永定.人民币国际化的含义与条件[J].国际经济评论,2010,01.
[46] 丁一兵.离岸市场的发展与人民币国际化的推进[J].东北亚论坛,2016,01.
[47] 匡增杰.基于发达国家海关实践经验视角下的促进我国海关贸易便利化水平研究[J].世界贸易组织动态与研究,2013,01.
[48] 叶莎莎.我国咨询业的现状分析与发展对策研究[J].现代情报,2011,10:85-90.
[49] 魏后凯,赵勇.深入实施西部大开发战略评估及政策建议[J].开发研究,2014,1.
[50] 路妍.金融危机后的国际金融监管合作及中国的政策选择[J].学术界,2011,04。
[51] 袁新涛."一带一路"建设的国家战略分析[J].理论月刊,2014,11:5-9.
[52] 王义桅.论"一带一路"的历史超越与传承[J].人民论坛·学术前沿,2015,09:19-27.
[53] 翟崑."一带一路"建设的战略思考[J]. 国际观察,2015,04:49-60
[54] 邹嘉龄,刘春腊,尹国庆,唐志鹏.中国与"一带一路"沿线国家贸易格局及其经济贡献[J].地理科学进展,2015,05:598-605.
[55] 卢山冰,刘晓蕾,余淑秀. 中国"一带一路"投资战略与"马歇尔计划"的比较研究[J].人文杂志,

2015,10.
[56] 裴长洪,于燕."一带一路"建设与我国扩大开放[J].国际经贸探索,2015,10.
[57] 黄益平.中国经济外交新战略下的"一带一路"[J].国际经济评论,2015,01.
[58] 周青,田志立.中华经济圈的形成与特点——90年代广东经济发展的国际环境分析[J],暨南学报(哲学社会科学),1994(1).
[59] 马晓琳.环渤海地区海洋经济产业结构优化研究[D].大连:大连海事大学,2014.
[60] 陈烨.沿海三大经济区海洋产业与区域经济联动关系比较研究[D].青岛:中国海洋大学,2014.
[61] 郑源川.改革开放以来海外华人华侨在助推中国软实力中的作用[D].乌鲁木齐:新疆大学,2012.
[62] 陈烨.沿海三大经济区海洋产业与区域经济联动关系比较研究[D].青岛:中国海洋大学,2014.
[63] 张华."中华经济圈"经贸交流发展问题研究[D].吉林大学,2005.
[64] 李露."中华经济圈"区域经济差异化研究[D].浙江工商大学,2010.
[65] 曹云霞.南海问题及中国海洋战略研究[D].南京:南京大学,2013.
[66] 王荣.中国海洋安全及其战略研究[D].呼和浩特:内蒙古大学,2013.
[67] 刘伟.我国海洋经济可持续发展战略研究[D].青岛:中国海洋大学,2001.
[68] 吴健鹏.广东省海洋产业发展的结构分析与策略探讨[D].暨南大学,2006.
[69] 王满.中国地缘经济时空格局演变及其战略研究[D].济南:山东师范大学,2014:39-40
[70] 国家发展改革委员会,外交部,商务部.推动共建丝绸之路经济带和21世纪海上丝绸之路的愿景与行动[N].人民日报,2015-03-29(4).
[71] 首个国际组织参与"一带一路"[N].浙江日报.2016年9月21日.
[72] 中国国务院.征信业管理条例[N].人民日报,2013-02-21(16).
[73] 国家发展改革委员会.建设中蒙俄经济走廊规划纲要[EB/OL].(2016-09-13) http://www.ndrc.gov.cn/zcfb/zcfbghwb/201609/t20160912_818326.html..
[74] 管清友.投资中亚西亚经济走廊 伊朗风险最高[EB/OL].(2015-06-16)[2016-09-17] http://finance.people.com.cn/n/2015/0616/c1004-27159269.html.
[75] 中国外交部.亚洲基础设施投资银行协定[EB/OL].(2016-02-19)[2016-09-17] http://www.fmprc.gov.cn/web/ziliao_674904/tytj_674911/tyfg_674913/t1341813.shtm.
[76] 数据来源于中国商务部台港澳司唐炜司长应邀在商务部网站"司局长访谈栏目"介绍大陆与台港澳地区的经贸合作情况. http:// video. mofcom. gov. cn/class on-ile010672248.ht
[77] 参见网易财经,中国区域经济不平衡突出,人均国内生产总值差距最大近3倍[EB/OL] http://money.163.com/15/0108/04/AFDM3I7N00252G50.html,2015-01.
[78] Ninetle S.Fahmy.The Performance of the Muslim Brotherhood in the Egyption Syndicates:An Attentive Formula for Form. The Middle East Joumal,1997;52(2).
[79] Kerry, John and Carter, Ash. Congress needs to help American trade grow. USA TODAY, June 8, 2015.

后　记

近年来我们在研究中国与东盟自由贸易区、"一带一路"、海陆一体化等现实发展问题时，一直没有放弃对中华经济圈建设与全球产业协作开发的研究。

本书主编朱坚真教授既有多年在北京从事理论工作的基础，又有在广西、广东从事综合管理、科研院所和高等院校工作的经历，还有实地考察中国大陆及港澳台地区和全球经济社会的机会。1990—1995 年他在广西壮族自治区社会科学院期间，应香港学者黄枝连教授等邀请完成了《中华经济圈背景下的华南与西南产业协作系统研究》课题，为完成此书奠定了学术基础。21 世纪信息化全球化潮流不断推进，中国与其他国家的多方面合作交流日益密切，对社会经济发展过程中的共性认识不断增强，这种趋势迫使我们对中华经济圈与全球产业协作开发进行重新审视与评价。由于社会制度和意识形态的差异，我们与其他国家和地区的学者对中华经济圈与全球产业协作开发的了解和认识存在很大的差距。近年来国家"一带一路"战略的提出和实施，给中华经济圈建设与全球产业协作开发研究提供了平台，国家海洋局、海洋出版社将其作为建设海洋强国和整合大中华文化的重要内容给予了大力支持。

为此，广东海洋大学组织有关专家学者，围绕中华经济圈建设与全球产业协作开发的主线进行了广泛探讨。在充分吸收我国已有研究成果的基础上，对我们以往中华经济圈建设与全球产业协作研究成果进行了归纳总结，注重中华经济圈建设与全球产业协作开发的历史性与现实性，在许多问题上达成了一致性看法，也在一些问题上保留着不同的观点。此外，由于各作者写作思维和方法存在差异，各章节表述也有差异。

为了深入研究，我们成立了专门的《中华经济圈建设与全球产业协作开发》项目研究组，由广东海洋大学副校长兼海洋经济与管理研究中心主任朱坚真教授、博士担任组长，周珊珊博士、杨珍奇博士生担任副组长，组织有关学者进行分工撰写。经过近两年努力完成了此项成果。本书提纲拟定、修订统稿由朱坚真负责，周珊珊、杨珍奇、刘汉斌协助前期统稿和部分修订工作。初稿写作分工如下：第一章，郭见昌、周珊珊；第二章，王许兵、周珊珊；第三章，邹宇静；第四章，陈娇、张彤彤；第五章，姚仕喜、张彤彤；第六章，司俊霄；第七章，姚仕喜、郭见昌；第八章，刘毅瑶；第九章，张彤彤、司俊霄；第十章，王许兵、陈娇；第十一章，肖荆。刘汉斌、许国炯、王继全为本项目研究提供了一些文献资料和参考意见。

后　记

　　本书得到广东海洋大学和国家海洋局大力支持,也得到中央支持地方财政基金、广东省普通高校人文社会科学重点研究基地——广东海洋大学海洋经济与管理研究中心、广东海洋大学经济管理学院、农林经济管理重点学科基金、广东省精品课程——海洋经济学、南海综合开发系列丛书(创新强校工程)项目经费支持。海洋出版社领导和编辑给予了具体帮助,一并表示感谢。

作　者

2016 年 10 月 18 日